转型时代的中国财经战略论丛

中国渐进式延迟退休年龄政策研究

Research on the Policy of Gradually Delaying Retirement Age in China

刘　万◎著

中国财经出版传媒集团
经济科学出版社
Economic Science Press

图书在版编目（CIP）数据

中国渐进式延迟退休年龄政策研究/刘万著. —北京：经济科学出版社，2020. 9
ISBN 978 - 7 - 5218 - 1780 - 5

Ⅰ. ①中…　Ⅱ. ①刘…　Ⅲ. ①退休 - 劳动制度 - 制度改革 - 研究 - 中国　Ⅳ. ①F249. 21

中国版本图书馆 CIP 数据核字（2020）第 149525 号

责任编辑：杨　洋　卢玥丞
责任校对：靳玉环
责任印制：李　鹏　范　艳

中国渐进式延迟退休年龄政策研究
刘　万　著
经济科学出版社出版、发行　新华书店经销
社址：北京市海淀区阜成路甲 28 号　邮编：100142
总编部电话：010 - 88191217　发行部电话：010 - 88191522
网址：www. esp. com. cn
电子邮箱：esp@ esp. com. cn
天猫网店：经济科学出版社旗舰店
网址：http：//jjkxcbs. tmall. com
北京季蜂印刷有限公司印装
710 × 1000　16 开　21 印张　350000 字
2020 年 11 月第 1 版　2020 年 11 月第 1 次印刷
ISBN 978 - 7 - 5218 - 1780 - 5　定价：85. 00 元
（图书出现印装问题，本社负责调换。电话：010 - 88191510）

西南政法大学十九大专项科研项目“新时代供给侧改革、养老金适度费负与社会养老保险制度可持续发展”(2017XZZXYB－25)、国家社科基金项目“渐进式延迟退休年龄政策研究”(14BRK006)的研究成果。

目　录

第 1 章

绪　论

1.1　选题背景

我国现行的法定退休年龄制度，基本上是新中国成立初期时参照苏联20世纪30年代的标准制定的（徐庆凤，1992）。1951年出台的《中华人民共和国劳动保险条例》是最早规定退休年龄的法规。根据该条例，男性工人年满60岁，女性工人年满50岁，并满足工龄的相关要求，就可领取养老待遇。1978年出台的《国务院关于安置老弱病残干部的暂行办法》和《国务院关于工人退休、退职的暂行办法》将女工人50周岁、女干部55周岁、男性60周岁作为正常退休年龄[①]。随着社会经济发展，我国人口结构、人均寿命、劳动力市场和社会保障制度等发生了很大变化，低龄退休制度运转多年，与社会经济发展条件和要求越来越不相适应。退休制度是一项重要的社会保障和劳动力市场制度。20世纪80年代以来，为应对人口老龄化，增强公共养老金可持续能力，扩大社会劳动力的有效供给，多数工业化国家纷纷着手退休制度改革，逐步上调法定退休年龄，实施弹性或过渡退休政策。时至今日，这些改革仍在继续。

当前，中国人口形势正在发生深刻变化，人口出生率持续下降，劳动力人口规模紧缩，老龄化进程在加速，对社会经济发展带来的各种挑战明显在增加，社会养老保险基金的收支失衡风险在累积，是否要延迟退休受到了广泛关注。

---

① 该文件允许特殊职业群体劳动者还可申请提前退休，如从事“井下、高温、高空，特别繁重体力劳动者或者其他有害身体健康的工作的，男性年满55周岁，女性年满45周岁；男性年满50周岁，女性年满45周岁职工经医院证明，并经劳动鉴定委员会确定完全丧失劳动能力的”，都可以申请退休。

2013年11月12日中共十八届三中全会通过的《中共中央关于全面深化改革若干重大问题的决定》明确提出要“建立更加公平可持续的社会保障制度”“研究制定渐进式延迟退休年龄政策”。2016年7月，国家人力资源和社会保障部（以下简称“人社部”）声称将分“三步走”延迟退休年龄，“一是在实施上会小步慢行、逐步到位；二是区分对待，分步实施；三是在之前做及时的公告，也会在方案出台前广泛地听取和征集意见”。2017年3月1日人社部表示“将结合中国实际情况，根据劳动力总量的变化情况、就业状况和社保基金长期可持续发展情况，继续深入研究，适时推出延迟退休这项政策”，并表示延迟退休方案于2017年正式推出，5年过渡期后，或在2022年开始实施。由于种种原因，相关延退改革方案至今还未正式出台。

任何重大的社会经济制度改革都需要有最大的社会共识作为基础和前提。当前，社会各界对延迟退休的意见还并不统一，赞成者有之，反对者也有之，但多数专家学者认为，延迟退休年龄是大势所趋。早在20世纪90年代就有学者指出，“应该提倡灵活的退休制度，不要单纯唯年龄论”“法定退休年龄应作适当延长”（张述祖，1991）。鉴于当时人口老龄化程度还不高，劳动力资源还比较充裕，社会养老保险制度尚未有严重的财务压力，延迟退休的政策动力还不大，但是在20世纪末中国开始进入老龄化社会，可以考虑逐步延长退休年龄（徐勤，1992）。此时有人建议，可以推迟国家急需的有助于科学技术进步的高知识分子的退休年龄。“退休年龄向后延伸，不啻人们生产和工作期限的延长，大有利于每个人以至整个人类社会的发展”（侯文若，1993）。李珍（1997）认为在人口平均预期寿命提高的情况下相应提高退休年龄是可能的，也是必要的。

实际上，中国政府曾经考虑到法定退休年龄偏低，可能引起专业性人才资源不能为经济社会发展所充分利用，从而造成人力资源浪费的问题，就针对部分职业劳动者采用了灵活的退休机制。1983年国务院发布《关于高级专家离休退休若干问题的暂行规定》，允许少数高级专家“确因工作需要”，可适当延迟退休年龄①。1983年发布的《关于延长部分骨干教师、医生、科技人员退休年龄的通知》规定，这部分职业群体的退休年龄可延长1～5年，女

① 根据该暂行规定，副教授、副研究员以及相当这一级职称的高级专家，经批准，可以适当延长离休退休年龄，但最长不超过65周岁；教授、研究员以及相当这一级职称的高级专家，经批准，可延长离休退休年龄，但最长不超过70周岁；学术上造诣高深、在国内外有重大影响的杰出高级专家，经国务院批准，可以暂缓离休退休，继续从事研究或者著述工作。

同志最长不得超过60周岁，男同志最长不得超过65周岁。1990年《人事部关于高级专家退（离）休有关问题的通知》规定女性高级专家，经本人自愿可以工作到60岁或60岁之后退（离）休。但这些退休年龄延迟政策，针对面狭窄，因而从整体而言，半个多世纪以来我国一直执行的是“男60、女干部55、女工人50”退休年龄制。由于种种原因，实际生活中的平均退休年龄也低于制度退休年龄标准。

延迟法定退休年龄将会改变劳动者个体的生命周期结构，即劳动时间延长、退休后闲暇年限相对变短，会影响劳动者个体利益。普通劳动者一般基于利益最大化，会认为延迟退休将会有损个人福利。由于很多人的个体理性很少站在社会经济、养老保障制度可持续发展的角度来考虑，因而每当涉及延退消息出现时，社会热议频起，反对声音不少，延退热情不高。反对意见不仅来自一线从事苦脏累工作的劳动者，也来自相当一部分基层公务员①。2013年，人民网的一次调查显示，有68.6%的受访者反对延迟退休，其中，在外企的工作者反对最多，有78.8%的人认为延迟退休不符合中国国情，在党政机关中也有52.8%的人表示不赞同，只有6.1%的受访者愿意在退休后继续工作②。延迟退休（准确地讲，是延迟领取养老金待遇的年龄）不受欢迎，即使在其他正在改革退休制度的国家也是如此，每次政府延退改革的努

① 我们对某县相关政府部门工作人员进行访谈，反映基层政府部门的不少公务员的想法是“能退则退”，宁愿领取相对较少的退休金，也不愿意继续工作。他们认为，当前环境下基层公务员工作压力大、风险高、回报少，他们不愿做事，每天上班只是为了打考勤。比如，有一个部门有20名左右人员，长期不在岗但仍拿工资，在外忙于个人事务的就有3~4名，如果上级部门来检查在岗情况，他们总能以各种方式应付。

② 本次调查的城市配额：北京20.1%、上海20.6%、广州17.5%、天津4.9%、重庆5.7%、杭州5.3%、南昌6.0%、武汉6.8%、长沙3.7%、西安6.1%、昆明3.3%；受访者所在单位性质分布：党政机关3.4%、事业单位19.4%、国有企业17.7%、民营企业40.9%、外资企业12.4%、社会组织0.5%、个体户或自由职业5.5%、其他0.2%（资料来源：贾玥：《近七成受访者反对延迟退休73.5%支持弹性退休》，载于《人民网-时政频道》2013年。http://politics.people.com.cn/n/2013/1101/c1001-23394208.html）。也有观点认为，这些网络调查结果未必能代表民意。因为“上网者中以年轻人居多，愁于找工作的他们自然希望退休的人越多越好，退休时间越早越好”。一项对53人的现场、网络和电话调查结果显示在19名小于40岁的调查者中，16人明确反对“延迟退休”，他们也普遍期盼“父母不要晚退休”，但在40岁以上的34人中，8人反对“延迟退休”、17人认为“无所谓，早退晚退都可以”、9个人希望“能晚退休”（有8个人担任“一定职务”）。说明年长者、有职务的并没有那么强烈地反对延迟退休（阳义南和肖建华，2018）。

力都会激起社会强大的反对声音①。

中国的人口老龄化越来越严重，社会养老保险制度财务压力日益加大，法定退休年龄不再是“要不要调整”问题，而是“何时调整”“如何调整”。

一是中国人口结构正经历前所未有的老龄化过程。目前，一方面，中国劳动力人口规模已经出现逆转性下降，老年抚养比开始加速上升。20 世纪 80 年代初实施的计划生育政策，虽然有效地控制了我国人口规模的过快膨胀，“全国少生 4 亿人”，但对中国人口结构也带来了深远的影响。在该政策实施 30 年后，中国劳动力人口规模开始急转而下。另一方面，在总和生育率非常高的 60 年代初至 80 年代初出生的人口，现在正陆续步入退休年龄，在未来三四十年内退休人数将快速增长（见图 1－1）。两个因素叠加在一起，形成了强烈的人口世代更迭效应，老年抚养比将以惊人的速度上升。相较于其他未曾采用限制生育政策的工业化国家，中国人口老龄化虽然“来得迟”，但“来势凶猛”（见图 1－2）。

☞ 专栏 1－1

联合国人口司（2017）数据显示，1950～2100 年我国劳动力人口规模明显呈现倒 V 型走势。2013 年劳动年龄人口首现负增长，20～59 岁人口数达到峰值 8.55 亿人后开始逆转走低，走低趋势将持续几十年。2017 年 60 岁及以上年龄人口达到 2.3 亿人，到 2050 年前后预计达到 5 亿人，未来 30 年老年人口将翻一番。2018 年“60 岁以上人口”数与“20～59 岁人口”数占 28%，到 2050 年左右将超过 76%，即劳动年龄人口的养老负担将增加 2 倍。

如果将“老年抚养比”作为调整退休年龄的一个重要参考，不妨将中国与正在延迟退休的典型国家进行比较。2018 年中国老年抚养比水平，相当于 2013 年的韩国、1992 年的加拿大、1987 年的日本、1962 年的美国，以及 20 世纪 50 年代的英国、德国、法国和瑞典。到 2025 年，中国的老年抚养水平

① 例如，2010 年 10 月 27 日法国国民议会以 336 票赞成 233 票反对，通过了法国退休制度改革法案，将最低退休年龄从 60 岁提高至 62 岁，可领取全部养老金的退休年龄从 65 岁提高至 67 岁。这次改革方案引发了法国社会争议，有超过几百万人参加了罢工游行，罢工次数过百次。退休年龄的改动给法国社会政治经济都带来了很大冲击。又如，俄罗斯于 2018 年 6 月推出延迟退休计划，从 2019 年起逐步将男性退休年龄由 60 岁提高至 65 岁，女性退休年龄由 55 岁提高至 63 岁。计划一经推出，就遭到国民的强烈反对，迫不得已，俄罗斯总统普京作出妥协，只是将女性退休年龄由 55 岁提高至 60 岁。

则相当于2013年的美国和加拿大、2019年的韩国、1996年的日本，以及1969年的英国、瑞典、德国和法国。而在这些年份，这些国家的法定退休年龄已经分别达到65岁（英国、加拿大、瑞典、美国）、63岁（德国）、60岁（法国、韩国）。

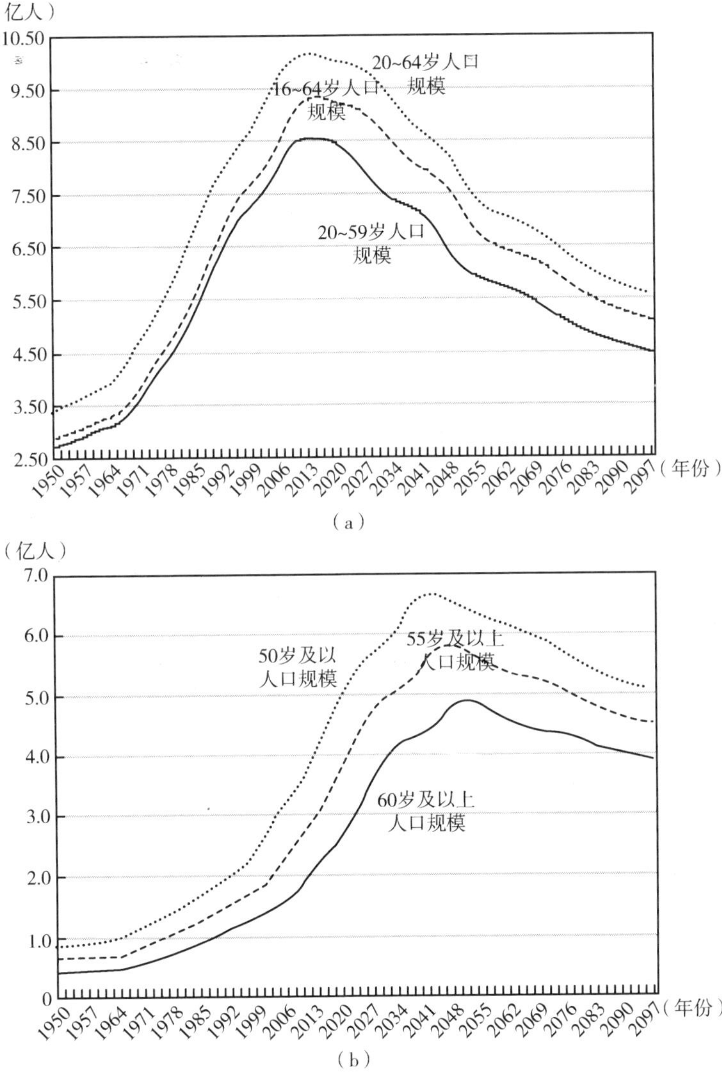

图1-1 中国劳动力人口和老年人口规模演变趋势（1950~2100年）

资料来源：United Nations. Department of Economic and Social Affairs. *Population Division*, 2017. https：//population. un. org/wpp/。

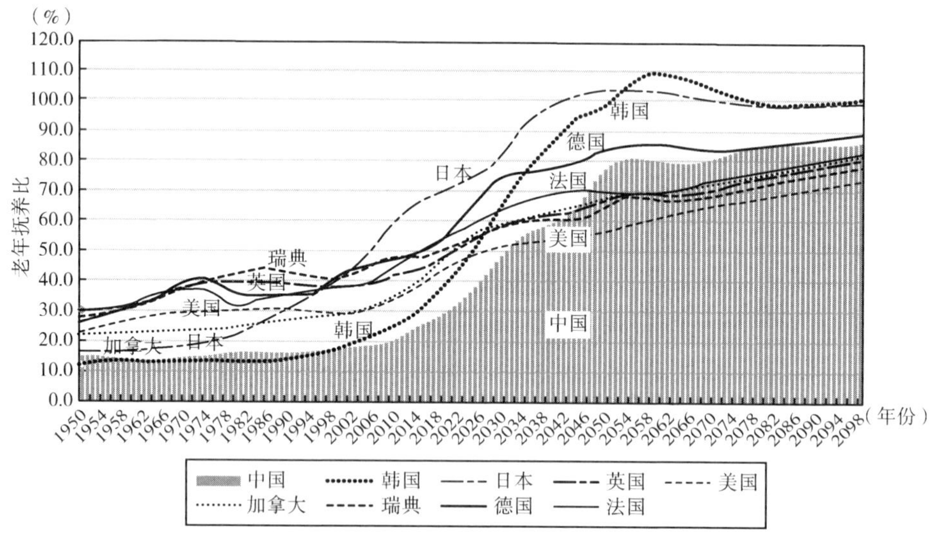

图1-2　不同国家老年抚养比（60岁以上人口数/20~59岁人口数）

资料来源：United Nations. Department of Economic and Social Affairs. *Population Division*, 2017. https://population. un. org/wpp/。

此外，在各国的改革实践中，人口寿命变化成为调整退休年龄的一个重要参考。《2017年我国卫生健康事业发展统计公报》显示，我国居民人均预期寿命达76.7岁，相当于主要资本主义国家20~30年前的寿命水平（见图1-3），那时这些国家的法定退休年龄（以男性为例）都高于现在的中国水平（OECD，2017）。例如，1980~1985年日本男性法定退休年龄为65岁、冰岛为67岁；1985~1990年挪威为67岁、瑞典为65岁、冰岛为67岁、加拿大为66岁、澳大利亚为65岁、西班牙为65岁；1990~1995年法国为60岁、意大利为55岁；1995~2000年英国为65岁、德国为63岁、美国为65岁、葡萄牙为65岁；2000~2005年韩国为60岁；2010~2015年波兰为65岁。从我国人口平均寿命水平和增长趋势来看①，也应要考虑调整法定退休年龄。

① 我们也可以通过中国寿险业生命表来反映近20年寿命预期的变化，1990~1993年“养老金业务男女表”显示，0岁预期寿命为76.9岁，60岁预期寿命为21.0岁；到2010~2013年时，0岁预期寿命为84.9岁，60岁预期寿命为26.6岁。在20年间，0岁的预期寿命增长了8岁，60岁的预期寿命只增长了5.6岁。我国人口预期寿命状况改善主要来自年轻人口，而老年人口改善效果相对较弱。

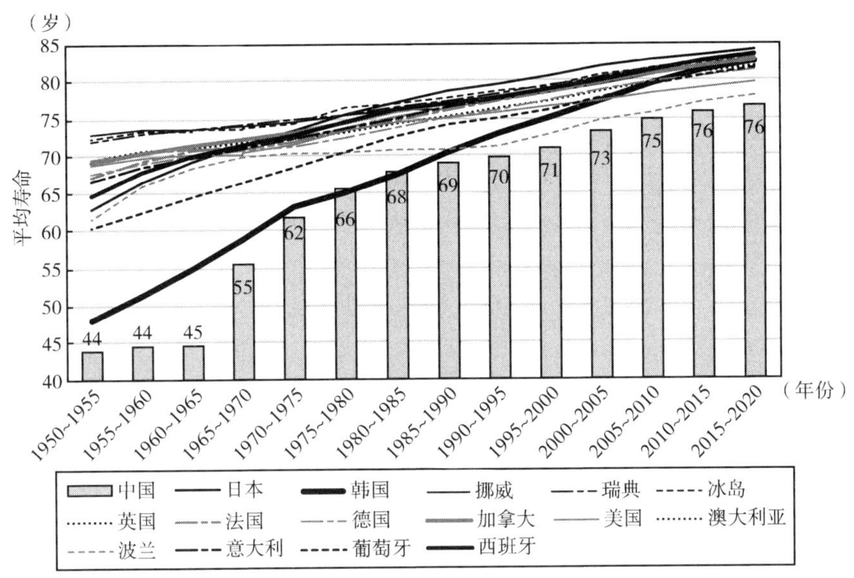

图1-3 不同国家人口平均寿命比较（1950~2020年）

资料来源：United Nations. Department of Economic and Social Affairs. *Population Division*, 2017. https://population.un.org/wpp/。

二是我国基本养老保险基金当年收支缺口已经出现。人口年龄结构老化，导致养老金受益人数与缴费人数之比不断提高，养老保险基金自身的收支平衡越来越难以保证。到2018年末，虽然我国城镇职工基本养老基金累计结余有50901亿元，但这主要是1997年以来中央和地方财政对基本养老基金补贴累计的结果。实际上，如果将财政补贴不计，2014年就出现了"收不抵支"状况，当年基金缴费收入2.04万亿元，而基金发放高达2.18万亿元，缺口0.5万亿元（见图1-4）。未来年份的缺口还会扩大，如果缺乏持续的财政补贴，基金结余将在3~5年内耗尽。由测算显示，到2030年、2040年和2050年，当年发生的养老金收支缺口分别为2.9万亿元、11.5万亿元和27.1万亿元，而缺口累积额分别为13.8万亿元、103.2万亿元和359.6万亿元。因此，我们对未来养老金的财务状况应引起高度重视，不能因现在有一定结余规模而放松了对未来严峻形势的预判，未来政府财政将面临的养老金补贴压力很可能是空前的，因此应早做筹划。人口老龄化是人类历史上前所未有的，如何保证公共养老金制度收支平衡，维持养老基金长期的支付能力，对于各国都是一个全新的挑战。

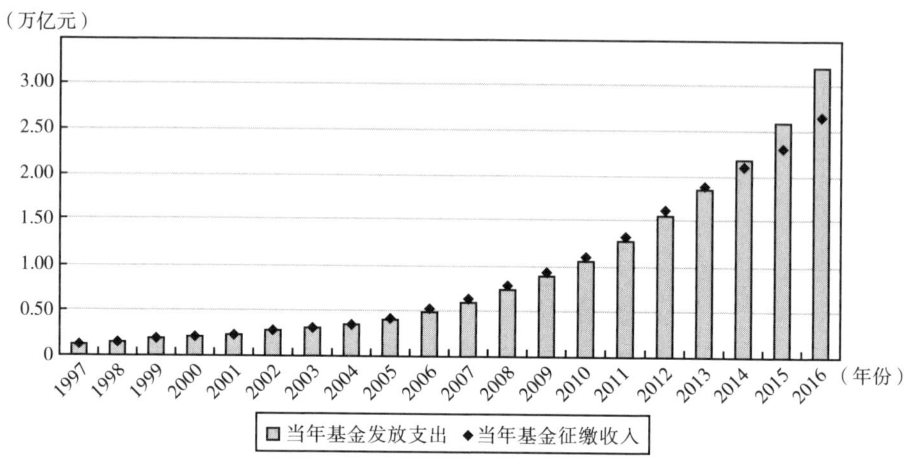

图1-4　中国城镇职工基本养老保险基金收支状况

资料来源：根据历年《中国统计年鉴》整理。

三是延迟退休可缓解养老金收支失衡，稳定个体养老保障。改善养老保险收支状况，制度本身主要有三条路径可选择：（1）提高保险费率；（2）降低替代率；（3）延迟退休年龄（OECD，2017）。当前中国社会养老保险费率偏高，企业社保负担较重，如果继续提高费率，将会严重损害经济活力，不利于供给侧改革和扩大社会就业，也会加大避费、欠缴的动机，不利于基金增收。在未来，养老保险费率甚至还可能需要进一步下调。另外，养老金替代率多年来已在持续下降，目前保持在低水平。1997年城镇职工基本养老金替代率为77%，2016年下降至45%，已经低于国际警戒线55%的水平。未来通过降低养老金替代率以减轻基金给付压力的空间很小，社会养老保险必须维持退休者的基本生活水平。因此，当不能通过提高养老保险费率扩大基金收入，在尽量维持养老保险基金收支平衡而又要发挥其基本的保障功能时，延迟退休就成为一个相对可行的政策选择，它一方面通过降低制度赡养率，增收减支，以提高养老金财务能力（financial sustainability）；另一方面通过延长参保人缴费，保证养老金权益有充分积累，以稳定或改善养老待遇（pension adequacy）。

1.2　研究目的和意义

延迟退休问题曾一度被推至社会舆论的风口浪尖。很多人对未来退休年龄政策缺乏完整、正确的认识，担忧延迟退休会带来“利益损失”，因此反对意见较多，由此导致启动制度改革的难度较大。为能廓清观点争议，让更多的人对退休年龄制度改革内容和目的有更深入的了解，本书对一些工业化国家的退休制度发展历史进行了较为系统的考察，对退休制度本质进行了深层次解释，对近些年来国外退休年龄制度改革经验进行了较为全面的总结。同时结合中国国情，对未来退休年龄制度“何时调整”“如何调整”提出了见解和建议。总之，本书旨在为中国未来的延迟退休改革提供更多的有价值的参考。具体而言，本书试图在以下几个方面达成共识。

1.2.1　未来退休制度的重要改革方向：增加退休弹性

历史上，退休制度经历了从雇主的用工制度到政府的社会保障制度的转变过程，在退休年龄要求上也经历了从强制性到弹性的转变过程。早期的退休制度，是雇主为提高员工忠诚度、留住优秀人才的一种奖励性用工政策，雇员为雇主工作到老时可以获得后者提供的老年生活待遇。另外，退休制度也是向年老的、失去劳动能力的雇员提出的一种“不失体面”的辞退办法，达到统一约定的年龄，雇主可顺理成章地结束与雇员的劳动关系。当各国政府普遍建立社会保障制度时，退休制度实施范围从企业或行业层面扩大到了全社会层面，劳动和退休都成为劳动者的基本权利，退休不再被局限于一种因年老失去劳动能力而不得不停止工作的状态来界定。随着积极老龄化理念的兴起，停止工作的年龄与开始领取退休金的年龄并不存在严格的对应关系，两种年龄选择都成为劳动者权利的重要组成部分。各国正开展的退休制度改革，且大都放开了对这两种年龄的强制性，纷纷提高了灵活性，采用了弹性退休制，甚至部分国家完全废止了强制退休的规定。一方面，劳动者可以选择退休年龄，年龄不能成为结束劳动关系的唯一因素，年龄歧视被禁止。另一方面，劳动者可以弹性决定领取养老金的时间、形式，领取养老金与继续工作不相冲突。弹性退休制度出现后，意味着统一规定不同劳动者退休时间的政策意义已经大大降低。一个好的制度是使退休决策变成个人的事情，而不是国家强制性地替个人做选择（郑秉文，2012）。

中国采用的是强制退休制，达到一定年龄将自动终止劳动关系，如此才能领取退休金，劳资双方也不用继续缴纳社保费。目前社会上讨论延迟法定退休年龄较多，而如何设计弹性退休制度的讨论较少。如果忽略弹性退休的制度设计，对退休年龄仍采用“一刀切”，则不少人对延迟退休仍有较多顾虑，这不利于调整正常退休年龄。此外，如果未来的退休制度设计仍规定

"达到正常退休年龄即须终止正常劳动关系"，则"老而无用"的潜意识仍将长期存在，不利于社会应对高度老龄化问题。用人单位在缺乏正确观念的指引下，便无足够动力去积极改善适合于老年人继续发挥作用的工作环境和劳保条件，劳动者个体仍将按原来统一的退休年龄规划职业生涯，"活到老，学到老"理念并不能有效转化为一种终生的人力资本增值计划，这不利于促成"积极老龄化""老年人友好型"社会的形成。

1.2.2 厘清模糊认识：延迟退休并不必然损害退休者的利益

目前很多人在解释延迟退休的必要性时，过多强调制度改革目标是解决社会养老保险基金收支不平衡问题，即通过"延长劳动者的缴费年限、缩短退休受益年限"，实现社会养老保险基金的长期可持续性。比如，"我国退休年龄每延迟一年，养老统筹基金可增长 40 亿元，减支 160 亿元，减缓基金缺口 200 亿元"①，如果对延迟退休的作用仅停留于如此说明，容易让人产生延迟退休通过多缴、少领，以牺牲劳动者退休权益为代价，来达到养老金未来有钱可发的目的的错误认识，这不利于为延迟退休改革形成最大的社会共识。

实际上完全可以预计到，在未来制度赡养率非常高的情形下，社会养老保险制度本身存在的收不抵支、最终缺口巨大的风险是非常大的。研究显示，延迟退休对解决基金收支赤字问题的作用是有限的，但又是必需的。因此不能单靠延迟退休就能解决未来养老金危机。虽然延迟退休延缓了制度赡养率的快速提高，但也延长了参保人的缴费年限，增加了养老金权益的积累，由此将提高退休时的待遇计发标准，越往后随着养老金的计发压力增加，在一定程度上会抵消赡养比平缓后养老金给付压力减轻的效应。延迟退休是否能减轻养老金远期的失衡压力，仍需综合考虑多方面因素，进行科学测算后才有准确认知。

另外，未来养老金的给付若能严格按照"精算中性"原则来操作，待遇按"奖晚罚早"规则设计，则不论何时退休，劳动者终身的养老金权益（即养老金财富）都将是一样的，这意味着制度在走向精算中性的情形下，在未来，无论对于退休者个人还是养老金制度本身，延迟退休带来的影响很可能是"中性的"，养老金的财务持续能力从延迟退休中获得的改善效果可能并不如社会预期的那么大，只是从长期来看，退休年龄提高会将养老金给付压

① 人民网：《研究显示：退休年龄每延迟一年 基金缺口减缓 200 亿》。http://gongyi.people.com.cn/n/2015/0127/c152509-26456368.html。

力向后推延。

那么，延迟退休（包括鼓励个人延迟退休、统一提高正常退休年龄）的意义又体现在哪里？至少有两个方面。

一是提高退休年龄可以扩大社会劳动力供给，减轻劳动力成本进一步上升的压力。低龄退休制度长期运行，使得制度缴费率下降困难，雇主雇用成本高企不下，将加速资本对劳动、机器对工人的替代，不利于降低失业率。虽然中国劳动年龄人口规模进入了下降通道，但到2050年仍有6亿人左右，“中国劳动力富裕，应选择的是吸引更多的劳动力而不是排挤劳动力的退休年龄制度”（李珍，1997）。未来30年在劳动力人口减少2亿人后，劳动力资源仍比较丰富。但以当前退休年龄标准统计的退休人口将会达到5亿人左右，相当于在现有基础上增加约2亿人。老年抚养比之高，社会养老压力可想而知。随着科技进步、人工智能发展，虽然在一定程度上能够解决劳动力相对不足的问题。但具体到劳动者个体，则将面临的现实问题是，其参与劳动的权利要么会因“机器换人”受到影响（如果的确存在的话），要么会因退休年龄过早（相对于寿命延长）而受到影响。

在当前人工智能发展背景下，在有些人眼里，“机器换人”成为反对延迟退休的最有力的论据。但“机器换人”并不是现在才有，人类的科技进步史长期伴随有“机器换人”故事，科技进步总会在某个阶段、某个时点发生，使得一部分劳动者的岗位被替代，由此形成失业。但从长期来看，只要社会经济在发展，“机器换人”后所引致的产业发展，对新的产品和服务形成的需求，又将催生许多需要人工作的新岗位、新工种、新职业①，“机器换人”并不导致所有人从此失业，一部分仍能在产业结构调整中找到新的就业机会。我们并不能因一部分人的岗位被机器替代后可能会引起的失业，而认为延迟退休并无必要。如果那样的话，对于那些仍有可能重新获得就业机会

① 澳大利亚莫纳什大学的经济学家黄有光曾指出“技术进步增加失业”是一种误解，他解释道“工厂确实使许多手工业者失业。但是：(1) 工厂的建设、机器的生产，需要人工投入。(2) 工厂既然能够淘汰手工业，可见其产品比较便宜，使消费者可以节省钱，能够增加用在其他方面的支出，因而增加这些方面的就业。(3) 工厂生产的利润，不论是用于消费或投资，都能够增加这些方面的就业”，总体而言，技术进步可能倾向于使例如非技术工人的就业量下降……长期而言，人们认识到技术的重要，通过教育等途径提高技术工人的供应。（资料来源：黄有光：《从诺奖得主导凡夫俗子的经济学谬误》复旦大学出版社2011年版。）“机器换人”导致的“失业恐惧”早就不是一个新话题，从农业经济社会向工业经济社会过渡中，机器并没有“一劳永逸”地造成劳动者的失业，甚至是长期的、普遍性失业。经济史揭示，除非发生经济大萧条、大危机而造成了大量失业外，在其他的经济运行较好的阶段，技术进步也得到发展，“机器换人”也在发生，但失业并未因此仍然像萧条经济中那样存在。所以主流经济学的观点一般认为，失业率高低主要受经济发展周期的影响。

的人是不公平的，僵化不变的退休年龄制度将会抑制更多劳动力供给的形成，人为地加重未来可能存在的劳动力总量不足问题。

此外，延迟退休可能会对部分年轻劳动力形成就业“挤出”效应，但这种效应是有限的，甚至证据并不显著（阳一南，2015）。即使存在这种“挤出”效应，这也是劳动力市场的一种自动调整功能在发挥作用。一般而言，老年人的受教育水平较低，但工作经验丰富，其职业特点和工作岗位性质不应与年轻劳动者存在完全的重叠性和冲突性。即使二者之间竞争性很强，这对年轻一代劳动者的未来职业发展未必不利。因为年轻人相较于老年人，会有更多的时间、精力来培养学习能力，来适应未来劳动力市场竞争。

二是提高退休年龄可以缓解储蓄率下降，为长期的经济结构调整赢得时间。中国人口结构变迁图景显示，“95 后”和“00 后”出生低谷，世代将在2015～2030 年进入劳动力市场，而“60 后”婴儿潮一代正逐渐退休，老年抚养比将迅速增加，此期间储蓄率也将呈现类似 1995～2010 年出生人数“断崖式”下降的特征，资本红利会尾随着人口红利的消失而消失（杨华磊等，2017）。尽管中国已放开生育限制，实施了“全面二孩”政策，但随着社会经济向工业化、城市化高度发展阶段迈进，很可能会步趋发达工业化国家的“后尘”，难以逆转低生育率趋势。虽然劳动力的“流入口”无法有效掌握，但劳动力的“流出口”是可以控制的。提高退休年龄虽不能从根本上改变储蓄率下降的趋势，但可以降低储蓄率下降的幅度、延缓资本红利消失的速度，减少出生低谷世代进入劳动力市场对社会和经济系统的冲击，为提高全要素生产率、形成新的产业点赢得时间。

当前，不少人对我国基本养老金的给付特点了解不多，延迟退休是否一定会有损退休利益？这个问题如果不探讨清楚，城镇职工仍会在非理性的、传统的思维惯性驱使下纷纷选择提前退休，而不愿意接受退休年龄延迟政策。为避免这种现象发生，就有必要更加细致地认识当前基本养老金制度下退休利益是如何确定的，当职工对基本养老金给付特征、延迟退休对退休利益的影响有更加准确的了解时，法定退休年龄调整所面临的现实困难，也就不会像我们想象的那么大。

1.2.3 调整基于国情：未来男女退休年龄并非一定要同步

目前，不少研究者提出的未来延迟退休年龄方案中，大都主张男女同龄退休，这也造成了一部分女性劳动者对延退改革的担忧。男女同龄退休的建议也较早出现过，范培林（1994）认为，“男女职工、干部退休年龄不同，就不能体现劳动权利的真正平等”“男女生理、心理成熟年龄和衰退年龄基本一致，女职工、干部和男职工、干部的退休年龄也应该相同”。赞同“男女同龄退休”的观点，实际上是将“退休”视为一种“劳动活动及相应权利的结束”。主张男女劳动权利平等的理念无可厚非。社会对于男女不同龄退休的顾虑和争议，主要是因“到点即退”的强制退休制度引起的，而不是相对男性较早享受退休待遇引起的。这种“一刀切”的强制退休模式让女性较早地结束了劳动关系，从而出现了对男女因退休年龄不同而劳动权利不平等的批判。

随着现代经济社会发展，男尊女卑观念式微，女性劳动权利观念发生很大改变，女性职业竞争能力在提高，劳动就业形式也日益多元化。但是我国的现实情形是，新生人口抚养压力的大部分由每个家庭来承担，对家庭成员照看压力分散的社会化程度较低，女性过多承担家庭劳动时，就难以兼顾好个人工作，影响了择业时的竞争能力。“男主外、女主内”的家庭分工现象普遍。这既是传统家庭文化影响下的结果，也是我们迈入工业化、城市化过程中相应幼托保障制度还未充分完善时不得不面临的一种无奈选择。“生儿容易养儿难”，生育率下降也是因此而生的另一种社会问题。劳动制度与退休制度一方面在加强对妇女就业权利进行必要的保护同时；另一方面也要对女性在选择退休时间、如何处理社会性劳动与家庭性劳动上，提供必须的宽容和弹性。社会制度既要强调理性，也要考虑人文关怀，尊重中国传统。一直以来，女性退休年龄低于男性，制度设计初衷上也体现了对女性休息权益的保护，对女性在家庭中独有作用的重视。但问题是，女性终止劳动关系的法定退休年龄要早于男性，使得一部分希望继续工作的、有能力的女性劳动权利受到影响。而另外，如果“男女同龄退休”，又会使得一部分想回归家庭照看劳动的女性则面临暂时无法领取养老金的问题。由此，必要的家庭照看劳动将面临较高的机会成本。因此，强制退休制度将无法满足不同女性对退休时间有不同选择时，就有必要强调“退休”多重性定义。退休年龄除了“工作退休年龄”定义外，还有“领取退休金的年龄”定义，它对应的是一种由制度提供经济支持的闲暇、休养权利。而何时领取退休金主要由社会保险法、养老金制度来约束和管理。两种年龄不应严格重合，参保人也应有一定的可选择的权利。双重定义下的“退休”都应涉及对劳资双方社保权利和义务如何终止有更好的界定。

因此，未来的制度改革有必要明确，女性退休年龄比男性稍早，并不是指强制性要求女性一定要比男性更早终止劳动关系，而是女性可比男性更早享受退休待遇。这一点，当前很多观点和讨论都没有注意到，甚至忽略中国国情，又对退休年龄多重定义认识不够，片面强调“男女同龄退休”。

1.2.4 合理确定延迟节奏：代际老年人的相对产出效率变化不容忽略

延迟退休将是既定趋势。2015 年党中央提出要出台“渐进式延迟退休年龄政策”。延迟退休何时开始实施、完成延退期间有多长、目标退休年龄到哪一岁，都需要谨慎把握。目前诸多研究提出的延退方案至少反映了三个特点：一是参考了正在延迟退休的典型国家的做法，利用 15 ~ 30 年逐步延迟至目标退休年龄；二是延迟建议主要着眼于社会养老基金收支的长期可持续性，在对养老金收支平衡估算时，学者们也大都根据人口平均寿命预期来确定延迟节奏，比如每 3 年延迟 1 岁；三是大都认为当前可以着手调整退休年龄，在测算对养老基金收支平衡的影响时也基于现在时间的假定。

如果仅是基于养老基金收支平衡、人口预期余命延长状况等来确定延迟退休计划，这可能还不够。正常（法定）退休年龄会成为用人单位和劳动者终止劳动关系的一致默认时间，是影响劳动者实际退出劳动力市场的重要因素。如果延迟节奏安排过快，老年劳动者效率无法满足工作需要，而用人单位又不能轻易将其辞退时，或者即使辞退后，老年劳动者重新就业困难而又无法获得足够收入保障时，无论是用人单位还是劳动者都将面临尴尬境地。因此，合理确定退休年龄，必然要考虑到老年劳动者工作能力、生产效率和再就业能力的变化。老年劳动者产出效率的持续改善是延迟退休的前提条件。教育资本是一种重要的人力资本，关系到生产效率的维持和提升。在中国，年龄较大的劳动者受教育水平普遍较低，现诸多研究显示劳动者“年龄—产出效率”特征曲线呈现倒“U”型，即“中间高两端下沉”，但由于不同年龄组劳动者人力资本结构有差异，而在社会经济不同发展阶段，对人力资本条件要求是有变化的，因此不同时期劳动者“年龄—产出效率”特征曲线总会变化着。而在发达国家，国民受教育水平普遍较高，使得产出效率可维持的周期较长，即使在高龄也有较高产出效率（Lindh & Malmberg，1999；Feyrer & James，2007）。所以中国在延迟退休年龄时必须考虑到实际国情，不能简单参照 OECD 成员方的目标退休年龄标准，在短期内完成对法定退休年龄的调整。不切实际的“追赶”型延迟，会影响到不同年龄组劳动者的人力资源配置效率。

总之，本书针对现有研究的不足，对社会上有些争议性观点，进行了深层次思考，对如何延迟退休、开展弹性退休等方面，做出了有一定拓展性的贡献。

1.3 文献综述

1.3.1 国外研究

首先，退休年龄调整、退休行为选择等问题较早在国外受到众多研究者的关注。米切尔和菲尔茨（Mitchell & Fields，1984）、格鲁伯和怀斯（Gruber & Wise，1998）等就探讨了退休时间决定因素，试图解释普遍存在的提前退休现象。还有些研究则讨论了退休年龄变化给退休者福利水平、养老金收支等产生的影响。例如，威廉（William，2001）分析了美国老年劳动力在不同退休年龄下福利水平受到的影响。安德鲁和朱丽叶（Andrew & Juliet，2010）估计了最早退休年龄从62岁延长至65岁对社会保障的财政状况、退休收入和经济运行带来的影响。克莱伦斯（Clarence，2008）认为延退年龄会增加以现值衡量的劳动者预期收益。伊夫和黛安（Yves & Diane，2011）对加拿大55岁及以上老年人口日益增加的劳动参与率的分析发现，老年人口参与劳动力市场并没有提高年轻劳动力的失业率，完善的劳动市场有益于发挥各自人力资本的利用效率。

劳动者的退休选择权问题也较早进入学者的研究视野（Barry Nalebuff，1985），并已形成一个重要的研究方向。斯托克和怀斯（Stock & Wise，1990a；1990b）就创造性提出了“选择权价值（option value）”模型，用来分析最优退休时间的决定。其核心思想是：如果继续工作，收入增长所带来的效用大于退休收入减少所失去的效用，就应选择延迟退休，反之则提前或按时退休。如何完善公共养老金制度，突出养老金给付对不同年龄退休者的中性影响（Blöndal & Scarpetta，1998；OCA，2003；Queisser et al.，2006），合理引导退休行为显得非常重要。如何使养老利益随着退休年龄的变化而保持一致，已经是养老金设计的一个核心问题（Eytan，2003）。

在国外，围绕退休行为、退休年龄的决定及其影响因素，已经形成了大量的经验研究。这些因素包括：一是社会保障因素。社会保障制度对退休行为的影响很早就受到了关注。如费尔德斯坦（Feldstein，1974）发现社会保障有诱致退休效应（induced retirement effect）。社会保障相当于为未来提供了收入保证，因而诱发了提前退休动机（Gruber，1998；Wise，2009）。庞等（Pang et al.，2008）发现，在待遇确定（DB）和缴费确定（DC）这两种不同类型的养老金制度下，参保人对退休年龄的选择会有很大不同，DB 计划参保人倾向于早退休，而 DC 计划参保人往往会晚些退休。维尔（Vere，2011）基于美国健康和退休研究（HRS）数据的分析显示，养老金收入不高者会倾向于晚退休。另外，塔西拉莫斯（Tatsiramos，2010）发现失业保险待遇高低对欧洲工人选择再就业或退休也有重要影响。二是个人和家庭因素。赫克曼（Heckman，1974）利用生命周期模型分析认为，个人对未来工作和收入的期望会影响他们目前的消费行为，消费偏好会对他们未来参与劳动力市场的行为产生影响。桑威克（Samwick，1998）、米切克（Mitchell，1999）发现，基本工资较高的工人往往希望较早退休，而收入较低的工人往往因收入目的会适当选择延迟退休。另外，蒙塔尔托等（Montalto et al.，2000）指出，继续工作能力、身体健康状况和退休成本的可负担水平等都会影响人们的退休决策。弗伦奇（French，2005）也分析了个人财富、工资、健康等因素对劳动力供给和退休行为的影响。有研究发现，与收入和财富状况相比，健康状态对人们的退休期望有更大影响力，健康比经济激励对退休时间的选择更为重要（McGarry，2004；Iskhakov，2010），具备更高认知能力和对未来有更乐观预期的劳动者倾向于晚退休（Parker et al.，2013）。玛奥等（Mao et al.，2014）利用生命周期模型，对最佳退休年龄、休闲和消费进行分析，发现初始工资水平和工资增长率是影响退休年龄的两个决定性因素。此外，与职业相关的工作满意度（Fields & Mitchell，1984）、工作安全保障和职业健康也会影响到个体退休决策（Angrisani et al.，2013）。家庭因素也会影响个体的退休行为。例如，家庭配偶的退休行为会影响到另一方的退休决定（Blau & Gilleskie，2008）。托巴等（Topa et al.，2011）借助家庭层面的微观调查数据发现，有些家长会因孩子的大学教育经费而选择推迟退休行为。

在国外，是否延迟退休年龄也一直是热点议题，相当多的研究表达了支持性观点。一是认为老年人与年轻人之间不存在就业替代关系。卡尔维奇等（Kalwij et al.，2006）认为延迟退休年龄导致社会失业率增加的假设是不成立的，通过对 23 个 OECD 成员方的比较分析后发现，还无足够证据表明老年劳动力可以取代年轻劳动力。同样，格鲁伯和怀斯（Gruber & Wise，2009）考察了 12 个国家的老年人与年轻人的劳动参与率，结果表明年轻人的就业并不因退休延迟而被“挤出”，相反老年人就业率的提高会促进年轻人就业。艾罗等（Hairault et al.，2010）也发现推迟退休年龄有利于改善老年人就业，减轻劳动力市场中老年人失衡结构问题。穆纳尔和伍（Munnell & Wu，2012）认为，在社会经济体系中工作岗位数量本身不可预知，老年人与年轻人之间并没有明显的就业替代关系。勒菲弗（Lefebvre，2012）使用OECD成员方的面板数据分析了失业率曲线，结果显示老年劳动者提前退休对年轻人就业起到了消极作用。二是认为延迟退休对养老金收支状况改善有积极的影响，可以增强社会养老保险基金的偿付能力。邦加茨（Bongaarts，2004）指出绝大多数OECD国家的养老金制度不能持续，而提高退休年龄可以是一个解决方案。韦丁（Werding，2004）对OECD成员方养老金制度的分析表明，推迟退休在有效降低缴费率的同时，能保持这些国家或地区养老金的平衡。还有研究认为延迟退休会增加劳动力供给，由此带来的经济增长将会拉动全社会的总需求，增加对劳动力的需求（Boersch - Supan & Ludwig，2010）。

虽然多数观点认为应该适当提高法定退休年龄，但也有部分学者并不认同。韦勒（Weller，2002）认为，延迟退休不仅不能阻止养老金缺口的进一步扩大，并且会降低低收入者的养老金收益，与消除老年贫困和缩小贫富差距的养老金改革目标恰好背离。对于那些将社会保障作为主要或者唯一的收入来源的群体，提高法定退休年龄并不是一个好的选择。这些人随年龄增长健康状况越差，平均寿命往往偏短，拥有社会保障以外的其他退休财富也较少，延迟退休会影响他们的利益（Weller，2005）。此外，诸多研究还认为延迟退休年龄会提高失业率；与女性相比，男性老人延迟退休对年轻人的就业影响更大（Lissenburgh & Smeaton，2003）。米歇尔洛和福特（Michello & Ford，2006）研究了美国在延迟退休过程中存在的社会保障改革措施与降低失业率的矛盾关系，认为鼓励老年人口延迟退休的政策会使整体失业率上升。延迟退休政策全面实施，企业必须通过减少对新劳动力的需求以满足推迟退休人员对工作岗位的需求，从而增加了年轻群体的就业压力（Brandon，2009）。

1.3.2　国内研究

就基本框架而言，我国现行退休年龄规定延续的是20世纪50年代的制度设计，自20世纪90年代起，就有研究讨论了延迟退休的必要性，认为退休政策的调整，必须作为应对我国日趋严峻的人口老龄化问题的重要政策思路和社会保障体系构建的重要组成部分，要实现资源配置效率的最大化，只有将劳动者的退休年龄随人口预期寿命增长而相应延长（林义，1995；李珍，1997；李红岚，2000；罗元文，2001；邓大松和王增文，2008）。近十多年来相关讨论明显增多（见图1－5）。

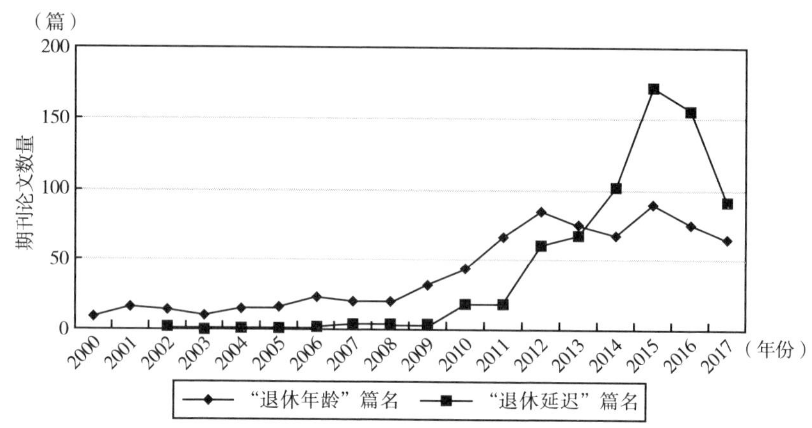

图1－5　涉及研究退休年龄主题的中国知网收录期刊论文数

资料来源：中国知网。

（1）退休年龄调整的必要性。具体而言，对延迟退休的合理性、必要性的讨论，主要分为以下几个方面：

一是延迟退休与劳动力供求的关系。蔡昉（2010）认为中国“人口红利”消失，以无限量的劳动力供给推进经济发展的模式结束，将不得不面临劳动力供给不足的难题。而法定退休年龄偏低，退休年龄的重新确定已经晚于人口老龄化，退休年龄缺少弹性会造成人力资源的损失（张明丽等，2011；张熠，2015），现行退休制度已不符合劳动力市场发展趋势要求（孔微巍和刘妍杉，2015）。虽然延迟退休对部分劳动者形成就业“挤出效应”，但整体上对社会的结构性失业影响很小（张雄，2009）。应重视对低技能者的人力资本投资，降低低技能劳动者的人口比例（杨燕绥等，2010）。供过于求的低技能劳动者可较早退休，而供不应求的高技能劳动者则较晚退休，这有利于减少劳动力供求矛盾（邹铁钉和叶航，2015；林宝，2018）。

对于延迟退休是否会扩大年轻人失业的问题，封进和胡岩（2009）认为，延迟退休对就业促进效应要大于就业替代效应。杨燕绥和李海明（2014）通过分析OECD成员方的长期数据，发现延迟退休对年轻人就业并非是消极的，无证明表明老年就业和青年就业之间存在替代关系。张川川和赵耀辉（2014）利用人口普查和人口调查数据的研究发现，中国老年人就业不会减少年轻人的就业机会，而且对年轻人的工资还有明显的提升作用。苏春红等（2015）通过运用工作搜寻理论（DMP），也认为延迟退休能降低社会失业率。此外，张志远和张铭洪（2016）利用动态面板数据证实，受过高等教育的老年劳动力总数与年轻劳动者的就业率之间呈正相关关系。林宝（2018）认为提高退休年龄将会增强企业提供的岗位数量。

二是延迟退休与养老金可持续能力的关系。随着中国迈向老龄化，养老财政收支平衡压力日益显现。刘学良（2014）的测算表明，2010～2050年城镇职工养老保险的财政缺口所形成的隐性债务，折现到2010年高达52.3万亿元。养老保险基金的可持续性是社会养老保险体系发展的关键。而我国的养老金体系尤其是城镇养老金体系，是在国有企业急速改革的背景下建立起来的，未能充分考虑人口老龄化带来的财政可持续性问题（赵耀辉和徐建国，2001）。由于我国社会养老保险制度属于现收现付的收入关联型制度，缴费与待遇之间缺乏强的精算联系，尤其是提高养老保险的收入替代水平时，容易诱发提前退休，提前退休加剧了养老金的收支压力（林义，2002；汪泽英和曾湘泉，2004）。封进和胡岩（2008）测算，2000～2006年，男性在60周岁之前、女性在50周岁和55周岁之前退休率分别达到54%、30%和73%。

多数研究认为，法定退休年龄太低或者提前退休行为，会加大养老金支付困难，因此主张对退休年龄作出调整，顺应人口寿命延长趋势，以改善养老金收支平衡，减轻政府财政负担（左学金，2001；林忠晶和龚六堂，2007；何平和江泽英，2010）。邓大松和刘昌平（2001）、朱楠（2009）、骆正清等（2010）、王增文（2010）、阳义南（2011）、殷俊和黄蓉（2012）、王晓军和米海杰（2013）、林宝（2014）等通过构建养老金收支模型，对各种参数作出不同假设的模拟测算显示，退休年龄偏低、人均寿命持续延长和社会抚养比不断上升，必然造成养老金收支不平衡，养老保险制度面临的财务压力将越来越严重，将影响人们的信心。为缓解人口老龄化带来的挑战，需调整法定退休年龄，放开计划生育政策（于洪和曾益，2015）。

值得注意的是，由于法定退休年龄调整的渐进性，对社会养老保险基金收支影响是长期的，由于不同研究者设定的基金收支模型不同，对养老金参数设定也不同，退休年龄调整对基金收支影响的测算结果会有较大差异，难免会存在观点的分歧。刘学良（2014）借助养老保险精算评估模型，估计了养老保险基金收支和政府隐性债务水平，结果表明延迟领取养老金、降低养老金替代率，能显著弥补养老金缺口，而提高养老金投资收益率、提高生育率等措施对缺口弥补的作用有限。而另有多项研究认为，不能高估延迟退休对解决养老金收支缺口问题的作用，其作用可能是有限的。余立人（2012）借助养老金精算模型，认为延迟退休尽管改变了每一年的养老金积累，但利率、平均工资增长率等参数变化使得延迟退休对养老保险基金支付能力的影响是不确定的。也有研究认为，延迟退休并不能从根本上解决收支缺口问题，或只能在短期内减少政府补贴额度，推迟了养老金缺口出现的时间，但未来养老金短缺口会依然存在，长期来看仍然无法摆脱养老金财政困境（原新和万能，2006；曹艳春和路锦非，2010；潘锦棠，2012；曾益等，2013；袁磊，2014）。

三是延迟退休与经济发展的关系。老龄化会减慢宏观经济增长速度，造成人们生活水平降低（彭秀健，2006）。黄祖辉等（2014）在运用 DSGE 模型分析人口结构变迁对经济增长的影响时，将退休年龄延迟至 65 岁时，发现延迟退休年龄可以对经济发展起到较大的促进作用，但仍只是权宜之计，暂时延缓了劳动年龄人口减少的趋势。肖浩和鲁元平（2016）构建中国动态的可计算一般均衡模型（D－CGE），认为延迟退休能促进中国经济的持续增长。郭正模（2010）、顾宝昌等（2017）的分析也认为延迟退休可以缓解代际之间的劳动力供给压力，提高社会总需求和就业总量。苏春红和李齐云（2014）从企业竞争力角度分析认为，延迟退休可降低企业的培训成本，减少当前员工的缴费负担，企业竞争力提高后可创造更多的就业需求，有利于扩大社会就业，推动经济增长。

四是延迟退休与个体福利改进的关系。一部分研究从微观个体退休意愿角度分析了延迟退休政策出台的合理性。近些年的数据也显示，老年期间继续工作的现象越来越多，对于一部分老年人而言，继续工作是一个具有现实利益的问题，通过获得收入以改善家庭经济状况，随着社会经济的发展，第三产业兴起，对劳动者体力要求下降，而沟通能力要求在提高，对老年人力资源需求在上升，老年人继续工作，也可减少与社会发展脱节的现象，这样有助于改善老年人身心健康，提高生活质量，因此延迟退休符合实际情况（孙玄，2005；莫荣等，2014）。田立法等（2017）的问卷调查显示，男性相较于女性，对渐进式延迟退休政策的接受意愿更高。其实，延迟退休对女性也有现实意义。在女性解放以及女性权利观念改变的趋势下，提高女性退休年龄可以减少人力资源的浪费，而当前的 50 岁退休年龄正值女性产出高峰期（刘玮，2005）。纪晶晶（2006）认为女性延迟退休年龄不仅可以降低教育成本，还可缓解提前退休所造成的二次就业问题，可充分开发和利用人力资源。

延迟退休也会改进女性的经济福利，一方面工作期延长可获得更多工资收入，另一方面缴费期延长退休待遇也会更高（郭文臣和于冰，2006）。

当然，就微观个体感受而言，延迟退休到底好不好，不同人会有不同看法。例如，鲁元平和张克中（2014）的研究表明了提前退休会显著增加老年人的主观幸福感，反之延迟退休可能降低老年人的幸福感。

（2）延迟退休政策实施的困境。虽然多次见诸报端、网络媒体的调查消息反映，延迟退休遇到的反对声音目前还很大。但是，反对并不一定就是理性的。阳义南和肖建华（2018）认为，网络公众在延迟退休问题中的多数认知定式其实是缺乏准确判断的，他们运用潜分类模型获得的证据表明，网络调查的结果是严重有偏的，延迟退休年龄的改革并非“千夫所指”。林毓铭和刘冀楠（2016）认为，网络公众并不是真正地在反对延迟退休政策，而是在反对与延迟退休密切相关的“延迟退休会产生就业挤出效应”“个人养老金财富受损”等问题，延迟退休年龄改革不但引发了广泛的社会关注和强烈的民众情绪，也加大了政策运行成本。

除了社会公众对延迟退休年龄未形成充分的思想准备外，学界也并未形成一致意见，不赞成甚至反对延迟退休的观点也不乏见，主要担心延迟退休对年轻人就业压力加大、影响社会产出效率提高、不利于对社会脆弱群体的利益保护等。比如，王海涛（2011）认为未来几年中国外向型经济的就业环境可能会遭遇寒流，延迟退休会造成更大的就业压力。中国正处于经济结构转型、失业率上升的时期，新的就业岗位数量并不能满足劳动力的就业需求，推迟退休年龄可能会剥夺年轻就业者的应聘、就业机会，目前采用延迟退休来缓解养老压力的方法是不恰当的，社会可能会增添一些不稳定因素（蒲晓红，2001；姜向群和陈艳，2004；周辉，2011；于晨，2013；王聪，2016）。柳清瑞和金刚（2011）还认为，在劳动力市场和收入分配上，延迟退休可能导致代际之间利益冲突，代际之间公平性损失会成为延迟退休的阻力。梁宏（2013）基于2012年度中国劳动力动态调查数据，研究了不同年龄阶段劳动力的特点，发现高龄劳动者中文化素质越低的，缺乏劳动技能的越多。而且，随年龄增长，高龄低素质劳动者的身体健康状况、体能会迅速下降，在竞争激烈的就业市场，延迟退休并不会为高龄低素质劳动者带来明显的积极效应。

一些学者从家庭功能的角度分析了政策实施的困境。例如，如果忽视代际互惠效应和退休女性的家庭保障效用，盲目追求男女同龄退休，普通工薪家庭的幸福感不可避免会下降，并引发家庭矛盾，必然会造成不良的社会影响。潘锦棠（2002）认为，男女退休年龄差距本身并不能说明劳动权利是否平等问题，其合理性取决于男女退休年龄差距是否真实体现了劳动效率之间的差距，即男女退休年龄相同不一定就是公平的，男女退休年龄不相同也不一定是不公平的。杨宜勇和吴香雪（2017）认为，女性在其一生中多承担家庭照料责任，家庭—工作失衡的矛盾一直存在，延迟退休会造成女性晚年工作与家庭照料之间的冲突加剧，甚至还会影响青年女性工作的参与。工作与家庭的平衡是每个人都会遇到和选择的问题，承担更多家庭照料责任的女性尤其如此。因此，家庭照料视角下女性延迟退休问题和是否将来一定要实现男女同龄退休问题都需要慎重思考。一些调查研究发现，男性比女性更倾向于赞成女比男早退休，从公众角度来看，70%的受访者表示反对延迟退休年龄（樊明，2008；潘锦棠，2012；唐钧，2014；王峥，2015）。

姜向群和陈艳（2004）以中国老年人健康水平和平均余寿不高、实际的老年扶养比较低、老年人生产率低下、未来劳动力资源仍然丰富等为由，认为当前提高退休年龄依据不足。潘锦棠（2012）认为，所谓的养老金“缺口”并不是“实际缺口”，而是指“制度缺口”，或者说是制度转型留下的“债务”，无论其是否存在，政府都有责任且有能力保证退休老人的养老金，而提高退休年龄对养老保险基金的增收减支的作用十分有限，不能成为弥补“缺口”的主要手段。虽然提高退休年龄是一种趋势，但只有当出现了系统性劳动力短缺又不至于影响就业时，才可提高退休年龄。

蔡昉（2012）认为由于与发达国家的情况有显著的不同，提高退休年龄的做法不应成为中国近期的选择。他认为中国目前临近退休的劳动力群体是过渡和转轨的一代，由于历史的原因，他们的人力资本禀赋使得他们在劳动力市场上处于不利的竞争地位，而延迟退休年龄以增加劳动力供给的可行前提是，老年劳动者的教育程度与年轻劳动者没有显著差别。而中国目前的劳动年龄人口中，年龄越大受教育水平越低，因此如果当前延迟退休的话，将使得部分年龄偏大劳动者会陷入“丧失了工作却又一时拿不到退休金”的境地。目前劳动力市场上对高龄组劳动者的需求，并没有随着刘易斯转折点的到来而增大。

杨翠迎和金昊（2014）认为，随着产业升级，新技术的应用，资本对劳动的替代，会加快高龄低技术劳动力的淘汰，造成一些劳动密集型行业的高龄职工实际退休年龄提前，延迟退休无疑增加了这部分工人“失业”的风险，也会提高企业劳动力成本，促使劳动密集型企业加快“资本替代劳动”的过程，或者退出中国向海外转移。当产业结构调整完成，劳动力供需平衡基本建立，劳动生产条件改善，可延缓企业职工的实际退休年龄。另外，中国针对老年人的职业教育还未发展起来，再就业难度大，延迟退休造成的“失业”也很难通过所谓的“二次就业”来解决。目前养老保险制度下统筹账户缴费激励缺乏，个人账户累积制对推进延迟退休的吸引力不强，延迟退休对养老保险基金缺口的调节作用却非常有限，具有就业优势的群体在退休返聘制度下也很难积极支持延迟退休，因为返聘人员既能享受免税养老金的福利，又能获得不菲的薪酬待遇。如果现行养老保险制度不调整，延迟退休阻力还很大。

（3）退休年龄制度调整建议。在是否延迟退休年龄问题并未达成完全一致的意见时，一部分主张延退的观点对如何实施延迟退休年龄政策提出了建议，这些政策建议主要基于以下依据：

一是微观主体的退休年龄由多重因素决定，如预期寿命、人口结构、教育水平、工作性质、养老保险、劳动力市场供求状况等（陈凌和姚先国，1999；潘锦棠，2003）。因而退休年龄不宜刚性规定，退休时间选择应有一定弹性。近年来诸多研究基于大型的微观调查数据，分析认为不同特征个体对退休年龄选择有不同要求，为今后合理制定新退休年龄政策提供了理论依据。例如，雷勇和蒲勇健（2004）认为，最佳退休年龄与员工的工作年龄、死亡年龄和年利率呈正相关。阳义南（2011）以广东省为例发现，工资高、工龄长、机关事业单位、职务高的劳动者更倾向于接受延迟退休年龄政策。张乐川（2013）认为工作单位性质是影响劳动者延迟退休年龄意愿的主因，机关事业单位劳动者更倾向于接受渐进式延迟退休年龄政策。李琴和彭浩然（2015）对城镇中老年人延迟退休意愿影响因素的研究发现，受教育水平越高的人越不愿意延迟退休；女性比男性具有更强的延迟退休意愿；具有高级技术职称的人更倾向于延迟退休；健康状况对人们的延迟退休意愿并没有明显的影响。席恒等（2014）指出影响退休年龄的因素包括个人因素（如生理年龄、工作性质、受教育程度、性别、婚姻、工龄、养老金水平）和社会因素（如人口预期寿命、人口年龄构成、经济竞争能力、国民收入分配、养老金收支、就业、整体受教育程度）。董娜和姜烨（2015）研究了人口特征、家庭特征和工作特征如何影响居民推迟退休的意愿，发现教育程度、年龄、工作年限和单位是影响女工延迟退休意愿的主要因素。

二是经济、人口、养老金、国民受教育水平等参数的变化，以及延迟退休反过来对这些参数的影响所做的分析和判断，为形成渐进式延迟退休年龄政策提供了参考。朱波（2015）利用回归分析方法发现，人口老龄化程度、预期寿命、经济发展水平、经济结构和养老金制度等对退休年龄都有重大影响，确定合理退休年龄必须综合考虑这些影响因素。张士斌等（2014，2017）认为应该适时、适度、科学地提高退休年龄，要加强养老金制度顶层设计和退休年龄调整的配套政策改革研究，应准确把握退休年龄调整的启动时机与时间跨度，开辟以允许劳动者延迟或提前退休为核心的退休年龄弹性化路径。仇雨临（2012）认为应该根据不同职业的就业情况和工作环境以及社会保险参与情况，分阶段、分职业、可选择（有弹性）地进行，不能搞“一刀切”。

关于未来退休年龄政策具体如何调整，总的来说，已有研究主要从三个方面进行了论述：

第一，如何渐进式上调男女性法定退休年龄。较早就有研究对延迟退休年龄的节奏或步骤进行了规划。柳清瑞和苗红军（2004）主张延迟幅度不应过大，同时要减轻企业负担、降低社保缴费率来保障制度的有效运行。高庆波和邓汉（2009）建议，从 2010 年开始到 2030 年、2050 年，分别将女干部、女职工退休年龄提高到 60 岁。范围（2011）提出女职工退休年龄从 2010 年开始延迟，到 2015 年提高到 55 岁；在 2015 ~ 2030 年，将男、女性退休年龄分别提高到 65 岁、62.5 岁。林宝（2012）提出应该从 2015 年开始直到 2045 年，争取用 30 年时间逐渐将男、女性退休年龄都统一提至 65 岁。龙玉其（2013）建议自 2020 年起，每 5 年退休年龄延长 1 岁的方案，用 25 年时间匀速推迟退休年龄。或者是“先慢后快”：2020 ~ 2035 年，每 1 年延迟 1.5 个月，直至 62 岁；2036 ~ 2041 年每 1 年则延迟 2 个月，直至 63 岁；2042 ~ 2049 年，每 1 年延迟 3 个月直至 65 岁。2013 年清华大学养老改革方案提出，先从 2015 年开始对女性进行延迟，到 2030 年实现女性 65 岁领取养老金；接着从 2020 年开始延迟男性退休年龄，到 2030 年延迟至 65 岁。

此外，王增文（2010）建议逐步提高女性退休年龄，最后实现男女同龄退休。在新的目标退休年龄选择上，一些研究者基于不同模型和目的进行了估算。例如，张思锋等（2017）借助个体两阶段跨期迭代模型，分析得出不同维度目标下的最优延迟退休年龄：在个体利益最大化目标下，男性、女干部、女职工的退休年龄分别延迟到 68.59 岁、66.49 岁、64.38 岁；在社会福利最大化目标下，男性退休年龄为 66.34 岁，女干部为 63.50 岁，女职工为 60.63 岁等。

第二，退休年龄制度由强制性变为更具有“弹性”。当前，针对不同行业设置不同的弹性退休准入门槛的政策主张不在少数（杨燕绥，2010）。苏春红和李齐云（2014）建议不同职业、不同文化程度的工人实行灵活的退休制度，女性蓝领工人和男性蓝领工人分别工作34年和39年后可选择提前退休，年龄较大的工人因疾病、工伤或其他特殊原因无法继续工作的，可申请提前退休并退出劳动力市场。弹性退休涉及相应的养老金给付政策完善。柳清瑞和金刚（2011）、储丽琴（2011）建议将退休年龄调整与养老金支付标准挂钩，即根据劳动者退休年龄的不同，构建不同的基本养老保险金给付标准，提前退休待遇扣减，延迟退休待遇增加，形成养老金的激励与补偿机制，以鼓励劳动者延迟退休，继续工作。

我们发现，诸多研究所主张的弹性退休，"弹性"要求并非皆指如何做好从"工作状态"到"完全退休状态"的过渡，一部分人也将"弹性退休"制度定义为针对不同个体或群体实施不同法定退休年龄的政策。准确来讲，此"弹性"意指一种差异化（differential），而不是指灵活性（flexible）、非强制性（non-compulsory）。

第三，工作退休年龄与养老金领取年龄之间形成分而治之的制度。郑春荣和刘慧倩（2011）建议将工作停止年龄与养老金领取年龄缓慢进行分离。杨志超（2013）建议应完善中国现行的老年人就业条例，以公平和平等的价值观重构老年人就业法律和公共政策，为老有所为提供制度保障。这些方面的研究，关注到了劳动就业终止时间要求与养老金领取年龄要求的关系应如何处理，拓展了研究视域，退休年龄制度改革涉及养老金制度、劳动关系制度的改革。但遗憾的是，已有的研究还未深入展开。只是不多的文献从劳动权、退休权等权利视角探讨了取消强制退休的合理性（李海明，2013；林嘉，2015）。

总的来看，多数研究认为推迟法定退休年龄是必要的，只是在何时推迟上还存在不少争议。为平衡各方利益，减少制度调整阻力，学者们一致认为应采用"弹性退休制"。在目前的研究中，"弹性退休制"主要体现为针对不同职业、不同收入人群、不同性别等提出分类型的退休年龄政策，以及可供劳动者选择的退休年龄区间（申曙光和孟醒，2013；林熙，2013等）。但是，现有分析还未考虑到弹性退休政策具体如何设计、与该政策相应的养老金给付政策如何实施，以及退休年龄调整背景下"老年人继续"就业的劳动权利保障如何落实等。

1.4 结构安排、研究思路和主要观点

本书的主要研究框架和思路大体分为三个方面：一是历史和比较研究。

主要对现代退休制度的本质及其发展趋势、特点进行追溯考察，对自20世纪80年代初以来各国退休年龄制度的改革实践进行多角度总结，通过这种历史梳理和比较研究，试图为中国未来的退休制度改革提供合理的理论依据和经验借鉴。二是模型演算和实证研究。包括刻画延迟退休的养老金财富效应，对社会普遍存在的“延迟退休会损害退休者利益”的疑虑予以回应；利用宏观和微观数据，对近些年的不同年龄组别城镇劳动者的产出效率变化进行经验分析，试图为合理把握延迟退休节奏提供参考；鉴于中国已实施“全面二孩”政策，家庭照看孩子负担加大，可能与延迟退休政策实施存在冲突，因而就隔代照料对老年人退休行为的影响也进行了考察。三是未来改革建议。本书基于2025年开始渐进式提高退休年龄的假定，估算了延迟退休的养老保险基金收支净效应，以进一步说明低龄退休制度改革的必要性；基于工业化国家从强制退休到弹性退休的制度变迁经验，提出了弹性退休改革方案和对现有劳动法律制度调整的建议。

具体来说，本书各章的主要研究内容和核心观点如下：

第2章“退休制度本质及其发展”考察了工业化国家退休制度的百年发展历史，认为退休有劳动经济学和社会保障学的双重属性。早期的退休制度主要作为劳动力市场新陈代谢的工具出现，通过系统性解雇老年劳动者，以保证工厂的产出效率。随着现代社会保障制度的建立，在国家立法干预下，退休正式成为劳动者的一项基本权利，其福利特征获得发展。然而退休制度对退休年龄的强制规定性，一直以来被批评为是一种“年龄歧视”，与老年人平等就业的理念碰撞日益增加，也不利于人口老龄化社会劳动力供给增长，强制退休面临的挑战越来越多。因此自20世纪后半期起，许多工业化国家通过退休制度改革，一方面延迟法定退休年龄，另一方面淡化或取消退休的强制性，允许弹性退休。退休年龄的法定性主要表现为对养老金领取年龄的要求，工作退休年龄与养老金领取年龄出现分离。中国现行退休制度表现了明显的“到点即退”特点，即达到退休年龄便终止劳动关系，这不利于激励延迟退休的政策。未来的改革可考虑放开对市场经济部门劳动者的工作退休年龄的统一限制，与养老金领取年龄一样有弹性。但应注意的是，弹性退休“看起来很美”，如果养老金给付制度设计不走向精算中性，劳动法律制度不做相应调整，容易导致大量的提前退休，超龄老年人的劳动权益得不到有效保护，劳动力市场非公平竞争增加等现象出现。

第3章“各国退休年龄制度改革”对当前各国退休年龄政策做了一般梳理和总结，法定退休年龄有明显的地区差异，不同类型养老金计划的领取年龄政策也存在差异。在经济合作与发展组织（OECD）成员中，男女性法定退休年龄已经实现统一的国家占60%，但也有部分国家（如波兰）通过改革又回到了性别差异。20世纪80年代以来，工业化国家退休制度改革有以下特点：一是NRA原本较高的国家，退休年龄调整节奏相对较慢；二是更多的国家将NRA调整与寿命挂钩；三是延迟退休与弹性退休的政策实施效果互补，前者着眼于提高社会劳动总供给，后者体现为增进劳动者个体福利。与国际平均水平相比，当前中国退休年龄是偏低的，未来改革应重视延迟退休与弹性退休这两种政策同时运用，用弹性退休来助推延迟法定退休年龄政策实施；重视弹性退休制度下对主动延迟退休者待遇的精算补贴。

当前，不少人对延迟退休的影响存在模糊认识，认为其会损害退休利益。若对这种认识不厘清，将不利于延迟法定退休年龄。第4章“延迟退休与养老金财富”借助“养老金财富（PW）”模型对我国养老金制度给付特点进行量化和敏感性分析，认为延迟退休并不总会降低退休者的养老金财富，也不一定会提高养老金支付能力，其延迟退休效应如何取决于养老金制度中各种参数的变化。例如，当工资增长率比养老金增长率明显高出时，延迟退休可继续收获到延期期间更高的工资增长率，使得整个退休期间养老待遇提高效果显著。另外，当工资增长率处在较低水平、养老金增长率和贴现率水平较高时，延迟退休会更有可能带来利益减退效应，越延迟退休，退休者受损越多。因此“延迟退休一定有损退休利益”是个伪命题。相应的政策建议是，首先应保持养老金重大参数的可预计性和稳定性，让职工对退休利益有基本预期，当延迟退休的确有损个体退休利益时，应精算调整待遇，减少未来延退政策实施的阻力；其次应更准确判断延迟退休的作用，这不应只体现在对养老金长期财务状况的影响上，也要扩展到对社会劳动力供给的影响上。

虽然延迟退休会扩大社会劳动力总供给，但进一步说，延迟退休政策应着眼于扩大社会有效劳动的供给，应考虑临近退休者的产出效率因素，当不同代际的劳动者产出效率有差异时，延迟节奏如何掌握就显得非常重要。第5章“老年劳动者产出效率与延迟退休节奏”基于2000年和2010年宏观和微观数据分析发现，十年间老龄劳动者的相对产出效率、相对工资水平有下降的表现，但是否有长期趋势，仍需持续观察。国外研究显示，OECD成员方的高龄劳动者与其他年龄组相比仍有较高产出效率，这可能与老年劳动者受教育水平普遍较高有关。而我国不同年龄组受教育状况与这些国家相比差异很大，老年人平均受教育水平很低，最有产出效率的劳动者呈现偏年轻化。社会经济发展对教育性人力资本要求在不断提高，因此我们建议未来的延退改革，不宜简单参照工业化国家的目标退休年龄标准，要求中国在今后短短10余年里就将NRA调整到位，延迟退休应考虑经济结构调整中临近退休者产出效率的持续变化，尽量使延退节奏与之相适应。

在生育放开背景下，新生儿增多，普遍存在的"隔代照看"无疑会增加老年父母压力，可能会影响其退休行为。基于该理论判断，第6章"隔代照料对退休行为的影响"利用中国健康与养老追踪调查（CHARLS，2011/2013/2015）的制度退休样本和未来停止工作的样本，基于久期模型的实证分析显示，总体上"隔代照看"对退休的激励效应并不明显，这可能是因为中国的"到点即退"制度。因是否退休主要由年龄条件决定，而现行退休年龄都较低，还未对家庭的隔代照看形成显著影响。女性是家庭照看的主体，女性退休早，"先退休后做祖母"现象普遍，即使正常退休也不会影响隔代照看。在"男主外女主内"的传统分工模式下，家庭照看负担无法有效分摊到社会共同承担时，当前的退休年龄有其合理性。女性可早于男性领取的待遇，可视为对其照看劳动的一种支付，这与劳动权利性别平等理念并不冲突。我们建议：一是延迟退休政策要权衡好临近退休者外出工作和家庭劳动的关系，国情不同，不能盲目照搬国外男女同龄退休的政策；二是女性生育年龄、首次当祖母年龄的推迟节奏，可作为退休年龄调整的参考；三是政府加大对学前托管、家庭老幼照看等家庭福利事业投入，减轻家庭照看负担，解放家庭劳动力，一方面助推新生育政策落地；另一方面便于实施延迟退休政策。

在第7章"中国未来人口估计与法定退休年龄调整方案"中，我们谨慎地提出了从2025年开始逐渐提高NRA的方案，并估算了这一方案如果实施所产生的老年抚养比变动后果。PADIS-INT软件的预测结果显示，中国已经进入老龄化加速阶段，30多年后，中国劳动力对孩子和老人总抚养负担将增加1倍，总抚养比高达140%左右。如果男、女NRA分别从2025年的60岁、55岁（每4年延迟1年或每1年延迟3个月）开始调整，到2049年的65岁和60岁，届时退休人口将减少1亿人，劳动力人口将多出1亿人，如此节奏的延退为控制老年抚养比争取了20年的时间。

基于对中国未来不同年份详细的分年龄人口数据预测结果，在第8章"延迟退休对城镇职工基本养老金收支的影响"中，我们重点考察了延迟退休的"替代率效应"，即延迟退休在降低制度赡养比时，也会因缴费年限延长从而增加个体退休待遇，由此加大养老金支付压力。估算结果显示，2022

年基本养老金开始有缺口，越往后期，缺口越大。当假定实际缴费率为19.8%、替代率为45%时，如果2025年不延退，2030年、2040年、2050年、2060年当年养老金收支缺口将分别为2.9万亿元、11.5万亿元、27.1万亿元、36.7万亿元，约占当年GDP的1.7%、4.5%、8.1%、8.9%；如果2025年起延退，缺口分别减至0.9万亿元、4.0万亿元、11.4万亿元、25.8万亿元，延迟退休能显著减轻养老基金的未来压力。我们还发现，如果实际缴费率和替代率都提高，未来养老金缺口可能越庞大，这要求养老金与待遇应建立更强的精算联系。此外，本章也认为养老金投资管理非常重要，如果将养老金回报率从3%提高到8%，财政对养老金的补贴年增长率维持在6%～8%的现有水平，养老金缺口也会推迟10～20年。本章的估算结果再次说明延迟退休的必要性。

第9章“中国未来退休制度改革的建议”提出，除针对特殊职业群体、机关事业单位等公共部门雇员、国有企业高管的退出工作年龄有强制性要求外，凡是按照劳动力市场规则来配置人力资源、参与市场经济竞争的非公共部门，应放开对工作退休年龄的强制要求，不宜强行统一劳动合同终止时间。何时领取养老金、领取待遇有多少，主要由养老金制度的权利与义务关系制约，而老年劳动者何时退出劳动力市场、以何种形式退出，应多尊重劳动力市场供求双方契约意愿和双向选择，管理制度应为不同年龄劳动者提供平等劳动权利保障。不同职业群体都应被覆盖在统一的退休年龄制度下，通过弹性退休制度来满足部分人早退休需要，领取待遇年龄可提前5年。同时要注意到，弹性退休可能会存在的大量提前退休的现象，相应的对策是：（1）精算调整提前退休待遇；（2）提高提前退休的缴费年限要求；（3）提前退休后又工作的仍需缴纳社保费。为能顺利过渡到延迟退休政策实施阶段，我们建议在2025年前对主动延迟退休的个体提供适度的精算补贴，在2025年后延退政策实施阶段，应严格按精算原则调整在不同年龄退休的养老金待遇。

第 2 章

退休制度的本质及其发展

未来退休政策如何调整，首先应界定清楚“退休年龄”范畴，是“工作退休年龄”还是“养老金领取年龄”，它们的关系如何处理，是否都由制度统一调整。目前很多人建议，未来应实施弹性退休制度，何时退休并不能全然由制度代个体作出选择。如果我们每个人有一定权利可以选择退休时间，还可以边退休、边工作，当工作期间与领取养老金期间重叠时，又该如何处理与用人单位的就业关系、社保关系。我国的退休是有强制性的，当国外弹性退休越来越普遍时，强制退休制度是否要马上取消，这些问题都值得探讨。

本章的贡献只是提出了这些问题，研究工作还远非全面、深入。“历史就是解释”。我们回顾了工业化国家的退休制度发展历史，并对过去几十年的相关研究观点进行梳理和总结，试图认清退休和退休年龄的根本属性、退休年龄制度百年来的发展特征，这有助于对中国未来退休制度改革方向有一个正确的把握。

2.1　退休与退休年龄的概念

退休至少在 18 世纪早期就已出现，而作为一种社会制度则形成于 100 多年前。在 19 世纪晚期出现了一个新现象，大批公司越来越要求其雇员在预定的某个年龄自动退休，老年人被强制性地与年轻工人剥离，生活受到了极大影响（Haber，1978）。当达到一定年龄的老年工人都被要求离开正式工作岗位时，退休制度也由此产生。

退休是现代工业社会的产物。在农业经济社会里，劳动者终生在土地上作业，无需退出劳动力市场。由于缺乏社会保障，基于土地耕作的劳动保障是最主要的经济保障形式。一旦年老失去劳动能力，生活保障不得不由家庭赡养来实现。在工业化社会，大批劳动者摆脱对土地和小农生产方式的依赖，作为生产要素参与到社会化大生产中，并形成了劳动力市场竞争。相比较农业经济，工业经济更加强调劳动者之间的分工和协作，这种有组织化的生产活动，按照边际收益与边际成本相等的原则决定雇用数量，劳动者能否就业取决于其生产效率与工资率的比较。那些年老体弱者，当他们身体健康风险增加、工作能力下降，无法满足生产需要时，继续工作将影响企业的效率提升，因此，“雇主希望用年轻劳动力取代老年劳动力实现新陈代谢”（张士斌等，2014）。特别是在经济危机期间，这一点尤为明显，老年劳动力会首先面临失业。

退休首先是作为工厂或行业组织处理雇佣关系的工具而出现。当工人达到被经验认为的失能年龄时将被终止正式工作，其工作岗位由更年轻的劳动者替代，这样就保证了工业生产的效率。与退休制度同步出现的退休金作为收入的延期支付形式，是对忠诚的老员工的奖励，以鼓励他们对雇主形成终身依附关系，减少雇员流动，使得工业生产有劳动力资源的长期保证。一旦雇员不尽责履职、消极怠工或罢工而被雇主开除、解雇，那么他将会丧失掉退休金。退休金发挥了类似质押品的功能，以作为雇员对雇主的忠诚担保（Lazear，1979），有了退休金，雇主遣散无效率的老年雇员会变得更为容易。因此，退休首先是适应了雇主试图控制劳动力市场的需要而产生，它解决了劳动力老化的社会问题，作为一项制度安排将老年工人系统性剥离出劳动力市场，同时避免了给老年工人造成经济上的不安（McDonald，2012）。除了在工厂外，早期退休制度也向铁路工人、邮政人员、警察、消防员、退伍军人等职业群体、政府雇员建立。19 世纪末现代社会养老保险制度在德国产生。为加快德国工业化，缓和社会阶级矛盾，1881 年德皇威廉一世（Kaiser Wilhelm I）致信德国议会说，“那些在工作中因年龄失能、生产再无效率的老年人，是有充分的理由去申请国家的照料”（Blundell et al.，2016）。俾斯麦首相也认为工人也应像普通士兵和军官一样拥有老年退休金，在其执政期间的 1889 年，德国通过老年和残疾社会保险法，首次建立了社会保险制度，雇主和雇员共同参与缴费，养老保险由国家统一管理。此后其他资本主义国家也纷纷通过立法为劳动者建立国家形式的养老保险计划。这样，起初由雇主、行业组织建立的退休制度开始被国家“接管”和普及。对于普通劳动者，退休收入不再是“雇主的恩赐”，而是发展成为与工作收入同等重要、应得的经济权利。

从历史发展视角来看，“退休”有两个维度定义：一是达到一定年龄退出工作。劳动者达到一定年龄（早期如65岁），由于生理机能衰弱，缺乏足够精力继续工作，就应退出工作岗位或生产领域。这种维度的“退休”属于劳动关系范畴。二是达到一定年龄可领取退休待遇。劳动者因年老丧失劳动能力退出工作后，可从国家、社会或雇主处获得一定的物质帮助，以安度晚年，这种维度的“退休”属于社会保障范畴。相应地，退休年龄也就有两重定义，即“工作退休年龄”和“养老金领取年龄”①。这两类退休年龄还可进一步细分：

（1）工作退休年龄。工作退休年龄可分为强制退休年龄（mandatory retirement age，MRA）和实际退休年龄（effective retirement age，ERA）。强制退休年龄是法律法规或非正式制度（行业规定、劳动合同等）强制要求劳动者退出工作的年龄。实际退休年龄是劳动者不再从事有酬劳动的年龄。

（2）养老金领取年龄。可进一步分为：正常退休年龄（normal pensionable/retirement age，NRA）、延迟领取年龄（late rensionable/retirement age，LRA）和提前退休年龄（early pensionable/retirement age，ERA）。正常退休年龄是指领取全额养老金的年龄，此时待遇按全额标准计算，既不精算增加，也不精算减少。正常退休年龄也是指“法定退休年龄”。在很多国家，退休制度允许“提前退休”和“延迟退休”。提前退休满足了一部分劳动者因各种原因（如失业、照顾家庭、疾病伤残等）需提前领取待遇的意愿；也便于雇主让一些生产效率不高的员工提前退出工作。延迟退休可让一部分劳动者达到NRA后继续工作、积累养老金权益。为减少提前退休，增强养老金长期可持续能力，很多国家规定，提前或延迟退休待遇会参考正常退休待遇来调整，并规定了最低退休年龄或最低参保年限。

2.2 工业化国家退休年龄标准的变化

在退休制度最初发展阶段，退休年龄标准就设定较高。德国于1889年通过《老年和残疾社会保险法》，在建立缴费型社会养老保险制度时，将劳动

① 不少研究者对退休年龄定义的多重性进行了归纳。例如，特纳（Turner，2007）将退休年龄分为：（1）劳动者真正停止工作的年龄；（2）劳动者可领取全额社保养老待遇的年龄；（3）不论参保或居住年限有多长，所有劳动者均可领取社保养老待遇的最早的或一致性年龄，如待遇统一的国民年金领取年龄；（4）收入关联型养老金计划下允许提前退休、领取待遇的年龄；（5）已经满足最少工作或参保年限的劳动者，可领取养老待遇的最早年龄。

者领取退休金的资格年龄定为 70 岁。由于当时人均寿命较短，能达到 70 岁的人数不多，于是德国在 1916 年将退休年龄降至 65 岁（徐勤，1992）。1908 年英国议会批准养老金法案，将国家养老金起领年龄定为 70 岁①。1925 年英国通过《寡妇、孤儿及老年人缴费养老金法》，结束了英国免费性养老金制度，新制度下雇主和雇员都需缴费，规定 70 岁以上者可领取免费性养老金，不受家计调查。1928 年 1 月起，65 岁～70 岁也可享受同样养老待遇②，此次社保制度改革将养老金待遇领取年龄降至 65 岁③。

1910 年法国初步建立缴费性养老保险制度，1930 年通过《社会保险法》，规定缴费型养老金的资格年限为 30 年，退休年龄为 60 岁。1913 年，瑞典建立普遍缴费性养老金制度，将养老金领取的法定年龄定为 67 岁。

1916 年，加拿大建立退伍军人年金，1930 年通过战争老兵补贴法，向 60 岁及以上老兵或因身体或健康原因无法就业的老兵及其家属提供补贴。1927 年通过养老金法，建立家计调查、普惠性国民养老金制度，只要达到一定居住年限，年满 70 岁即可享受养老金。

1900 年，澳大利亚的新南威尔士州和维多利亚州出现了该国最早的养老金立法。当时立法规定，领取养老金是一种权利而不是一种施舍。“应领取养老金的人在年富力强的时候通过纳税分担过殖民区的公共负担，并用他们的劳动和技术开发过殖民区的资源，理应在他们年老体衰的时候从殖民区领取养老金，这是公平和合理的”④。这可能是人类立法史上最早将领取养老金视为一种公民权利的表述。1908 年澳大利亚颁布的残疾抚恤金和养老金条例规定：男性年满 65 岁、女性年满 60 岁，居住年限、个人收入满足一定条件的，可以领取家计调查型养老金。

1890 年，美国养老金局开始向年满 65 岁的联邦老兵发放养老金。1910 年，马萨诸塞州养老金委员会将老人视为年满 65 岁或以上的人，因为“在多数养老金计划下，65 岁是领取养老金的固定年龄”。1920 年，邮政员工在 65 岁就有资格领取公务员退休金。1933 年，许多州颁布州养老金法律时都将养老金领取年龄定在 65 岁（Costa，1998）。1934 年，铁路退休系统也将退休年龄定在 65 岁。20 世纪 30 年代经济危机爆发，失业率高达 31%，而失业队伍中大部分又是老年劳动者。为应对经济危机，一方面解决老年人的贫困问题；另一方面解决青年人的失业问题。1935 年 8 月美国颁布社会保障法，建立退

①②③　丁建定：《西方国家社会保障制度史》，高等教育出版社 2010 年版。

④　韩锋、刘樊德：《当代澳大利亚》，世界知识出版社 2004 年版。

休制度[①]。该法规定，任何有资格领取养老待遇的个人在65岁后有权获得待遇；65岁以后仍然从事稳定工作并从中得到工资的人，养老金将按照社会保障委员会的规定实行减额[②]。

1918年日本邮船业率先规定了法定退休年龄为55岁，后来各企业、公司乃至政府机关普遍效仿（侯文若，1993）。1941年日本颁布《养老保险法》，于1944年经修改后为《厚生年金法》，将缴费型养老保险适用范围扩大到女性和小企业，一般工人须工作20年、矿工须工作15年才能退休。一般工人养老金领取年龄为55岁，矿工为50岁，这种退休年龄一直沿用到20世纪80年代。

在工业化国家退休制度建立之初，退休年龄标准较高，多集中在65岁，部分国家的法定退休年龄甚至更高，达到67岁和70岁。只有日本较低，为55岁。而在19世纪末20世纪初，各国人口平均寿命普遍较短，远低于法定退休年龄。19世纪末，德国男女平均寿命为37.2岁和40.3岁[③]。1900年，美国人口平均预期寿命为47.3年（许麟，1996）。即使在1935~1936年，日本国民平均寿命男性为46.92岁，女性为49.63岁（胡宝佳，1988）。那时老人被定义为"65岁及以上的人"，是"无工作能力的同义词"[④]。

显而易见，能生存到法定退休年龄的人一般很少，这使得当时退休制度对老年人保障是苛刻的，真正的受益人数非常少。早期的退休制度开始

① 实际上在此之前，美国一些州也纷纷通过了社会保障立法建立退休制度。例如，1915年阿拉斯加州首次颁布退休金法，1923年蒙大拿州、内华达州、宾夕法尼亚州也颁布了老年退休金法，到1933年已有28个州通过类似法案（丁建定，2010）。

② 丁建定：《西方国家社会保障制度史》，高等教育出版社2010年版。

③ Stephan Kühntopf and Thusnelda Tivig. Early Retirement in Germany：Loss of income and lifetime? *Working Paper*, 2008 No. 85.

④ 20世纪初，有研究认识到了生产效率损失与年龄老化之间的关系，对退休年龄选择提出了建议。认为人过60岁后，体质开始下降，这种下降归因于人老时疾病引起的机能紊乱（Achenbaum，1978）。1905年，医学教授威廉·奥斯特勒（William Ostler）认为，所有的人应该在60岁退休，因为这个年龄的人将失去所有的"智力弹性"。无独有偶，1909年英国的经济学家威廉·贝弗里奇（William Beveridge）也认为，老年工人缺乏适应能力，而在技术急速变革的时代，这种能力又是一种必需的素质。1906年统计学家弗雷德里克·霍夫曼（Frederick Hoffman）撰文指出，在健康与年龄之间关系一定时，国家规定15岁开始工作、65岁时退休，可最大化地发挥其潜在生产能力（Graebner，1980）。而在其他所有年龄，生产能力与工资都是低下的。1907年，美国国会宣布联邦老兵在62岁时为"半失能"，因此应向该年龄的人提供养老金。1916年，美国社会保险理论家艾萨克·鲁比诺（Isaac Rubinow）做了进一步解释，"65岁通常被设定为最低年老年龄，是因为在这一阶段，生病率和死亡率开始比稍早年龄有明显的提升"。美国联邦政府为首部"铁路退休法（RRA）"向最高法院提供的立法解释是"常见事实是，一个人年满65岁后，体力（physical ability）、脑力（mental alertness）和协作能力（cooperativeness）开始减退"（Costa，1998）。

出现在工厂、行业时，退休年龄标准设定就很高，在后来各国纷纷颁布社会保障立法，早期工厂的高标准退休年龄也顺理成章地成为领取养老金的法定年龄标准（Costa，1998）。这反映了当时社会还未普遍将老年退休作为一项基本的生活权利保障引起重视，导致老年工人的劳动参与率也非常的高。在 19 世纪末 20 世纪初，超过 60% 的 65 岁及以上的老年人仍留在劳动力市场（见图 2 – 1），根据早期文献的描述，老年人一般会工作到“不能动”。

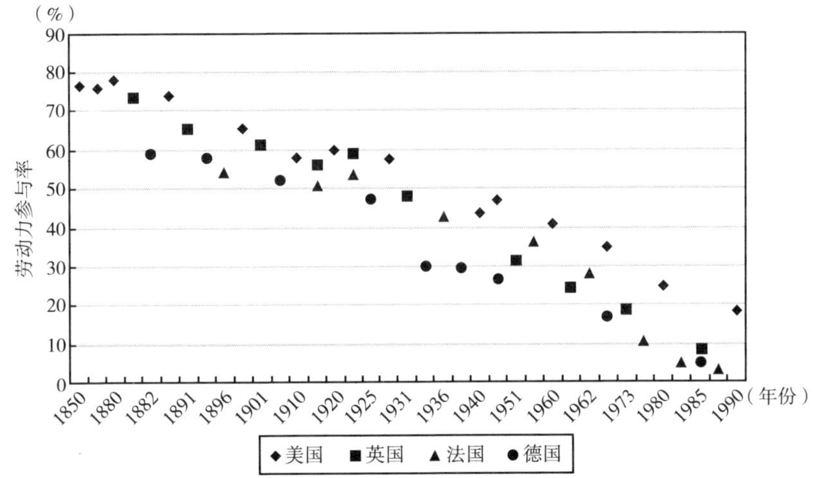

图 2 – 1　美国、英国、法国、德国 65 岁及以上群体劳动参与率的变化（1850 ~ 1990 年）

资料来源：Dora L. Costa. The evolution of retirement: an American Economic History 1880 – 1990 [M]. University of Chicago Press, 1998.

进入 20 世纪后，科学技术的重大变革为经济发展提供了强大动力，工业经济所需的劳动力、劳动时间大大节省，工人休息时间增加。社会物质财富增加，可以让劳动者不必工作到年老失能，也能有基本的生活保障。由此，社会保障理念也在发展，退休制度作为一种社会福利制度在不断完善，老年闲暇成为劳动者“应得的权利”和普遍的福利诉求。“社会经济飞速发展为不能或不愿工作的老年人提供经济支持变得更加容易，退休也变得更加可行了”①。特别是在第二次世界大战后，即使人口寿命在不断延长，退休余命在增加，但由于社会经济发展条件改善，很多工业化国家放松了养老金领取的

① ［美］詹姆·H. 舒尔茨：《老龄化经济学（第 7 版）》，社会科学文献出版社 2010 年版。

条件限制①，提前退休现象增加，劳动力参与率下降（见图 2-1）。到 20 世纪 70 年代，资本主义国家的战后经济发展迎来一个转折点，滞涨经济危机爆发，失业率上升，为配合公司裁员，提前退休又明显增多起来，国民平均退休年龄持续下降，直到 20 世纪八九十年代，各国通过社会保障制度改革，纷纷上调退休年龄后，这种趋势才得以扭转。有学者将这一“寿命不断延长，而可退休年龄不断降低”阶段称为“退休的黄金时期”（Turner，2007）。图 2-2 显示了 OECD 成员方的法定退休年龄呈“U 型”变化趋势，近些年来工业化国家提高退休年龄的改革，也是对过去几十年里不断走低的退休年龄进行“回调”，使其再次回到高水平。

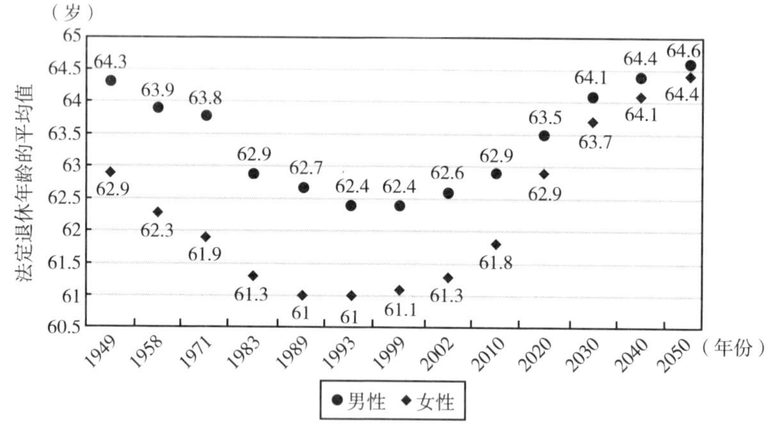

图 2-2　OECD 国家平均法定退休年龄的变化（1949~2050 年）

资料来源：OECD. Pensions at a Glance：Retirement-income Systems in OECD and G20 Countries, *OECD*, 2011. http：//dx. doi. org/10. 1787/888932372108。

① 例如，1935 年美国社会保障制度建立伊始，就将正常退休年龄设定为 65 岁，在后续多年里通过修订社会保障法，不断放宽了养老金年龄标准。同时对于提前退休的，适当削减其待遇标准，对于延迟领取养老待遇的，给予“延迟退休津贴”。因丈夫的退休待遇还不足以维持一个家庭生活的，1948 年社保咨询委员会（Advisory Council）就建议将妇女待遇领取年龄降到 60 岁。调查显示，一个家庭，当妻子也有资格领取养老待遇时，生活标准会明显提高，这是因为多数已婚男性在年满 65 岁时，妻子要年轻一些，只要调低女性领取养老待遇的年龄，夫妻就有可能同时申请待遇。1956 年《社会保障法》修订后，女性工人、妻子都可在 62 岁时领取待遇，但是待遇会根据首次领取年龄调整。1961 年《社会保障法》又进一步将男性可领取部分养老金的年龄降到了 62 岁，以解决失业老年工人的生活困难问题。1965 年开始允许寡妇在 60 岁可领取少量待遇，1972 年又将这一待遇覆盖到了鳏夫群体。

2.3 工业化国家退休制度属性的演变趋势

2.3.1 强制退休与年龄歧视

劳动者达到退休年龄，将与雇主自动终止雇佣关系，退休具有强制属性。在早期历史，强制退休首先并不由任何政府政策规定，而是在各个行业通过协商后以集体协议来确立的，并在许多企业和行业的正式人事管理活动中得到发展（Ibbott et al.，2006）。随着社会保障制度的建立，国家通过立法，最终对退休年龄做出统一规定，此时退休制度更加有了“强制性”色彩。“强制退休”将达到一定年龄的老年工人从劳动力市场“剥离”，被“剥离”出来的老年人要实现再就业一般会变得困难起来。于是，“强制退休”被认为是一种“系统性”“含蓄的”年龄歧视（McDonald，2012）。老年人退休后的财务风险获得了集体保障，使“强制退休”也被认为是一种“富有同情心的年龄歧视”（Binstock，2010）。

退休的强制性很早就受到了关注，并受到批判。1941 年英国的《贝弗里奇报告》指出，“不同的人在晚年的工作能力因人而异，各不相同。在人们还有工作愿望和工作能力时试图强迫其退休，以及提高领养老金最低年龄强迫那些已经没有工作能力的人继续在工作岗位上挣扎，这两者都是错误的、不公正的，是任何谋求使人类更加幸福的社会保险制度所极力避免的”。[①]

强制退休为何会形成？早期有不同理论对其进行了解释。例如，“科学管理之父”泰勒认为，随着工业化推进，整个生产过程按照每个任务的数量、质量和时间标准，被细分为了一个个小型的、快速学习和程序化的操作过程。这种细分趋势会减少对熟练工人、老年工人的需求，结果导致老年工人的工艺技能不再有价值，由此他们也就失去巨大的声望（Taylor，1947）。另外，“老年化磨损理论”（the wear-and-tear theory）也支持了“科学管理”理论观点（Achenbaum，1978）。经验分析也认为，达到一定年龄后工人的产出效率会明显下降或“恶化”。根据新古典经济学，当老年工人的边际产出无法与工资相等时，就会促使雇主解雇老年工人。强制退休成为雇主开展人

① ［英］贝弗里奇：《贝弗里奇报告——社会保险和相关服务》，中国劳动社会保障出版社 2008 年版。

事管理、控制劳动力市场和服务于自身利益的一个重要工具[①]。

也有人批判性认为，虽然上述这些理论观点有一定的合理性，但并没有准确反映产出效率随年龄而变化的清晰轨迹，产出效率从来不会在某个特定年龄时急剧下降，而实际上这种下降是一个连续的、渐进的过程（Costa，1998）[②]。然而，这些观念认识依然构成了当时政策制定者确定强制退休政策的一个理论依据。

“管理经济学之父”拉泽尔（Lazear，1979）开创性地利用长期的隐性激励合约模型，对强制退休存在原因提供了很有说服力的解释，主要思想是：（1）强制退休便于雇主与雇员形成一份长期稳定的就业合约，这对彼此都有利；（2）年轻时雇员薪酬会低于其对雇主的产出贡献，而到年老时则反之，这样年轻时少获得的报酬，就相当于是对雇主忠诚的保证金，延迟到年老时再支付；（3）因雇员年老时产出效率下降，而薪酬不能永远高下去，雇主为保证利润，与雇员签订雇佣契约时，会将退休年龄预先确定下来，于是强制退休产生，退休年龄一到，雇主将自动解除雇佣关系[③]，不会遭到雇员的起诉，也不用支付一笔成本高昂的遣散费。这种附有强制退休条款的雇用契约，被视为是解决委托—代理问题的有效方法（Lapp，1985）。一方面它激励了工人长期为雇主努力工作，促进人力资本投资，与无此合约情形相比，会提高工人边际产出；另一方面雇主也不用时刻监督雇员，由此可节省大笔监工成本和绩效考核费用。劳动力市场效率改善所形成的“租金”，可由雇用双方共同分享。

由于解雇老年人是制度统一要求的，因此强制退休也有利于处理劳资雇

---

① 早在20世纪初，美国福特公司工厂就为工作效率不易衡量的岗位设计了一个复杂的分级机制，便于半熟练工人晋升，晋升只与年龄挂钩，而不与技能挂钩，同时也设计了一个用于考察老年人何时变得无效率的界点：当老年人做同样的工作而领取的薪酬比年轻人还多时，即认为老年人开始变得无效率，于是这个时点就作为了“强制退休年龄”（Haber & Gratton，1994；McDonld，2011）。资料来源：Lynn McDonald. The Evolution of Retirement as Systematic Ageism，*SEDAP Research*，Paper No. 292，2012.

② 哥斯达（Costa，1998）曾对强制退休年龄的形成过程做了比较详细的描述，他说道：最近的和过去数据显示，产出效率是随年龄下降的。如美国南部的男性奴隶价格在35岁会达到高峰，而后就会下降。这意味着，奴隶在35岁之后，其所带来的收入和种植园主养活他所付出的成本二者之间差距会拉大。再比如，19世纪90年代早期和20世纪10年代后期，工人家庭在39岁后的收入也会随年龄下降，这反映了产出效率随着年龄恶化。在今天的工人中间，产出效率仍是随年龄下降的。然而，产出效率从来不会在某个特定年龄会急剧下降。这种下降是一个连续过程。实际上，只要未满70岁，奴隶的净收入还是正的，意味着老人在劳动力市场还远远不是多余的。因此还不能表明，在65岁就会出现智力和体力的非连续下降。然而，由于许多政策制定者相信“它就是”，以至于“65岁”成为了《社会保障法》一种规定，变成了一种传统的退休年龄。资料来源：Dora L. Costa. The evolution of retirement：an American Economic History 1880－1990. *University of Chicago Press*，1998.

③ 需要注意的是，契约中的强制退休时间并不是劳动者必须离开劳动市场时间，而是终止原长期的劳动契约时间，此时退出正式工作关系后，如果重新聘用，只能按照边际产出价值来确定工资水平。

用关系。正如拉泽尔所说，强制退休恰好让雇主既辞退了工作表现已无法“让人满意”的老年人，又顾全这些老年人的“面子”，不会伤害年轻员工对雇主的忠诚，的确为雇主实现新老员工更替提供了方便。反过来说，如果没有强制退休的机制安排，劳资之间雇用关系如何处理，则又将会面临另一番景象。此外，强制退休的重要意义还在于，它为社会阶层提供了一个稳定的退休年龄预期，便于雇主提前组织好雇用计划（Issachoff & Harris，1997）。

然而，随着老龄化社会的到来，这种制度化的“一刀切”式辞退老年劳动者的退休模式，正面临越来越多的批评。阿奇利（Atchley，1980）认为，退休成为一种制度安排，表明了社会再没有义务向可能还希望或需要从事有偿就业的老年工人提供工作，退休制度强化了“老年人产出效率不及年轻人”的旧观念。还有观点认为“退休是为了将老年人整体排除出劳动力市场而设计的”，甚至认为“退休是年龄歧视的主要形式，推动了现代社会中对老年歧视主义（ageism）广泛盛行”“强制退休是就业中最为明目张胆的（the most blatant）的年龄歧视形式”（McDonald，2012）。

强制退休造成的老龄歧视，对老年劳动者个体的负面影响不容忽视。使得社会对老年人作用重视不够，老年人的人力资源无法充分利用，进而他们接受继续教育、培训机会将进一步减少，最终导致产出效率比年轻人更低。这种歧视成本最终会由老年人个体及其家庭来承担（Ghosheh，2008）。在20世纪后半期，各国实际退休年龄越来越低，这反过来强化了老年人在劳动力市场中的贬值，受歧视的年龄也随之更加提前，因此有学者呼吁转变对待老年人的理念，“由消极转向积极”（McDonald，2012）。

近些年，经济合作与发展组织（OECD）积极倡导摒弃就业中的年龄歧视、老年歧视主义，鼓励老年人尽可能就业，以缓解工业化国家人口老龄化、劳动力不足的问题。OECD（2013，2014）报告明确指出，当在评价产出效率或者决定何时退休的问题上，年龄本身并不应作为唯一的或正确的指标。超过 50 岁的老年工人有“软”素质的相对优势，对雇主更有责任感、忠诚可靠，也有丰富的社会经验，而年轻工人则有“硬”素质的相对优势，精力充沛，思维活跃，学习新技术的意愿更强烈。因此，在配置不同年龄的人力资源时需要有一个平衡。近些年来，一些国家的制度实践正在取消强制退休，以此鼓励和推动本国老年劳动者继续工作。

2.3.2　反年龄歧视立法与强制退休制度改革

人口老龄化已经成为全球性问题，影响了各国社会经济可持续发展。随着老年人口比例不断提高，老年人就业歧视问题也受到越来越多人的关注，一些重要的国际组织认为，老年人的就业权利作为基本的人权应受到尊重，不应该受到限制。

1991 年《联合国老年人原则》呼吁，“老年人应有工作机会或其他创造收入机会”“老年人应能参与决定退出劳动力队伍的时间和节奏”“老年人应能参加适当的教育和培训方案”等。[①] 2002 年《马德里老龄问题国际行动计划》（Madrid Plan on Aging）提出了 35 个目标、239 条具体建议，作为各国政府的行动指南，建议“老年人只要需要，就应被允许继续工作”，进一步强调取消就业中的年龄歧视，推动老年人就业[②]。而欧盟在 1958 年的国际劳动组织（ILO）“歧视协定（就业和职业）协定（No. 111）”基础上，也发展了反年龄歧视立法，1997 年欧盟成员国通过了“阿姆斯特丹条约”，该条约授予欧盟组织新的权力，以打击包括年龄因素在内的各种就业歧视。2006 年欧盟 26 个成员国开始将欧盟“委员会指令”（Council Directive 2000/78/EC）关于“待遇和职业平等”内容纳入本国的反歧视立法中，立法要明确表明“任何年龄的歧视都是非法的”。

当前，至少有 50 多个国家的就业立法都加入了反年龄歧视的条款（Ghosheh，2008）。这些立法形式多样：（1）以宪法形式规定“年龄平等”条款，如南非、墨西哥、厄瓜多尔等；（2）通过综合性反歧视立法，将年龄与种族、性别等所有因素都纳入反歧视条款之中；（3）通过人权立法反年龄歧视，如 2004 年澳大利亚“年龄歧视法”、1993 年新西兰“人权法”、1998 年南非“就业平等法”；（4）专门开展反年龄歧视立法。例如，美国“反就业年龄歧视法”（Age Discrimination in Emloyment Act，1967）、新加坡“退休年龄法”（Retirement Age Act，1993）、英国和爱尔兰“就业公平（年龄）法”（Employment Equality（Age）Regualtion）、韩国“老年人就业促进法”。加拿大虽然没有在联邦层面有专门处理就业年龄歧视的立法，但各省几乎都通过了专门立法（M. Gunderson，2003）。

虽然，反年龄歧视法为老年人就业提供一定程度的保障，但对相关法律

---

① 1982 年联合国在维也纳召开第一次老龄问题国际大会，批准《国际老龄化行动计划》（International Plan of Action on Aging），重申《世界人权宣言》所载的不可剥夺的基本权利应充分地、不折不扣地适用于老年人，应尽可能地让老年人在自己的家庭和社会中享受一种被珍视为社会整体一部分的充实、健康、有保障的令人心满意足的生活。“联合国老龄化议题”相关背景资料和国际行动，资料来源：联合国官网。

② 资料来源：United Nations. Report of the Second World Assembly on Aging，document A/CONF. 197/9，Madrid，8 - 12 April 2002，New York.

制定标准的要求较高，条款内容需要详细、清晰。比如平等就业权如何获得和保证，谁来起诉违法者，在不同条件下举证责任如何归属，哪些职业允许年龄歧视等。如果条款界定模糊，雇主、老年人和监管机构就很难预先判断应如何避免年龄歧视，这将影响到老年人劳动权益的保护效果（Ghosheh，2008）。

反年龄歧视立法，事实上否定了“强制退休”的合理性。近些年取消“强制退休”，不再将退休年龄作为终止劳动协议的原因，或者是提高“强制退休”年龄标准，已经成为一个趋势（OECD，2013），老年劳动者对退休时间和退休方式决定的自主权在增加。

美国是最早废除强制退休的国家之一。1965 年美国劳动部的一份报告显示，在劳动力市场，约有 50% 的岗位是不接受 55 岁以上求职者，约有 25% 的岗位要求应聘者年龄不超过 45 岁。① 当时美国政府意识到老年工人受歧视的严重性，于是在 1967 年通过了联邦层次的《就业年龄歧视法》（Age Discrimination in Employment Act，ADEA），严禁在雇用、解雇、工资、额外福利（fringe benefit）、培训、岗位分配、晋升等方面，对年满 40 岁或以上者进行年龄歧视，明确禁止岗位通告（job notices）存在“年龄偏好”字眼。1978 年《强制退休法》（Mandatory Retirement Act，1978）颁布，该法对 1967 年的《年龄歧视就业法》（ADEA）进行了修订，将“强制退休年龄”从 65 岁提高到 70 岁，禁止 70 岁以下劳动者“强制退休”。1986 年修订后最终取消了“强制退休”条款，要求雇员达到 20 人或以上的雇主不能将雇员年龄作为是否雇用或解聘的标准（但雇员不足 20 人的雇主例外），政府雇员、劳动组织和职业介绍所都要遵循此法的规定②。美国实施该法后，劳动力市场上明显涉及年龄歧视的信息——如报纸招聘广告中对年龄限制或者强制退休——几乎都销声匿迹了。

美国废除强制退休制，一部分原因归于反年龄歧视意识、积极老龄化思想、老年人权利运动的兴起，“当前盛行于美国老年社会学理论中的‘活动理论’，为退休年龄后延以及取消强制退休制提供了理论依据”（侯文若，1994），另一部分原因是老龄化压力加大，“社会保障制度没有足够的基金积

① ［美］詹姆．H．舒尔茨：《老龄化经济学》（第 7 版），社会科学文献出版社 2010 年版。

② 在美国，从 1993 年起，教师不适用“强制退休”制度，而在此前，终身教员的强制退休年龄是 70 岁。目前，有些特殊职业仍在适用“强制退休”制度，主要涉及退休待遇丰厚的公共安全岗位、联邦政府岗位等，包括：消防员、警察、高级行政官、政策制定官员、联邦法律执行人员、大部分外交官、军事人员，以及导航员、交通管制员。另外，飞行员年满 65 岁时就要脱去肩章，航空管制人员年满 56 岁时必须退休，法律允许企业可以解雇年满 65 岁的拿高薪、责任大的雇员。

累为所有退休者提供养老保障”（Michael et al.，2012）。在美国之后，几乎出于同样背景和理由，其他工业化国家也相继取缔或正在取缔强制退休制度。

专栏 2-1

（1）澳大利亚。从20世纪90年代起通过了多个废除年龄歧视、鼓励继续工作的法律，2004年正式实施《年龄歧视法》，禁止强制退休（国防人员除外）。（2）新西兰。1993~1999年就规定“强制退休视为不合法”，将“国家正常养老金年龄”（SPA）从60岁提高至65岁。当前正在落实“新西兰积极老龄化战略”（New Zealand Positive Aging Strategy），提高老年工人的就业机会。（3）加拿大。1973~2009年加拿大各省几乎都经历过废除强制退休的复杂的立法过程，最终所有省份都完成了此类立法（Wood，Robertson & Wintersgill，2010）。2011年12月联邦法也取消了强制退休，只有特殊职业群体除外。（4）英国。2011年通过立法，废除了2006年在《就业平等（年龄）法》（the Employment Equality（Age）Regulation）中的默认退休年龄条款（该条款规定，被默认的强制退休年龄不得低于65岁），意味着英国也废除了强制退休，任何年龄歧视都是非法的[①]。（5）此外，荷兰、德国的法院判决也在挑战“达到法定退休年龄（65岁），永久性合同将自动终止”的规定（OECD，2013）。2002年荷兰通过了《劳动平等待遇（年龄歧视）法》，该法禁止在劳动、自由职业、职业培训、会员制组织等方面存在的年龄歧视。德国2006年8月18日开始生效的《平等待遇普通法》（General Act on Equal Treatment）规定，雇员不因种族、民族、性别、宗教或信仰、残疾、年龄或性取向而受到歧视（谢增毅，2015）。

另外，许多还没有取缔强制退休制度的国家，选择的是“提高强制退休年龄”，或者“法律设定一个标准较高的强制退休年龄”，以减少受年龄歧视的老年人范围。

① 2011年，英国政府要求2011年4月6日至10月1日期间所有规模的雇主不再适用默认退休年龄程序（default retirement age，DRA），何时停止工作弹性增加，具体改革是，从2011年4月6日开始：（1）雇主不能再使用DRA程序，发布任何强制退休通知；（2）在此期间，只有在4月6日前被通知、在10月1日前退休的，才可以按DRA程序强制退休；（3）在10月1日后，雇主不能使用DRA程序强制让雇员退休；（4）从10月1日起，雇主不能强制让雇员退休，除非在特殊情形下的退休被客观地认为是合理的，资料来源：Institute of Hospitality官网。

☞ 专栏 2-2

（1）法国 2003 年将私人部门的最低“强制退休年龄”从 60 岁提高至 65 岁。由于国家养老金计划的正常退休年龄（NRA）仅为 60 岁，比大部分欧洲国家都低，而国家养老金的替代率又相当高，因而从 2010 年起，法国将“强制退休年龄”逐步提升至 70 岁。对于公务员（特定职位除外），“强制退休年龄”即为正常养老金领取年龄。（2）在日本，强制退休是合法的，强制退休制度可能将要持续到 2050 年。1994 年，日本将最低“强制退休年龄”从 55 岁提至 60 岁，2013 年又提高至 65 岁。另外到 2030 年，国民年金的 NRA 将从 60 岁提高至 65 岁。根据《老年人就业稳定法》（the Law on Stabilisation of Employment of Older Persons），当雇主为其雇员设定退休年龄时，其不应低于 60 岁；如果雇主设定的退休年龄低于 65 岁的，有义务采取各种措施，保证其雇员在 65 岁前能稳定就业。（3）北欧国家对取消强制退休的态度比较积极[①]。在 2010~2011 年，挪威进行养老金改革，不再将 67 岁作为正常领取年龄，养老金领取年龄开始弹性化，62~75 岁之间可灵活领取养老金。在新的公共养老金制度下，计算养老金权利的年龄可到 75 岁。2010 年新修订的《工作环境法》规定，雇主可以在雇员 70 岁时终止雇佣关系；公共部门“强制退休年龄”是 70 岁；特殊职业群体（如警察、消防员和芭蕾舞演员等），“强制退休年龄”可降低。虽然新《工作环境法》规定“劳动者达到法定退休年龄 70 岁就业合同终止”，雇主与雇员的就业协议经双方协商同意，还可继续有效，雇员可在 75 岁之前继续积累养老金权益[②]。2001 年，瑞典立法规定，67 岁之前强制退休是非法的。（4）另外，荷兰为提高职业养老金的缴费年限，在集体协议和劳动合同中，也很少规定“将年龄作为一种强制终止合约或给予老年工人更少待遇的一种参考”。

---

① 2012 年欧盟的一项调查显示，欧盟国家有 53% 的人不赞成强制退休。此外，对是否取消强制退休的态度，不同国家差异较大。例如，北欧国家大部分人反对强制退休，在挪威反对的受访人数比例达到 68%。相反在南欧和东欧，一般人则支持强制退休（OECD，2014）。

② 近年来，挪威对退休年龄的限制进行了反思，认为退休制度应更加透明、统一，不再将年龄作为强制退休的唯一指标，以推动养老金改革。而首当其冲的改革应是排除强制性退休年龄对就业形成的障碍，比如取消公共部门一直存在的“85 年规则”，即“年龄和工龄之和超过 85 年”时，就可提前退休（OECD，2013）。

总之，退休制度改革和发展的趋势是，老年人工作受年龄限制越来越少，平等就业权受保护的立法在增多，“退休”的制度含义越来越体现为老年劳动者所获得的养老保障的权利状态，而不是受制度歧视、被动终止就业权利的状态。

通过回顾历史，对退休制度的本质及其演化的认识会更加清晰。退休制度既是一项促成新老人力资源更替的劳动经济制度，又是一项保证劳动者老年期间基本生活收入的福利保障制度。两种制度属性相辅相成，但是在不同历史发展阶段，各有侧重。在退休制度早期，福利保障属性服从于劳动经济属性，为的是实现劳动力市场新老人力资源的更替，满足现代工业经济发展需要，退休制度的福利保障性处于从属地位。

后来随着社会经济发展，社会保障和平等就业权的理念也在发展。人们对退休形式和退休时间的选择需求在增加，同时退休制度服务于劳动力市场新陈代谢的“工具性”在淡化，对老年人劳动权益的保护和尊重日益突出。强制退休制度日渐式微。退休年龄从制度上逐渐淡化了与劳动力市场的传统关系，而更加表现为养老金领取或养老权益“兑现”时间。当前，许多国家政府每一次提高退休年龄都掀起了不小的罢工风波、街头政治，恰好反映了人们对领取养老金年龄、养老权益“兑现”年龄延迟的敏感，而并不是对禁止就业歧视的上限年龄提高或完全废除表达抗议。

2.4 中国退休制度特点与未来主要改革方向

2.4.1 “到点即退”的强制退休

我国现行法律和政策对就业年龄管理，主要体现在“两头”：一是最早就业年龄，《中华人民共和国劳动法》第十五条规定“禁止用人单位招用未满十六周岁的未成年人”；二是最晚就业年龄，达到法定退休年龄就应该退休，退出劳动关系，法定退休年龄构成劳动关系存在的年龄上限。虽然劳动关系是在制度干预下终止的，但法律并未禁止超龄（即超过退休年龄）劳动者参与就业，“公民有劳动的权利和义务”（《中华人民共和国宪法》第四十二条规定），老年人的就业权仍受到民事法律保护。另外，法定退休年龄也为临近退休劳动者的劳动合同续签提供了一个时间参照。例如，“在本单位连续工作满 15 年，且距法定退休年龄不足 5 年的”，用人单位不得解除劳动合同，劳动合同应当续延至法定退休年龄时终止（《中华人民共和国劳动合同法》第四十二条规定）。显然，为稳定就业和保障劳动者权益，法定退休年龄也为用人单位不能随意解聘劳动者提供了一个年龄约束，这种劳动权保障，同样体现了国家的强制干预性。

当前“工作退休年龄”与“养老金领取年龄”都由制度规定，两者也未加区分，劳动者个体对此难以做出弹性选择，退休制度体现了“到点即退”的强制特点。在法律上表现为：达到法定退休年龄或开始享受基本养老保险待遇后，劳动合同将终止，继续就业将不再受到劳动法的保护。一直以来，“法定退休年龄达到与否”作为终止劳动关系的重要依据。为建立和完善社会主义市场经济体制，20 世纪 90 年代以来我国进行了城镇职工基本养老保险制度改革，职工养老从“单位保障”迈向“社会保障”，职工要获得养老保障有缴费年限要求（如至少 15 年）。由于种种原因，有部分职工因缴费年限不足，达到退休年龄还不能及时领取养老金待遇，因此“应当退休”、终止劳动合同的依据有了新变化。2007 年《中华人民共和国劳动合同法》第四十四条将“劳动者开始依法享受基本养老保险待遇的”作为劳动合同终止的情形之一，由此劳动者达到法定退休年龄并不必然导致劳动合同终止。然而，可能是为了减轻当时全球金融危机爆发后国内加大的就业压力，国家鼓励能退则退。2008 年国务院颁布的《中华人民共和国劳动合同法实施条例》第二十一条又规定“劳动者达到法定退休年龄的，劳动合同终止”，终止劳动合同又回到以“是否达到法定退休年龄”为准。退休标准不统一，在处理具体的劳动争议时易遭遇法律适用的困境。而近些年为消除法律适用争议，司法部门形成了比较统一的倾向性意见，最高人民法院和一些地方法院都认为，对于超龄劳动者与用人单位之间的劳动合同的终止，应当以劳动者是否享受养老保险待遇或者领取退休金为准：一是对于已达到法定退休年龄还未依法享受养老保险待遇或领取退休金的人员，与用人单位的用工关系仍是劳动关系，属于《中华人民共和国劳动法》调整范围；二是对于已经依法享受养老保险待遇或领取退休金的人员，不在劳动关系法律调整之列，发生用工争议的，应该按照劳务关系处理①。

实际上，近些年社会保险制度也以同样的逻辑在完善，终止养老保险缴费不再严格以“是否达到法定退休年龄”为准。2005 年《国务院关于完善企

---

① 2010 年 9 月最高人民法院《关于审理劳动争议案件适用法律若干问题的解释（三）》第七条规定；最高法院民一庭编著《最高人民法院劳动争议司法解释（三）的理解与适用》（人民法院出版社 2015 年 9 月第 2 版，第 115 ~ 117 页）。

业职工基本养老保险制度的决定》规定“本决定实施后到达退休年龄但缴费年限累计不满15年的人员，不发给基础养老金；个人账户储存额一次性支付给本人，终止基本养老保险关系”。而2010年《中华人民共和国社会保险法》则做了调整，“参加基本养老保险的个人，达到法定退休年龄时累计缴费不足15年的，可以缴费至满15年”。新的养老保险制度对超龄劳动者的参保缴费不再“一刀切”，达到法定退休年龄时缴费年限不足15年的，仍可延缴保费，但限制一次性补缴保费①，这可以被视为一种特殊情形的、有限的延迟退休。这种情形下的就业，劳动合同关系就可能保持到法定退休年龄之后，但一般也只能到有条件享受养老待遇时终止。

总的来看，按照当前的立法倾向，享受基本养老保险待遇或退休待遇的劳动者，就被排除了劳动法主体资格，其就业只能签订劳务合同（或雇佣合同）。而在现实生活中，用人单位的确因工作需要，也乐于以劳务合同返聘，这样可避免更高的劳动关系维系成本，也便于开展灵活用工。劳务合同下的就业，是由民法尤其是合同法来规范和调整的。退休后就业合同的变化，实际上否定了老年劳动者与用人单位之间的从属性关系（周国良等，2014）。这种立法倾向反映了养老保险待遇领取与劳动者权利获得之间的二元冲突性，当然也有减轻企业较重的社保负担的现实考虑。

2.4.2 弹性退休、劳动关系与社保责任

对中国未来退休制度改革，目前主张实施“弹性退休”的呼声较高，认为劳动者达到基本条件后，可以选择养老金领取时间、领取形式，在允许的弹性选择退休年龄的区间内，可提前退休、正常退休和延迟退休。在养老金领取方面，不同退休年龄意味着领取养老金初始时点不同，相应的待遇应当做精算调整，这个技术问题容易解决。但三种养老金领取年龄与劳动关系终止应存在何种关系，例如在选择提前退休情形下，在领取养老金的同时又要继续工作的，就业关系如何处理，与雇主应签订“劳动合同”还是“劳务合同”，在弹性退休年龄区间内，雇主是否有权终止劳动合同，如果终止劳动合同，是否应向劳动者支付一笔经济补偿金等这些问题，在未来制度改革中需要探讨清楚。因为在老龄化不断加深的趋势下，社会老年抚

① 2016年人力资源和社会保障部、财政部下发了《关于进一步加强企业职工基本养老保险基金收支管理的通知》（以下简称“132号文件”），就对一次性补缴费参保、超龄人员参保、降低缴费基数下限等政策作了禁止性规定。

养率提高必定会加大养老金的给付压力，养老金自身收支缺口逐年扩大，替代率可能有低走趋势，越来越多的老年劳动者会“退而不休”，以改善生活条件。因此，当前的“退休即终止劳动关系”规则在未来将会面临更多挑战，不再以劳动合同形式的就业容易让老年劳动者失去综合性权益保护，这些权益包括平等休息权、最低工资保障、单位社保缴费、劳动保护措施、员工培训和员工福利等。

如果今后法律不再对法定退休年龄设置统一标准，即取消强制退休年龄的设定，或者说不再规定在某一年龄劳动关系自行终止，抑或进一步说，像当前许多工业化国家那样改革后，退休主要变成了一种养老金待遇领取的资格和权利，退休年龄不再是劳动关系主体资格的限定条件，而是享受养老待遇的起算时间（谢增毅，2013），那么，“如何终止劳动合同”“终止合同的主导权归谁”，就很可能作为劳动力市场的重要问题出现。在强制退休制度下，制度代替雇主行使了解雇权，高效率地实现新老劳动力的更替，达到法定退休年龄，用人单位顺理成章地终止劳动合同，避免了许多劳动争议。如果强制退休制度被取消，这种由制度统一“解雇”老龄员工的功能和便利性也就消失了，用人单位则需要自行处理如何终止老龄员工的劳动合同关系。

我国现行《劳动合同法》第十四条、第四十二条将劳动关系维系的主导权更多留给了劳动者，对于老员工和临近退休年龄的员工，用人单位不能随意终止劳动关系。如果未来制度改革，允许用人单位在某个年龄区间提出终止劳动关系，则应明确这个年龄区间是从可领取基本养老金的最早年龄算起，还是从正常退休年龄（NRA）或最晚的延迟退休年龄（如美国采用的 70 岁）算起。一方面，越往早的年龄算起，则用人单位终止劳动合同的权力越大，老年劳动者就业越不稳定。另一方面，越往晚的年龄算起，则用人单位终止劳动合同的权力越小，老年劳动者的劳动关系维持越久，就业越稳定，但劳动力市场新老更替速度会减缓，人力资源配置效率将受到影响。无论作何种选择，虽然领取养老金年龄是有弹性的，但工作退休年龄仍有一定强制性，总有一部分希望工作更长久的劳动者将面临劳动合同被强制终止的情形。如果未来的退休制度改革彻底放弃了强制退休，市场中的经济单位不再设置任何工作退休年龄（此时退休年龄仅指领取基本养老保险待遇的年龄）、劳动力市场禁止年龄歧视的时候，用人单位每解聘一人，都得谨慎并且需要提供非年龄因素的解释，否则会引发年龄歧视争议。由此员工关系管理可能变得复杂起来，用人单位不得不投入很大的管理成本，以持续地、更加严谨地评价员工产出效率（并与工资率比较），同时可能面临因“评价过度”而引致的负面效应，如劳资关系紧张和员工忠诚损失。或者，用人单位针对年龄越大的员工，将愈发采用短期劳动合同，以掌握更多的用工主导权，这在客观上又会造成高龄劳动者就业的不稳定。总的来看，取消强制退休需要平衡好两个目标：一方面要保护继续工作的老年员工的劳动权益；另一方面不能妨碍用人单位有效配置人力资源和合理终止劳动关系的权利①。

未来退休制度改革，如果将退休后的就业视为劳务关系，不用再进行社保缴费，则弹性退休制度极有可能陷入尴尬的实施境地，沦为一种事实上的“提前退休”制度，并不一定产生延迟退休、改善养老金收支的预期效应。“即使是低标准的无条件养老金在很多情况下也会鼓励提前退休”（“贝弗里奇报告”，1941），尤其是低收入者大多会提前领取养老待遇②，当劳动者达到可领取养老待遇的年龄，用人单位会倾向于终止劳动关系，避免维系劳动关系带来的较高用人成本。如果劳动力市场适龄劳动力不足，用人单位的确又需要用工，可采用劳务合同灵活地、低社保成本地雇用高龄劳动者，或返聘老员工。未来随着老龄化日益严重，老年扶养比日益上升，社会养老保险费率下降空间有限，较高的社会养老保险缴费构成企业的一项较重的用工成本，企业等市场经济组织合理回避社会养老保险缴费的动机会依旧强烈，自然会形成普遍提前退休的动力。另外，由于未来产业结构调整加速，新型产业不断涌现，劳动力市场结构也发生急剧变化，企业等市场化用工形式更加灵活、多样，终身员工制、劳动合同用工制受到的挑战增多，弹性很强的劳

---

① 拉泽尔（Lazear，1979）认为，在工资随资历增长的情形下，老年劳动者的工资可能会超出其产出贡献。如果雇主按照边际产出决定工资率来调整其工资报酬，很可能引起老年员工的不满，也会影响其他年龄员工的工作士气、对雇主的忠诚。一般情形下，雇主在没有受到明显的外部经济冲击时（如经济不景气、订单减少），很少会根据绩效来降低老年员工的工资，而宁愿减少续聘老年员工的概率。因此，我们认为在劳动力市场“论资排辈”观念还很严重、工资随年龄明显呈线性增长时，用人单位合理终止老年员工劳动合同的权利应该受到重视，这也是对强制退休之所以存在的一个重要解释。只有当劳动力市场不断发展、终身雇用形式逐渐减少，市场竞争性经济部门越来越按产出效率分配工资收入时，劳动关系建立会更加体现市场自由和双向选择，取消强制退休或实施弹性退休的条件才会更充分。

② 当前普遍存在的提前退休已被多项研究所证实，其实该现象并不难理解，可用简单模型来说明：在还未实现精算中性的城镇职工基本养老金制度下，用人单位所承担的统筹账户缴费率为工资总额的16%，而基础养老金待遇因每多缴费1年将增加退休时指数化工资的1%，当假定养老金待遇每年不上调且工资增长率和养老金贴现率都为0时，延迟1年单位所缴费的16%就需要退休后至少16年才能够“补偿回来”，而且越延迟“补偿回来”的可能性越低。普通劳动者在退休时会做这种简单的计算，正因为难以“补偿”，就会倾向于尽早退休。用人单位也会打“小算盘”，与其为职工缴纳这16%的单位参保费用，还不如拿出部分提高返聘工资，这样劳资双方都能获得更多的短期利益。

务用工形式会越来越普遍[①]，越来越多劳动者将自行承担社会养老保险缴费（包括统筹账户部分和个人账户部分），参保人回避社保缴费的动力也会强烈存在。因此，无论是用人单位和参保人一般会倾向于到点退休或提前退休。参保人在尽早享受养老保障的同时，这也不妨碍他们有就业机会时继续工作，通过劳务就业，领取不再有社保扣减项的劳务工资。

实际上，提前退休是工业化国家的劳动力市场和养老保险市场的常见现象，在近20多年，老年劳动参与率提高、实际领取养老金平均年龄上升，并非是弹性退休制度推行后的结果，而主要是养老金正常领取年龄提高的结果（详见第3章）。

总之，“弹性退休”并不仅是指放松对领取待遇年龄、工作退休年龄的统一要求，也涉及如何处理劳动关系，涉及用人单位和职工如何承担社保责任、积累社保权利等问题。当劳务就业和劳动就业在社会养老保险责任上存在很大差异时，弹性退休制会使得人们及早退休的心理倾向容易变成普遍事实，由此较早停止基本养老保险缴费也会成为普遍现象，这样难以扩大基本养老保险的缴费收入，自然地，弹性退休对于改善基本养老保险基金收支平衡的意义不大。特别是，当“提前退休好处多、延迟退休好处少”的养老金制度非精算调整待遇的情形下，如果弹性退休制度允许提前退休，社会养老保险基金收支平衡可能会受到严重影响。

2.4.3　回到根本性问题：“到点即退”要取消吗

未来如要实施“弹性退休”，则取消（或减少）强制退休年龄的法律适用就是一个重要前提，这必然涉及对现有劳动法、社会保险法及相关法律做出重大修改。退休后继续就业是否仍得到劳动法的保护，将涉及越来越多老年劳动者的切身利益。我们所整理的CHARLS（2015）微观调查数据显示

① 例如，数字化时代快速发展起来的网络平台经济下的劳动形式，具有劳动外包、人机交互、弹性用工，用工方规避监管规制、“轻装上阵”，降低用工成本，逃避雇主责任，促进短工、临时工、自由职业等非正规就业兴起的特点，对传统劳动关系管理提出了新挑战。在传统的雇用劳动制下，雇主为员工提供长期的劳动权益保障与就业风险分担，以换回对其劳动过程的长期控制，并借以培育员工的忠诚和组织归属感，降低其道德风险（Friedman，2014）。进入数字化时代，网络平台劳动的双边市场逻辑对劳动力资源配置的合约模式和制度安排产生了根本性冲击。其结果是，在劳动型平台经济中，基本契约安排只关注劳动成果交割，而无问“员工”忠诚与组织归属（Dunn，2017），以往长期化的雇用合同被劳务合同所取代。资料来源：黄再胜：《网络平台劳动的合约特征、实践挑战与治理路径》，载于《外国经济与管理》2019年第7期，第99～111、136页。

（详见第6章），2695个受访样本在回答“何时停止一切有酬劳动”问题时，有1/3的男性表示在60岁之后仍将从事非农工作，有一半的女性表示在55岁之后仍将从事非农工作，而计划到60岁之后继续从事非农工作的仍占23%。显然，希望继续工作的超龄老年人数比例较高，未来随着人口老龄化，这种比例会更高，强制退休制度所面临的改革压力会越大，因为“将退休年龄作为判断劳动关系是否存在的依据有很大弊端，导致超龄劳动者劳动关系无法认定，劳动者的劳动权益得不到保护，并由此引发大量争议”（林嘉，2015）。

目前很多人在担心，延迟退休会对年轻人就业产生不利影响，认为老年人就业会对年轻人存在“挤出效应”。而大量研究显示，老年人与年轻人之间的就业冲突并不明显，二者就业更多地表现为相互促进的关系。“强制退休”政策取消或放开退休年龄限制对年轻人就业的影响，与延迟退休对年轻人就业的影响，内在逻辑基本上是一致的。根据已有研究，还没有确切的证据表明取消“强制退休”会影响年轻人就业（Wood et al.，2010），更多的国外经验证据也表明，推迟退休总体上降低了青年失业率（阳义南和谢予昭，2014）。苏春红等（2015）基于中国数据实证分析发现，延迟退休年龄会导致失业率下降。张川川和赵耀辉（2014）、张熠等（2017）也认为延迟退休不仅不会造成就业率下降，反而有可能提升就业率。欧盟委员会（2012）也不认为“老年工人抢了年轻人的饭碗”，实际上在欧洲理事会各成员中，老年人就业率最高的国家，年轻人的失业率也是最低的。从长期来看，社会工作岗位数量不是固定的，主要取决于高素质劳动者的供给量，因为这些劳动者是经济增长的关键推动力。有经验的老年工人供给量增加，将提升经济增长潜力，由此为年轻人带来更多工作的机会（European Commission，2012）。20世纪50年代后，很多工业化国家放松对退休年龄的限制，由于社会经济条件的改善允许提前退休，以刺激年轻人就业，但这种政策并未达到预期效果，年轻人的劳动参与率也并未因提前退休的实施而明显提高（OECD，2017）。基于这些经验研究，我们认为，在劳动力市场竞争性部门，老年人与年轻人之间就业冲突所引发的社会问题，并非如人们想象的那么严重。

老年人参与就业的意义应得到积极方面的认识，应摒弃“老而无用”的传统观念，向老年人推行“年龄友好性就业措施”，为老年人提供更为灵活的工作时间选择，让他们有机会获得合适岗位、工作保障条件，他们也愿意继续工作并表现出工作能力（OECD，2006）。在人力资本上，年轻人与老年人各有比较优势，不同类型岗位工作，他们作用互补，都可为社会创造价值。劳动力市场理应保持合理的、公平的竞争。在市场经济条件下，应多尊重市场在配置资源上所发挥的主导作用。随着劳动力市场结构的演变，人力资源跨部门、跨区域、跨职业流动和配置现象日益增加，终身雇用现象越来越少，则拉齐尔式隐性的长期激励合约形成条件、强制退休的内生性将面临越来越多的挑战。在新古典经济学框架下，劳动力按照边际产出与工资报酬相匹配原则来配置，减少制度强制性干预决定退休时间，让市场经济保持活力。

我们通过调研也发现，在一些建筑劳务市场，老年人与年轻人之间的就业就未表现出明显的冲突性和竞争性。在走访的一些建筑工地，处在第一线工作的 48 岁之后的中老年人明显居多，而 30 岁以下的年轻人很少（见附录 1），据劳务公司和施工管理人员反映，近些年要招聘到年轻务工者已经越来越难。不同年龄劳动者就业观念不一样，对职业发展、经济收入、工作条件要求等方面都存在差异，因而在职业和工作岗位选择上会形成一定互补性。

另外，从公平就业角度而言，不同年龄群体都是作为平等的市场主体，也不应存在“老年人影响年轻人就业”之说（在劳动力市场化程度低、需要编制控制职工规模的体制内部门是例外），只要有劳动能力，无论年龄多大，劳动权利和意愿都应该得到尊重。事实上当取消强制退休后，劳动法律对延迟退休者的就业仍以劳动者对待，用人单位仍承担社会保险、劳动保护、最低工资保障等责任，这反而有利于推动市场竞争更加公平。

劳动者就业应发挥市场配置人力资源的作用，减少强制性规制来替代市场行为。取消强制退休，就是让退休制度不再统一要求在正常退休年龄的劳动合同自行终止，即使劳动者已经办理退休手续、领取养老金，并不妨碍其与用人单位继续形成劳动关系。因退休年龄达到而将退休人员排除在劳动关系之外，有年龄歧视和性别歧视（男女不同退休年龄）之嫌。由于性别、工种、干部与职工身份等差异，工作退休年龄不同，导致不同类型劳动者即使在同样年龄工作却分别适用了不同的法律（例如女职工 50 岁后工作适用民事合同法，而女干部仍适用劳动合同法），由此容易造成在劳保条件、工作时间、薪酬待遇、职业培训、劳动争议处理等方面的不公平问题。部分已达法定退休年龄的老年人由于年龄因素，在生理、心理等方面更需要“倾斜保护”。当他们在劳动力市场上处在劣势、就业合同谈判能力不足时，如果对其不适用劳动法，劳动权益难以获得有效保障。

英国的劳动上诉法庭指出，“雇员之所以被认为需要劳动法保护的原因在于他们和雇主相比处于从属和依赖的地位”，或是“被控制”的地位。未来立法应当打破纯粹以退休年龄来判断是否有劳动关系的做法，只要劳动者从事从属性劳动，就应当受劳动法保护（谢增毅，2013；林嘉，2015）[①]，因此未来制度的改革方向是，至少应允许退休后工作的就业合同形式是可以选择的，而不是将超龄劳动者的就业一味地排除在劳动合同法适用范围之外。鉴于已正常退休正在享受退休权益的退休人员，对用人单位的经济依赖有所下降，与社会保险部分项目的衔接上可以与普通职工有差异，但这也应该是单位和个人之间双向选择的结果。未来，除非是特定职业者、国家公务员或国有企业中高管人员，达到规定退休年龄可实行强制退休，而其余类型劳动者的就业应遵从市场自由，制度规制应减少替代市场选择。劳动法应允许超龄劳动者的劳动关系有更长时间延续，这样为发展老年人力资本、充分利用老年人力资源铺平道路，为未来老龄化高峰到来做好制度准备。在逐步取消强制退休、实施弹性退休的过程中，政府也可有所作为，积极引导社会摒弃年龄歧视，完善有不同年龄群体平等参与的劳动力市场、职业培训体系，促进劳动力合理流动和人才公平竞争，积极引导用人单位实施“老年友好型就业实践”（OECD，2006）。

2.5　主要结论与政策启示

工业化国家退休年龄制度发展历史揭示，退休具有劳动经济学和社会保障学的双重属性。一方面让老年劳动者“剥离”正式就业岗位，实现了市场新老劳动力的快速更替，适应了现代工业经济发展需要；另一方面为离开正式工作的老年人提供生活保障，保证了劳动者老有所养，退休制度成为重要的社会保障制度。由于现代退休制度对所有老年人的退休年龄进行了统一规定，退休有强制性，由此受到了诸多批判，很早被认为是一种集体的“年龄歧视”，老年人继续工作的权利受到影响，不分年龄的平等就业权理念也由

① 在理论上，从属性理论是分析劳动关系主体资格的基本理论工具。这种从属性可以简单定义为，劳动者“以人身自由在劳动范围内归用人单位支配、服从劳动分工和安排、遵守劳动纪律、接受用人单位管理”。近些年，因用工双方劳动关系难以确定，屡屡发生劳动争议，对此有关部门进行了规范。例如，中华人民共和国人力资源和社会保障部在《关于确立劳动关系有关事项的通知》中指出：“劳动关系成立需要同时具备下列情形：（1）用人单位和劳动者符合法律、法规规定的主体资格；（2）用人单位依法制定的各项劳动规章制度适用于劳动者，劳动者受用人单位的劳动管理，从事用人单位安排的有报酬的劳动；（3）劳动者提供的劳动是用人单位业务的组成部分。”

此兴起，近几十年来禁止工作年龄歧视受到了各国立法的重视。在 20 世纪后期出现的社会保障制度改革浪潮中，工业化国家一方面延迟了养老金领取年龄，以缓解养老金收支失衡压力和劳动力供给不足；另一方面放开对工作退休年龄的限制，实施了弹性退休制，让劳动者有更多机会来平衡劳动与退休、自主选择领取退休待遇的时间，以实现个体福利改进。百年来工业化国家退休制度发展趋势是，退休问题越来越反映了一种养老权益与义务的关系应如何平衡，法定退休年龄主要是指领取养老金的资格年龄。

当前，中国的退休制度仍保留着低龄退休和强制退休的双重特征。对未来退休制度的改革，本书提出的总的思路：一是延迟正常领取养老金的年龄（NRA），围绕 NRA 的一定年龄区间内允许提前或延迟领取基本养老金待遇，待遇领取年龄可以弹性化，但不同退休年龄待遇应根据精算原则计发，以此调节个体退休行为。二是尊重平等劳动权，减少制度的“年龄歧视”，逐步放松对终止劳动关系的退休年龄的统一规定，工作退休年龄可弹性化。弹性退休实施不仅需要社会养老保险制度本身进一步完善，在基本养老金的缴费和待遇之间建立更强的精算联系，减少养老基金给付压力有可能加大的风险，还需要处理好一旦工作退休年龄限制放开后变得复杂起来的劳动和社保关系，这也是一个新的制度挑战，必然涉及对现有劳动法律的重大调整。三是注意延迟退休与弹性退休这两项政策配合实施。在工业化国家，提前退休比较普遍，随着弹性退休政策推行，主动延迟退休的比例并不高，近些年来老年人劳动参与率提高，很大程度归功于法定退休年龄的延迟（OECD，2017），这一点应引起管理部门的重视。实施弹性退休意味着要动摇强制退休制度，满足一部分人早退休或晚退休的意愿，有利于增进个人福利，减少社会公众对延迟退休影响个体利益的担忧，有助于延迟退休改革的最大社会共识的形成。

第3章

退休年龄制度改革的国际经验

3.1 各国法定退休年龄概览

3.1.1 法定退休年龄的地区差异

世界银行HDNSP养老金数据库关于各国退休年龄的统计数据显示，截至2013年第二季度，156个国家和地区的平均“法定退休年龄”或“养老金正常领取年龄”（NRA）男性为60.9岁、女性58.7岁（见表3-1）。不同国家和地区的NRA差异较大：（1）24个高收入OECD成员方的NRA平均为男65.8岁、女65.5岁；（2）欧洲和中亚30个国家平均为男62.6岁、女59.1岁；（3）拉丁美洲和加勒比海地区29个国家平均为男61.8岁、女60.1岁；（4）东亚和太平洋地区18个国家平均为男58.4岁、女57.3岁；（5）中东和北非16个国家平均为男60岁、女56.6岁；（6）在撒哈拉以南的33个非洲国家平均为男59岁、女58.3岁；（7）南亚6个国家平均为男58.8岁、女56.3岁。

目前OECD成员方的正常退休年龄标准较高。OECD（2017）统计数据显示，由于OECD成员方对NRA长期的持续调整，未来各国的NRA仍将保持较大差异。在丹麦、意大利和荷兰，公共养老金的NRA将分别达到74岁、71.2岁、71岁，而芬兰、爱尔兰、葡萄牙、英国、斯洛伐克等也将达到68岁。NRA低于60岁的国家或地区主要分布在亚洲，如印度尼西亚55岁、泰国55岁、印度55岁。长期以来，土耳其男女退休年龄最低，分别为47岁、44岁，但目前已经提到61岁、59岁。在撒哈拉以南的非洲国家，多数退休年龄标准较低，如尼日利亚50岁、赞比亚55岁、几内亚55岁。

表 3－1　　世界各个国家或地区的法定退休年龄一览表

区域	国家或地区	法定退休年龄（女/男）（岁）	提前退休年龄（女/男）（岁）	法定退休年龄调整（年）	法定退休年龄调整执行时间	缴费年限最低要求（年）	缴费年限最低要求调整（年）	缴费年限最低要求调整执行时间
东亚和太平洋	文莱	60	55	—	—	—	—	—
	中国	50、55/60	45/50	—	—	15	—	—
	斐济	55	—	—	—	10	—	—
	中国香港地区	65	60	—	—	—	—	—
	印度尼西亚	55	—	—	—	—	—	—
	基里巴斯共和国	50	45	—	—	—	—	—
	韩国	65	60	—	—	20	—	—
	老挝	60	55	—	—	5	—	—
	马来西亚	55	50	—	—	—	—	—
	密克罗尼西亚联邦	60	—	—	—	10	—	—
	蒙古	55/60	50/55	—	—	20	—	—
	新几内亚	55	—	—	—	—	—	—
	菲律宾	65	60	—	—	10	—	—
	萨摩亚	55	—	—	—	—	—	—
	新加坡	62	—	—	—	—	—	—
	泰国	55	—	—	—	15	—	—
	瓦努阿图	55	—	—	—	—	—	—
	越南	55/60	50/55	—	—	20	—	—
欧洲、美洲和中亚	阿尔巴尼亚	59. 5/64. 5	57/62	—	—	35	—	—
	亚美尼亚	63	缴费至少35 年①	—	—	6	10	2016 年
	阿塞拜疆	58/63	允许	60/63	2015 年	5	—	—
	白俄罗斯	55/60	允许	—	—	20/25	—	—
	波黑	65	55/60	—	—	20	—	—
	波斯尼亚	60/65	缴费至少40 年	—	—	20	—	—

① 参保人缴费满 35 年有权提前 1 年退休；有些职业 2015 年前的最早退休年龄已提至 55 岁/58 岁。

续表

区域	国家或地区	法定退休年龄（女/男）（岁）	提前退休年龄（女/男）（岁）	法定退休年龄调整（年）	法定退休年龄调整执行时间	缴费年限最低要求（年）	缴费年限最低要求调整（年）	缴费年限最低要求调整执行时间
欧洲、美洲和中亚	保加利亚	60/63	允许	63/65	2026 年	34/37	—	—
	克罗地亚	60/65	55/60	—	—	15	37/40	2020 年
	捷克	55～61①/62.5			2018 年	26	—	—
	爱沙尼亚共和国	60.5/63	—	—	—	15	—	—
	佐治亚州	60/65	—	—	—	—	—	—
	匈牙利	62	—	—	—	20	—	—
	哈萨克斯坦	58/63	Yes	—	—	20/25②	—	—
	科索沃自治省	65	—	—	—	0	—	—
	吉尔吉斯斯坦	58/63	允许	—	—	20/25	—	—
	拉脱维亚	62	—	—	—		—	—
	立陶宛	60/62.5	58/60.5	—	—	15	—	—
	北马其顿共和国	62/64	—	—	—	15	—	—
	摩尔多瓦	57/62	允许③	—	—	15	—	—
	黑山	67	—	—	—	25	—	—
	波兰	60/65	允许	—	—	25	—	—
	罗马尼亚	59/64	允许	—	—	28/33	—	—
	俄罗斯联邦	55/60	允许	—	—	5	—	—
	塞尔维亚	60/65	53	58	2023 年	15	—	—
	斯洛伐克	59.5/62	—	62/62	2015 年	10	—	—
	斯洛文尼亚	56.3/63	—	—	—	15	20	—
	土耳其	44/47	—	—	—	14	—	—
	土库曼斯坦	57/62	—	—	—	20/25	—	—
	乌克兰	55/60	—	—	—	5	—	—
	乌兹别克斯坦	55/60	—	—	—	20/25	—	—

① 女性提前退休年龄还取决于所抚养的孩子数量；自 2018 年起，提前退休的最少缴费年限须达到 25 年，现在提高到 30 年。

② 全额养老金和全额最低保障养老金要求 1998 年前的工作年限须满 20 年/25 年。

③ 提前退休取决于工人身份。

续表

区域	国家或地区	法定退休年龄（女/男）（岁）	提前退休年龄（女/男）（岁）	法定退休年龄调整（年）	法定退休年龄调整执行时间	缴费年限最低要求（年）	缴费年限最低要求调整（年）	缴费年限最低要求调整执行时间
高收入 OECD 成员方	澳大利亚	67	60	—	—	—	—	—
	奥地利	65	60/62	—	—	15	—	—
	比利时	65	60	—	—	45	—	—
	加拿大	65	60	—	—	居住年限	—	—
	丹麦	67	—	—	—	居住年限	—	—
	芬兰	65	62	—	—	居住年限	—	—
	法国	65	—	—	—	40	—	—
	德国	67	63	—	—	15	—	—
	希腊	65	55	—	—	15	—	—
	冰岛	67	62	—	—	居住年限	—	—
	爱尔兰	65/66	—	—	—	5. 2	—	—
	以色列	64/67	62	—	—	—	—	—
	意大利	60/65	61	—	—	职业类型有差异	—	—
	日本	65	60	—	—	25	—	—
	卢森堡	65	57	—	—	40	—	—
	荷兰	65	—	—	—	居住年限	—	—
	新西兰	65	—	—	—	居住年限	—	—
	挪威	67	62	—	—	居住年限	—	—
	葡萄牙	65	55	—	—	15	—	—
	西班牙	65	61	—	—	15	—	—
	瑞典	65	61	—	—	居住年限	—	—
	瑞士	64/65	62/63	—	—	43/44	—	—
	英国	68	—	—	—	39/44	—	—
	美国	67	62	—	—	10	—	—

续表

区域	国家或地区	法定退休年龄（女/男）（岁）	提前退休年龄（女/男）（岁）	法定退休年龄调整（年）	法定退休年龄调整执行时间	缴费年限最低要求（年）	缴费年限最低要求调整（年）	缴费年限最低要求调整执行时间
拉丁美洲和加勒比海	安提瓜和巴布达岛	60	—	—	—	10	—	—
	阿根廷	60/65	55/60	—	—	30	—	—
	巴巴多斯	65	60	—	—	10	—	—
	伯利兹	65	60	—	—	10	—	—
	玻利维亚	65	—	—	—	—	—	—
	巴西	60/65	—	—	—	30/35	—	—
	智利	65	50/55	—	—	—	—	—
	哥伦比亚	55/60	—	57/62	2014 年	23. 5	26	2015 年
	哥斯达黎加	60/62	—	—	—	37. 5/38. 5	—	—
	古巴	55/60	—	—	—	25	—	—
	多米尼加	60	—	—	—	10	—	—
	厄瓜多尔	60	—	—	—	30①	—	—
	萨尔瓦多	55/60	—	—	—	25	—	—
	格林纳达	60	—	—	—	10	—	—
	危地马拉	60	—	—	—	15	—	—
	圭亚那	60	—	—	—	15	—	—
	洪都拉斯	60/65	—	—	—	15	—	—
	牙买加	60/65	—	—	—	28. 86	—	—
	墨西哥	65	—	—	—	25	—	—
	尼加拉瓜	60	—	—	—	15	—	—
	巴拿马	57/62	—	—	—	18	—	—
	巴拉圭	60	55	—	—	25	—	—
	秘鲁	60	55	—	—	20	—	—
	圣基茨和尼维斯	62	—	—	—	10	—	—
	圣露西亚	63	60	—	—	13	—	—

① 60 岁退休缴费须满 30 年；65 岁退休缴费须满 15 年；70 岁退休缴费须满 10 年；缴费满 40 年可在任何年龄退休。

续表

区域	国家或地区	法定退休年龄（女/男）（岁）	提前退休年龄（女/男）（岁）	法定退休年龄调整（年）	法定退休年龄调整执行时间	缴费年限最低要求（年）	缴费年限最低要求调整（年）	缴费年限最低要求调整执行时间
拉丁美洲和加勒比海	圣文森特和格林纳丁斯	60	—	—	—	10	—	—
	特立尼达和多巴哥	60	—	—	—	15	—	—
	乌拉圭	60	—	—	—	30	—	—
	委内瑞拉	55/60	—	—	—	15	—	—
中东和北非	阿尔及利亚	55/60	45/50	—	—	15	—	—
	巴林	55/60	缴费年限要求	—	—	15/20	—	—
	吉布提	55/60	—	—	—	—	—	—
	埃及	60	允许①	—	—	10	—	—
	伊朗	55/60	45/50②	—	—	16	—	—
	伊拉克	55/60	—	—	—	20	—	—
	约旦	55/60	45	—	—	15	—	—
	科威特	50	缴费年限要求	—	—	15	—	—
	利比亚	60/65	—	—	—	20	—	—
	马耳他	65	61③	—	—	3. 12	—	—
	摩洛哥	60	55	—	—	9	—	—
	阿曼	55/60	45	—	—	10/12	—	—
	沙特阿拉伯	55/60	允许④	—	—	10	—	—
	叙利亚	55/60	—	—	—	15	—	—
	突尼斯	60	50	—	—	10	—	—
	也门	55/60	46 ~ 54/50 ~ 59	—	—	10/15	—	—

① 缴费满 20 年可提前退休。

② 缴费满 30 年可提前退休。

③ 缴费满 2080 周（即 40 年）可提前在 61 岁退休。

④ 缴费满 240 月（约 20 年）可提前退休。

续表

区域	国家或地区	法定退休年龄（女/男）（岁）	提前退休年龄（女/男）（岁）	法定退休年龄调整（年）	法定退休年龄调整执行时间	缴费年限最低要求（年）	缴费年限最低要求调整（年）	缴费年限最低要求调整执行时间
南亚	阿富汗	55/60	—	—	—	20/25	—	—
	印度	58、55①	54	—	—	10	—	—
	马尔代夫	65	—	—	—	居住年限	—	—
	尼泊尔	58②	—	—	—	—	—	—
	巴基斯坦	55/60	50/55	—	—	15	—	—
	斯里兰卡	50/55	—	—	—	—	—	—
撒哈拉以南非洲	贝宁	60	—	—	—	15	—	—
	布隆迪	60	55	—	—	15	—	—
	喀麦隆	60	50	—	—	20	—	—
	佛得角	60/65	—	—	—	15	—	—
	中非共和国	60	55	—	—	15	—	—
	乍得	60	55	—	—	15	—	—
	刚果（金）	60/65	55	—	—	10	—	—
	刚果	60	50	—	—	25	—	—
	科特迪瓦	55	50	—	—	15	—	—
	赤道几内亚	60	—	—	—	10	—	—
	加蓬	55	50	—	—	20	—	—
	冈比亚	60	45	—	—	10	—	—
	迦纳	60	55	—	—	20	—	—
	几内亚	55	50	—	—	15	—	—
	肯尼亚	60	—	—	—	—	—	—
	利比里亚	60	—	—	—	8.3	—	—
	马达加斯加	55/60	—	—	—	15	—	—
	马里	58	53	—	—	13	—	—
	毛里塔尼亚	55/60	—	—	—	20	—	—
	毛里求斯	60	—	—	—	—	—	—

① 收入关联型养老金的法定领取年龄58岁，收入关联型节俭基金计划法定领取年龄55岁。

② 法定退休年龄58岁或者就业协议终止日期。

续表

区域	国家或地区	法定退休年龄（女/男）（岁）	提前退休年龄（女/男）（岁）	法定退休年龄调整（年）	法定退休年龄调整执行时间	缴费年限最低要求（年）	缴费年限最低要求调整（年）	缴费年限最低要求调整执行时间
撒哈拉以南非洲	尼日尔	60	—	—	—	20	—	—
	尼日利亚	50	—	—	—	—	—	—
	卢旺达	55	—	—	—	15	—	—
	圣多美和普林西比	57/62	—	—	—	10	—	—
	塞内加尔	55	53	—	—	积分要求	—	—
	塞舌尔	63	60	—	—	10	—	—
	塞拉利昂	60	55	—	—	15	—	—
	苏丹	60	50	—	—	20	—	—
	斯威士兰	60	45	—	—	—	—	—
	坦桑尼亚	60	55	—	—	15	—	—
	多哥	60	—	—	—	10	—	—
	乌干达	55	50	—	—	—	—	—
	赞比亚	55	50	—	—	15	—	—

注：“/”左、右边数字分别表示为男、女退休年龄；无“/”表示男女统一退休年龄。资料来源：来自世界银行 HDNSP 养老金数据库，数据更新至 2013 年第二季度。

资料来源：世界银行官网。

3.1.2　法定退休年龄的性别差异

根据世界银行的统计，法定退休年龄有性别差异的国家或地区约有 61 个，占总样本 39%，具体分布是：欧洲和中亚国家 24 个[①]，在分样本中占比 80%；中东和北非国家 11 个[②]，占比 69%；南亚国家有 3 个[③]，占比

① 如阿尔及利亚、白俄罗斯、波斯尼亚、保加利亚、克罗地亚、捷克、爱沙尼亚、格鲁吉亚、哈萨克斯坦、吉尔吉斯斯坦、立陶宛、马其顿、摩尔多瓦、波兰、罗马尼亚、俄罗斯、塞尔维亚、斯洛伐克、斯洛文尼亚、土耳其、土库曼斯坦、乌克兰、乌兹别克斯坦。

② 如阿尔及利亚、巴林、吉布提、伊朗、伊拉克、约旦、利比亚、阿曼、沙特阿拉伯、叙利亚、也门。

③ 如阿富汗、巴基斯坦、斯里兰卡。

50%；拉丁美洲和加勒比海地区国家11个，占比38%①；东亚和太平洋国家有3个②，占比17%；高收入OECD成员方4个③，占比17%；撒哈拉以南非洲国家5个④，占比15%。可见在最高收入国家和最低收入国家或地区，退休年龄标准的性别差异都小；而性别差异大的国家或地区，主要分布在东欧、中亚、中东和北非等区域。

退休年龄的性别差异反映了男、女性的社会分工差异，受传统习俗、宗教文化、现代意识观念和经济发展水平影响深远。随着社会经济发展，传统习俗被打破，男女平等就业意识崛起，越来越多的女性将会摆脱传统社会分工、身份定位的束缚，延长参与社会性劳动的时间，不断缩小与男性的退休时间差异。近年来，OECD成员方如爱沙尼亚、捷克、斯洛伐克、斯洛文尼亚、爱尔兰、意大利，通过立法取消了男女退休年龄差异，英国甚至将男女退休年龄都提至68岁。目前35个成员方（OECD，2017）中仅8个国家仍保留有性别差异，它们是：奥地利（65岁/60岁）、智利（65岁/60岁）、捷克（63岁/62.3岁）、以色列（67岁/62岁）、意大利（66.6岁/65.6岁）、波兰（65岁/60岁）、瑞士（65岁/64岁）、土耳其（60岁/58岁）。未来随着退休年龄制度改革逐步落实，有差异国家将进一步减至5个：智利、以色列、波兰、瑞士和土耳其（61岁/59岁）。以色列将男、女性NRA的差异从5年缩小至3年，即67岁、64岁。在东欧、西亚和中东地区，传统的性别差异仍将维持，个别国家的改革甚至还出现反复，从以前旨在实现男女同龄退休的改革又回到了性别差异的老路上来。例如，2012年波兰曾计划将男、女性NRA都提高到67岁，但是2017年又决定将男、女性NRA分别按65岁、60岁执行，这种制度“反复”，引起了欧盟（EU）的强烈反应。

☞专栏3-1

2012年，波兰奉行“中间主义”政府原计划从2020年男性、2040年女性的退休年龄都提高到67岁。而2017年由“法与正义党”（PiS）主宰的议会通过了其竞选时所做的“降低波兰人退休年龄”承

① 如阿根廷、巴西、智利、哥伦比亚、哥斯达黎加、古巴、萨尔瓦多、洪都拉斯、牙买加、巴拿马、委内瑞拉。

② 如中国、蒙古、越南。

③ 如爱尔兰、意大利、瑞士、以色列。

④ 如佛得角、刚果（金）、马达加斯加、毛里塔尼亚、圣多美和普林西比。

诺：自2017年10月1日起，男、女性退休年龄分别为65岁、60岁。当前波兰经济繁荣，年增长率达到3.9%，失业率处在20世纪90年代制度转轨以来的最低水平。预计短期内，这种改革对经济的影响不大。然而，PiS政府预计，2018年的改革成本仍将会高达27.4亿美元，约占GDP的0.5%。经济学家也在警告，未来国家预算将会面临强大的压力。根据最新的预算模拟结果显示，到2019年PiS政府法定任期结束时，养老金必须要得到610亿波兰兹罗提的政府预算贴补的补充①。这种"往回走"的新退休政策，引起不同方面的强烈反对。"公民发展论坛（FOR）"认为缩短就业年限，将会延长退休待遇领取年限，导致个体养老金待遇走低、工人赋税增长和经济增速放缓。波兰的改革由于与欧盟（EU）意见相背而行，已经引起了后者的不满。欧盟"公平、消费者和性别平等和就业、社会事务委员会"委员玛丽亚娜·蒂森（Marianne Thyssen）曾向波兰劳动部长致信说，"男女平等权利是欧盟得以建立的关键（理念）支柱"，"波兰的养老金制度改革，可能与欧盟法律不相协调，（我们）对此表示关切"，并表示不会长期容忍波兰在退休年龄上存在的性别不平等问题。对此，波兰副总理马修·莫拉维耶维奇（Mateusz Morawiecki）回应道"女性的作用必须获得认同，立法机构应为其提前退休创造可能""我们的主张不仅是对社会公众预期的回应，也是对女性与男性所发挥的不同作用作出的反应"，他支持政府的这种改革，认为"女性有权利提前退休，因为她们承担了更多的责任，包括抚养孩子的责任"②。经济学家也在警告波兰的这次改革将会打击经济增长和公共财政。波兰是快速老龄化的国家，此次改革将使得33.1万人（相当于这个国家劳动力总量的2%）从中受益。有些评论家认为，"老龄工人的高就业率与年轻工人的高就业率是相辅相成的……降低退休年龄将会削弱培训激励，减少对其他技能的投资，最终会使得波兰的经济增长速度慢下来"。与波兰"开倒车"不同的是，欧盟各成员以及其他国家都在延迟退休年龄。如英国政府就宣告正准备将男女"国家养老金领取年龄（SPA）"在2046年都提高到68岁③。

---

① 资料来源：Poland Advisory and Accounting 官网。

②③ 资料来源：European Trade Union Institute 官网。

3.1.3 影响法定退休年龄选择的重要指标

一个国家的法定退休年龄形成，从长期来看，既遵循了本国制度历年沿袭所形成的路径依赖，也受到其他国家制度改革经验的影响，当然本国社会经济发展水平、人口结构等也是重要的制约因素。法定退休年龄高低与以人均 GDP 所衡量的社会经济发展水平、养老金制度赡养率、老年人预期寿命、社会经济所承载的养老负担等有很大的关系（见表 3－2）。

表 3－2　　不同水平法定退休年龄（NRA）国家的重要指标比较

男性法定退休年龄	国家或地区样本（个）	人均 GDP（美元）	养老金领取人数占总人口之比（%）	各类养老金支付总额占 GDP 比例（%）	男性 60 岁的预期寿命（岁）
60 岁以下	18	3029	1.2	1.4	76.0
60 岁	57	5512	3.8	2.4	76.8
60 以上、65 岁以下	21	13367	14.1	6.8	77.2
65 岁及以上	49	30445	12.5	6.6	79.2
世界平均	145	14767	8.0	4.6	77.5
人均 GDP 值最低	35	1068	0.6	1.3	75.7
人均 GDP 值最高	25	52850	15.9	7.3	81.6

注："人均 GDP 数据" 来自世界银行 2014 年统计；从 156 个样本中剔除了人口在 20 万人以下的国家、高收入石油国科威特等；"60 岁的预期寿命" 数据来自联合国人口司网站；其他数据来自世界银行 HDNSP 养老金数据库 2013 年和 2014 年的统计。

在人均 GDP 较低的国家，NRA 大都在 60 岁以下。全球人均 GDP 最低的 35 个国家中，男性 NRA 平均为 59 岁（但刚果共和国、吉尔吉斯斯坦为例外，男性法定退休年龄分别为 65、63 岁）①。这些国家养老金覆盖率很低，养老津贴领取人数仅占总人口的 0.6%，各类养老津贴总支出仅占 GDP 的 1.3%。在这些国家，60 岁男性的预期寿命也是最低的，为 75.7 岁，几乎低

① 2014 年，这 35 个国家按人均 GDP 都低于 2000 美元，由低往高排列是（括号内为美元）：布隆迪（295）、中非（379）、冈比亚（423）、尼日尔（441）、马达加斯加（449）、利比里亚（461）、刚果共和国（475）、几内亚（550）、多哥（646）、卢旺达（652）、阿富汗（666）、乌干达（677）、尼泊尔（698）、马里（766）、塞拉利昂（788）、贝宁（825）、坦桑尼亚（969）、乍得（1054）、塞内加尔（1071）、吉尔吉斯斯坦（1269）、毛里塔尼亚（1270）、巴基斯坦（1334）、肯尼亚（1338）、喀麦隆（1426）、也门（1440）、加纳（1462）、叙利亚（1535）、瓦努阿图（1631）、印度（1631）、科特迪瓦（1646）、老挝（1708）、吉布提（1786）、赞比亚（1802）、苏丹（1904）、尼加拉瓜（1914）。

于世界平均寿命2岁。在经济发展水平较低的国家，由于人均寿命偏低，生育水平高，人口结构相对年轻，加上养老金制度覆盖率低，公共养老金压力并不严重，调整法定退休年龄的改革动力远不及工业化国家那么强烈，退休年龄一直维持在较低水平。

社会经济发展水平高的国家或地区，退休年龄水平也高。在这些国家或地区，社会保障制度经过上百年的发展演进，养老金制度成熟，几乎形成全民覆盖。作为重要的养老金制度参数，退休年龄标准的高低，广泛影响着劳动者个体、家庭的利益，也影响着养老金收支平衡能力、政府财政的承受能力。另外，随着现代工业经济发展，当人们的生存条件有了极大改善、寿命不断延长的同时，为适应工业化、城市化的经济运行节奏，生育意愿降低，造成新生人口逐年减少，人口老龄化日益严重。这些国家调整法定退休年龄的改革动力很大，20世纪80年代以来的改革结果是，退休年龄明显高于其他国民收入低水平的国家。

人均GDP排名前25名的国家或地区中[①]，养老金领取人数与总人口之比高达15.9%，远超过国际平均值8.0%，60岁群体的预期寿命也显著高于世界平均水平，达到81.6岁。由于人口老龄化程度高、社会保障制度相对慷慨，制度覆盖对象广泛，导致各类养老金总支出占GDP的比例高达7.3%，超出世界平均值的60%。截至2013年第二季度世界银行统计时，这25个国家男性的NRA平均达到65.6岁，并仍在提高。

世界银行数据显示，2011年中国各类养老金领取者占总人口的比重为12.5%，养老金制度赡养率比世界平均水平高出55%，与高收入国家水平相当。中国社会保障制度经过多年发展，基本实现了老有所养的目标。2014年各类养老金的发放总额（包括机关事业单位养老保险、居民养老保险、城镇职工养老保险等）占GDP的比重为3.6%，比世界平均水平低1个百分点，不足高收入国家的一半。相较于世界水平，以往中国社会经济所承受的养老压力不是很高，属于中低水平。但应该看到，中国正处在老龄化加速提高的阶段，养老金给付压力正在不断升级。《2017年度人力资

---

① 2014年，这25个国家或地区按人均GDP由低往高排列是（括号内为美元）：韩国（27970）、西班牙（30262）、意大利（34961）、日本（36194）、以色列（37032）、中国香港（40170）、新西兰（41771）、法国（42736）、英国（45604）、比利时（47517）、德国（47627）、芬兰（49538）、加拿大（50271）、奥地利（51130）、荷兰（51591）、冰岛（52046）、爱尔兰（53310）、美国（54630）、新加坡（56284）、瑞典（58885）、丹麦（60630）、澳大利亚（61886）、瑞士（83692）、挪威（97372）、卢森堡（108149）。

源和社会保障事业发展统计公报》显示，城镇职工养老保险与城乡居民养老保险领取人数共 26624 万人，占当年总人口比例的 19.2%，两类养老金发放总额为 40424 亿元，占当年 GDP 比值的 4.9%，超出了世界平均水平，该指标相比前几年有了很大的变化。

中国人口寿命在世界平均水平之上，达到中高收入国家水平①。联合国人口司 2017 年披露，2005～2010 年中国男性 60 岁预期寿命为 78.2 岁，女性 60 岁预期寿命为 80.5 岁，男、女性退休后余命分别为 18.2 年、25.5 年（女干部）或 30.5 年（女工人），都高于所统计的 153 个国家或地区样本平均值 16.5 年和 21.2 年、OECD 成员方平均值为 16.0 年和 21.1 年，尤其是女性明显偏高。因此从寿命角度，与其他国家或地区相比，中国男女法定退休年龄的确偏低了（见图 3－1）。

目前中国男女 NRA 低于世界平均水平，假定到何种水平合适？不妨利用世界各国或地区的几个重要指标与法定退休年龄的关系进行一般的计量刻画后再来估计。下面有四个指标作为自变量，即“人均 GDP”“60 岁的预期余命”“各类养老金领取人数与总人口数之比”“各类养老金总给付额与 GDP 之比”等，“法定退休年龄”作为因变量，这里只选择男性。不同变量的经济含义是：（1）人均 GDP 可以衡量经济社会发展水平。一般而言，一国人均 GDP 越高，说明该国建设和完善现代社会保障制度的意识更强，也有更多资源为国民提供养老保障，养老保障制度发展更加成熟，NRA 标准高低会影响社会经济。因此在不同经济社会发展水平下，不同国家或地区会选择一个相对合适的法定退休年龄。（2）法定退休年龄选择通常与人口平均寿命相关，如果人口寿命较长，实际工作年限也会较长，NRA 标准也较高。（3）不同养老金领取人数占总人口的比重可以反映人口结构和制度赡养率信息，比重高，说明人口老龄化程度严重，需要养老金供养老年人多，而年轻劳动者少，使得 NRA 标准设定会较高，以减轻社会养老负担。（4）不同类型养老金的总给付规模占 GDP 的比重反映社会养老保障制度的慷慨水平、社会经济的福利负担，当其他变量一定时，该比重越大，说明养老金制度的财务压力越大，选择较高 NRA 标准的趋向性越强。

---

① 2015 年世界人口的平均预期寿命为 71.60 岁，其中高收入国家为 79.28 岁，中上收入国家为 74.83 岁，中下收入国家为 67.48 岁，低收入国家为 61.80 岁。具国家统计局透露，2015 年，中国人口平均预期寿命达到 76.34 岁，比 2010 年的 74.83 岁提高了 1.51 岁。分性别来看，男性为 73.64 岁，比 2010 年提高 1.26 岁；女性为 79.43 岁，比 2010 年提高 2.06 岁，女性提高速度快于男性。资料来源：网易新闻网。

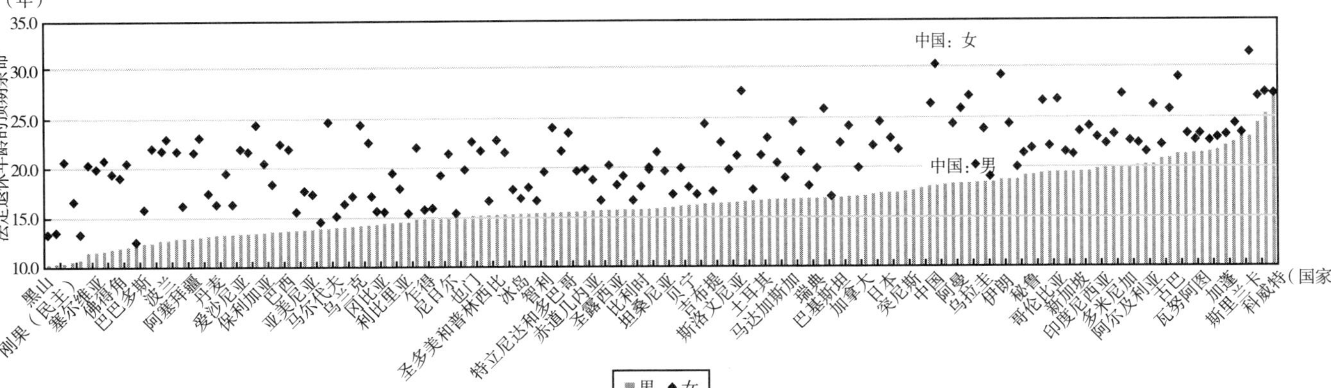

图 3－1　世界各国或地区男女法定退休年龄的预期余命

注：法定退休年龄数据来自世界银行养老金数据库（更新至 2013 年第二季度），预期余命数据来自联合国人口司对各国 2005 ~ 2010 年的测算数据（2017 年版）；整理样本 153 个。

根据上述变量构造一个简单的回归模型，大致刻画这四个指标对法定退休年龄选择的影响，估计结果如表3－3所示。用四个指标对法定退休年龄做单一回归时，所估计的影响系数都通过了显著性检验，系数皆为正。但做多元回归时，“60岁预期寿命”与“养老金领取人数占总人口之比”的影响不显著。根据表3－3中模型（1）、模型（2）、模型（4）、模型（6）、模型（7）对不同自变量系数估计结果，利用中国相应变量数据，得出中国男性法定退休年龄拟合值分别为61.9岁、61.8岁、62.7岁、61.5岁和61.7岁。可见，根据世界各国或地区的法定退休年龄标准受上述四个因素决定的情形来看，中国现有的法定退休年龄标准是偏低的，仍有提高空间。

表3－3　法定退休年龄与其他变量的关系估计

变量	模型（1）	模型（2）	模型（3）	模型（4）	模型（5）	模型（6）	模型（7）
人均GDP对数	1.426*** (8.57)		1.373*** (6.80)		0.985*** (3.43)		1.143*** (3.66)
60岁的预期寿命		0.369*** (4.53)	0.0403 (0.47)		0.119 (1.20)		0.110 (1.09)
养老金领取人数占总人口之比				23.92*** (7.70)	10.82*** (2.63)		−0.723 (−0.12)
各类养老金支付总额占GDP比例						40.65*** (6.32)	21.58** (2.26)
截距项	49.15*** (33.41)	32.96*** (5.21)	46.49*** (7.94)	59.71*** (169.70)	42.94*** (6.63)	60.08*** (152.51)	42.20*** (6.39)
样本（个）	145	145	145	126	126	125	114
Adj R-squared	0.3349	0.1196	0.3312	0.3178	0.4405	0.2391	0.4472
F-statistic	73.49***	20.56***	36.66***	59.22***	33.81***	39.97***	23.86***

注：括号内为t统计量，*、**、***分别代表系数在10%、5%、1%水平上显著。

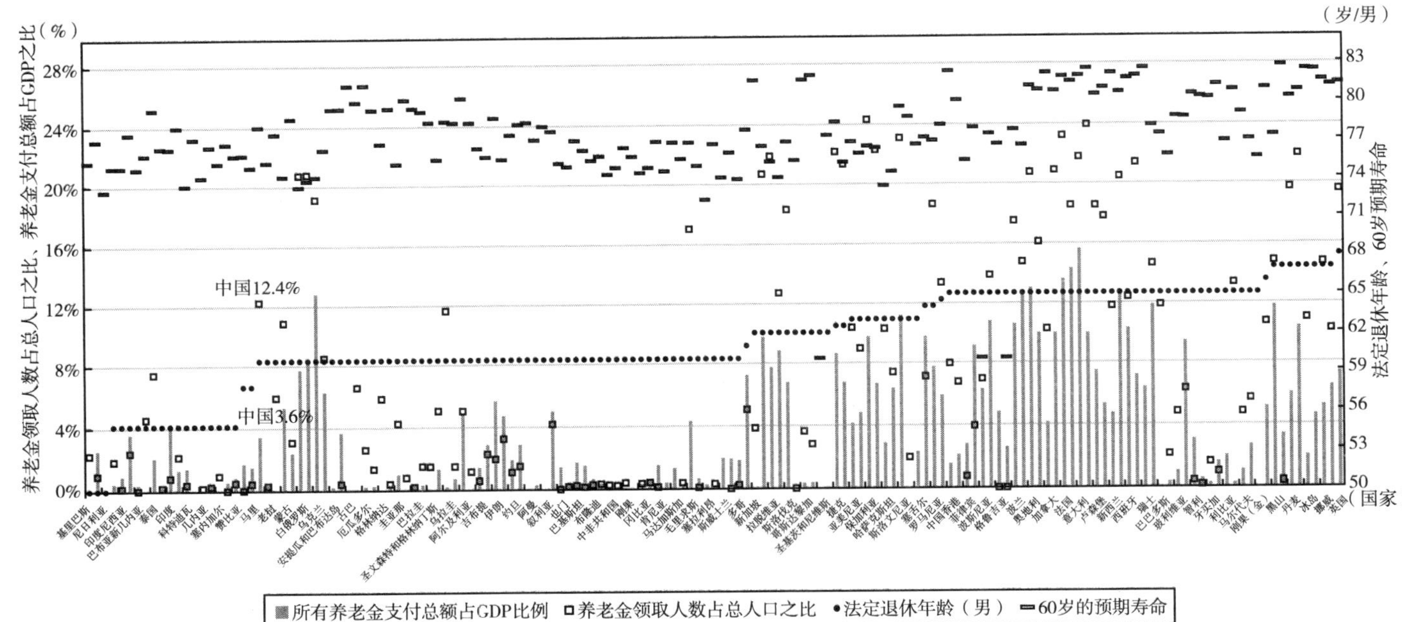

图 3-2　世界各国法定退休年龄及各项指标概览

资料来源：①世界银行养老金数据库。

②联合国人口司网。

3.2 20世纪80年代以来各国退休年龄制度改革

由于各国社会的经济发展条件、人口老龄化水平、养老金可持续能力等差异较大，对法定退休年龄高低的敏感和反应程度也不一样。自20世纪80年代以来，退休年龄制度改革主要发生在工业化水平较高的国家或地区，比如“经济合作与发展组织”（OECD）成员方，本节主要针对这些国家的制度改革特点进行总结。

3.2.1 退休年龄制度改革的背景

“经济、金融和预算危机通常被视为推行改革的逻辑时点。实际上，许多次养老改革都是在危机爆发时推行的”（OECD，2017）。现有资料揭示，工业化国家普遍通过立法持续提高法定退休年龄的改革历史，最早可以追溯到20世纪80年代初，当时正经历了20世纪70年代在资本主义国家蔓延的滞胀型经济危机。经济发展受挫，一方面将第二次世界大战后20多年慷慨的福利政策所造成的巨大财政负担给暴露出来，如何实现公共养老金长期可持续受到重视；另一方面年轻人失业问题需要得到解决，让老年人提前退休可以为年轻工人释放部分工作岗位，但这一措施并没有产生预期效应，而且还造成养老金开支猛增，破坏了养老金的财务可持续性。然而工业化国家又因生育率走低、人口寿命延长，人口老龄化日趋严重。1975年OECD成员方中65岁及以上老年人口与20~64岁劳动力人口之比达到19.5%，2015年上升至27.9%，到2050年又将加速上升至53.2%。进入21世纪后，随着第二次世界大战后“婴儿潮”时代（主要是指20世纪五六十年代生人）开始陆续走向退休，形成银发浪潮。使得各国公共养老金支出压力加大，支出规模占GDP的比重持续提高，1980~2013年，OECD成员方平均提高了2.5个百分点（见表3-4），甚至希腊、意大利的当前比重已经达到15%（OECD，2017）。

表 3 – 4　　OECD 成员方养老金与遗属年金总支出占 GDP 的比值　　单位：%

国家	1980 年	1985 年	1990 年	1995 年	2000 年	2005 年	2010 年	2013 年	2014 年	2015 年
澳大利亚	3.6	3.4	3.1	4.3	4.7	3.7	3.8	4.1	4.3	
奥地利	10.4	11.3	11.3	12.2	12.0	12.0	13.1	13.4		
比利时	8.7	9.1	8.9	9.2	8.7	8.8	9.7	10.2		
加拿大	3.1	3.8	4.2	4.6	4.2	4.0	4.3	4.5	4.6	
智利			8.0	6.7	7.3	3.7	3.4	3.0	3.0	2.9
捷克			5.6	5.9	6.9	6.7	8.1	8.7		
丹麦	5.7	5.5	6.1	7.2	6.3	6.5	7.2	8.0		
爱沙尼亚					6.0	5.3	7.6	6.4		
芬兰	5.4	7.2	7.2	8.6	7.4	8.1	9.8	11.1		
法国	9.2	10.3	10.4	11.7	11.4	12.0	13.2	13.8		
德国	10.4	10.3	9.5	10.3	10.8	11.1	10.6	10.1		
希腊	5.2	8.3	9.5	9.2	10.4	11.4	13.3			
匈牙利					7.5	8.4	9.6	10.3		
冰岛			2.2	2.3	2.1	1.9	1.6	2.0		
爱尔兰	5.0	5.4	4.8	4.3	2.9	3.2	4.9	4.9		
以色列				4.5	4.6	4.8	4.8	4.8	4.9	4.8
意大利	8.6	10.8	11.3	12.9	13.5	13.6	15.3	16.3		
日本	3.9	4.7	4.8	6.1	7.3	8.5	10.0	10.2		
韩国			0.7	1.1	1.3	1.4	2.0	2.3	2.6	
拉脱维亚					8.7	5.5	9.3	7.5		
卢森堡	8.6	8.1	7.7	8.4	7.1	7.3	7.6	8.5		
墨西哥		0.2	0.5	0.7	0.8	1.2	1.8			
荷兰	6.0	5.8	6.3	5.4	4.7	4.7	5.0	5.4		
新西兰	7.0	7.4	7.2	5.6	4.9	4.2	4.6	4.8	5.1	
挪威	4.5	4.6	5.5	5.4	4.7	4.8	5.2	5.8		
波兰			5.0	9.2	10.5	11.3	11.1			
葡萄牙	3.7	4.0	4.8	7.1	7.8	10.0	12.0	14.0		
斯洛伐克				6.2	6.3	6.1	6.8	7.2		
斯洛文尼亚					10.3	9.7	11.0	11.8		
西班牙	6.1	7.3	7.7	8.8	8.4	7.9	9.8	11.4		
瑞典	6.7	7.2	7.3	7.9	6.9	7.2	7.3	7.7		

续表

国家	1980年	1985年	1990年	1995年	2000年	2005年	2010年	2013年	2014年	2015年
瑞士	5.5	5.6	5.2	6.1	6.0	6.2	6.1	6.4		
土耳其	1.2	1.3	2.4	2.7	4.0	6.0	7.7	8.1		
英国	5.3	5.3	4.5	5.0	5.1	5.3	6.1	6.1		
美国	6.0	6.0	5.8	6.0	5.6	5.7	6.6	6.9		
OECD平均	5.7	6.3	6.4	6.9	6.8	6.8	7.7	8.2		

资料来源：OECD官网，https://stats.oecd.org/Index.aspx? DataSetCode = PAG。

过去30多年的社会保障制度改革，的确推动了工业化国家的社会养老保障制度模式产生一些变化。例如，在欧洲国家出现了俾斯麦制度与贝弗里奇制度这两种融资模式融合的趋势（CESifo，2008）。在多数贝弗里奇模式国家，第一支柱中缴费型、收入关联型养老金的代内收入再分配功能在减弱，制度特点更多地靠近俾斯麦模式，即养老金待遇与工作期间收入、个人缴费更加相关。原本采用俾斯麦模式的国家，这一趋势比贝弗里奇模式国家更加明显（Krieger & Traub，2008）。特别是瑞典、意大利、波兰和匈牙利等国将公共养老金从传统确定给付型（DB）过渡到名义账户制（Notional Defined Contribution，NDC），在这一被誉为现收现付制（PAYG）中“最具俾斯麦特征”的制度下，养老金待遇取决于个人名义账户的缴费积累和退休时的转化系数（即年金因子），如果延迟退休和缴费越久，养老待遇会更有保障。未来的缴费型、收入关联型公共养老金的发展特点将更靠近俾斯麦模式，待遇权利与个人缴费责任的精算联系将进一步得到强化，以激励多缴费，延迟退休，提高社会劳动力供给。而家计调查、最低养老金等非缴费性公共养老金的定位则更加明确，主要“致力于向最脆弱的群体提供”，由一般税收筹资，以推动社会收入公平分配，消除老年绝对贫困。

具体而言，30多年来的改革主要体现在两个方面：（1）结构性改革，即对社会养老保障制度进行整体转型或部分调整。比如，拉美国家的养老金“私有化”改革。按照20世纪末期国际劳工组织（ILO）和世界银行倡议建立“多支柱”养老保障体系，大力发展私人养老金。推动融资模式从传统的现收现付制（PAYG）转向基金积累制（FF）、待遇模式由待遇确定型（Defined Benefit，DB）转向缴费确定型（Defined Contribution，DC）。但2008年全球性金融危机爆发后，基金积累制发展遭遇挫折，有国家如阿根廷又恢复到原来的现收现付制。另外就是进行混合式改革，如在现收现付制基础上，引进基金积累的个人账户，实行“名义账户”制（NDC）（如欧亚9国），采用“统账结合”制（如中国）；采用积分制（Points System）（如德国、法国），由退休前缴费形成养老金权益“积分”，作为计发待遇的基础。（2）参量式改革，主要调整各种养老金参数，如提高养老保险税（费）、降低养老金替代率、养老金待遇指数化和调整退休年龄。参量式改革可概括为“增收减支延退”。而未来提高费率空间不大，养老缴费率过高，企业的劳动力成本增加，将抑制企业的竞争能力和发展动力，影响经济活力，不利于扩大社会就业。而降低待遇所面临的压力也很大，政策调整空间有限。实际上，为改善养老金财务状况，大部分工业化国家已经削减了退休待遇，甚至限制待遇指数化上涨，导致近年来养老金替代率持续下降。2006 年、2008 年、2010 年、2012 年和 2015 年，OECD 成员方男性的养老金平均总括替代率（gross replacement rate）依次为 59.1%、57.4%、54.8%、54.5% 和 52.9%；女性依次为 57.8%、55.7%、54.1%、53.8% 和 52.3%，10 年间男、女性总括替代率分别下降了 6.2 个和 5.5 个百分点（见表 3－5）①。部分国家为应对高度人口老龄化，可能还会继续降低公共养老金替代率。如韩国的收入关联型公共养老金计划，较早时的改革就是要从 2008 年起每年将替代率降低 0.5 个百分点，到 2028 年养老金替代率最终降至 40%（2016 年按 40 年缴费计算，目标替代率为 46%）。

表 3－5　OECD 成员方公共养老金正常退休的总括替代率　单位：%

国家	男性					女性				
	2006 年	2008 年	2010 年	2012 年	2016 年	2006 年	2008 年	2010 年	2012 年	2016 年
澳大利亚	41.6	47.3	54.7	52.3	32.2	41.6	44.8	52.1	47.8	29.4
奥地利	80.1	76.6	76.6	76.6	78.4	80.1	76.6	76.6	76.6	78.4
比利时	42.0	42.0	41.9	41.0	46.7	42.0	42.0	41.9	41.0	46.7
加拿大	44.5	44.4	44.0	45.4	41.0	44.5	44.4	44.0	45.4	41.0
智利	—	44.9	43.9	41.9	33.5	—	34.0	34.4	33.0	30.3
捷克	49.7	50.2	52.1	51.3	45.8	49.7	50.2	52.1	51.3	45.8
丹麦	80.3	79.7	77.9	78.5	86.4	80.3	79.7	77.9	78.5	86.4

① 其中，降幅最大的国家有希腊（－42.0%）、波兰（－29.6%）、斯洛文尼亚（－24.3%）、冰岛（－21.2%）、匈牙利（－18.2%）、土耳其（－17%）、瑞士（－16.2%）、挪威（－14.2%），这些国家的降幅是主要发生在 2008 年金融危机之后。而意大利（15.2%）、荷兰（8.6%）、立陶宛（8.3%）、法国（7.2%）、丹麦（6.1%）等略有上升。而美国的总体替代率一直稳定在 38%，英国在 2006～2012 年稳定在 32%，但是到 2015 年降至 22%；德国从 2006 年的 43% 降至 2015 年的 38.2%。韩国和日本总体上分别稳定在 40% 和 35% 左右。

续表

国家	男性					女性				
	2006 年	2008 年	2010 年	2012 年	2016 年	2006 年	2008 年	2010 年	2012 年	2016 年
爱沙尼亚	47.3	48.0	54.3	52.2	49.7	47.3	48.0	54.3	52.2	49.7
芬兰	56.2	57.8	54.5	54.8	56.6	56.2	57.8	54.5	54.8	56.6
法国	53.3	49.1	49.0	58.8	60.5	53.3	49.1	49.0	58.8	60.5
德国	43.0	42.0	43.2	42.0	38.2	43.0	42.0	43.2	42.0	38.2
希腊	95.7	95.7	56.0	53.9	53.7	95.7	95.7	56.0	53.9	53.7
匈牙利	76.9	75.8	44.4	73.6	58.7	76.9	75.8	44.4	73.6	58.7
冰岛	90.2	96.9	72.5	72.3	69.0	90.2	96.9	72.5	72.3	69.0
爱尔兰	34.2	29.0	37.1	36.7	34.1	34.2	29.0	37.1	36.7	34.1
以色列	—	69.6	71.1	73.4	67.8	—	61.2	63.0	64.8	60.0
意大利	67.9	64.5	82.4	71.2	83.1	52.8	50.6	82.4	71.2	83.1
日本	33.9	34.5	35.7	35.6	34.6	33.9	34.5	35.7	35.6	34.6
韩国	42.1	42.1	42.1	39.6	39.3	42.1	42.1	42.1	39.6	39.3
拉脱维亚	59.9	51.0	47.6	51.9	47.5	59.9	51.0	47.6	51.9	47.5
立陶宛	45.8	56.2	55.8	56.3	54.1	41.4	45.6	53.8	56.3	54.1
卢森堡	88.1	87.4	63.9	56.4	76.7	88.1	87.4	63.9	56.4	76.7
墨西哥	36.1	30.9	29.5	28.5	26.4	29.9	28.7	28.6	27.7	24.8
荷兰	88.3	88.1	91.3	90.7	96.9	88.3	88.1	91.3	90.7	96.9
新西兰	38.7	38.7	40.5	40.6	40.0	38.7	38.7	40.5	40.6	40.0
挪威	59.3	53.1	52.3	52.5	45.1	59.3	53.1	52.3	52.5	45.1
波兰	61.2	59.0	49.0	48.8	31.6	44.5	43.2	49.0	48.8	27.9
葡萄牙	53.9	53.9	54.6	54.7	74.0	53.9	53.9	54.6	54.7	74.0
斯洛伐克	56.4	57.5	86.9	65.9	64.3	56.4	57.5	86.9	65.9	64.3
斯洛文尼亚	62.4	62.4	39.2	42.4	38.1	62.4	62.4	39.2	44.4	40.1
西班牙	81.2	81.2	73.9	73.9	72.3	81.2	81.2	73.9	73.9	72.3
瑞典	61.5	53.8	54.4	55.6	55.8	61.5	53.8	54.4	55.6	55.8
瑞士	58.3	57.9	58.1	55.2	42.1	59.0	57.1	57.2	54.3	41.8
土耳其	86.9	64.5	64.5	64.5	69.9	86.9	64.5	64.5	64.5	67.0
英国	30.8	31.9	31.9	32.6	22.1	30.8	31.9	31.9	32.6	22.1
美国	38.7	39.4	38.7	38.3	38.3	38.7	39.4	38.7	38.3	38.3
OECD 平均	59.1	57.4	54.8	54.5	52.9	57.8	55.7	54.1	53.8	52.3

注：按 20 岁开始工作计算。

资料来源：2006 ~ 2012 年数据和 2015 年数据分别来自 OECD 官网，https：//stats. oecd. org/Index. aspx？ DataSetCode = PAG#。

虽然替代率下降有助于减轻养老金的支出压力，但也可能会削弱公共养老金对调节收入公平分配的作用，对收入本不高的退休家庭生活影响较大，易引发街头政治和社会的不稳定。在很多国家，老人集团政治势大，削减退休待遇的养老金改革要难赢得广泛支持，困难重重。因此当“增收”“节支”都难办时，提高退休年龄就成为一个有多重效应的可行之选：通过延长工作、缴费年限，既有助于改善公共养老金的收支状况，也有利于提高参保人的养老金待遇，还可以增加社会劳动力的总供给。

3.2.2　退休年龄制度改革进程与特点

1983年，美国社会保障制度进行了重大改革，将预先提高的社会保障工薪税率形成的盈余存入新建立的社会保障信托基金，投资于联邦债券，形成预期积累。同时修订《社会保障法》，计划从2002～2027年，将NRA由65岁逐步延迟到67岁，几乎每年延长2个月，即1937年及以前出生的在65岁退休，1938年出生的在65岁零2个月退休，以此类推，1960年及以后出生的人67岁退休。同样面临人口老龄化和公共养老金支付压力不断加大的其他工业化国家，也在纷纷上调法定退休年龄。

☞专栏3－2

（1）芬兰。在20世纪70年代前，芬兰的NRA是60岁，1978年降至58岁，1980年又降到55岁。但从1987年起芬兰将NRA回调至60岁。2005年又由60岁提高到63岁，同时允许身体健康且愿意继续工作的可延长至68岁。

（2）意大利。1992年、1995年和1997年的改革规定，从2002年起，男女NRA分别从65岁、60岁逐步提高，提前退休年龄也随之提高。2008年1月起，最低年龄提高到58岁（自雇者59岁）；2013年最低年龄又提高到61岁。养老待遇逐渐由工作期间的缴费来决定，到2035年将完全贯彻缴费决定待遇的精算中性原则。

（3）日本和韩国。1994年日本立法规定，将待遇统一的国民年金（基本养老金）的男女NRA分别在2002～2013年、2006～2018年，逐步从60岁提高到65岁；收入关联性养老金（厚生年金与共济年金）的男女NRA分别在2013～2025年、2018～2030年，逐步从60岁提高到65岁。两类养老金可以在60~64岁之间提前领取。韩国计划在2013~2033年将NRA从60岁提高到65岁。

（4）英国。1995年英国宣布了未来退休年龄调整步骤，2009年英国发布退休体系改革白皮书，计划到2020年将女性NRA上调至与男性一致，即由60岁延长到65岁，每2年提高1岁。从2020年起，男女领取养老金年龄都将进一步提高，到2026年、2036年和2046年，将分别提到66岁、67岁和68岁，每10年提1岁。

（5）法国。2010年7月，法国萨科奇政府内阁会议通过退休制度改革草案，计划从2011年起到2018年，1951年后出生的法国人最早退休年龄从60岁提高到62岁；NRA从65岁提高到67岁，即每年延迟4个月；同时养老金缴费年限从2013年的40年提高到41年；养老金缴费最低年限随平均寿命延长；公共部门养老保险金的缴纳比例将在10年内从7.85%增加到10.55%，与私营部门平齐。

（6）希腊。2010年希腊政府通过“养老金改革方案”，准备新建一个基于现收现付制的缴费型养老金计划，以替代现在的非缴费型、家计调查型养老金计划，并将替代率降至60%；计划在今后5年里，将平均NRA由61岁提高至63岁；公务员退休年龄提高至65岁，并与寿命挂钩。

（7）德国。2012年1月通过立法，计划到2024年将NRA由65岁逐步提高到66岁，再用6年时间提高到67岁；工龄达到45年的退休者才能获得全额退休金（即工资的70%）。

（8）丹麦计划到2030年将NRA逐步提高到68岁。芬兰从63岁提高到65岁，每年提高3个月①。荷兰到2022年将领取基本养老金NRA提高到67岁又3个月。

（9）土耳其。在2008年以前的退休制度是，就业天数满5000多天就可领取养老金，退休年龄不受限制。目前男女NRA分别为47岁和44岁。由于宽松的退休制度造成该国财政压力巨大，于是2008年

① 2014年9月25日，芬兰政府、行业工会及养老基金会达成一致意见，同意无论男女、政府职员还是私营企业员工，退休年龄将从现在的63岁逐步提升至65岁。从2017年开始，领取养老金的年龄将每年向后顺延3个月，1962年出生者将成为第一批65岁退休的员工；此外还规定，所从事职业的体力和脑力强度较大的员工可以提前退休，但工作年限不得少于38年。提高退休年龄受到芬兰社会多数人的支持。据2014年7月芬兰一家市场研究公司的一项问卷调查显示，62%的芬兰人支持将退休年龄提高至65岁。资料来源：中国经济网。

土耳其出台了改革计划：1999～2008 年参保的男女性 NRA 分别为 60 岁和 58 岁，但缴费至少达到 7000 天（约 19.4 年），或者参保的 25 年里缴费至少有 4500 天；2008 年后参保的，2035～2048 年，将男女 NRA 都将提高到 65 岁，缴费期限须满 7200 天（约 19.7 年），或者参保的 25 年里缴费至少满 5400 天。

然而，也有一些国家的退休年龄制度改革出现反复，原制定的改革计划并未得到执行。例如，加拿大决定不再将基本养老金和家计调查养老金的领取年龄提高到 67 岁，目前加拿大 NRA 仍为 65 岁。捷克决定在 65 岁后不再提高养老金领取年龄。波兰也否定了原计划，不再将男女 NRA 提高到 67 岁，而是退回至男性 65 岁、女性 60 岁，保留了男女 NRA 的差异。

数据显示，自 2002 年以来，所有 OECD 成员方的 NRA 平均提高了 8 个月，提前退休的年龄条件也严厉起来，提前退休年龄提高了 14 个月左右，与 NRA 之间的差异平均缩短了 6 个月（见表 3－6）。

表 3－6　2002 年以来 OECD 成员方退休年龄调整状况　单位：岁

成员方	2002 年		2016 年		成员方	2002 年		2016 年	
	提前岁	正常岁	提前岁	正常岁		提前岁	正常岁	提前岁	正常岁
澳大利亚	55.0	65.0	55.0	65.0	韩国	55.0	60.0	57.0	61.0
奥地利	61.5	65.0	62.0	65.0	拉脱维亚	60.0	61.5	60.8	62.8
比利时	60.0	65.0	62.0	65.0	卢森堡	—	60.0	—	60.0
加拿大	60.0	65.0	60.0	65.0	墨西哥	60.0	65.0	60.0	65.0
智利	—	65.0	—	65.0	荷兰	—	65.0	—	65.5
捷克	58.2	61.2	60.0	63.0	新西兰	—	65.0	—	65.0
丹麦	60.0	65.0	60.0	65.0	挪威	62.0	67.0	62.0	67.0
爱沙尼亚	60.0	63.0	60.0	63.0	波兰	—	65.0	—	66.0
芬兰	60.0	65.0	63.0	65.0	葡萄牙	55.0	65.0	60.0	66.2
法国	—	60.0	—	65.0	斯洛伐克	—	60.0	60.0	62.0
德国	63.0	65.0	63.0	65.0	斯洛文尼亚	—	60.0	—	60.0
希腊	—	58.0	—	62.0	西班牙	61.0	65.0	61.0	65.0
匈牙利	—	62.0	—	63.0	瑞典	60.0	65.0	61.0	65.0
冰岛	65.0	67.0	65.0	67.0	瑞士	—	65.0	63.0	65.0
爱尔兰	—	66.0	—	66.0	土耳其	—	55.0	—	60.0
以色列	—	65.0	—	67.0	英国	—	65.0	—	65.0

续表

成员方	2002年		2016年		成员方	2002年		2016年	
	提前岁	正常岁	提前岁	正常岁		提前岁	正常岁	提前岁	正常岁
意大利	60.0	65.0	62.8	66.6	美国	62.0	65.0	62.0	66.0
日本	60.0	65.0	60.0	65.0	OECD平均	61.0	63.6	61.9	64.3

资料来源：OECD. Pensions at a Glance 2017: Retirement-Income Systems in OECD and G20 Countires. *OECD*, 2017。

虽然社会经济发展持续改善了人们的健康状况、延长寿命、增强老年人的就业能力，但许多国家在提高退休年龄时仍遭遇到很大的政治阻力，每次改革提议都引来强烈的社会反应，如集会、游行，甚至骚乱，反对延迟领取养老金的年龄。有学者将延迟退休年龄改革描述为“地铁上的高压线”“谁碰谁会死”（Börsch-Supan, A. et al., 2017）。尽管如此，时至今日，仍有一半的OECD成员方通过立法提高NRA，将退休年龄更多与寿命预期挂钩，到2060年，将男、女性NRA进一步分别提高约1.5岁、2.1岁，差不多都达到66岁（OECD, 2017）。未来，各国退休年龄调整结果仍会有一些差异。例如，土耳其的男、女性NRA分别只提高到61岁、59岁，卢森堡、斯洛文尼亚男女也仅为60岁。而北欧等地区的国家，NRA仍很高，如丹麦74岁、荷兰71岁、芬兰68岁、英国和爱尔兰68岁、冰岛67岁、挪威67岁。此外，美国、葡萄牙、斯洛伐克也将分别达到67岁、68岁、68岁。而其他国家NRA将主要集中在65岁。

总结起来，OECD国家的法定退休年龄制度改革有如下三个特点：

一是法定退休年龄的渐进式调整。从退休年龄调整政策的提出到实施，并最终将目标退休年龄调整到位，须经历等待期和调整期，整个过程少则10多年，多则40多年。例如，美国从1983年提出上调NRA政策，到2027年落实完成，先后就经历20年和27年，前后有40多年。日本从1994年提出将退休年龄从60岁提高到2025年的65岁，整个过程持续近30年。其他国家也经历了不同的时间跨度（见表3-7）。

表3-7　部分国家提高正常退休年龄（NRA）的时间安排

国家	改革立法时间（年）	调整幅度	等待期（首次执行时间）	调整期（最终完成时间）	调整节奏
美国	1983	2岁：65→67岁	20年（2002年）	25年（2027年）	25年延迟2岁
新西兰	1991	5岁：60→65岁	1年（1992年）	9年（2001年）	9年延迟5岁

续表

国家	改革立法时间（年）	调整幅度	等待期（首次执行时间）	调整期（最终完成时间）	调整节奏
日本	1994	5 岁：60→65 岁	男性：13 年（2013 年）；女性：18 年（2018 年）	12 年（男性 2025 年；女性 2030 年）	12 年延迟 5 岁
英国	1995	5 岁：60→65 岁	15 年（2010 年）	10 年（2020 年）	10 年延迟 5 岁
	2007	1 岁：65→66 岁	17 年（2024 年）	4 年（2028 年）	22 年延迟 3 岁
		1 岁：66→67 岁	27 年（2034 年）	2 年（2036 年）	
		1 岁：67→68 岁	37 年（2044 年）	2 年（2046 年）	
瑞士	1997	2 岁：62→64 岁	4 年（2001 年）	5 年（2005 年）	5 年延迟 2 岁
瑞典	1998	1 岁：60→61 岁	1 年（1999 年）	0 年（2000 年）	1 年延迟 1 岁
澳大利亚	1999	超年金计划调整 5 岁：55→60 岁	16 年（2015 年）	10 年（2025 年）	10 年延迟 5 岁
奥地利	2000	针对工龄达到 35 年的延迟 1.5 岁：男 60→61.5 岁；女 55→56.5 岁	0 年（2000 年）	3 年（2002 年）	3 年延迟 1.5 岁
芬兰	2002	3 岁：60→63 岁	—	3 年（2005 年）	
	2014	2 岁：63→65 岁	3 年（2017 年）	7 年（2024 年）	7 年延迟 2 岁（每年延迟 3 个月）
法国	2010	最早退休年龄：2 岁：60→62 岁 正常退休年龄：2 岁：65→67 岁	1 年（2011 年）	8 年（2018 年）	8 年延迟 2 岁
希腊	2010	2 岁：61→63 岁	1 年（2011 年）	5 年（2016 年）	5 年延迟 2 岁
德国	2012	1 岁：65→66 岁	0 年（2012 年）	12 年（2024 年）	12 年延迟 1 岁
		1 岁：66→67 岁	—	6 年（2029 年）	6 年延迟 1 岁

注：根据 John A. Turner. Social Security Pensionable Age in OECD Coutries：1949 – 2035. *International Social Security Review*，2007，Vol. 60，No. 1，pp. 81 – 99，January – March 2007；OECD（2011）等整理。

这个时间跨度是有必要的，它给予了社会大众有足够的时间来认识改革的必要性，并最终接受改革。政府可利用各种宣传渠道、沟通方式推介改革计划，定期发布养老金收支精算报告，引导大众对问题有前瞻性认识，这有利于达成社会各阶层对改革的最大共识。此外，人口老龄化日益严重，年轻人承担的养老负担日益加大，延迟退休年龄本质上是将老龄化风险尽可能在更多的不同代人中间分散，这种风险分散需要有一个长期的过程，避免突然而来的延迟而造成代际间新的不公平，这便于化解政策实施阻力，也留出时间便于实施其他的配套性政策。

表3－7显示，不同国家的退休年龄调整节奏不一。一般而言，NRA原本较高的（如已经是65岁的）国家，退休年龄调整节奏会较慢；相反退休年龄原本不高的（如60岁或以下）国家，调节节奏会较快，如奥地利、瑞典、新西兰、澳大利亚等。退休年龄调整的起点不一样，调整的节奏也可能不一样。

二是法定退休年龄与寿命预期挂钩。人口寿命变化为退休年龄调整提供了一个直接参考。丹麦、芬兰、意大利、荷兰、葡萄牙、斯洛伐克已经或计划（如英国）将退休年龄（ERA、NRA）与预期寿命挂钩，未来这些国家的法定退休年龄（NRA）都将达到或超过68岁。养老金待遇计算也与退休后的预期余命关联，以影响个体退休决策：（1）所有基金积累制养老金根据寿命预期变化，通过年金因子公式来自动调整待遇发放额；（2）在名义账户制度（NDC）国家，如意大利、拉脱维亚、挪威、波兰、瑞典，新计发的养老金将自动根据寿命预期延长而降低；（3）在芬兰、日本、西班牙等国，待遇确定型（DB）养老金也采用上述类似的计发办法，计发标准根据“制度赡养比”的变化确定，也根据现收现付制计划的财务平衡要求来调整（OECD，2017）[①]。除了退休年龄采用预期寿命指数化策略外，有些国家也将缴费年限调整与预期寿命变化挂钩。例如，法国自2012年后，最低缴费年限随人口平均寿命提高，以实现养老金的受益年限与缴费年限之比的稳定；意大利也要求缴费年限随预期寿命提高。

三是在调整退休年龄的同时推行弹性退休模式。大部分OECD成员方的改革也在试图减少提前退休，倡导积极的老龄化理念，延长个体的工作生涯。许多国家将实施弹性退休作为养老金改革的重要内容：放松对工作退休年龄的限制，并不强行要求劳动者在规定年龄统一退休；让劳动者增加领取养老金的灵活性，可选择领取的时间和方式等。改革的主要目的是：一方面能让劳动者随年龄增长逐步减少工作时间，从全职就业状态平滑过渡到完全退休状态；另一方面也鼓励老年劳动者在NRA后也尽可能留在劳动力市场，扩大社会劳动力供给，缓解普遍存在的劳动力不足问题。

实际上，提前退休也是弹性退休的一种形式，20世纪50年代以来在许多国家都一直存在。后来的退休制度改革，对提前领取待遇的条件在收紧，提前领取年龄与正常领取年龄一起在提高，提前退休所要求的缴费年限条件也在增加。不同类型养老金计划对待遇是否可提前领取的规定不一样，一般

① 养老金待遇如何随退休年龄变化的一般精算办法后文会继续讨论，这里不再赘述。

的收入关联型养老金是允许的，起保障托底作用的安全网计划、家计调查计划等很少允许领取。待遇多少与提前领取时间的精算关系更加明确。在一些国家，提前退休待遇还可能面临严格的“收入审查”。

弹性退休的政策意图是明显的，它尊重了个人选择退休年龄的权利，将待遇计发标准与领取时间挂钩，早领待遇少、迟领待遇多，鼓励个体多工作、多就业。但是事实上，弹性退休并未显著地增加老年人的劳动总量。有研究认为，它更多地体现了对劳动者个人福利的改进意义，因为“个人会有更多机会来考虑闲暇和消费”（Börsch-Supan，A. et al.，2017），而对社会劳动供给量的影响，弹性退休制度不及延迟正常退休年龄的效果大（Elsayed et al.，2018）。后面将对 OECD 成员方的弹性退休制度改革做进一步论述。

3.2.3 提高法定退休年龄政策的实施效果

提高 NRA，对劳动者退出劳动力市场的时间（即实际退休年龄）的确会产生积极影响。格鲁伯和怀斯（Gruber & Wise，1997）对 11 个主要工业化国家的研究显示，从 20 世纪 60 ~ 90 年代中期的 30 多年里，这些国家 60 ~ 65 岁的劳动力参与率已经下降了 75%，导致退休人口与劳动人口的比例大幅度上升。他们认为这种现象产生，与社会保障制度对提前退休有强烈的激励有关①。由于自 20 世纪 80 年代起工业化国家纷纷改革退休年龄制度，人们过早退出劳动力市场的趋势基本得到遏制。21 世纪早期以来，大部分 OECD 成员方劳动者退出劳动力市场平均年龄一改过去的持续下降趋势，开始回升，回升势头持续至今。2016 年 OECD 成员方的实际退休年龄均值已接近 20 世纪 80 年代早期水

① 这 11 个工业化国家是比利时、加拿大、法国、德国、意大利、日本、荷兰、西班牙、瑞典、英国和美国。在 20 世纪 60 年代早期，这些国家 60 ~ 64 岁群体劳动力参与率都在 70% 以上，有些国家甚至达到 80%。而到 20 世纪 90 年代中期，比利时、意大利、法国和荷兰，降到了 20% 以下，德国降到了 35% 以下，西班牙降到了 40% 以下。比起欧洲国家，美国降幅相对温和，只从 82% 降到了 53% 以下。瑞典降至 57%，降幅也相对温和。日本降幅最少，从 83% 降至 75%。45 ~ 59 岁群体、60 岁及以上群体的劳动参与率也经历了类似的下降过程。劳动参与总的表现是，离开劳动力市场年龄越来越年轻，特别是男性；而年轻女性的劳动力参与率有很大上升，但老年女性的劳动参与率却在下降。格鲁伯和怀斯（Gruber & Wise，1997）认为，社会保障为老年人过早离开劳动力市场提供了很大的动力，表现在两个方面：一是社会保障制度允许提前退休，许多国家的失业和残障计划变成了一种提前退休计划；二是社会保障制度对于继续工作者的延迟退休待遇未做充分的精算调整，征收了隐性税（implicit tax），他们称之为“退休税”（tax force to retire），由此激励了老年人离开劳动力市场。该研究发现，对继续工作征收的隐性的社会保障税与老年人的劳动参与率之间有很强的相关性，社会保障计划的确导致了老年人的劳动参与率下降，减少了劳动力市场的潜在产出能力，因此对社会保障制度的一些规定进行改革，对扭转提前退休的趋势将会发挥关键性作用。

平，达到64.3岁；女性仅比男性低1.5岁①。而且，从21世纪早期开始，实际退休年龄下降与65岁人口的预期余命上升二者“背离”趋势也得以扭转，男女实际退休年龄与预期寿命几乎在同步提高，二者差异不再扩大。图3-3就反映了1975年后各年份的上述这些指标相对于1975年发生积极变化的情形。

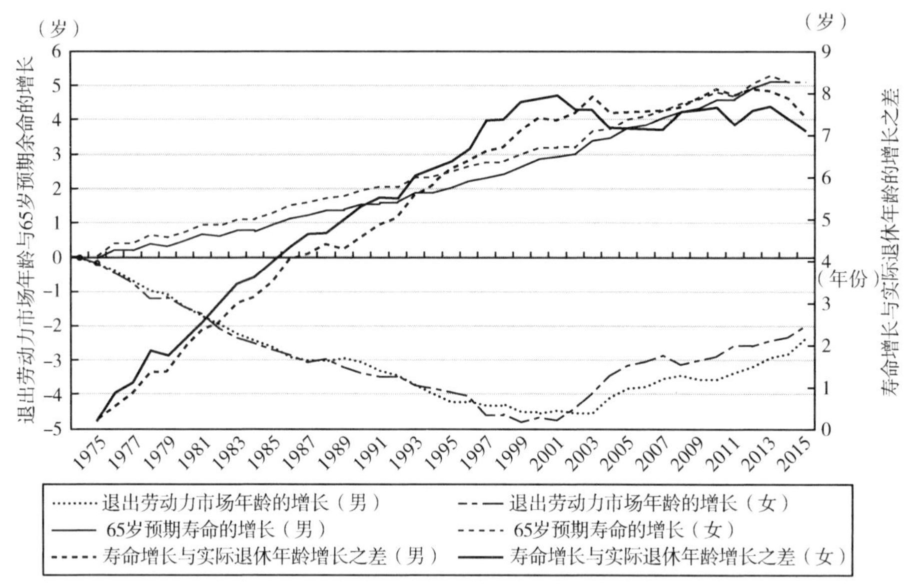

图3-3 OECD成员方退出劳动力市场年龄与65岁预期余命的变化②

资料来源：根据OECD（2017）数据整理绘制。

实际退休年龄提高，表明老年人就业率也在上升。尽管50岁后的就业率会随年龄显著下降，但在大部分OECD成员方，在过去20年里55~64岁老年人

① 但国家之间也有差异，比利时、法国、卢森堡、斯洛伐克等男女实际退休年龄都低于62岁，智利、爱尔兰、以色列、日本、韩国、墨西哥、新西兰、土耳其等都高于66岁。尤其是智利、韩国、墨西哥实际退休年龄很高。智利和墨西哥非正规就业现象普遍，劳动者的养老金权益也普遍较低，这可能促使了人们到了NRA后仍不得不留在劳动力市场。韩国近年来调整了养老金制度，从2013年起正常退休年龄将从60岁逐步提升至65岁，许多老年人需要继续缴费、积累资格，这样收入关联性养老金的待遇才高。这就是这三个国家老年人实际退休年龄比较高的重要原因。2016年，三个国家男性的正常退休年龄与实际退休年龄分别为：智利65岁、71.3岁；韩国61岁、72岁；墨西哥65岁、71.6岁。如果剔除掉这三个国家再来统计，OECD男性平均的实际退休年龄为64.5岁，与NRA的64.3岁接近。这3个国家女性的实际退休年龄也很高，女性的NRA与实际退休年龄分别为：智利60岁、67.7岁；韩国61岁、72.2岁；墨西哥65岁、67.5岁（OECD，2017）。

② 2016年，有几个国家，男性的实际退休年龄仍然没有回升到2000年的水平，这些国家是丹麦、希腊、冰岛、日本、墨西哥。而女性的实际退休年龄也未回升到2000年的水平，这些国家是希腊、爱尔兰和墨西哥。

就业率有明显提高，从 2000 年的 44% 提到了 2016 年的 58%。其中，奥地利、捷克、爱沙尼亚、以色列，就业率提高了 20 个百分点；德国、匈牙利、拉脱维亚、荷兰、斯洛伐克，提高了 25 个百分点以上。即使在全球经济危机期间就业形势很糟糕时，老年人的就业率仍在持续提升。而在 2000～2016 年，25～54 岁的年轻人就业率从 76.8% 提升至 79.5%，16 年间仅提高了 2.7 个百分点。

一些经验研究也认为，提高退休年龄的制度改革对老年人的就业率上升的确产生了积极影响。斯塔布利和茨韦穆勒（Staubli & Zweimüller，2013）使用奥地利的管理部门数据发现，提前退休年龄（ERA）每提高 1 年，受政策影响的男、女就业率就会分别提高 9.75 个、11 个百分点。克里布等（Cribb et al.，2013）使用英国家庭调查数据发现，随着女性的国家基础养老金 NRA 从 60 岁提高 61 岁，60 岁女性的就业率会显著提高，能提高约为 7.3 个百分点。阿塔莱和巴雷特（Atalay & Barrett，2015）发现澳大利亚家计调查养老金的 NRA 每提高 1 年，女性劳动供给就增长 12～19 个百分点。奈尔和里普汉（Hanel & Riphahn，2012）、拉维和斯塔布利（Lalive & Staubli，2015）评估了 1991 年瑞士强制退休保险计划的改革，发现女性 NRA 从 62 岁提高到 64 岁后，就业率也在提升。其他稍早的文献也评价了 NRA 的提高对老年人就业的影响。例如，平格尔（Pingle，2006）、马斯特罗博尼（Mastrobuoni，2009）利用美国 1938 年后出生一代人的 NRA 延迟为研究样本，用“双重差分法”（DID）将年龄很大、不受新政策影响的人与第一批受到政策影响的人进行比较，发现 60～64 岁的老人就业率立即受到了很大影响。这些研究表明，提高法定退休年龄，是能够影响劳动者个体退休行为和就业行为的，整体上能够推延实际退休年龄，推动老年劳动力资源的充分利用。

针对工业化国家的研究证据再次说明，从积极改善老年劳动者就业效果来说，延迟法定退休年龄应是主要的政策，而弹性退休政策由于改善就业效果不那么明显或是模糊的，自然地就不应作为主要的就业改善型政策。

3.3 不同类型养老金的退休年龄待遇政策

由于不同的养老金计划，在筹资模式与待遇计发规则、所涉及的各个主体权利与义务、在解决老年保障问题所发挥的作用和目标定位等方面都存在差异，则待遇领取年龄的规定也不尽相同。本节主要对不同类型养老金待遇领取年龄制度特点进行了梳理和总结。

3.3.1 非缴费型国民养老金计划

非缴费型公共养老金，一般是指普惠性的国民年金、家计调查养老津贴、定向型养老金等计划，旨在为国民提供最基本的生活保障，待遇统一，通常也被称为安全网计划。这种养老金更为准确的定义是，它不是社会保险计划下的“退休养老金”，而是“老龄养老金”，由政府直接提供，由一般税收筹资。一般而言，该类养老金领取年龄固定，不能在 NRA 之前领取。如英国、爱尔兰、冰岛、瑞典、丹麦、荷兰、比利时、拉脱维亚、葡萄牙、澳大利亚、新西兰、加拿大、智利、墨西哥、美国等国家的“家计调查养老津贴”“最低养老金保障”就是如此。只有少数国家允许提前领取，如芬兰的基于居住调查的“最低养老金”允许在 63 ~ 65 岁期间提前领取，但待遇会随提前时间相应减少，每提前 1 年待遇减少 4.8%。非缴费型国民养老金领取年龄与缴费型公共养老金的 NRA 一致，保证了国民基本养老权利的公平性，避免了提前领取形成较大的财政养老压力。而其他类型养老金，如收入关联性公共养老金、职业养老金和个人养老金，领取时间则有较大弹性。

3.3.2 基金积累 DC 制养老金账户计划

完全基金积累制 DC 计划借助个人账户建立，一般对养老金领取年龄限制较少，甚至无正常领取年龄之规定，只是规定了最早领取年龄（ERA）。如澳大利亚的超年金计划，只规定有 ERA，它随着家计调查计划的 NRA 一同向上调整。2017 年，家计调查计划的 NRA 将从 65 岁逐步提高至 2023 年的 67 岁，与此同时超年金的 ERA 也在上调：1960 年 7 月 1 日前出生的，ERA 为 55 岁；此后出生的，该年龄将逐步提高，到 1964 年 6 月 30 日后出生的，ERA 调整到 60 岁。

基金积累制养老金强调账户的保障能力，只要能在退休期间，账户能提供最基本或最低水平之上的保障，领取年龄基本不受限制。在智利，基于市场化管理的完全基金积累制是该国最重要的养老金支柱，养老金账户只要满足以下条件之一，参保人就可以在 NRA（男 65 岁、女 60 岁）前随时领取：一是账户能提供的待遇相当于老制度下的最低养老金的 150%（2012 年 7 月后为最高福利养老金 PMaS 的 80%）；二是账户提供的待遇能达到一定替代率，相当于提取养老金前 10 年平均收入的一定比例，2008 ~ 2009 年最低替代率为 64%，2009 ~ 2010 年为 67%，2010 年 8 月为 70%。在墨西哥，基金积累制也是主要的养老金支柱，如果养老金账户所积累的资本金能允许参保人购买一份待遇至少高出最低保证养老金30%的年金保险，那么参保人可在任何年龄申请退休，缴费年限不必达到24年①。

在基金积累制下，待遇领取年龄选择具有很大的自由度，这主要是由该计划自有的权益与义务平衡特点决定的。之所以要强调账户的保障能力，就是担心参保人账户积累不足，过早地领空账户，最后转向申请政府的最低养老保障，这样会加重公共财政负担。

3.3.3 缴费型公共养老金计划

按筹资和给付模式，缴费型公共养老金主要分为三种：一是基于现收现付的待遇确定制（DB）计划。二是名义账户制（NDC），即现收现付与确定缴费（DC）结合的混合模式。参保人向账户缴费形成名义积累额，退休时根据相应的年金转化系数，将名义账户余额再转化成退休年金。从20世纪90年代起，瑞典、意大利、拉脱维亚、吉尔吉斯斯坦、波兰、挪威、蒙古、俄罗斯、埃及等国先后采用该制度。三是积分制（Points System），自20世纪90年代以来，先后被德国、法国、爱沙尼亚和斯洛伐克等国家采用。积分制的退休待遇是根据工作期间所积累的“积分”乘以“积分价值”确定，同时再根据退休年龄所对应的系数调整②。这三类养老金一般允许在一定年龄区

---

① 印度尼西亚也是以基金积累制作为主要养老金支柱的典型，对退休年龄要求更为自由，只要参保人至少有5年缴费历史，在任何年龄都可退休。

② 如法国积分制的主要操作思路是：(1) “每年的缴费”除以“当年能获得一个积分的价格”，获得当年内的“积分数”；(2) 制度实施以前的工龄，以及疾病、伤残和失业期间均可获得免费积分；(3) 退休时，依据缴费和视同缴费而获得的积分被汇总，形成各年积分的累加值，称为积分资本，再根据子女状况给予适当增加；(4) “每年的标准养老金”等于“总积分数”乘以“积分值”；(5) 养老金根据积分值变化，每年进行一、两次的正常调整。德国积分制的养老金计发公式为：P = EP · AF · PTF · CPV，其中，EP为收入积分总数；AF为调整系数（access factor，AF）；PTF是养老金类型因子；CPV是当前养老金价值。积分数和系数相乘结果（EP · AF）也被称为“个人收入积分”（PEP）。老年养老金（old - age pensions）的养老金类型因子PTF等于1，如果缺乏部分收入能力的（partial earning incapacity），则为0.5。当前“养老金价值”就是平均收入者一年的缴费所对应每月养老金的数额。收入积分等于个人收入与所有参保人平均收入的比率。因此，平均收入者一年获得一个积分，除了强制性社会保障缴费带来积分外，抚养孩子、职业培训或失业期间也会获得积分。但是，这里计算收入积分的缴费工资是有最高限制的。2007年，最高限为63000欧元（西德）和54600欧元（东德），而平均收入分别是29488欧元和25373欧元。缴费者最高可获得2.14个或2.15个积分。调整系数（AF）是用于计算提前或延迟退休。在法定的养老金领取年龄65岁退休的，调整系数为1。对于提前退休者，每提前1年，调整系数减少0.003，即每年减少3.6%。因此62岁退休，则养老金永久损失额相当于正常退休的10.8%。对于延迟退休，每延迟1年，调整系数增长0.005，即每年增加为6%。提前和延迟退休待遇调整适用于整个退休期间的养老金，以及死后的生存者养老金。资料来源：Stephan Kühntopf and Thusnelda Tivig. Early Retirement in Germany: Loss of income and lifetime? . *Working Paper*, 2008, No. 85.

间内选择退休时点，相对于 NRA 可提前或延迟领取养老待遇。但波兰近些年的改革限制了提前退休，根据现有法律规定，从 2009 年起一般养老金计划不再有提前退休的选择权，提前退休制度被“过渡养老金”（bridging pension）制度替代，并且只向条件特殊和职业特殊的劳动者提供，以鼓励延迟退休。

1. 提前退休的限制政策

（1）提前退休的资格条件。相对于正常退休年龄（NRA），一般可允许早 2～5 岁提前领取待遇年龄（ERA）要。例如，日本、韩国、丹麦、奥地利、加拿大、比利时、法国、捷克、希腊等，可提前 5 年退休；美国、爱沙尼亚等，可提前 3 年；德国、匈牙利、芬兰、拉脱维亚等，可提前 2 年。大部分国家对提前领取待遇的资格都做了规定，其中最重要的条件是工作缴费年限。例如，奥地利规定提前领取待遇需缴费或视同缴费满 37.5 年。有些国家甚至将不同缴费年限与不同提前年龄对应起来，缴费年限越长，退休时间可以越早。如比利时从 2014 年 1 月起，缴费满 39 年的可提前至 61 岁退休；缴费满 40 年的可提前至 60 岁退休。

随着 NRA 的逐步提高，提前退休年龄、缴费年限（工作年限）也在提高，在有些国家，缴费年限调整甚至与预期寿命挂钩。在意大利“名义账户”制养老金下，如果缴费满 35 年，可在 57 岁提前退休；如果缴费满 40 年，可在任何年龄退休。2008 年 1 月起，ERA 将提高到 58 岁（自雇者为 59 岁），2013 年进一步提高到 61 岁。2016 年新规定：如果男性缴费“42 年 + 10 个月”、女性缴费“41 年 + 10 个月”，可在 62 岁提前领取待遇，待遇不受影响。在法国，2003 年以前领取全额公共养老金的缴费期至少有 37.5 年，2008～2012 年逐步提高到 41 年，2012 年后最少缴费年限将随人口平均寿命增长而提高，以实现养老金受益期与工作期之比固定不变。

相较于其他 OECD 成员方，希腊对退休年龄规定较为宽松。如果缴费满 37 年，可在任何年龄退休，且可领取全额待遇；如果满 15 年，则可在 60～65 岁提前退休，相对于 65 岁每提前 1 年待遇边际递减 6%。在 60 岁前退休的现象非常普遍，为应对公共债务危机，希腊通过“2010 年养老金改革方案”，提高退休年龄和缴费年限要求：所有人领取养老金必须年满 60 岁，公务员领取养老金的最早年龄提高到 65 岁，并与寿命预期挂钩；从 2013 年 1 月 1 日起，男女 NRA 将逐步提高至 67 岁，缴费年限至少有 15 年；如果缴费年满 40 年，才可在 62 岁退休，领取全额待遇。

而非 OECD 成员方的巴西，提前退休对社保缴费年限有要求：男性缴费满30年，就可在53岁提前退休，女性缴费满25年，就可在48岁提前退休；男性缴费满35年、女性缴费满30年，不论年龄多大，都可以退休。

多数国家对提前退休群体没有专门的限定，只要满足居住年限、工龄或参保缴费年限条件，就可以在法定的最早年龄办理退休，提前退休政策实施对象具有普遍性。但是，也有少数国家政策只限于特殊群体，如从事繁重的、有损害健康的、有生命危险的职业，或者临近NRA时已经是长期非自愿失业的劳动者，可提前领取全额养老金。如土耳其的提前退休，只针对采矿人员和残障者。

（2）对提前退休的待遇“惩罚”。提前退休会造成缴费期缩短、受益期变长，如果不对提前退休待遇加以限制，提前退休趋势就难以遏制，公共养老金财务状况会进一步恶化。在20世纪90年代工业化国家就推行了弹性退休改革，对提前待遇进行了限制，待遇会因时间的提前而成比例地减少，并与继续工作的收入一起要接受收入调查，如果合并收入超过一定限额，则待遇会减少。

表3－8汇总了OECD成员方当前和未来的法定退休年龄水平、不同退休年龄的待遇计发办法。在收入关联型公共养老金计划下，领取每提前1年，待遇相对于正常退休的减少幅度，主要分布在4%～12%区间。对提前退休的待遇“惩罚”力度各国之间差别较大，这种差别主要是由各国的正常退休年龄、人口寿命预期、退休待遇调整指数、养老金利率等参数设定不同引起的。

在捷克，相对于正常退休待遇，提前退休的第一个720天，每90天减少0.9%（即每提前1年减少3.6%）；而后是每90天减少1.5%（即每提前1年减少6%）。芬兰规定，在正常退休年龄65岁之前，每提前一个月退休，相对于正常给付水平，养老金将永远性减少0.4%（即每延迟1年减少4.8%）；即使达到65岁后，养老金也不会上升至正常待遇水平。

提前退休待遇相对于正常水平减少，除了与提前退休年龄有关外，还与参保缴费年限或有收入记录的工龄有关，缴费期或工龄越长，提前退休待遇减少幅度会越小。例如，在西班牙，参保缴费至少达到30年，就可在60岁提前退休，每提前1年退休，参保缴费年限为30～34年的，养老金待遇将减少7.5%，35～37年的减少7%，38～39年的减少6.5%，40年以上的则减少6%。与大部分OECD成员方不同的是，卢森堡的提前退休政策较为宽松。该国的NRA为60岁，缴费年限满40年，参保人就可以在57岁提前领取待遇，享受待遇时还可以兼职就业，只要其工资收入不超过社会最低收入的1/3，那么与正常退休待遇一样，提前退休待遇就不会精算减少；在65岁后继续工作，无论工资收入多少，都不影响退休待遇水平。退休政策如此宽松，可能与这个国家的社会经济发展、人口条件有很大关系：一是国家富裕，多年来人均GDP位居世界前列；二是人口老龄化程度低于OECD成员方平均水平。但宽松的退休政策增加了该国财政压力，未来卢森堡将禁止在60岁前退休。同样看重缴费年限、提前退休政策宽松的还有比利时，从2005年起，只要缴费满35年，在60岁（现为62岁）时就可提前退休；如果缴费满45年，在"工薪者计划"下可提前领取全额养老金。

2. 延迟退休的激励政策

虽然大部分国家的最低安全网养老金领取年龄固定，一般不能提前领取，但是延迟领取时待遇是否更高？多数国家无额外"奖励"，待遇不会因延迟领取而受到影响。只有少数国家为鼓励延迟领取，对延迟待遇提供了额外"奖励"。例如在加拿大，基本养老金（OAS）待遇与居住年限挂钩。其前些年的规定是，每延迟1年，待遇增加6%（OECD，2011），现在待遇增加幅度提高到7.2%，但家计调查计划下的延迟领取无此"奖励"。此外在其他国家每延迟1年，待遇相对于NRA领取时增加幅度分别为：英国5.8%，丹麦6.9%，匈牙利6%、以色列5%，西班牙2%~4%，斯洛文尼亚4%~12%，冰岛6%（见表3-8）。

由于基金积累制和名义账户制度比较严格地基于精算原则来确定不同退休年龄的待遇，延迟待遇自然较高，体现了"精算中性"，实际上谈不上这是一种"奖励"。而现收现付的传统DB制计划、"积分制"计划普遍对延迟退休提供有津贴"奖励"，这主要有两个部分：一是由于"多缴多得"导致的养老金权益积累继续增加。收入关联型公共养老金无论采用传统的DB制还是"积分制"，很多国家的养老金待遇都与参保或缴费、工作年限挂钩。如奥地利，每多缴费1年，养老待遇相对于缴费工资基数就多增加1.78个点，或称养老金权益增长率为1.78%。芬兰从2005年起，18~52岁者每参保1年，权益增长率为1.5%，53~62岁者为1.9%，63~67岁者为4.5%。二是养老金制度基于精算方法增加了延迟待遇的计发标准。延迟退休导致领取年限缩短引起的年金转化系数变大，从而提高了今后每期的退休待遇标准，高出提前退休、正常退休的待遇水平。这个年金转化系数可以受政策调整，从而激励人们延迟退休。在不同国家的实践中，延迟退休待遇的补贴或"奖励"形式主要有：

表 3-8 OECD 成员方不同养老金计划退休年龄和待遇计发规定

国家	养老金类型	最早提前退休年龄（ERA）（岁）		每提前1年退休待遇精算减少比例	正常退休年龄（NRA）（岁）		每延迟1年待遇精算增加比例	最大延迟年龄（岁）
		2016年	未来		2016年	未来		
澳大利亚	家计调查	不允许	不允许	无	65①	67（2023年）	无	
	DC（超年金）	57	60		无	无		
奥地利②	DB（收入关联型计划）	62/59.9	62	5.1%	65/60	65	4.2%	
比利时	DB（收入关联型计划）	62	63（2019年）	根据工作年限调整	65③	66（2025年） 67（2030年）	根据工作年限调整	
	最低养老金	不允许	不允许	无	65	65	无	
加拿大	基本养老金/家计调查计划	不允许	不允许	无	65	65	7.2%	70
	DB（收入关联型计划）④	60	60	7.2%	65	65	7.2%	
智利	最低养老金/家计调查计划	不允许	不允许	无	65	65	无	—
	DC（基金积累制）	达到一定条件，任何年龄⑤	达到一定条件，任何年龄	精算自动调整	65/60	65	精算自动调整	—
捷克⑥	DB	60	60	3.6%~6.0%	63/62.3	65	6.0%	

① OECD（2011）显示：澳大利亚，男、女 NRA 分别为65岁、63.5岁。

② OECD（2011）显示：奥地利，男、女 NRA 分别为65岁、60岁，最早退休年龄分别为62岁、57岁。

③ 比利时，男性 NRA 一直为65岁，1997~2008年女性 NRA 从60岁提高至65岁。

④ 2011年之前，加拿大“收入关联型计划”下每提前或延迟1年退休，待遇下浮或上浮幅度为6%。2011年1月1日起后3年逐步提高，从2012年1月1日起后5年又逐步下调。2014年起 NRA 后每延迟1年待遇上浮8.4%，2017年起，在 NRA 之前每提前1年退休待遇下浮7.2%。

⑤ OECD（2011）显示：智利，男、女最早可在55、50岁退休。

⑥ OECD（2011）显示：捷克，男、女 NRA 分别为65岁、62~65岁，最早退休年龄分别为60岁、59~60岁。

续表

国家	养老金类型	最早提前退休年龄（ERA）（岁）		每提前1年退休待遇精算减少比例	正常退休年龄（NRA）（岁）		每延迟1年待遇精算增加比例	最大延迟年龄（岁）
		2016年	未来		2016年	未来		
丹麦①	基本养老金/家计调查计划	不允许	不允许	无	65	68（2030年） 74	6.9%	NRA+10
	DC（ATP补充养老金）	不允许	不允许	无	65	74		
	DC（职业养老金）	60	69	根据工作年限调整	65	74	延迟时长与领取时预期余命之比②	
爱沙尼亚③	积分制	60	62	4.8%	63	65	10.8%	
	DC	62	62		无	无		
芬兰④	最低养老金	63	65	4.8%	65	68	4.8%	
	DB	63	65	4.8%		68	4.8%	

① 丹麦，基本养老金或家计调查计划的待遇获有领取资格居住年限达到40年；1979～2004年NRA为67岁，2004～2006年回调至65岁，2014～2017年又提高至67岁，2023年以后随寿命预期提高。1979～2014年最早退休年龄为60岁，2014～2017年调至62岁，2017～2023年调至64岁，2023年后随寿命预期提高。

② 在丹麦，提前待遇下浮幅度超过精算中性标准；正常退休年龄后延迟待遇上浮标准最多按延迟10年计算，延迟期间每月工作时间必须达到83个小时以上。延迟待遇上浮幅度体现精算中性（使用官方生命表），根据开始领取养老金时的“延迟时长与平均寿命预期之比”来确定。比如，如果人口预测显示，68岁的预期余命为17.1年，则从67岁开始每延迟1年的待遇增幅为1/17.1＝5.8%。

③ OECD（2011）显示：爱沙尼亚，NRA为63岁，ERA为60岁。

④ OECD（2011）显示：芬兰，NRA为65岁，最早退休年龄为62岁；退休每提前1年，待遇减少4.8%；退休每延迟1年，待遇提高的标准：65～68岁退休的，为7.2%；68岁后退休的，为4.8%。

续表

国家	养老金类型	最早提前退休年龄（ERA）（岁）		每提前1年退休待遇精算减少比例	正常退休年龄（NRA）（岁）		每延迟1年待遇精算增加比例	最大延迟年龄（岁）
		2016年	未来		2016年	未来		
法国①	DB	56.6	57	5.0%	61.6岁（缴费41.23年）或66.6岁	62岁（缴费43年）或67岁（2022年）	5.0%	
	积分制（强制性职业计划）	56.6	57	57~60岁：7.0% 60~62岁：5.0% 62~64岁：4.0%				NRA+5
德国②	积分制	63	63	3.6%	65	67（2029年）	6.0%	
希腊③	DB	60	62		65	67		
匈牙利④	DB：男	不允许	不允许	无	63	65（2022年）	6.0%	
	DB：女	工作满40年不限	工作满40年不限	无	63	65	6.0%	

① 法国，NRA为65岁（即可领取全额待遇，无缴费年限要求），2010~2016年提高至67岁。公共养老金可提前至60岁领取（如果能满足缴费年限条件，最早可提前至55岁），2010~2016年提高至62岁。

② 德国，如果缴费满35年，可最早63岁退休。2012年女性ERA为60岁，但缴费必须有15年，40岁之后须有10年。2012年之前，NRA为65岁，2012~2029年将提高至67岁。1997年以来，每提前1年领取待遇下浮3.6%，每延迟1年领取待遇上浮6%。

③ OECD（2011）显示：希腊NRA为65岁，当缴费年限满15年，在60岁时就可提前退休；当缴费达37年，则任何年龄都可退休。退休每提前1年，待遇减少6%；每延迟退休1年，待遇增加3.3%。用于待遇增加计算的最高延迟年龄为68岁。2013年后NRA提高到67岁，缴费至少15年；缴费年满40年，可在62岁退休领取全额待遇；ERA从60岁提高至62岁（见附录3）。

④ OECD（2011）显示：匈牙利NRA为62岁，男女可分别在60、59岁退休，提前退休的第1年，待遇减少3.6%；提前退休超过1年的，退休每提前1年，待遇减少4.8%。

续表

国家	养老金类型	最早提前退休年龄（ERA）（岁）		每提前1年退休待遇精算减少比例	正常退休年龄（NRA）（岁）		每延迟1年待遇精算增加比例	最大延迟年龄（岁）
		2016年	未来		2016年	未来		
冰岛	基本养老金/家计调查计划	不允许	不允许	无	67	67	6.0%	72
	DB（职业养老金）	65	65	7.0%	67	67	8.0%～6.0%①	70
爱尔兰	基本养老金/家计调查计划	不允许	不允许	无	66②	68（2028年）	无	
以色列	基本养老金/家计调查计划	不允许	不允许	无	67/62③	67/64（2022年）	5.0%	
	DC					67		
意大利④	NDC（名义账户制）	62.8/61.8	67.4	精算自动调整	66.6/65.6	67（2019年）71.2		

① OECD（2011）显示：冰岛，延迟到67～70岁退休的，退休每延迟1年，待遇增加8%；到70～72岁退休的：退休每延迟1年，待遇增加6%。

② OECD（2011）显示：爱尔兰的NRA为66岁。

③ OECD（2011）显示：以色列，男、女NRA分别为65岁、60岁。

④ 意大利于1995年立法改革用“名义账户制”（NDC）替代DB养老金。1995年开始工作的（即2032年后退休的），只能从NDC领取待遇；在此之前退休的，享受NDC和原DB计划的混合养老金。从2000年起，缴费满20年的男、女性，NRA分别为65岁、60岁，2018年，男女NRA都为66岁加7个月。NRA调整与寿命预期变化挂钩，到2050年将提高至69岁加9个月。名义账户制养老金一般禁止提前领取待遇，或当条件特殊的，可提前退休：2002年起缴费满35年可在57岁退休，缴费满37年可在任何年龄退休。2011年起，缴费满36岁可在60岁退休，缴费满40年可在任何年龄退休。到2050年，缴费年限提高至男46年、女45年。对于传统DB计划，自2011年后，60～62岁退休的，每提前1年待遇减少1%，60岁之前退休的每提前1年待遇减少2%。退休期间工作收入不受收入审查的限制。

续表

国家	养老金类型	最早提前退休年龄（ERA）（岁）		每提前1年退休待遇精算减少比例	正常退休年龄（NRA）（岁）		每延迟1年待遇精算增加比例	最大延迟年龄（岁）
		2016年	未来		2016年	未来		
日本①	基本养老金和收入关联型DB计划	60	65	6.0%	65	65	8.4%	
韩国	DB	57	60	6.0%	61	65（2033年）	7.2%	66
拉脱维亚	名义账户制/DC计划	60.75	63	精算自动调整	62.75	65（2025年）	精算自动调整	
	家计调查计划	不允许	不允许	无	67.75	65	无	
卢森堡②	DB	60	60	无	60	60	无	65
墨西哥	家计调查计划	不允许	不允许		65	65		
	DC		60岁或任何年龄	精算自动调整	65	65	精算自动调整	
荷兰③	基本养老金	不允许	不允许		65.5	71		
	DB（职业养老金）	可以			67	68（2018年）		

① 日本，待遇统一的国民年金计划下，在2001～2013年男性ERA从60岁提高至65岁，2006～2018年女性ERA从60岁逐步提高至65岁。在收入关联型养老金计划下，2013～2025年，男性ERA从60岁提高至65岁。69岁之前退休期间工资收入要受收入审查的限制：60～64岁与65～69岁的收入阈值不同，收入超过阈值的，退休待遇将少发超出部分的50%。

② OECD（2011）显示：卢森堡，NRA为60岁，最早退休年龄为57岁，提前或延迟退休，待遇都不做变动。

③ 荷兰，在待遇统一的基本养老金计划下，领取资格的居住年限为50年。2013年前NRA为65岁，2013～2018年提高到66岁，2018～2022年提高到67岁。达到NRA后，大部分劳动合同终止，失业、残障和其他救助待遇也会被取消。

续表

国家	养老金类型	最早提前退休年龄（ERA）（岁）		每提前1年退休待遇精算减少比例	正常退休年龄（NRA）（岁）		每延迟1年待遇精算增加比例	最大延迟年龄（岁）
		2016年	未来		2016年	未来		
新西兰①	基本养老金	不允许	不允许		65	65		
	DC		弹性					
挪威	最低养老金	67	67	无	67	67	无	
	名义账户制/收入关联型计划	62	62	精算自动调整		67	精算自动调整	
	DC（职业养老金）	62	62	精算自动调整			精算自动调整	75
波兰	NDC/Min（名义账户制/最低养老金	不允许	不允许		66/61	65/60		
葡萄牙②	DB/最低养老金	60	不允许		66.2	68	4.0%～12.0%	70
斯洛伐克③	DB	60/60	66	6.5%	62/58.25～62	68	6.0%	
斯洛文尼亚	DC		62	精算自动调整		68	精算自动调整	
	DB	不允许	不允许	无	60/59.75	60	4.0%～12.0%	65

① 新西兰，基本养老金即非缴费型、待遇统一计划下，有资格领取待遇，需工作居住至少10年，50岁以上的至少5年。

② OECD（2011）显示：葡萄牙的NRA为65岁，最早退休年龄为55岁。基本养老金待遇计发标准是，退休每提前1年，待遇减少6%；而延迟退休时分几种情形：参保缴费年限为15～24年的，每延迟1年待遇提高3.96%；参保缴费年限为25～34年的，每延迟1年待遇提高6%；参保缴费年限为35～39年的：每延迟1年待遇提高7.8%；超过40年的：每延迟1年待遇提高12%。

③ OECD（2011）显示：斯洛伐克的NRA为62岁，最早退休年龄为60岁。

续表

国家	养老金类型	最早提前退休年龄（ERA）（岁）		每提前1年退休待遇精算减少比例	正常退休年龄（NRA）（岁）		每延迟1年待遇精算增加比例	最大延迟年龄（岁）
		2016年	未来		2016年	未来		
西班牙①	DB	61	不允许	6.0%～8.0%	67	67（2027年）	2.0%～4.0%	
瑞典②	家计调查计划（GARP）	不允许	不允许	无	65	65	无	
	名义账户制/DC	61	61	随退休年龄自动调整	无	无	随退休年龄自动调整	70
	DC（职业养老金ITP1）		55	自动调整		65	自动调整	
瑞士③	DB	63/62	63/62	6.8%/6.35%～7.1%	65/64	65/64	5.2%～6.3%/4.5%～5.0%	70/69
土耳其	DB	不允许④	不允许		60/58	65（2044年）		

① 西班牙，2002年前的ERA为60岁，2002年后为61岁。2011年前，NRA为65岁，2011年后为67岁。2013年西班牙通过重大改革立法，以减少养老金制度的长期成本。特别是改革为制度引入了一个所谓的可持续因子，用于计算养老待遇，从现在起将待遇与预期寿命挂钩：寿命长的群体相比寿命短的群体，每年养老待遇会更少；就业年限一样、同龄退休的人一生中所享受待遇总和一样。这实际上是将DB制度转化成了一个类似的DC制度。制度的其他特征（如正常退休年龄）保持不变。提前退休的缴费年限至少为35年。2013年前，工作收入和养老待遇不相容。但在半退半工计划下，收入不受审查约束。在大公司，雇员已办理提前退休、工作由雇主安排人接手后，其工时应减少至75%～85%。

② 瑞典，2001年起公共养老金经历了根本性改革，公共养老金的现收现付DB制被改换成了由“现收现付的名义账户制（NDC）”和“完全积累的DC制个人账户”构成的混合型养老金。1938年前出生的退休者，待遇完全由老制度计发，1954年后出生的退休者，待遇由新制度计发，新制度将在20世纪20年代早期开始计发待遇。在新制度下，不存在固定退休年龄，61岁后可以选择在任何年龄领取待遇。瑞典的公共养老金除了这种混合型养老金外，还有DB制家计调查养老金，在瑞典居住3年、到65岁就可享受这种最低保障型待遇，要获得最高水平待遇保障，居住年限至少有40年。

③ 1991年，瑞士对强制退休保险计划进行了改革，将男、女性NRA分别从63岁、62岁提高到65岁、64岁。

④ 土耳其，不存在一般意义的提前退休，只是在特殊行业工作的或身体残障的工人可以提前退休，而其他工人在NRA前不能申请养老金。

续表

国家	养老金类型	最早提前退休年龄（ERA）（岁）		每提前1年退休待遇精算减少比例	正常退休年龄（NRA）（岁）		每延迟1年待遇精算增加比例	最大延迟年龄（岁）
		2016年	未来		2016年	未来		
英国①	基本养老金（BSP）	不允许	不允许		65/63	68（2044年）	5.8%	70
美国②	DB	62	62	5.0%～6.7%	66	67（2022年）	1989年为3.0% 2009年为8.0%	70
	家计调查计划	不允许	不允许		65	65		

注：本表根据OECD（2017）整理。表中“/”的左、右分别表示男、女数据；“DB”是指“待遇确定计划”（defined benefit），即预先确定待遇计发标准，以决定费率和筹资规模，国民年金或基本养老金一般采用这种形式；“DC”是指“缴费确定计划”（defined contribution），即待遇由缴费积累状况决定，并根据退休年龄自动调整。为能反映近年来OECD国家退休制度变化，我们也将OECD（2011）、Blundell，et al.（2016）相关数据信息补充到脚注中。资料来源：①OECD网站（http://www.oecd.org/pensions/pensionsataglance.htm）；②Blundell，R.，E. French and G. Tetlow（2016），“Retirement Incentives and Labor Supply”，Handbook of the Economics of Population Aging，Vol. 1，pp. 457－566.

① 英国，长期以来，男、女性NRA分别为65岁、60岁。根据1995年的改革，2018～2020年男性NRA从65岁提高至66岁，2010～2020年女性NRA从60岁提高至66岁。2024～2026年男女性NRA都提高至67岁，21世纪中期进一步提高至68岁。以前退休延迟1年待遇提高10.4%，但2016年4月起改为了5.4%。1989年废除了针对退休者的收入审查。

② 美国，2002年之前NRA为65岁，根据20世纪80年代初的改革，2003～2009年将NRA提高到66岁，2021～2027年提高至67岁。

（1）一次性给付延迟退休津贴。如澳大利亚，延迟领取超年金和继续工作的，还可获得一次性养老金补贴，补贴可享受税免待遇。这种补贴最多可计算 5 年期（即正常退休年龄 65 岁后最多延长至 70 岁），补贴标准是：延 1 年的额外补贴相当于一年基本养老金的 9.4%；延 2 年的津贴为基本养老金的 0.376 倍；延 3 年的为 0.846 倍，延 4 年的为 1.504 倍；最多延 5 年的，为 2.35 倍。英国规定，如果延迟连续超过 12 个月，可获得一次性津贴，但须计税，这种津贴包括延迟期间所未领的国家养老金、比英格兰银行基准利率高出至少 2 个百分点的同期利息。

（2）延迟退休待遇的精算补贴系数。退休待遇随年龄延迟成系数提高（见表 3 - 8）。在奥地利，延迟至 65 ~ 68 岁退休的，养老金每延迟 1 年增加 4.2%，在 68 岁之后延迟的不再额外增加，延迟期间仍需缴费。在加拿大，年满 65 岁后，每延迟退休 1 年，待遇增加 6%（目前增至 8.4%）。在捷克，65 岁后每延迟 90 天则待遇提高 1.5%（即每年为 6%）。在爱沙尼亚，65 岁后退休每延迟 1 年，则增加 10.8%。丹麦给出了延迟待遇边际增长系数的简单计算公式：65 岁后每延迟 1 年的养老金增长率 = 领取养老金时的已延时长/领取时的预期余命。美国一直在逐步提高"延迟退休津贴"（Delayed retirement credit，DRC），1990 ~ 2008 年从每年的 3% 提高到 8%。

（3）延迟退休补贴与参保缴费挂钩。延迟退休待遇补偿系数，除了与退休年龄有关外，在有些国家还与退休者的参保缴费年限有关。例如在葡萄牙，在 65 岁后延迟退休的，待遇会因参保缴费年限越多而更高：年限为 14 ~ 24 年、25 ~ 34 年、35 ~ 39 年、40 年以上的，每延迟 1 月的待遇提高幅度分别为 0.33%、0.5%、0.65% 和 1%（相当于每延迟 1 年分别为 3.96%、6%、7.8% 和 12%）。如果一名工人工龄满 25 年、在 66 岁退休，延迟 1 年的待遇将比正常退休时多出 6%（即 12 × 0.5%）。

虽然多数国家为鼓励延迟退休，对延迟者支付更高的待遇，但用于计算待遇的最迟退休年龄仍有上限要求，超过上限年限时待遇不再额外提高。如美国、澳大利亚、奥地利分别不超过 70 岁、70 岁、68 岁，加拿大、丹麦分别最多可延迟 5 年、10 年。希腊规定，在正常退休年龄 65 岁后每延迟 1 年，待遇边际增加 3.3%，但过了 68 岁，延迟待遇不会继续提高，替代率上限为 80%。而芬兰对不同的延迟年龄规定有相应的待遇提高标准：65 ~ 68 岁间延迟的，待遇提高 7.2%；68 岁后延迟的，待遇提高幅度降至 4.8%。

3.3.4 退休期间的收入审查

各国在允许提前领取待遇的同时，也允许提前退休者继续工作，会对退休待遇与工资收入合并计算，进行“收入审查”，如果工资收入超出一定标准的，提前退休待遇会减少，或被停发，但在 NRA 之后的收入审查较少。

☞专栏 3－3

在比利时，未满 65 岁或工龄不足 45 年的，退休待遇和工作收入要面临收入审查；满 65 岁或者工龄满 45 年的，可不经过收入审查。2016 年，工资收入未超过 22521 欧元（单人）或 26075 欧元（抚养一个小孩的），即相当于国民人均收入的 50% 左右，退休待遇不减少；如果超过了该水平，待遇会减少；工资收入在这一标准线 200% 以下，待遇减少 35%；超过这一标准线 200% 的，待遇全部停发。在早期美国社会保障制度对退休者的收入也进行了限制，在 62～65 岁提前退休的，工资收入超过标准线（如 1999 年为 9600 美元），每超过 2 美元待遇减少 1 美元；而在 65 岁到 70 岁之间退休的，工资收入超过另一更高标准线时（如 1999 年为 15500 美元），每超过 3 美元待遇减少 1 美元。后来美国逐步放松了对退休老人的收入审查，1983 年时收入审查不针对 70 岁及以上群体，2000 年起不针对 65 岁后延迟退休者，只是提前退休者仍须接受收入审查。在奥地利，在正常 NRA 即 65 岁前，如果工资收入超过社会平均水平达 11% 的，提前待遇不计发，只是在 NRA 后，这两种收入不再受限制。波兰在 2009 年前允许提前退休时，对提前退休者的收入限制比较严厉，包括：养老待遇在内的收入必须要计税；如果工作收入超过社会平均工资的 70%，养老待遇少发；如果超过 130%，养老待遇停发。2009 年后，在 NRA 退休并继续工作的，全额养老待遇不受影响。

提前退休顺应了一部分人因个人或家庭原因希望尽早退出劳动的意愿，在他们退出劳动力市场后再无收入来源时能获得必要的经济帮助，体现了社会保障制度的人性化。但当提前退休者又能获得较高工资收入时，对提前退休待遇进行一定限制也是合理的，因为此时提前退休待遇不仅体现了经济帮助功能，而且更多地发挥了收入的补充功能。既然仍能获得较高工资收入，说明退休者仍有较强的工作意愿和工作能力，那么事实上，政策允许提前退休的必要性就被削弱了。通过对提前退休者总收入的限制，减少其一部分预期收入，可以达到减少提前退休动机的目的。然而，劳动力市场发生的变化还是多少超出了政府部门的预期，尽管有收入审查约束，提前退休并未因此而减少，相反人们过早离开劳动力市场倒成了普遍的问题，老年劳动力资源没有得到充分利用。对这个问题将在后面继续讨论。

前述国家的收入调查制度对提前退休者和正常退休者进行了区别对待，抑制提前退休行为的政策导向明显。一些国家对 NRA 后的收入也进行了限制，这与鼓励老年人继续就业的政策目标不相融，曾受到不少的批评。英国（1989 年）、美国（2000 年针对延迟退休者）、加拿大（2011 年）① 就相继取消了对个体退休期间收入的审查制度。但目前仍有部分国家保留了对 NRA 后工作收入的审查。

☞ 专栏3-4

（1）丹麦。如果退休者的工资收入超过社会平均工资 2/3 的，那么其收入关联型养老金的待遇将会减少；如果超过平均社会工资有 15% 的，那么家计调查养老金待遇将会减少。

（2）希腊。在 62 岁正常退休、领取全额待遇后，继续工作的，如果工作收入超过社会平均工资有 40% 的，每月养老待遇将会减少 70%。

（3）以色列。当前男、女 NRA 分别为 67、62 岁。收入调查制度规定，男 70 岁、女 68 岁之前的工资收入超出社会平均工资有 57% 的，超出部分的 60% 会从退休待遇中扣除；而在此年龄后的收入将不受限制。

（4）日本。对 NRA 即 65 岁前后的合并收入都有限制：60～64 岁的合并收入超过社会平均工资有 2/3 的，提前退休待遇标准减少；65 岁后的合并收入超过社会平均工资有 110% 的，收入关联养老金会将超出部分的 50% 从全额退休金中扣掉，只是基本养老金全额待遇不受影响。即使达到 70 岁也要接受收入调查。

---

① 英国早在 1989 年就取消了退休收入审查。2008 年德国提高了提前退休者的收入调查上限，2016 年进一步采用了新的收入调查制度：每年工作收入超过 6300 欧元的部分只按 40% 作为计算退休待遇的一个参考，这样可以降低弹性退休待遇扣减的可能性，以鼓励部分养老金领取者尽量增加劳动力供给。2011 年挪威也取消了对退休者的收入审查。资料来源：Blundell R. , E. French and G. Tetlow. Retirement Incentives and Labor Supply [J]. Handbook of the Economics of Population Aging, 2016, Vol. 1, pp. 457 - 566.

(5) 韩国。在61岁正常退休后继续工作的，如果工资收入超过所有参保人平均水平的，退休者领取一半待遇，但随着年龄增长，领取的待遇会以10%的速度递增。“在职养老金”（active old - age pension）允许61~65岁老年人在“延迟退休”和“边工作边退休”两个模式之间进行选择，如果选择延迟退休，在61岁后每延迟1年待遇增加7.2%，但延迟待遇计算最多不超过5年。

(6) 西班牙。以前法律规定退休后不能再工作，但从2013年3月起，允许正常退休后继续工作，但养老金待遇将被减少50%。

(7) 澳大利亚。如果领取家计调查养老金的同时，只要老人的两周收入不超过250澳元的（2016年），就不用接受收入审查。

(8) 法国。以前未有收入审查，但从2015年起，如果达到NRA却不领取待遇而选择继续工作的，即使仍须缴纳养老保险费，但待遇确定型（DB）公共养老金待遇仍然不会有额外给付。

3.4 弹性退休制度实践与效果

3.4.1 弹性退休含义和制度实践

根据既有的制度实践，“弹性退休”有两种形式：一是可以选择退休时间，既可以正常退休，也可提前或延迟退休；二是可以选择退休方式，即允许老年人可边领取养老金、边工作；工作可全职，也可兼职；养老金可全额领取也可部分领取。

弹性退休适应了人们对不同退休模式的偏好。身体好、受教育多、专业技能强的人，愿意工作更久，而身体差、需要照看家中成员或向往自由闲暇生活的人，则更有可能希望早些退休。退休制度应允许有多样化的选择，允许人们从劳动阶段向完全退休阶段平滑过渡，尊重他们对劳动和退休行为的自主组合，避免了因强制退休而造成的收入急剧下降、生活模式突然改变而带来的种种心理、健康问题。随着社会经济发展、交通条件改善、互联网技术进步、商业模式日趋多样化等，都为弹性退休创造了条件。当前很多类型工作对劳动者的体力要求在降低，工作形式更加灵活，工作场地多样化。在工业化国家，人们对弹性退休模式也表现出一定的可接受性。有调查显示，在日本有 43% 的受访者愿意退休后继续工作，在法国有 15% 的受访者愿意考虑半退半工模式，在废除了强制退休制度的欧盟国家，有接近 2/3 的受访者不愿意选择完全退休（OECD，2017）。

弹性退休也有利于企业留住有经验的老年工人。一份调查显示，美国 81% 雇主反映，他们支持雇员工作超过 65 岁。在日本、德国，不少雇主也试图将老年工人继续留在工资册上，避免重新聘请工人的麻烦（OECD，2017）。弹性退休对政府也有利，劳动者延长工作年限，积极为经济增长做贡献，有利于保证税（费）源稳定。但也可能会让一部分人因提前退休导致养老金积累不足，较早地陷入老年贫困，会增加政府救济负担。

在 OECD 成员方，弹性退休改革已有 20 多年（见表 3－9）。近些年来，这种过渡式退休模式实践已成为社会关注的热点（OECD，2017）。由于几乎所有国家的延迟退休年龄改革都遭遇过很大的政治风险，因此政治家们希望将退休年龄制度改革也拓展到“弹性退休”这条所谓的“第三条道路”（third rail in politics）上，减少强制性退休形式，让退休能更多地以一种弹性的、渐进的、向完全停止工作的过渡状态进行，一方面逐步减少老年人工作时间，便于向完全退休自然过渡；另一方面鼓励他们尽可能工作更久，扩大社会劳动供给总量（Börsch-Supan A. et al.，2017）。一些国家的弹性退休制度形式是：

早在 1992 年，德国就采用了部分养老金制度，个人可根据工作和退休计划选择领取 1/3、1/2 或 2/3 的养老金，半勤工作的收入损失由部分养老金弥补。

1993 年，法国政府试图通过政府提供补贴，针对 55～65 岁雇员推行逐步退休计划，以扭转一直以来提前退休较多的趋势。在完全退休前，雇员可以兼职工作，政府为他们提供约为 30% 的参考工资但不超过上限的收入补贴。

1995 年，丹麦的改革试图用兼职工作计划来替代完全提前退休制度，鼓励人们渐进式退休。新制度规定：60～66 岁雇员只要参与失业保险至少有 20 年（在工作期最后的 25 年里），工作时间可减少至少 25%，自雇者每周减少 18.5 小时，便可领取失业保险金，但领取期间工作时间至少保证每周有 12 个小时。

2000 年，瑞典的养老金改革除采用名义账户制（NDC）外，也实施了非常有弹性的退休计划，不再设置 NRA，雇员在 61 岁就可领取养老金，领取年龄无上限。无论年龄多大，也不管是否已领待遇，只要个人仍能获得可用于计算养老金的收入，“名义账户”就会积累养老金权益。此外，退休者可选择领取 25%、50% 或 75% 的全额待遇，边工作的还可享受最低保障养老金。

表 3－9 部分 OECD 成员方弹性退休年龄选择、继续收入限制和强制退休规定

国家	弹性政策采用时间（年份）	公共养老金全额领取年龄（NRA）（岁）	弹性退休窗口期的起始年龄（岁）	工作时长	劳动收入损失的补偿来源	收入审查（即对领取者额外收入的限制）	强制退休年龄
德国	1992	65/65	63/60	工时减少决定了待遇领取比例；比例可为 1/3、1/2、2/3，这取决于额外工作收入状况	公共养老金给付部分待遇	NRA 之前：对于领取全额待遇的，收入上限为参考基数的 1/7（即 3060 欧元/年）；对于领取部分待遇的，收入上限由养老待遇领取比例决定：每月 1483 欧元（待遇领取比例为 1/3 时）、每月 1112 欧元（待遇领取比例为 1/2 时）、每月 741 欧元（待遇领取比例为 2/3 时），乘以领取待遇前一年的个人收入积分； NRA 之后：无限制	特殊群体有强制：教授 75 岁，律师和公证人 70 岁，法官 67 岁，飞行员和市长 65 岁
法国	1993	65/65	55	在 5 年逐步退休阶段，工时减少 50%	政府补贴	全额养老金无收入限制；如果缴费年限满足 41.25 年（2014 年）并年满 61 岁又 2 个月，或者年满 66 岁又 2 个月，可以领取全额待遇	私人部门工人 70 岁；对于公共部门工人有全额养老金领取年龄限制（2017 年为 67 岁）为例外
丹麦	1995	67/67	60	工时至少减少 25%，但剩余工时每周必须至少达到 12 个小时，自雇者每周至少 18.5 小时	失业保险基金提供固定待遇	NRA 之前：不能领取公共养老金，不存在公共养老金待遇与额外收入的冲突； NRA 之后：如每年劳动收入超过平均收入的 3/4，全额基本养老金（约为平均收入的 17%）减少 30%	公务员 70 岁；有些群体由集体协议约定

续表

国家	弹性政策采用时间（年份）	公共养老金全额领取年龄（NRA）（岁）	弹性退休窗口期的起始年龄（岁）	工作时长	劳动收入损失的补偿来源	收入审查（即对领取者额外收入的限制）	强制退休年龄
瑞典	2000	65/65	61	完全弹性	公共养老金给付待遇	无限制	无强制退休
奥地利	2000	65/60	55/50	雇主与雇员约定在 40% ~ 60% 区间内减少工时	政府补贴	NRA 之前：每月收入超过上限 290 欧元，养老金全额收回； NRA 之后：无限制	特殊群体有强制：如公证人 70 岁
比利时	2002	65/62	50	工时减少 20% 或 50%	政府补贴	NRA 之前：每年收入超过 7793 欧元（单人）或 11689 欧元（抚养子女），养老金减少所超过的额度；如果每年收入超过上限 25%，养老金全额收回 SEA 之后：每年收入超过 22509 欧元（单人）或 27379 欧元（抚养子女），养老金减少所超过的额度；如果年收入超过上限 25%，养老金全额收回。如果退休者年满 65 岁、缴费年限满 42 年，收入上限提高。从 2016 年起，65 + 岁或在 SEA 前缴费年满 45 岁的，不接受收入调查	大部分公务员 65 岁

续表

国家	弹性政策采用时间（年份）	公共养老金全额领取年龄（NRA）（岁）	弹性退休窗口期的起始年龄（岁）	工作时长	劳动收入损失的补偿来源	收入审查（即对领取者额外收入的限制）	强制退休年龄
澳大利亚	2005	65/63	55	完全弹性	超年金	NRA 之前：无养老金可申请 家计调查计划：任何收入高于 4200 澳元（单人）/7500 澳元（夫妇）的，收回 50%	特殊群体有强制：如联邦法官 70 岁；国防部队人员 60 岁；预备役军人 65 岁
芬兰	2005	65/67	63	完全弹性	公共养老金给付待遇	无限制	有些公务员 67 岁，如大学教授、法官；当雇员满 68 岁就业协议在月末自动终止，雇主与雇员另行约定除外
荷兰	2006	65/65	55～60，不同养老基金有差异	工时减少量取决于雇主协议和领取养老基金的条件要求	职业养老基金给付待遇	NRA 之前：不能领取公共养老金，不存在公共养老金待遇与额外收入之间的冲突； NRA 之后：额外收入无上限	2008 年公共部门取消 65 岁强制退休年龄

注：①表中“/”左、右边分别为男、女退休年龄；②如果收入因工时减少而出现的损失获得了国家养老金以外的渠道补偿时，“弹性退休窗口期”的开始年龄可能会早于领取公共养老金的最早年龄；③收入调查规定的信息年份为：比利时和丹麦是 2015 年、法国和荷兰是 2016 年；强制退休规定的信息年份是 2016 年。

资料来源：Börsch-Supan A. et al. Dangerous Flexibility-Retirement Reforms Reconsidered. *MEA Discussion Paper*，2017，No. 3。

2000 年，奥地利实施了一项津贴资助型老年兼职计划，工人缴纳至少 780 周失业保险费的，可以将工时减少 40% ~60%，但收入不减少。2000 年将“弹性退休窗口期”的最早年龄男女 55 岁、50 岁，在 2005 年分别提高至 57 岁、52 岁，2013 年提至 60 岁、55 岁。此外在 RNA 领取全额待遇并继续工作的，每年缴纳的保险费仍可用于重新计算未来的退休待遇。

2005 年，澳大利亚的基金积累制“超年金”计划采用了弹性退休，以鼓励老年人继续工作，即“向退休过渡的养老金”（transition-to-retriement-pension）：达到超年金最早领取年龄 55 岁（2025 年后提至 60 岁），就可从超年金账户中提取不超过 10% 的账户余额，达到 NRA 即 65 岁又可领取超年金全额待遇。

2005 年，芬兰也改革了固定退休年龄制度，实施了“部分养老金计划”，允许年满 62 岁后领取 25% ~50% 的全额待遇，对是否继续工作没有要求。将弹性退休年龄的窗口期设定为 63 ~68 岁，在窗口期内每推迟 1 年领取待遇，待遇提升 4.5 个百分点。雇员领取待遇也可以工作、获得收入，不受收入审查约束。而且新的养老金权益随年龄继续增加，每 1 年增长 1.5 百分点，因此延迟 1 年待遇提高总幅度为 4.5% +1.5%。

在荷兰，雇主也普遍实施“半退休”待遇计划，雇员达到 NRA 后可以减少每周工作时间，只领取部分待遇。但采用这种“半退休”的雇员很少，他们一般倾向于提前“半退休”。

捷克从 2010 年起不再对退休后继续工作进行限制，退休者可选择领取一半养老金，采用“半退休”形式继续工作。

3.4.2　弹性退休制度的待遇计发

1. 待遇计发模型

弹性退休改革既要考虑对劳动力市场带来的影响，更要考虑对公共养老金财务平衡的长期影响。不同退休年龄所对应的待遇是基于精算原则计发，这为维持公共养老金长期可持续性提供了技术保证。无论是传统现收现付的 DB 制，还是名义账户制（NDC）、积分制计划，都可将待遇发放视为所积累的养老金权益的“年金化”过程，待遇计发可以与预期退休余命挂钩，根据退休年龄调整，体现精算中性原则。“精算中性是一个用于测度对提前退休惩罚、对延迟退休奖励程度的核心概念”（OECD，2017）。这种“奖惩”差异，通过不同退休年龄的待遇调整系数来反映。精算中性所反映的关系是：

无论在哪个年龄开始领取待遇，在精算意义上都是无差异的，养老金财富（Pension Wealth，PW），即整个退休期间各养老金待遇流在退休年龄时的现值总额，并不会因退休年龄选择不同而出现明显差异①。如果提前退休，受益期变长，根据精算每期待遇将会被“摊薄”；如果延迟退休，受益期变短，则每期待遇会被“加厚”。

基金积累制（DC）、名义账户制（NDC）养老金计划，由于待遇水平由账户积累额决定，未来各期待遇流到退休时的现值总和与账户积累额之间有严格等式关系，养老金本身容易实现精算公平，每期待遇多少不会影响到养老金财富（PW）总水平，领取年龄管理比其他类型计划相对宽松，参保人可以较为灵活地解决个人退休时间②。而在待遇确定型（DB）、积分制计划下，待遇主要由参保年限、缴费工资基数、每单位养老金权益价值、待遇指数化调整等因素来确定，与工作期间实际缴费累积额不直接挂钩，因此缴费与待遇之间未形成严格的精算公平关系，但不妨碍在待遇计发时仍可采用精算中性原则③。如果退休时待遇计发不因退休年龄调整，当退休余命越长时，养老金财富（PW）会越多，那么就会诱致人们提前退休，增加制度给付负担。在精算中性原则下，不同年龄的养老金财富关系表达式为：

$$PW_{t|t} = PW_{t|t+\varepsilon} \tag{3-1}$$

其中，$PW_{t|t+\varepsilon}$为延迟至 $t+\varepsilon$ 岁退休、在 t 岁的养老金财富，t 岁为参考基期年龄，ε 为延迟时间，一般分析时常取值 1。由于养老金财富为退休收入流的现值，所以养老金财富又等于待遇计发额与 1 元待遇的年金因子之乘积。由

① 应注意的是，养老金权益或养老金总给付额的大小不能仅仅以替代率来衡量。替代率是指养老待遇承诺水平与个人收入的比率，仅反映的是相对待遇水平高低，并不能是综合评价所获得的养老金利益或养老金总给付水平的指标。而养老金财富（PW）综合了寿命预期、正常退休年龄、养老金待遇指数化、养老金贴现率等多因素，是对未来预期养老金权益现值计算的结果，另还有一个可以反映养老金精算公平的概念，即养老金净财富，它是用于评价社会保险费（税）后的未来养老金待遇的现值。第 4 章对养老金财富概念及公式运用会有进一步讨论。

② 关于名义账户制（NDC）给付特征的介绍，可以参看刘万（2012）第 37 ~ 38 页。

③ 注意的是“精算中性”（actuarial neutrality）往往被很多人混淆为“精算公平”（actuarial fairness），二者是不同的概念，“精算公平”主要是指参保人终生缴费的现值与终生退休待遇的现值相等。根据该定义，个人退休时未来领取的待遇流现值与工作时缴费及其利息之和终值相等，基金积累 DC 制养老金具有严格的精算公平特征。比如，如果继续工作 1 年形成的多缴 1 年保费、少领 1 年待遇的成本，如果完全能被未来待遇提高的好处抵消的话，这就是一种精算公平。不同养老金制度下这两个原则的使用详见：Queisser M. and E. Whitehouse. Neutral or Fair? Actuarial Concepts and Pension-System Design [N]. Social, Employment and Migration Working Paper, No. 40, OECD Publishing, Paris, 2006.

式（3－1）有：

$$P_{t+\varepsilon} \cdot A_{t|t} = P^{*}_{t+\varepsilon} \cdot A_{t|t+\varepsilon} \qquad (3-2)$$

$P_{t+\varepsilon}$是指延迟至 $t+\varepsilon$ 岁退休时可按制度标准计发的退休待遇，$P^{*}_{t+\varepsilon}$是指因延迟退休而额外受到“奖励”后的退休待遇，有 $P^{*}_{t+\varepsilon}=(1+\theta_{t|\varepsilon})P_{t+\varepsilon}$，$\theta_{t|\varepsilon}$为调整系数，根据式（3－2），$\theta_{t|\varepsilon}=A_{t|t}/A_{t|t+\varepsilon}-1$。$A_{t|t}$是指在 t 岁开始每年领取 1 元所对应的养老金财富，即“年金因子”，它由生存率、养老金贴现率、养老待遇增长率等因素决定，有：

$$A_{t|t} = \sum_{n=0}^{\bar{T}} p_{t|t+n} (1+g)^{n} / (1+r)^{n} \qquad (3-3)$$

其中，$p_{t|t+n}$为从 t 岁到 $t+n$ 岁的生存概率，$\bar{T}$ 为正常退休年龄的退休余命，g 为养老待遇增长率，r 为养老金贴现率。$A_{t|t+\varepsilon}$为 $t+\varepsilon$ 岁退休的年金因子，有：

$$A_{t|t+\varepsilon} = \sum_{n=0}^{\bar{T}-\varepsilon} p_{t|t+\varepsilon+n} (1+g)^{n+\varepsilon} / (1+r)^{n+\varepsilon} \qquad (3-4)$$

为将分析过程高度简化，假定 $(1+g)/(1+r)\approx 1$，最大退休余命是确定的，则 $\theta_{t|\varepsilon}$将近似等于 $1/(\bar{T}-\varepsilon)$，它揭示：（1）退休越晚，退休余命变短，待遇补贴或调整系数越大，“奖励”幅度越高。例如，卢森堡、斯洛文尼亚的 NRA 长期不高，为 60 岁，导致养老金受益期限较长，因此基于精算中性的补贴或惩罚系数就小，为 4% 左右。而丹麦 NRA 长期为 65 岁，平均退休余命为 14.5 年，基于精算中性的补贴或惩罚系数就较大，为 7.5%；（2）如果正常退休时预期余命 $\bar{T}$ 很长，则待遇补贴系数因待遇被“摊薄”而变小。同样在提前退休情形下，依照上述分析思路，也可以根据精算中性计算出待遇受“惩罚”的调整系数。

这里举个例子说明延迟退休待遇是如何提高的。在典型的 DB 计划下，假定正常退休年龄为 65 岁，全职生涯从 20 岁开始，在不考虑按精算中性“奖励”时，如果每额外工作缴费 1 年，相应地待遇增长 2.2%（类似于在中国，多缴费 1 年，基础养老金待遇增加 1% 的指数化平均工资）；如果考虑按精算中性“奖励”时，奖励系数每延迟 1 年额外增加 5.5%，因此最终延迟退休待遇将会整体上浮 2.2% +5.5% =7.7%。如果要进一步将养老待遇指数化调整带来的待遇增长等情形考虑在内，则将获得延迟退休对待遇增长带来的总效应，而按“精算中性”调整待遇只是总效应的一部分。

总而言之，精算中性的补贴（或惩罚）水平参考的是“已有权益”，补贴（或惩罚）系数是用于对“已有权益或初始待遇”的进一步调整，而并不是用于对既有的养老金规则下的“初始待遇”的计算。在 OECD 成员方，每延迟退休 1 年，来自延迟缴费、额外津贴、养老金指数化调整等所带来的待遇总提升效应平均超过了 7.5%（OECD，2017）。

2. 待遇补贴与退休行为

“精算中性”对退休行为的影响很早就受到了关注，不少文献借助养老金计划的退休激励模型，发现养老金制度缺乏“精算中性”是造成对延迟退休行为激励不够的重要财务原因（Barry Nalebuff，1985；Samwick，1998；Courtney & Jonathan，2000；OCA，2003），工人一旦有机会领取全额养老金，就没有了激励选择延迟领取待遇。20 世纪 90 年代，OECD 成员方就在重视精算中性原则的运用，通过提高延迟退休养老待遇，减少或消除对继续工作所征收的隐性税收（OECD，2002），自动发挥养老金对退休行为的引导作用，为养老金财务可持续提供技术保证。

对于收入关联性 DB 制养老金计划，很多国家允许提前领取，但对提前退休施以财务“负激励”，将提前退休待遇的“惩罚”系数设置在精算中性所允许的水平之上。例如拉脱维亚，其收入关联型计划尽管可提前 2 年领取，但待遇减少幅度非常大，达到 50%。加拿大、丹麦，提前 1 年退休也分别造成待遇减少 25%、23% 左右，德国减少 12.8%，冰岛减少 10%，韩国减少 9.2%，日本和奥地利减少 8.4%；其他大部分国家只要允许可提前领取待遇的，都对待遇计以 5% ~8% 的“惩罚”（见图 3 -4）。只有个别国家“惩罚”力度较小。如比利时，可提前 2 年领取公共养老金待遇，对提前退休没有惩罚，甚至缴费年限还缺 1 ~2 年的，与正常退休待遇相差不多。OECD 中有 14 个成员方允许提前 3 年退休，每提前 1 年待遇损失 7%，3 年总损失约为 21%。因此从 OECD 成员方整体上看，个人提前退休会面临很大的财务惩罚，因此提前退休给养老金带来的财务压力是有限的。

另外，为鼓励延迟退休，大部分国家的延迟退休“奖励”系数也超过了按“精算中性”所计算的水平。例如，如果延迟 1 年，葡萄牙、爱沙尼亚、冰岛、日本、韩国、加拿大的收入关联型 DB 制养老金分别增加 13.4%、11.8%、11.4%、11.2%、11% 和 9.3%（见图 3 -4）。如此延迟“奖励”

对待遇的影响远远超过了精算中性①，OECD（2017）报告认为，这 5 个国家的这种巨大补贴对养老金制度会构成一个潜在的成本负担。

OECD 成员方中，除卢森堡、斯洛文尼亚、希腊、斯洛伐克、法国、土耳其、匈牙利、捷克、爱沙尼亚等 9 个国家的 NRA 都在 65 岁以下，其他国家都在 65 岁以上。这 9 个国家除了爱沙尼亚外，8 个国家 60 岁以上群体的就业率都处在 OECD 平均水平之下，特别是卢森堡和斯洛文尼亚，NRA 为 60 岁，60 ~ 64 岁群体就业率都在 20% 以下。而 NRA 都在 65 岁及以上的其他国家，老年人就业率大都超过 OECD 平均水平。图 3 – 5 显示了正常退休年龄与老年人就业率之间存在一定的正向关系，NRA 的高低是影响老年人就业率的一个重要因素。

此外也不难发现，公共养老金待遇设计也是影响老年人就业率的重要因素。由于大部分 OECD 成员方的 NRA 在 65 岁或以上，可以将 60 ~ 64 岁、65 ~ 69 岁群体就业率来分别反映 OECD 成员方的提前退休、延迟退休的状况。图 3 – 6 和图 3 – 7 分别刻画了每延迟 1 年待遇提高系数与 60 ~ 64 岁、65 ~ 69 岁群体就业率之间的关系。两图均显示了在延迟退休待遇津贴越高的国家，老年人就业率越高。延迟退休补贴超过精算中性标准的国家，如冰岛、日本、韩国、加拿大、拉脱维亚、丹麦、瑞典、瑞士、挪威、美国、智利等，老年人就业率都高出 OECD 平均水平。

虽然德国的奖励系数不高，但对提前退休的“惩罚”力度较大，提前 1 年领取待遇将被减少 12.8%。在土耳其、希腊、比利时延迟退休待遇的激励力度都处在精算中性标准之下，卢森堡因 NRA 偏低（为 60 岁），退休后余命较长，导致精算中性原则之下的延迟退休待遇“奖励”系数不高，这些国家的老年人就业率则处在较低水平。但葡萄牙、奥地利有些例外，延迟退休待遇津贴水平较高，但老年人就业率偏低，可能与公共养老金替代率较高有关系，2016 年两国替代率分别为 76%、78%，高于 OECD 平均水平 58% 很多，退休待遇高，自然领取待遇后停止工作的意愿也很强烈。

① 这里以百分比表示的待遇增加，除了因延迟退休受到的额外“奖励”或补贴外，还有因继续工作额外缴费形成的待遇增加、养老金待遇指数化调整引起的待遇增加。所以这里的数据与表 3 – 5 中的延迟退休待遇增加比例是不一样的，图 3 – 4 中反映的仅仅是“精算中性”比例。例如日本，基本和收入关联性计划每延迟 1 年待遇的精算中性提高率为 8.4%，加上额外缴费、养老待遇指数化，使得待遇总增长约为 11.5%。韩国每延迟 1 年待遇的精算中性提高率为 7.2%，同样加上额外缴费、养老待遇指数化调整，导致待遇总增长为 11%。

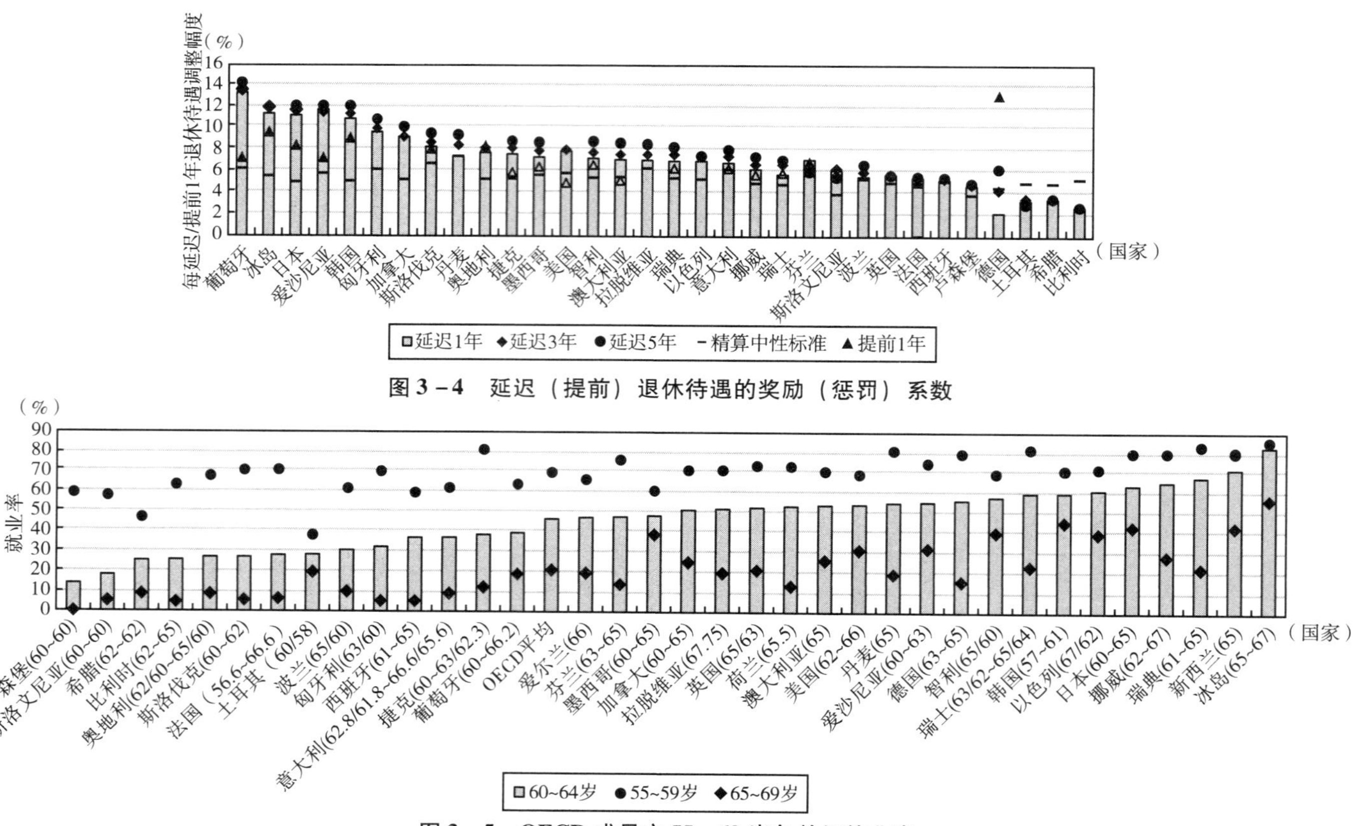

图 3－4　延迟（提前）退休待遇的奖励（惩罚）系数

图 3－5　OECD 成员方 55～69 岁年龄组就业率

注：横轴中国家名称后括号内标示是退休年龄："－"左边为最早退休年龄，右边为"正常退休年龄"，"/"左边为男性退休年龄，右边为女性退休年龄。

资料来源：OECD. Pensions at a Glance 2017：Retirement－Income Systems in OECD and G20 Countries. *Published by OECD*，2017。

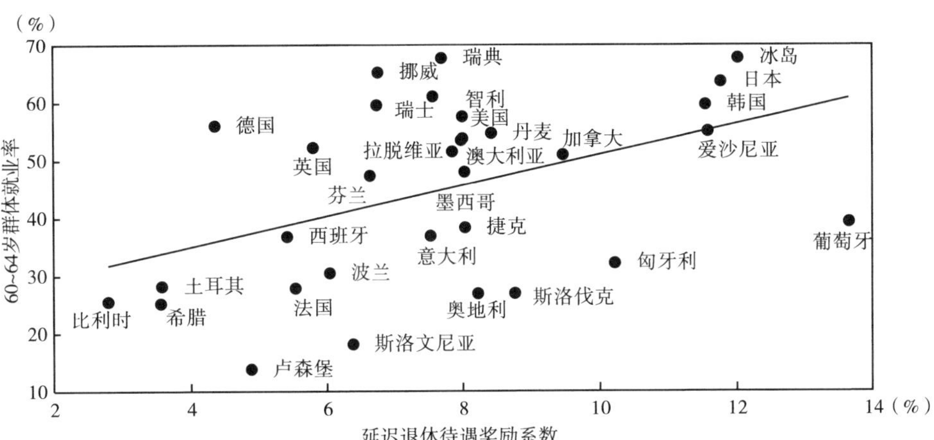

图 3-6　OECD 成员方延迟退休待遇补贴与 60~64 岁就业率

资料来源：OECD. Pensions at a Glance 2017：Retirement-Income Systems in OECD and G20 Countries. *Published by OECD*，2017。

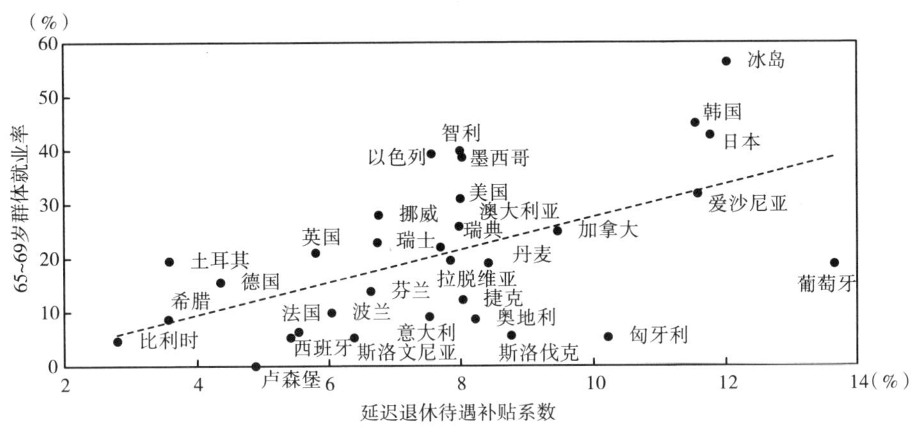

图 3-7　OECD 成员方延迟退休待遇补贴与 65~69 岁就业率

资料来源：OECD. Pensions at a Glance 2017：Retirement-Income Systems in OECD and G20 Countries. *Published by OECD*，2017。

总而言之，公共养老金待遇设计中，对延迟退休补贴力度与老年人延迟退休、继续工作存在一定正向关系，对年龄越大的老年群体而言，这种关系更加明显。延迟退休较大的补贴力度在一定程度上有利于激励老年人延迟退休。从 OECD 成员方平均水平来看，55~59 岁年龄组的就业率为 69.6%，60~64 岁年龄组就业率为 46.3%，以大部分国家的 NRA 为 65 岁来看，显然提前退出劳动力市场的现象还是较多。NRA 后继续工作情形是，65~69 岁年龄组平均就业率为20.9%。

3.4.3 弹性退休制度的实施效果

近年来OECD成员方在“放开或取消强制退出劳动力市场年龄”“允许边领取待遇、边工作”“允许在最早退休年龄后自主选择退休时间”“对不同退休年龄待遇计以惩罚或奖励系数”等方面做出了很多改革和制度尝试，鼓励人们弹性退休、过渡式退休，逐步退出劳动力市场，以平衡老年阶段的收入，并由此扩大潜在的劳动力资源，扩大养老金缴费基数，增强公共养老金财务可持续能力。但这些改革的实际效果并未像理论预期那么好，这种“边领取养老金边继续工作”并未成为普遍现象，有些国家甚至取消了半退休制度。

德国自1992年推行部分退休计划以来，每年领取部分养老金的仅占新退休者的0.5%，制度推行并不成功。一份针对德国的调查显示，3/4的受访者并不计划晚退休，虽然引入了弹性退休，选择晚退休的只占6%。女性和受教育不高者，晚退休比例更低，分别仅为3.5%和4%（Börsch-Supan et al.，2017）。20世纪90年代末，在法国，弹性退休计划政府补贴的领取人数也很少，私立部门仅有45000人。2004年法国废除了有财政补贴的逐步退休计划。丹麦的“半退休”计划也正在逐步退出。

2012年一份欧洲劳动力调查显示，50~55岁群体中“在职的、未领取养老金”的人数占比为72%，“已领养老金、继续工作的”仅占6%，而其他人要么没有就业，要么没有申请领取养老金。60~64岁、65~69岁群体“边领养老金、边工作的”也都仅占10%，而“领取养老金、不再工作”的分别占了43%和70%（见表3-10）。不同国家之间“边领养老金、边工作”的弹性退休现象存在很大差异。比如，在爱沙尼亚、瑞典和英国，55~69岁群体中“边领养老金、边工作的”比例就超过15%，而希腊、卢森堡、西班牙等不足3%（见图3-8）。

从整个经济层面上看，弹性退休对工作总时长的积极影响还是模糊的，还缺乏证据支持（OECD，2017）。艾尔萨耶德等（Elsayed et al.，2018）以荷兰作为研究样本，发现采用“逐步退休”（gradual retirement）计划后，的确导致了工人晚退休1年，但他们的劳动供给总量看起来又是下降的，完全退休前期间的工时减少，将延迟退休对劳动力供给量的正效应给抵消了。祖潘等（Börsch-Supan A. et al.，2017）通过分析9个OECD成员方1992~2006

年的数据也发现，弹性退休政策对55～64岁样本的劳动参与存在弱的、正向效应，而他们每周的工时在减少，以至于得出了老年劳动力的供给总量并未提高的同样结论。他们认为“如果弹性改革的目标是要提高老年工人劳动力的总供给量，那么该改革计划就是失败的”。这种“不成功”可能存在多种原因。

表3－10　2012年欧盟28国50～69岁年龄组就业、退休状况

年龄组（岁）	未领待遇、继续工作（%）	已领待遇、继续工作（%）	已领待遇、不再工作（%）	未领待遇、不再工作（%）	已领待遇（%）	继续工作（%）
50～54	72	3	2	24	5	75
55～59	58	6	11	25	16	64
60～64	22	10	43	25	53	32
65～69	2	10	70	18	80	12

资料来源：OECD. Pensions at a Glance 2017：Retirement-Income Systems in OECD and G20 Countires. *Published by OECD*，2017。

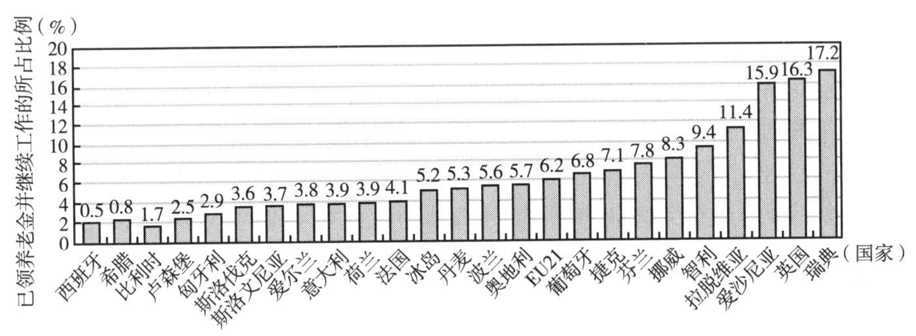

图3－8　欧盟成员国55～69岁劳动者退休后继续工作的人数占比

资料来源：OECD. Pensions at a Glance 2017：Retirement-Income Systems in OECD and G20 Countires. *Published by OECD*，2017.

比如，对弹性退休者的收入进行限制。前面已详细梳理了一些OECD成员方的退休者收入所面临的审查限制。实际上，这些限制就是对退休者继续工作施加了一种隐性税负，自然地对退休期间继续工作的积极性提升形成了一道障碍。有OECD的研究报告认为，“如何领取养老待遇，不应该由继续工作的收入水平来决定”（OECD，2017）。应该废除所有收入审查，只有当养老金提供了非精算的转移，收入审查才是有必要的，这样会使得“边享受待遇、边工作”的过渡退休更有吸引力。正因为如此，一些国家已放松对退休者的收入审查要求。

除了养老金制度设计是影响老年劳动供给总量的重要因素外，劳动力市场本身也存在不利于老年人就业的因素。无论是对于劳动者还是雇主，提前退休意愿仍然较强。对于劳动者自身而言，产出效率随年龄呈现倒“U”型分布是一个普遍现象（第5章有进一步讨论），到了一定年龄后，因身体健康、工作热情等变化，工作效率会下降，甚至带动工资收入也下降，由此容易触发老年人退出劳动力市场的动机。有研究发现，OECD成员方就业率的下降时间刚好与工资开始下降的年龄一致（Blundell et al.，2016）。一方面，进入老年阶段后个人偏好会发生变化，对闲暇需求增加，需要将更多时间花在孙辈、照看家庭成员上，以及旅行、娱乐消遣，或者疗养、康复等方面。特别是，当有机会领取残障待遇、失业待遇时，也会吸引老年人在法定退休年龄之前离开劳动力市场。另一方面，对于雇主而言，当老年人的产出效率不能再提高、而工资仍然上涨时，遣散他们是最好的选择。目前许多国家的工作环境仍存在年龄歧视，对老年工人产出效率、对其应付新挑战的能力抱有成见。雇主仍普遍倾向于强制退休，对雇员“逐步退出工作”的弹性退休模式准备不足。在美国，只有39%的雇主提供了弹性时间表（TCRS，2016）[①]。此外，雇主也会考虑老年人兼职性工作带来的一系列成本问题，比如单位工作时间应摊销的各种雇佣成本（包括办公设施、人事管理、培训等方面）以及老年人健康风险等，这些都可能会影响雇主对过渡退休模式的兴趣。

尽管，弹性退休制度改革实践对劳动力总供给影响有限，没有产生预期效果，但其意义还是显然的，“弹性退休”照顾到了老年人对退休时间和退休形式的选择偏好，老年人可基于个人自身条件和意愿来选择具体退休模式，兼顾家庭和工作，有更多自由度来考虑闲暇与消费，这有利于增进个人或家庭福利。这种“福利改进”效应应该是弹性退休制度一个重要的目标定位。

3.5 主要结论与政策启示

3.5.1 世界各国法定退休年龄概况

当前，156个国家和地区的平均法定退休年龄（NRA）男性为60.9岁，

① TCRS-Transamerica Center for Retirement Studies. All About Retirement: An Employer Survey, 17th Annual Retirement Survey. *Transamerica Center for Retirement Studies*, 2016.

女性为 58.7 岁。不同国家和地区之间的 NRA 差异较大，一般经济发展水平较高的国家和地区，NRA 整体水平也较高。男女法定退休年龄趋同是一个普遍现象，占到总样本的近 60%，有性别差异的国家主要分布在东欧、中亚、中东和北非等地区，在最高收入国家（如 OECD 成员方）和最低收入国家（如撒哈拉以南的非洲国家）差异都很小。随着社会经济发展，一些国家正在取消性别差异，但仍有少数 OECD 成员方仍保留着这种差异，波兰最近通过改革又退回到了有性别差异的原制度下。当前，NRA 水平的高低尽管是从长期历史沿袭下来的结果，但也与人均 GDP、老年人口预期寿命、人口老化结构或制度赡养比、社会的养老保障负担等存在一定正向关系。通过对这种关系的估计，中国的法定退休年龄明显偏低。

3.5.2　工业化国家退休年龄制度改革

由于各国的国情不一，对法定退休年龄的关注程度也不一样。在近 30 年，退休年龄制度改革主要发生在工业化较高的国家或地区。自 2002 年以来，所有 OECD 成员方的正常退休年龄平均提高了 8 个月，提前退休年龄平均提高了 14 个月左右，提前退休的年龄条件在收缩，两种年龄的差异平均缩短了 6 个月。在未来，接近一半的成员国仍将继续上调 NRA。今后 30 年里，OECD 成员方男、女性平均 NRA 将分别进一步提高约 1.5 年、2.1 年，男女几乎都将达到 66 岁。过去 30 多年，工业化国家的退休年龄制度改革主要有以下特点：退休年龄调整起点不一样，调整的节奏也不一样；越来越与多国家的 NRA 调整直接与寿命预期挂钩，或者在养老金待遇精算公式中考虑了与退休者预期余命、制度赡养比等因素，待遇将自动随退休人口的预期余命、制度赡养比提高而降低；在调整 NRA 的同时，也普遍推行了弹性退休制度改革，即放松对劳动者工作退休年龄的限制。

3.5.3　退休年龄制度改革效果评价

一是延迟退休制度实施效果。NRA 延迟、缴费年限要求提高，对老年劳动者推迟退出劳动时间产生积极影响。从 21 世纪早期起，大部分 OECD 成员方劳动者退出劳动力市场的平均年龄一改过去持续下降的趋势，开始出现回升，而且回升之势持续至今，男女实际退休年龄与预期寿命几乎都在同步提高。提高 NRA 的确影响了劳动者个体退休行为，整体上提高了实际退休年龄，推动了老年劳动力资源的充分利用。

二是弹性退休制度实施效果。作为退休制度改革的重要内容，弹性退休的实施效果可基于两个模式来评价：一是过渡退休模式，但这种改革尝试并没有导致老年人劳动供给总量增加，虽然劳动力参与率有所提高，但工作时间在减少，劳动时间总供给量没有明显扩大；二是弹性退休年龄的待遇精算模式。很多国家的收入关联性 DB 制养老金允许提前领取，但对提前退休施以“负激励”，提前待遇的“惩罚”系数设置水平普遍比维持养老金长期财务平衡的精算要求要高。而为鼓励延迟退休，对延迟退休“奖励”系数设置水平也超过了精算要求。这种待遇设计模式，对抑制提前退休、推动延迟退休产生了一定效果，延迟退休待遇补贴高的国家，老年人就业率相对较高，但这种精算激励效果还并不十分强烈。

虽然已有研究显示，“弹性退休改革对劳动供给总量增加没有多少影响”，但该制度仍有重要价值，在于对个人可能存在“福利改进”效应。只是在“福利改进”同时产生了经济成本，影响社会发展所必需的劳动量供给。“如果要提高劳动供给量，以应对老龄化人口，还得必须提高退出劳动力市场的平均年龄”（Börsch – Supan A. et al. , 2017）。因此“延迟退休”与“弹性退休”两种政策意义有互补性，前者主要作用于提高社会劳动总供给，后者主要作用于增进老年劳动者的福利，这两个重要改革是相辅相成的。

3.5.4 启示和建议

中国的 NRA 低于世界各国整体水平，延迟退休年龄是一个无可避免的趋势。目前很多人担心延迟退休年龄政策会马上实施，并一步到位。如果不对 NRA 的具体时间规划解释清楚，自然会有这种担心。延迟退休过程实际上也是将未来不断积聚人口老龄化风险向更年轻世代劳动力逐步进行分摊的过程。中国人口老龄化正在加速，基本养老金收支不平衡问题日益突出，应对退休年龄政策改革早做规划，尽早形成社会共识。让不同世代劳动者对未来正常退休时间都有心理预期。与其他国家一样，制度改革方案从提出到最终完成，也会经历一个等待期和调整期。在开始落实新制度之前的等待期可以是 5 ~ 10 年，让所有劳动者有一个适应的过程。法定退休年龄调整期有多长，节奏如何掌握，可以参考人口结构、人口预期寿命、老年人产出效率等因素变化。

一是进一步完善基本养老金待遇计发政策。中国的基本养老保险金待遇计发采用“多缴多得”原则，有“奖励”成分，养老金权益随缴费年限增加的年递增率（accrual rate）一般用养老金替代率增加来衡量。每多参保缴费 1 年，基础养老金替代率增加 1 个百分点，但这种养老金权益的年递增率与其他国家相比并不高，甚至偏低，而我国基本养老金缴费负担偏高，占到缴费工资基数的 28%，其中基础养老金为 20%（2019 年普遍下调至 16%）、个人养老金为 8%，位居世界前列。而中国的退休人口与总人口之比又居于各国中间水平，应该来说老年赡养比并不是造成“过高的缴费负担和较低的待遇递增率”的根本原因（很大部分原因是制度转轨因素），这种结构极有可能是造成企业职工提前退休普遍的重要因素。因此，为鼓励延迟退休，未来的社会养老保险制度改革，仍要考虑如何选择更为恰当的基本养老金缴费率；有必要结合不同参保年龄段，来设计边际养老金待遇年增长率（详细讨论参见附录 2）。

二是立足国情男女退休年龄可以有差异。目前，我国男性和女性执行有差别的法定退休年龄规定：男 60 岁，女职工 50 岁、女干部 55 岁，低于世界各国平均水平，性别差异也最大。中国女性法定退休年龄调整仍有较大的提升空间，至少在等待期内，应减少退休年龄的条块规定，让制度尽量统一，取消女性“职工”“干部”身份划分，统一正常退休年龄，比如都为 55 岁。波兰改革经验的启示是，未来男女是否要趋于一致，则需要结合国情、因地制宜，不可简单照搬发达国家的做法，也不可简单否定原先的制度对退休年龄保留性别差异的合理性。男女同龄退休制度虽然有利于减少劳动力市场的性别歧视、实现男女平等就业，但对于不同国家，男女是否一定要求同龄退休，仍值得研究。支持同龄退休的意见认为，女性寿命比男性偏长，至少正常退休年龄不能比男性偏低，以保证女性的养老金权益有充分保障。尽管女性寿命比男性要长，但女性在老年阶段更容易患上非致命的、又导致失能的疾病，而男性健康状况一般要好于女性，只是一旦患病，这些疾病很有可能是致命的，由此导致男性老年阶段死亡率比女性要高，但是男性的健康寿命平均要长于女性（Espelt et al.，2010；Sarkeala et al.，2011），因此，自然寿命不能简单地作为男女须同龄退休的主要依据。

三是对延迟退休的补贴可多样化。为激励延迟退休，OECD 成员方除了每年对延迟退休待遇以高水平给付外，还采用了一次性给付延迟退休津贴，如澳大利亚、英国等。有研究认为“一次性补贴”比延迟退休期间给予每期更高待遇的长期精算补贴，更有利于产生延迟退休的效果，因为人们对一次性领取补贴有更强的偏好。有研究发现当一次性待遇给付的选择权引入“延迟退休补贴”DRC 后，60 岁的人平均退休年龄提高 1.4 年（Chai et al.，

2013)。此外，费瑟斯顿豪和罗斯（Fetherstonhaugh & Ross，1999）调查美国工人时要求受访者在“65～68 岁间延迟退休的今后每年可获得较高待遇”与“68 岁时可获得一次性待遇补贴但今后每年待遇较低”这两个选项之间做出假设性选择（需要说明的是“每年待遇较高情形的养老金总现值”要高于“每年待遇较低且有一次性补贴情形的养老金总现值”)，实验结果是，有 3/4 的参与者倾向于一次性领取待遇补贴的选项，而只有 1/4 的参与者倾向于每年待遇较高的选项。当问“一般美国工人会选择哪种情形?”时，80% 的受访者认为“一次性津贴待遇”形式会比“每年给付更高待遇”形式更有利于激励延迟领取养老金（Melissa A. Z. Knoll & Anya Olsen，2014)。只要不违背“精算中性”原则，对延迟退休无论采取哪一种补贴形式，都值得探讨和借鉴。

第 4 章

延迟退休与养老金财富

4.1 问题提出：延迟退休与退休利益损失担忧

中国人口老龄化正不断加深，社会养老基金收支失衡的压力越来越大，将目前偏低的退休年龄提高已显得紧迫。这不再是“要不要”的问题，而是“何时做”“怎么做”的问题。目前，社会上对延迟退休年龄反应强烈。很多人认为，延迟正常退休年龄只会增加缴费年限（即“多缴”），减少养老待遇享受时间（即“少取”）。有些观点在说明“延退”的必要性时也解释道，“我国退休年龄每延迟一年，养老统筹基金可增长 40 亿元，减支 160 亿元，减缓基金缺口 200 亿元”。这种简单计算看起来与很多人的“延迟 1 年，多交 1 年保费、少领 1 年待遇”看法逻辑一致，自然也就加强了对延迟退休的消极情绪，认为延迟退休是以牺牲个体退休利益来换取养老金制度的长期平衡。而实际上，延迟退休是否会减少劳动者的养老金权益、在何种情形下会减少，仍需要研究，只有这样才能加深社会对养老金制度特征、延迟退休影响的客观认识，澄清观念，减少改革阻力。

我国城镇职工基本养老保险制度采用的是统筹账户与个人账户相结合模式，统筹账户现收现付，个人账户基金积累。这种混合模式有助于同时兼顾制度的收入再分配和对个人缴费的激励。1997 年国务院颁布《关于建立统一的企业职工基本养老保险制度的决定》（以下简称“老制度”），正式确立基本养老金制度的未来发展框架。2005 年底国务院又出台了《国务院关于完善企业职工基本养老保险制度的决定》（以下简称“新制度”），对基本养老金制度的缴费和支付办法做了进一步调整。从养老金制度与退休行为二者关系来看，这些调整应更有利于减少提前退休，而鼓励按时或延迟退休。在“老制度”下，个人账户缴费比例为 11%，通过多缴多得，应能在一定程度上发挥基金积累制对提前退休的负激励效应。但由于个人账户所适用的收益率较低，使得缴费资本金的机会成本较大，个人账户缺乏吸引力，再加上账户长期“空账运转”，造成职工继续参保缴费积极性不强。更为重要的是，老制度下的基础养老金没有建立缴费年限与待遇挂钩机制，无论参保缴费年限有多长，基础养老金标准被统一规定为当地职工平均工资的20%。这种计发办法明显造成精算条件不公平，自然地激励了职工按法定年龄退休，在条件允许下更趋向于提前退休（汪泽英、曾湘泉，2004）。

2005年的“新制度”将个人账户缴费比例从11%降到8%，单位缴费的一部分不再划入个人账户，而全部进入统筹账户，统筹账户再分配功能进一步增强。统筹账户的给付办法也有较大调整，基础养老金月标准以当地上年度在岗职工月平均工资和本人指数化月平均缴费工资的平均值为基数，缴费每满1年计发1%。统筹账户养老待遇开始与缴费年限挂钩，应能对提前退休有一定抑制影响。尽管如此，提前退休问题在给付政策调整后仍未得到很好解决，现实中提前退休仍比较普遍。例如，阳义南和才国伟（2012）对广东省的调查发现，男职工选择在55岁之前退休的占55%，女职工选择在50岁之前退休的占41.2%，“在职职工存在明显的提前退休倾向，推迟退休并不符合在职职工预期”。郑秉文（2011）基于对基本养老金制度收支状况的判断，认为提前退休现象已经十分严重。2005年基本养老金给付办法调整后，仍普遍存在提前退休现象，可能会认为目前的制度对提前退休行为仍有激励效应，如果不引起重视，延迟退休政策的推行所面临的阻力仍将是长期的，就有必要对养老金给付办法进行调整。

养老金制度并非影响退休行为的唯一因素，提前退休行为也可能由其他因素决定。比如，劳动者的提前退休倾向极有可能是因其受到信息约束，不能准确评估内涵在养老金制度中的精算激励或非激励所致（Romain Duval，2003）[①]。因此如果在新制度下，即使有时延迟退休并不一定会导致退休者利益损失，甚至有时还会增进退休利益，而这一点未被劳动者所“理性地”认识到的话，职工也会在老制度形成的思维惯性驱使下纷纷选择提前退休。为避免这种现象发生，就有必要更加细致地认识当前基本养老金制度给退休利益带来的影响，让职工对当前基本养老金的给付特征、延迟退休在何种情形下有利或不利有更加准确了解，这样法定退休年龄调整所面临的现实困难也

① Romain，Duval. Retirement behaviour in OECD countries：impact of old-age pension schemes and other social transfer programmes. *OECD Economic Studies*，2003（2）：7－50.

就不应像我们目前想象的那么大。

目前，国内不少学者对退休行为多元影响因素进行了实证梳理，认为参保年数、工资收入或家庭财产状况、受教育程度、职业状况，以及健康、婚姻、户籍、配偶退休、失业或下岗、是否有孩子上学、医疗保险参与等因素都被认为会影响微观个体对退休年龄选择或退休预期（如封进和胡岩，2008；孙佳佳和吴铮，2009；阳义南和才国伟，2012；廖少宏，2012；钱锡红和申曙光，2012；彭浩然，2012）。这些研究结论为制定弹性退休年龄政策提供了理论依据，但是直接描述养老金给付办法是如何影响延迟退休利益的实证分析还不多。彭浩然（2012）通过测算不同行业代表性个体的不同退休年龄的“边际隐性税率”，认为我国现行基本养老保险制度对个人退休行为存在普遍的负面激励作用。但由于类似这些研究未对养老金收支模型的重要参数进行多种假设并展开敏感性分析，使得结论有些片面。

而本书将在敏感性分析上做些贡献，利用养老金财富（pension wealth，PW）模型，试图揭示在当前基本养老金给付政策下，在何种情形下延迟退休会导致职工利益受损或受益，这样有助于更好地解决中国养老保险制度构建中存在的“养老保险待遇与退休时间选择之间缺乏有效的利益调整机制”问题（从春霞，2009）。

4.2　养老金财富（PW）的概念：基于精算中性与精算公平角度

延迟退休是否一定导致退休者利益受损，本书主要从延迟退休对退休者养老金财富（pension wealth，PW）的增减效应来判断，考察我国城镇职工基本养老金给付政策设计中，退休时间早晚与退休利益增减之间是否有清晰的关联。不同退休年龄的养老金财富是用来分析退休行为的一个重要指标，“决定退休可能性的重大经济因素就是由于继续工作所带来的养老金财富的增长，而并非恰好是在某一时点上的养老金财富水平”（Anderw A. S.，1998）。对不同退休年龄的养老金财富指标的采用，作为一种动态比较法，有利于更好地评价养老金制度对退休行为的激励效应。

对养老金制度精算属性评价标准不同，养老金财富可从两个方面来定义：一是与养老金制度的精算中性（actuarial neutrality）评价标准相适应，此时养老金财富是指“养老金待遇终生收入流的现值”（OECD，2011）。精算中性就是要保证，一名工人在任一年份或临近退休的年龄时，是选择立即退休，还是选择继续工作1年，从精算角度而言，对个人养老金计划的财务影响是中性的，或无关紧要的。在t时或岁的养老金给付现金流现值用 b_t 表示，养老金财富公式为：

$$PW_t = \sum_{\tau=t} \frac{b_\tau p_t^\tau}{(1+i)^{\tau-t}} \tag{4-1}$$

其中，p_t^τ 是指在t岁健在人口生存到 τ 岁的概率，i是指贴现收益率或利率。假定在退休期间养老金待遇年增长率为g，则 $b_\tau = (1+g)^{\tau-t-1}$，于是养老金财务PW公式拓展如下：

$$PW_t = b_t \sum_{\tau=t} \frac{(1+g)^{\tau-t} p_t^\tau}{(1+i)^{\tau-t}} \equiv b_t \cdot AF_t \tag{4-2}$$

养老金财富即退休后首笔养老金待遇与年金因子（actuarial factor，AF）的乘积，年金因子（AF）公式为 $AF_t = \sum_{\tau=t} \frac{(1+g)^{\tau-t} p_t^\tau}{(1+i)^{\tau-t}}$

每额外工作1年带来的养老金财富水平变化会影响养老金对退休行为的激励。如果养老金制度符合精算中性，则各个退休年龄的养老金财富是一样的，无论何时退休，面临的退休激励都一样。具体而言，若延迟1年退休则待遇提高，待遇提高部分须反映待遇受益期减少了1年且多工作了1年；而若提前1年退休则待遇减少，待遇减少部分须反映待遇受益期多了1年且少工作了1年。

上述精算中性模型中，养老金财富没有考虑缴费成本因素，考虑到缴费因素后的延迟退休行为对养老金财富的影响，就是后面涉及的精算公平原则运用。

二是与养老金制度的精算公平（actuarially fair）评价标准相适应，此时养老金财富是指生命周期内养老金收入和缴费比较后的期望净现值（Borsch-Supan，2000），它也是一般文献所指的净养老金财富（如OECD，2002）。如果继续工作1年的额外缴费和因延迟退休所放弃的养老金，恰好被因退休受益期间缩短而造成额外增加的养老金待遇所抵消的话，则养老金财富无变化。在这种情形下，未来养老金流的额外折现值就相当于额外的养老金缴费，即“边际缴费与边际待遇相等”，这样养老金就体现了精算公平，提前退休就没有激励。但是，如果养老金财富随继续工作而下降，继续工作就面临隐性税收（implicit tax），这样就会激励个人及时退休。而如果继续工作会带来净养老金财富的增长，则形成对延迟退休的补贴，则会激励延迟退休。净养老金财富在比邻年龄之间的差异就能提示人们继续工作 1 年在财务上是否值得。个人是否退休或不退休的决策，取决于净养老金财富的变化（OECD，2002）。

4.3　中国城镇职工基本养老金计发的精算模型

根据《国务院关于完善企业职工基本养老金保险制度的决定》政策规定，对于参保人退休后领取养老金待遇的计算公式为：

养老金待遇 =（退休时上年度职工年平均工资 + 指数化年平均缴费工资）/2
× 缴费年限（含视同缴费年限）×1%
+ 个人账户储蓄额/计发月数

$$养老金待遇水平=\frac{(退休时上年度职工年平均工资+指数化年平均缴费工资)}{2}\times缴费年限\times1\%+\frac{个人账户储蓄额}{计发月数}$$

指数化年平均缴费工资 =（员工参加工作至退休时缴费期间的每年缴费指数之和/缴费年限）
× 员工退休时上年度社会职工年平均工资

$$员工每年缴费指数=\frac{员工每年缴费工资}{缴费时当年度本市在岗职工年平均工资}$$

假定 τ 类收入群体的一名典型职工在 x 岁参保，在参保后第 n 年的年缴费工资为 W^{τ}_{x+n}，缴费当年当地在岗职工平均工资为 $\overline{W}_{x+n}$，则指数化年平均缴费工资为 $\xi_{\tau}\cdot\overline{W}_{T-1}$，其中 $\xi_{\tau}=\left(\sum_{n=1}^{T-x}\frac{W^{\tau}_{x+n}}{\overline{W}_{x+n}}\right)\Big/(T-x)$，T 为退休年龄。

为使讨论更简便，这里不考虑个人账户养老金的发放。因为个人账户采用基金积累制，具有明显的个人产权特征，职工过早死亡，个人账户未给付完的部分可以继承。相对于统筹账户部分，它几乎不具备收入再分配功能，个人账户可视为在任何时候都不丧失个人产权属性的储蓄存款，对退休行为产生的影响应该非常有限，没有统筹账户那样大。因此本书的分析主要考虑统筹账户的基础养老金因退休年龄选择不同而存在的边际效应。

为方便分析，本书首先假定无论是在正常年龄退休，还是延迟退休，参保缴费年限都设定为一样，以体现缴费责任相同，如延迟期间不再继续缴费。当一般的城镇职工所尽的养老金责任都一样时，延迟退休是否相对于不延迟一定会减少退休者利益？下面是将不同延迟年龄的养老金财富与正常退休年龄进行比较。如果利益减少，说明延迟退休是不利的，反之则有利，如果一样，则说明养老金制度符合精算中性。因缴费责任设定一样，没有考虑缴费成本的边际因素，因此这里“养老金财富（PW）”即未来退休待遇的现值。

根据现基本养老金的计发办法，职工 T 岁退休后，基础养老金待遇为：

$$p_{(x,T-x)} = \frac{\overline{W}_{T-1}}{2}(\xi_\tau + 1)(T - x) \cdot 1\% \tag{4-3}$$

如果职工延后 k 年退休，尽管是延退，但所承担的缴费责任或参保年限同正常退休时一样，则基础养老金待遇为：

$$p_{(x,T-x+k)} = \frac{\overline{W}_{T+k-1}}{2}(\xi_\tau + 1)(T - x) \cdot 1\% \tag{4-4}$$

养老金待遇 p 的年增长率为 g（以下简称“养老金增长率”），一个人 x 岁参保人继续生存到 T 岁的概率用${}_{T-x}P_x$表示；在退休期间养老金贴现率为 i，$\bar{T}$ 为最大预期寿命，N 为退休后各年份。养老金待遇在 T 岁时的现值（即养老金财富 PW）为：

$$PW_{(x,T-x)} = \sum_{N=0}^{\bar{T}-T} p_{(x,T-x)} \cdot \left(\frac{1+g}{1+i}\right)^N \cdot {}_{T-x+N}P_x \tag{4-5}$$

$$PW_{(x,T+k-x)} = (1+i)^{-k} \cdot \sum_{N=0}^{\bar{T}-T-k} p_{(x,T+k-x)} \cdot \left(\frac{1+g}{1+i}\right)^N \cdot {}_{T-x+k+N}P_x \tag{4-6}$$

将公式（4－3）和（4－4）分别代入式（4－5）和式（4－6），可得：

$$PW_{(x,T-x)} = \frac{\overline{W}_{T-1}}{2}(\xi_\tau + 1)(T - x) \cdot 1\% \cdot \sum_{N=0}^{\bar{T}-T} \left(\frac{1+g}{1+i}\right)^N \cdot {}_{T-x+N}P_x \tag{4-7}$$

$$PW_{(x,T+k-x)} = (1+i)^{-k} \cdot \frac{\overline{W}_{T+k-1}}{2}(\xi_\tau + 1)(T - x) \cdot 1\% \cdot \sum_{N=0}^{\bar{T}-T-k} \left(\frac{1+g}{1+i}\right)^N \cdot {}_{T-x+k+N}P_x \tag{4-8}$$

式（4－7）和式（4－8）反映了职工承担缴费责任相同情形下，仅由于退休时间不同而使得养老金财富发生的变化。判断何时退休最有利，其中一个重要依据就是比较不同退休年龄的养老金财富价值即 $PW_{(x,T-x)}$ 与 $PW_{(x,T+k-x)}$ 的大小。

令 $\phi(k)=\frac{PW_{(x,T+k-x)}}{PW_{(x,T-x)}}$，则有：

$$\phi(k)=\alpha\cdot\beta \tag{4-9}$$

其中，$\alpha=(1+\lambda)^{k}$

$$\beta=\frac{\sum_{N=0}^{\bar{T}-T-k}\left(\frac{1+g}{1+i}\right)^{N}{}_{T-x+k+N}P_{x}}{\sum_{N=0}^{\bar{T}-T}\left(\frac{1+g}{1+i}\right)^{N}{}_{T-x+N}P_{x}}\cdot(1+i)^{-k}$$

λ 为城镇在岗职工工资年均增长率（以下简称“工资增长率”），有 $\frac{\overline{W}_{T-1+k}}{\overline{W}_{T-1}}=(1+\lambda)^{k}$。当 $\phi>1$ 时，延迟领取养老金则能获得更大的养老金财富，延迟退休会有激励；反之当 $\phi<1$ 时，延迟领取养老金只会获得更小的养老金财富，延迟退休不会有激励，职工明智的选择就是提前退休或达到退休年龄及时退休，此时终身养老金财富就不会被减少。当 $\phi=1$ 时，正常退休年龄和延迟退休年龄的养老金财富都一样，养老金符合精算中性，在任何年龄退休对退休利益的影响相同。式（4-9）显示，工资增长率 λ 越高，延迟领取的养老金待遇会越高，ϕ 值也会越大。而延迟时间 k 对 ϕ 值的影响取决于两个效应的综合：一方面延迟越久，因工资每年在增长，用于计算养老金待遇的退休前一年度当地在岗职工年均工资水平将越高，自然地会提高基础养老金的初始待遇，对 ϕ 值有提高效应；另一方面，延迟退休将会相对缩短待遇受益时间，减少 β 值，对 ϕ 值有降低效应。此外，贴现率 i 越大，ϕ 值将越小。

4.4 延迟退休期间不继续缴费时的 PW 敏感性分析

从式（4-9）中可以看出，不同参数有不同水平赋值，ϕ 值会有不同结果。下面对延迟退休期间不再缴费时，即待遇只是在递延领取情形下，养老金财富如何随不同领取年龄而变化进行估计，分两步进行：一是对基准情形进行定量描述；二是就不同参数变化对养老金财富的影响展开敏感性分析。

4.4.1 基准情形下的参数设定和测量结果

基本养老金参保年龄按比较保守的水平来设定：$x=30$。为方便计算，不同职业类型劳动者男女性正常退休年龄 $T=60$ 岁，极限寿命 $\overline{T}=99$ 岁。不同年龄的生存概率 P 根据《中国人寿保险业经验生命表》（2000~2003 年）计算，由于基本养老保险制度在扩面过程中，参保的强制性使得参保的逆向选择行为不如商业保险市场那样显著，这里我们使用更能反映一般人口死亡率状况的“非养老保险业务”生命表数据。此外还假定职工在年初就领取全年的退休金。

养老金贴现率 i 值的大小主要取决于养老基金投资收益水平，而投资收益水平又受养老基金投资方式的决定。根据我国目前社会保险基金的管理规定，养老基金投资方向主要是风险低或无风险的国债和银行存款储蓄，收益率较低，在2%~3%之间。此外，贴现率选定还要考虑到退休期间消费效用的折现效应，随年龄增长这种效应会更明显，这里 i 取值 3%。而在彭浩然（2012）的研究中，养老金贴现率设定高达 6%，以至于其结论与本书基准情形下的研究结果偏差较大，而与本书稍后的敏感性分析中将养老金贴现率设定为 7% 时的结论比较靠近。这说明 i 取值不同，结论会有所不同，单一取值会造成结论片面。

近年来，由于我国经济的高速增长，城镇职工在岗工资和养老金待遇调整幅度较大。2006~2011 年，我国城镇单位在岗职工平均工资的年增长率 λ 约为 15%，同期全国城镇基本养老金待遇经过多次上调，而且每次调整幅度较大，使得养老金增长率 g 约为 12%①。而随着我国经济增长方式的转变，增速放缓趋稳，这种情形在未来将较难再现。但在这里，我们仍旧使用这两个数据，以考察在工资收入和养老金增长率都比较高时，会对延迟退休者的

① 《中国统计年鉴 2012》显示，2011 年全国城镇单位在岗职工年均工资 42452 元，2006 年全国城镇单位在岗职工年均工资 21001 元，5 年间城镇单位在岗职工工资年增长率约 15.1%。2006 年和 2011 年的《人力资源和社会保障事业发展统计公报》显示，2011 年城镇基本养老保险参保离退休人员 6826 万人，全年基本养老保险基金总支出 12765 亿元，人均养老支出 1.87 万元/年；而 2006 年参保离退休人员 4635 万人，全年基金总支出 4897 亿元，人均养老支出 1.0565 万元/年，5 年间城镇基本养老待遇年增长率约 12.1%。劳动者收入的高速增长，得益于国民经济处在十年来的黄金增长期。2006~2011 年间，我国 GDP 增长率年均为 11.1%，高于改革开放 34 年间的平均水平 10%。

利益带来何种影响。

根据上述参数计算结果显示，男女职工不同延迟退休年龄的养老金财富与 60 岁正常退休年龄的养老金财富之比即 ϕ 值服从反“S”型分布，如图 4－1（a）所示。随退休年龄越大，ϕ 值开始上升，但达到一定年龄后逐渐下降，到极限寿命时为零。这意味着，在一定年龄之前延迟退休可能更有好处，此时终生养老待遇的现值比 60 岁正常退休要多；但一旦越过该年龄，继续延迟会导致养老金财富减少，退休者利益被削弱。另外，由于男女寿命不一样，女性预期余命偏高，ϕ 值高出 1 的退休年龄段比男性要长，而且高出水平也比男性更明显，这说明女性的延迟退休好处，一般比男性更易获得。

图 4－1（a）显示，如果延迟期间不继续缴费，男、女性分别延迟到 74 岁和 79 岁之前退休，ϕ 值都将大于 1，养老金财富比选择在 60 岁退休要大[①]。在 ϕ 值随退休年龄呈反“S”型分布中，存在一个 ϕ 值最大的延迟退休年龄，即男在 68 岁、女在 70 岁退休时，养老金财富分别为 60 岁退休的 1.058 倍和 1.103 倍。如果不考虑老年人对财富欲望、消费需求随年龄增长而逐年递减的效应，这个年龄应该是最优退休年龄；如果考虑这些递减效应，则最优退休时间不宜迟于这个年龄。

以上定量分析的目的不是为获得一个直接可使用的结论，而主要是为认清延迟退休效应而提供新的分析角度。计算结果显示，延迟退休并非因待遇受益期缩短就一定会造成退休利益的损失，相反在一定年龄的阈值内，延迟退休可获得更多的退休利益。而这个年龄阈值又受多个参数决定，包括利率、工资增长率、养老金增长率、死亡率分布等，这些参数设定水平不同，这个年龄阈值就会有变化，很可能也不存在延迟退休能改进退休利益的年龄阈值，甚至在任何年龄延迟退休，都不利于退休利益的改进。下面就通过敏感性分析予以揭示。

① 这是一个看上去很奇怪甚至让人难以置信的结论，但是模型运算结果本来如此。要看到，如果男、女同在 60 岁退休时养老金待遇水平都为 1 单位，则分别延迟到 74 岁和 79 岁时，首次领取的养老金待遇变为 7.08 单位和 14.23 单位，但是 30 岁男性能活到 60 岁的概率为 0.9142，而活到 74 岁仅为 0.6826；30 岁女性能活到 60 岁概率为 0.9516；而活到 79 岁概率仅为 0.6548。

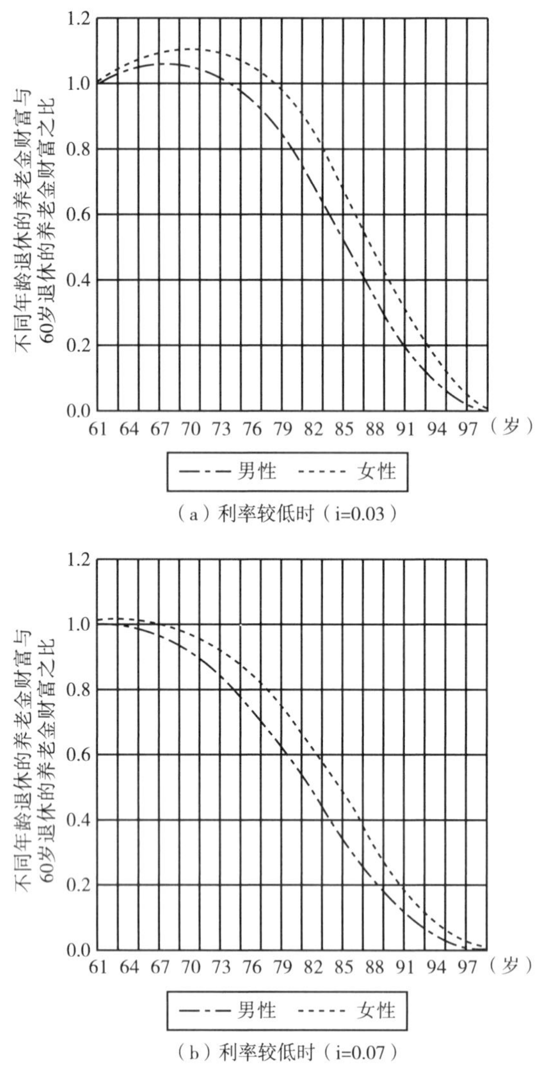

图 4－1　当 $\lambda=15\%$、$g=12\%$ 时 ϕ 值

4.4.2　参数变化情形下的敏感性分析

敏感性分析是在控制其他参数不变时，来考察某一因素变化对因变量的影响程度，这里因变量仍然是不同年龄退休的养老金财富与 60 岁退休的相应值之比（即 ϕ 值）。通过敏感性分析来判断不同因素变化对延迟退休利益带来的影响。

（1）利率变化对延迟退休利益的影响。

基于前面模型，在控制其他变量不变时，只是将养老金贴现率 i 从 3% 逐渐提高。测算结果显示，不同年龄退休的 ϕ 值在相应降低，甚至小于 1，延迟退休的养老金财富改进效应越来越弱，甚至当 i 达到一定水平时，任何年龄延迟退休，都将是一个坏的选择，养老金财富都不及在 60 岁退休的多。图 4－1（b）显示，当利率提高到 7% 时，男性延迟到 61 岁退休，其养老金财富与 60 岁退休时一样，此时 $\phi = 1$，女性情形类似。过了 60 岁，越往后退休养老金财富越少，再延迟将不利于退休者的利益改进。贴现率越高意味着延迟退休者面临的机会成本、消费效用边际损失越大。

（2）养老待遇和工资的增长对延迟退休利益的影响。

随着经济增速放缓，未来城镇职工工资增长率将有所下降，像不少学者一样，这里也将工资增长率设定为 10%，养老金贴现率控制在 3%。假定养老金年增长率 g 有两种情形，即较低水平 5% 和较高水平 8%。模拟结果显示，当养老金增长率越高，延迟退休者的 ϕ 值越往下走，退休利益将越少（见图 4－2）。当 g 为 5% 时，男、女性分别在 64 岁和 67 岁退休会获得最大的养老金财富，相应的 ϕ 值分别为 1.019 和 1.056。而当 g 为 8% 时，男、女性在 60 岁后退休的养老金财富均小于在 60 岁时退休，而且越往后退休，ϕ 值越小。在这种情形下，一方面，如果不对延迟退休待遇予以精算调整，使得养老金符合精算中性（见表 4－2），那么人们一般会选择提前或按时退休；另一方面，如果延迟退休的确造成了终生养老金财富缩水，则强制性提高法定退休年龄会面临很大阻力。

我们通过模拟运算还进一步发现，即使养老金增长率保持着与工资增长率的固定比例关系，当工资增长率为不同水平时，不同年龄延迟退休的养老金财富相对于正常年龄退休而发生的变化也会有较大差异。例如图 4－2（a）与图 4－2（b）中，当利率都控制在 3% 时，养老金增长率都为工资增长率的 0.8，不同的只是前一工资增长率为 15%，后一工资增长率为 10%。最终两图 ϕ 值的线状有明显差异，显示出工资增长率越高时，延迟退休存在 $\phi > 1$ 的可能性越大，在一定年龄阈值内延迟退休，会更有可能增进其养老金财富。

（3）生命表变化对延迟退休利益的影响。

预期寿命状况改善客观上为延迟退休年龄政策的推行提供了一定条件。由于数据来源有限，这里寿命状况改善数据仅通过两张生命表来反映，即中国人寿保险业经验生命表（1990～1993 年）和（2000～2003 年）。图 4－3 反映的就是养老金增长率不同水平设定时，生命表变化给不同年龄退休养老金财富带来的影响：第一，当养老金增长率较低时（g =5%），寿命改善后，延迟退休增进退休者利益的可能性在增加。如图 4 －3（a）所示，根据生命表（1990 ~1993 年）的计算结果，能带来最大 φ 值所对应的退休年龄，男性为 63 岁、女性为 66 岁；而根据同表（2000 ~2003 年）的计算结果，能带来最大 φ 值所对应的退休年龄延长到男性 64 岁、女性 67 岁。此外，φ 值大于 1 所对应的年龄阈值男女性也都多了 3 年。第二，当养老金增长率较高时（g =8%），

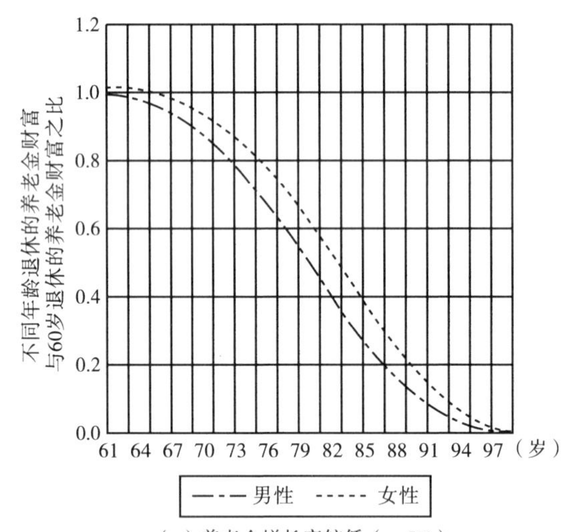

（a）养老金增长率较低（g=5%）

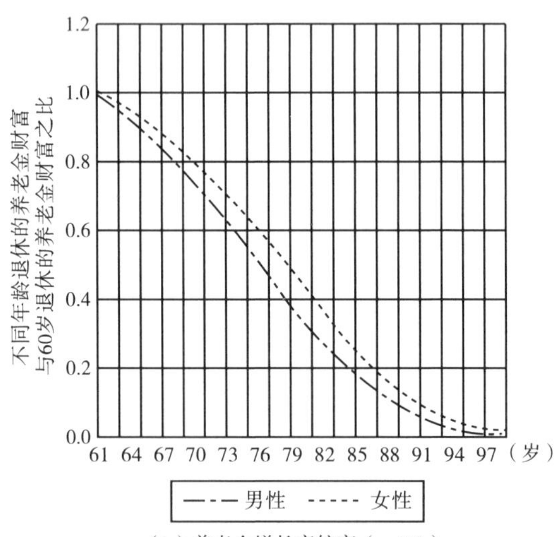

（b）养老金增长率较高（g=8%）

图 4 －2　当 λ =10%、i =3% 时 φ 值

寿命状况改善后，不同年龄延迟退休造成退休者利益受损状况有所缓解，但不是很明显，如图 4－3（b）所示。进一步测算也显示，即使在未来生命表以过去 10 年的变化幅度进行新的调整后，这种缓解程度仍然不大，任何年龄延迟退休的 ϕ 值仍然小于 1。总的来看，生命表变化后，不同年龄所对应的 ϕ 值以不同幅度都有所上浮，在有限程度上改善了延迟退休年龄的条件。

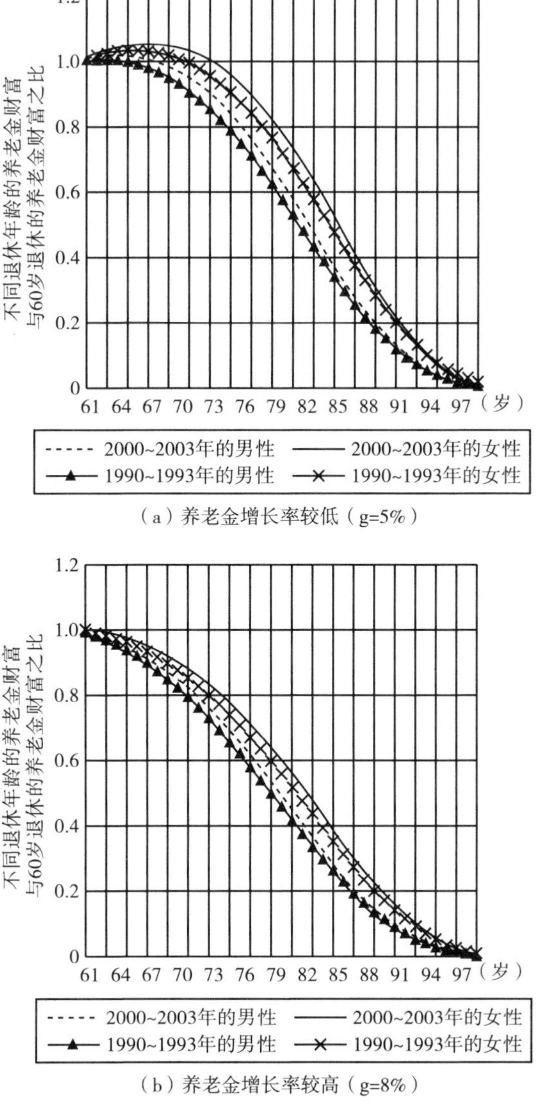

（a）养老金增长率较低（g=5%）

（b）养老金增长率较高（g=8%）

图 4－3　当 λ＝10%、i＝0.03 时的 ϕ 值

4.4.3 养老待遇最优领取年龄的估计

敏感性分析显示，延迟退休对职工利益影响如何，要看在岗职工工资增长率、养老金增长率、养老金贴现率等组合情况。如果职工是理性的，会参考这些参数的不同组合来决定自己的最优退休年龄，以获得最大 φ 值。表 4 - 1 就列示了最优退休年龄分布，反映出最优退休时间受不同参数组合的影响大。

表 4 - 1　工资与养老金不同增长率时最大 φ 值所对应的退休年龄　单位：岁

城镇职工在岗工资年增长率（%）	养老金年增长率（%）											
	5		7		9		11		13		15	
	男	女	男	女	男	女	男	女	男	女	男	女
5	—	—	—	—	—	—	—	—	—	—	—	—
7	—	—	—	—	—	—	—	—	—	—	—	—
9	—	63	—	—	—	—	—	—	—	—	—	—
11	67	70	64	67	—	61	—	—	—	—	—	—
13	72	75	70	73	67	70	62	64	—	—	—	—
15	76	78	74	77	72	75	70	72	65	67	—	—

注：本表是假定 30 岁参保、延迟退休与正常退休的缴费年限都为 30 年、养老金贴现率为 3% 时的测算结果；表中各数据表示最有利的退休年龄，"—"是指"60"岁。

由于中国经济增速放缓，近些年城镇职工工资与养老金年增长速度也将放慢，特别是养老金待遇不再像 2006 ~ 2016 年以平均超过 10% 的速度增长，到 2017 年二者年增长率分别为 9.2% 和 5.5%，未来可能还会进一步降低。根据表 4 - 1 所示，意味着未来长期内最优退休年龄仍为 60 岁，也就是说在任何年龄的延迟退休都不利于改进养老金财富。进一步，如果未来这些养老金制度参数值变化不大，从养老金财富角度而言，基本养老金制度本身仍存在对提前退休的激励效应，这与彭浩然（2012）的结论基本一致。

4.5 延迟退休期间继续缴费时的 PW 敏感性分析

上文分析的是假定延迟退休期间不继续缴费的情形下对 φ 值的考察。之所以如此假定，是为了便于比较缴费责任相同时，不同年龄退休会给职工退休利益带来何种影响。这种假定情形下的分析结果也可适用于考察在当前劳动就业和退休制度下个人是否存在延迟退休的激励。因为中国当前采用的是“强制退休”制度，达到正常退休年龄，劳动合同自动终止。因而所谓鼓励个人“延迟退休”，也只是将领取养老金的年龄延迟。由于与用人单位不再有劳动关系，养老保险缴费停止，养老金权益在延迟期间被“冻结”起来，无论在原单位继续工作多久，养老金权益都不会逐年递增，即养老金替代率无法再每年递增 1 个百分点。表 4－1 显示，再无继续缴费的延迟领取养老金的这种“延迟退休”，达到退休年龄即时退休是一种最优的选择。这也进一步说明，“到点即退”的劳动就业制度需要调整，对延迟退休没有激励效果，在现有制度下选择延迟领取养老金对个人的意义不大。

下面我们讨论另外一种情形，即“到点不退”，继续工作缴费，积累养老金权益。真正意义上的“延迟退休”，应允许延长期间继续缴费，积累权益。延迟期间继续缴费，一方面相对于正常年龄退休承担了更多缴费责任，即缴费负担边际增加；另一方面养老金替代率也由此更高，自然也存在养老金财富的边际递增。延迟退休是否带来退休利益改进，就需要综合这两个边际效应，即借助净养老金财富的概念来考察延迟退休利益不同情形下是如何变化的。

如果职工 60 岁退休，替代率为 $(60-x)\%$，未来退休待遇到 60 岁时的养老金财富用 $PW(R)_{60}$ 表示，有 $PW(R)_{60}=PW_{(x,60-x)}$；如果职工在 60 岁后再延迟 k 年退休，替代率为 $(60-x+k)\%$，未来退休待遇到 60 岁时的养老金财富用 $PW(R)_{60+k}$ 表示，有 $PW(R)_{60+k}=PW_{(x,60+k-x)}$。60 岁后再延迟 k 年退休的养老金财富相对于 60 岁退休的边际增加用 $\Delta PW(R)_k$ 表示，则有：

$$\Delta PW(R)_k = PW(R)_{60+k} - PW(R)_{60} \tag{4-10}$$

这里的继续缴费以统筹账户 20% 的企业缴费来表示，且假定为每年年末缴费，由此相对 60 岁正常退休会形成费用负担的边际增加，用 $\Delta PW(C)_k$ 表示，有：

$$\Delta PW(C)_k = 0.2 \cdot W_{60}^{\tau} \cdot \sum_{n=1}^{k} {}_{60-x+n}P_x \cdot \left(\frac{1+\lambda}{1+i}\right)^n \quad (k=1,2,\cdots,\bar{T}-T) \tag{4-11}$$

令 $\mu(k)=\dfrac{\Delta PW(R)_k}{\Delta PW(C)_k}$，μ 为延迟退休相对于正常退休的“净养老金财富

增进系数”。当 $\mu>1$ 时，说明延迟退休相对于60岁退休，边际待遇现值要大于边际保费现值，退休者利益获得改进；同理当 $\mu<1$ 时，退休者利益受到损害，此时职工在60岁即时退休有利；如果不同年龄退休 μ 值都为1，则延迟退休对退休者利益无影响，养老金符合精算公平。

对式（4-10）和式（4-11）进行整理后，得出：

$$\mu(k)=\frac{PW(R)_{60}}{\Delta PW(C)_{k}}(\phi(k)'-1) \tag{4-12}$$

其中，$\phi(k)'=\alpha'\cdot\beta$，$\alpha'=(1+\lambda)^{k}\cdot\left(1+\frac{k}{T-x}\right)$，$\beta$ 与公式（4-9）中的一致。为分析方便，我们假定 τ 职工的工资为当地社会平均水平，即 $W^{\tau}=\overline{W}$ 时，有：

$$\frac{PW(R)_{60}}{\Delta PW(C)_{k}}=\frac{3}{2}\frac{1}{(1+\lambda)}\frac{\sum_{N=0}^{\overline{T}-60}{}_{60-x+N}P_{x}\cdot\left(\frac{1+g}{1+i}\right)^{N}}{\sum_{n=1}^{k}{}_{60-x+n}P_{x}\cdot\left(\frac{1+\lambda}{1+i}\right)^{n}}\quad(k=1,2,\cdots,\overline{T}-60) \tag{4-13}$$

这里假定职工30岁参保，参保期间连续缴费。与前面敏感性分析思路一样，将不同参数设定代入式（4-13），精算结果刻画在图4-4中。不同参数设定情形下的 μ 值测算结果显示：

（1）越延迟退休，μ 值将越小。意味着延迟退休时间越早，单位边际缴费额所带来的边际养老金财富会更多，即净养老金财富随退休年龄延迟而递减。但只要 μ 值大于1时，延迟退休总会带来净养老金财富。如图4-4（a）所示，当工资、养老金增长率分别为10%、8%和利率为3%时，男、女职工分别在64岁、69岁之前延迟退休，都将比60岁退休能带来更多的净养老金财富。

（2）由于女性生存概率一般要大于男性，其 μ 值在各年龄都高于男性。

（3）当其他参数不变，养老金增长率边际提高，μ 值下降明显，延迟退休能带来净养老金财富的效应减弱，甚至任何延迟行为都将损害退休利益。如图4-4（b）所示，当养老金增长率从8%提高到10%后，男性61岁的 μ 值跌至0.94，导致延迟退休的这一年里，额外所缴的每1元保费现值只能换回0.94元未来退休待遇现值。

（4）同样当其他参数不变时，养老金贴现率越高，将越不利于延迟退休，对 μ 值的抑制效应非常明显。如图4-4（c）所示，当养老金贴现率从

3%提高到5%后，男女任何年龄的μ值都小于1，养老金贴现率所反映的机会成本效应和效用折扣效应就很明显暴露出来，使得任何年龄延迟退休都将不利于退休利益增进。

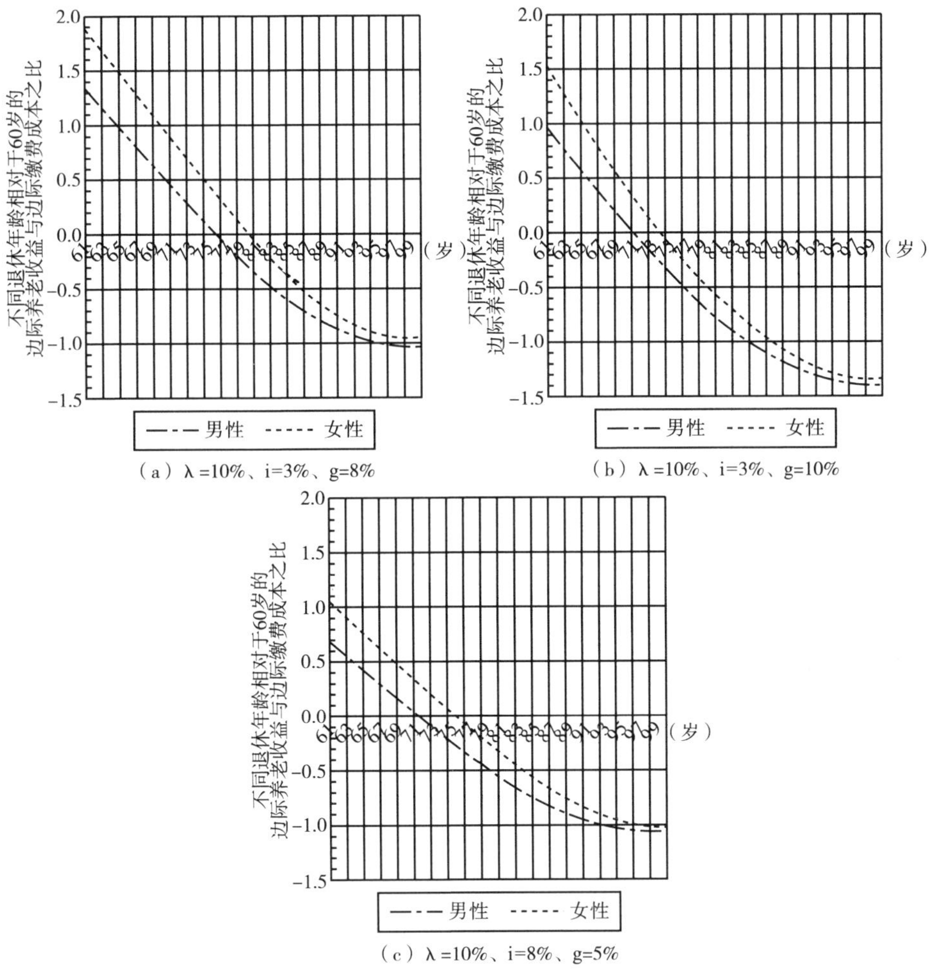

图4-4　养老金参数不同设定时的μ值

4.6　延迟退休有损退休利益情形下的待遇补贴

当法定退休年龄提高导致劳动者退休利益受损时，考虑如何对受损的退休利益提供补贴。只有按照精算原则对退休者提供补贴，无论对于劳动者个人还是养老金制度，带来的影响都是“中性的”或“公平的”，这有利于消除社会公众对延迟法定退休年龄政策的顾虑，从而使得该项政策推行起来更加顺利。

式（4－2）中，精算中性显示待遇积累的现值并不由额外工作1年缴费来决定。当t岁退休时，养老金财富 PW_t 是基于累加的待遇 $b_t(1+g)^{\tau-t}$ 来计算，此时 $\tau \geqslant t$。如果延迟1年退休，养老金领取期少1年，有 $\tau \geqslant t+1$。相应地，计算养老金财富 PW_t 的待遇公式变成了 $\tilde{b}_{t+1}(1+g)^{\tau-t-1}$。显然，由于延迟退休、工作期延长，使得延迟后第一年的养老金待遇会增加，有 $\tilde{b}_{t+1} > b_{t+1} = b_t(1+g)$，这样才能补偿因延迟1年退休所造成的少领1年待遇。

如何对延迟1年退休进行奖励或贴补，每年待遇的贴补比例是多少？如果补贴比例用 x_t 表示，则有 $b_{t+1}(1+x_t) = \tilde{b}_{t+1}$，即 $x_t = \frac{\tilde{b}_{t+1}}{b_{t+1}} - 1$。如果生存到 $t+1$ 时，延迟1年退休的养老金财富等于 $PW_{t+1} = \tilde{b}_{t+1} \cdot AF_{t+1}$。其中精算因子（Actuarial Factor，AF）公式为：

$$AF_t = \frac{p_t^{t+1}(1+g)}{1+i} + \frac{AF_{t+1}}{1+i} \qquad (4-14)$$

然而，要在t时决定是否继续工作1年，养老金财富需要计算到t时，公式为：$PW_{t+1}^t = \frac{PW_{t+1} \cdot p_t^{t+1}}{1+i}$。根据精算中性原则，有 $PW_t = PW_{t+1}^t$，即：

$$b_t \cdot AF_t = \frac{p_t^{t+1} \cdot \tilde{b}_{t+1} \cdot AF_{t+1}}{1+i} \qquad (4-15)$$

式（4－15）变形为 $\tilde{b}_{t+1} = b_t \frac{1+i}{p_t^{t+1}} \frac{AF_t}{AF_{t+1}} = \frac{b_{t+1}}{(1+g)} \frac{1+i}{p_t^{t+1}} \frac{AF_t}{AF_{t+1}}$。由于 $x_t = \frac{\tilde{b}_{t+1}}{b_{t+1}} - 1$，则有：

$$x_t = \frac{1}{(1+g)} \frac{1+i}{p_t^{t+1}} \frac{AF_t}{AF_{t+1}} - 1 \qquad (4-16)$$

当养老金待遇年增长率与贴现率水平一致时，生存概率短期变化微小，则式（4－14）可以简化为：$AF_t \approx 1 + AF_{t+1}$，式（4－16）也可简化为：

$$x_t \approx \frac{1}{AF_t - 1} \qquad (4-17)$$

年金因子也可高度简化为：$AF_t = \sum_{\tau=t} p_t^{\tau}$，由此可见年金因子近似于在t岁时的预期余命。根据式（4－14）、式（4－16）和式（4－17）可以得出精算中性原则运用后的重要结论：

（1）当预期余命越长即退休期间死亡率降低时，年金因子越大，延迟退休后的待遇奖励力度 x_t 越小；当预期余命不变或退休期间死亡率变化不大时，如果退休年龄越晚，预期余命越短，年金因子越小，延迟退休后的待遇奖励系数 x_t 越大。

（2）当贴现率i越高，未来待遇给付额的现值会更小，年金因子也越小，延迟退休后的奖励幅度 x_t 越大。

（3）当死亡率与贴现率既定时，养老金待遇增长率g越高，延迟退休后的待遇奖励系数 x_t 越小，因为与未来指数化水平已经较高的收入流相比，所放弃的养老金待遇就越显得少，因此再不用给予很高补贴。

我们利用上述的模型思路，分延迟期间“不缴费”与“继续缴费”两种假设情形下，如果出现不利于延迟退休，即养老金财富（净财富）在NRA之后都在减少时。如果要提高法定退休年龄，形成制度性的延迟退休，而在这一改革过程中，又不给退休者造成利益损失，以减少改革所面临的政治阻力，当出现延迟退休造成退休者养老金权益损失的情形时，那么就存在对受到延迟退休政策影响的劳动者进行“延迟待遇补贴”的必要性，通过补贴使其养老金财富不因制度改革而出现明显减少。我们利用上述模型的分析思路，对退休利益可能因延退而受损的情形提出了如表4－2和表4－3所示的补贴标准的建议，其中表4－3的计算结果更能反映制度性延迟退休年龄的情形。

表4－2　男女不同退休年龄的养老金精算中性调整幅度　单位：%

性别	61岁	62岁	63岁	64岁	65岁	66岁	67岁	68岁	69岁	70岁
男	3.5	7.3	11.5	16.2	21.3	27.0	33.4	40.5	48.5	57.5
女	2.9	6.1	9.5	13.3	17.4	22.0	27.1	32.6	38.9	45.8

注：与各退休年龄相对应的养老金精算中性调整系数值是根据工资增长率 $\lambda=5\%$、养老金增长率 $g=4\%$、养老金贴现率 $i=3\%$，且不同退休年龄的缴费年限都为30年的计算结果。例如，一名男性在62岁退休，则其每年养老待遇至少要比现给付政策下的正常计发标准高出7.3%，这样从养老金财富角度而言，60岁与62岁退休就没有多少差异。

如表4－3所示，如果当养老金制度的主要参数出现如下假设情形即工资增长率为5%、养老金增长率为4%、养老金贴现率为3%、基准缴费年限为30年时，延迟法定退休年龄的制度改革将会导致退休者利益受损。如果要对受影响的退休者提供补贴，将法定退休年龄延迟1年。如男性从60岁延迟至61岁，缴费年限达31年，则61岁退休时今后每次待遇额外提高3.2%，相当于每延迟1月，待遇额外提高0.27%。

表4－3　男女不同退休年龄的养老金精算公平调整幅度　单位:%

性别	61岁	62岁	63岁	64岁	65岁	66岁	67岁	68岁	69岁	70岁
男	3.2	6.7	10.7	15.1	20.0	25.5	31.6	38.4	46.1	54.7
女	2.2	4.7	7.6	10.8	14.3	18.3	22.8	27.8	33.5	39.8

注：本表反映的是延迟退休期间继续缴费的计算结果。参数假定与表4－2相同。

4.7　主要结论与政策启示

延迟退休有时并不是一个坏的选择，甚至还会提高退休者的养老金财富。例如，当工资增长率比养老金增长率明显高出时，延迟退休可继续收获到延期期间更高的工资增长率，使得整个退休期间养老待遇提高效果显著；此外，当养老金贴现率（或养老基金投资回报率）较低时，延迟退休的机会成本、效用折现会减少，延迟退休也有时会带来利益改进效应。这些结论有益于厘清社会上普遍存在的延迟退休将一定有损退休利益的错误认识。然而，当工资增长率处在较低水平、养老金增长率和贴现率水平较高时，延迟退休会更有可能带来利益减退效应，越延迟退休，退休者受损越多。总之，延迟退休对职工利益影响如何，要看在岗职工的工资增长率、养老金增长率、养老金贴现率、死亡率等参数不同组合和变化。因此我们认为“延迟退休一定有损退休利益”是个伪命题。

本书研究的另一个结论是，如果延长退休年龄会增进净养老金财富，这意味着养老基金的给付压力会增加、可持续能力会受到影响；相反延长退休年龄带来的养老金财富减少，退休利益减退，那么养老基金的给付压力会减轻、可持续能力会增强。延迟退休给退休者利益与养老基金支付能力分别带来的影响就是一个硬币的两面，当延长退休年龄不一定会带来退休利益增进或减退效应时，也就意味着可同时得出“延迟退休年龄不一定会造成养老金支付能力的提高或降低"（余立人，2012）的重要结论①。本书带来的政策启示是：

（1）保持养老金重大参数的可预计性和稳定性。法定退休年龄调整离不开对职工退休利益受影响的事先判断。一般而言，当职工退休利益受到负影响最小或甚至为正影响时，上调法定退休年龄面临的阻碍就更小。而退休利益受到的影响与工资增长率、养老金增长率、利率等重要参数水平高低息息相关，因此调整法定退休年龄就不能简单地根据人口寿命状况来进行，应考虑这些参数的未来变化趋势，并通过制度化措施保证其变化相对稳定。例如建立待遇正常调整的长效机制，最终让养老金增长水平实现与通货膨胀率或CPI、平均工资增长率等稳定挂钩。让职工对未来不同年龄的退休利益预期更加明确，并让职工认识到"养老金制度内涵有精算激励"，职工在选择退休时间时会更有理性，而不是盲目认为"越提前越好"。

（2）对延迟法定退休年龄制度改革意义的再认识。表4－2和表4－3所提供的补贴建议，目的是减少未来法定退休年龄提高时可能会出现的退休者的利益损失，以补贴换取对改革的支持。当然，这种补贴标准是基于精算原则计算出来的结果，对养老金制度造成额外的财务负担应该是可控的。因为基于精算原则的补贴带来的结果还是体现了"一个硬币的两面"：对于个人而言，通过对待遇的精算调整，延迟前后对养老金财富变化不大；因此反过来对于另一方即养老保险基金而言也就没有形成过多的给付损失。综上所述，延迟退休年龄不一定会造成个人养老金利益损失，因此也不一定会造成养老金支付负担减轻：一方面延迟有利于缓解制度赡养比不断走高，受益人人数相对减少，即所谓的"一减"；另一方面因延迟也会造成个体养老金权益的积累进一步增加，养老金基金未来给付负担也会增加，即所谓的"一增"。因此，可能会存在一个需要验证的问题：延迟退休年龄就一定能改善养老金收支平衡吗？本书第9章将把这"一减一增"关系放在整个人口结构变迁环境中做进一步定量考察，在此不再赘述。

当提高法定退休年龄只是可能会改善养老金收支平衡时，那么其政策意

---

① 余立人（2012）的研究认为，延迟退休年龄不一定能够增强养老保险基金的支付能力，因为延长退休年龄后，虽然缴费期限延长了，缴费收入增加了，但养老保险基金支出也在增加，最终结果是不确定的，要受到很多因素的影响，包括利率、社会平均工资增长率、在职职工工资增长率、养老金增长率和死亡率分布等。如果要通过延长退休年龄来提高养老保险基金的支付能力，应全面分析各种相关因素的共同作用，否则适得其反。这份研究说明，延迟退休也可能因会导致退休待遇的提高而造成养老保险基金收支失衡的压力加大，反过来也印证了延迟退休并非一定会给退休者带来利损。

义何在。其合理逻辑至少可体现为，延迟退休能扩大社会劳动力供给总量，有相对多的劳动力供给就会带来相对多的社会财富创造，从而能减轻未来老龄化不断严重时老人过多而面临生活资料配给不足的压力。延迟法定退休年龄对扩大社会劳动力供给的作用和意义，这一点毋庸置疑。国外已有大量研究显示，这种改革的确造成了更多劳动者推迟了离开劳动力市场年龄、老年人劳动参与率提高的事实。

第 5 章

老年劳动者产出效率与延迟退休节奏

5.1 引　　言

在第 4 章中，我们厘清了法定退休年龄（NRA）调整的一个基本政策逻辑。延迟退休的一个重要意义体现在它可能会扩大社会劳动力供给总量，特别是有利于提高老年劳动者的就业率。如果老年劳动者的产出效率依然较高，有相对多的劳动力供给就会带来相对多的社会财富创造，那么就有助于减轻未来老龄化不断严重时老人过多而面临生活资料配给不足的压力。但延迟退休并不构成提高老年劳动者就业率和扩大社会总产出的充分条件。“假定老年劳动者缺乏产出效率，那么一个已经老龄化的劳动人口可能会降低其经济增长速度，并降低其财政可持续能力”（Skirbek，2003）。延迟法定退休年龄，意味着用人单位终止与劳动者的劳动合同年龄在推迟，自然形成了对临近退休的老年人继续就业提供一种制度性保护。如果在延迟 NRA 或延迟节奏过快时，由于各种原因大量老年劳动者工作绩效表现不高，又形成了对产出效率相对高的年轻劳动者工作岗位的“挤占”，这样这种制度性保护不利于社会劳动力资源的优化配置。延迟退休政策执行不当的结果也会自然地反映到劳动力市场上来，比如用人单位减少对靠近法定退休年龄的老年劳动者的聘用机会，或与其签订短期合同，最终可能导致这些老年劳动者就业率下降，就业保障反而不充分。因此本章以近年来中国城镇老年职工的产出效率变化为研究对象，试图为在未来去判断延迟 NRA 条件是否具备、延迟退休节奏如何掌握等提供一种新视角。

2015 年 11 月《中共中央关于制定国民经济和社会发展第十三个五年规划的建议》明确要求出台“渐进式延迟退休年龄政策”，国家人力资源和社会保障部也提出“通过小步慢走，每年推迟几个月，逐步推迟到合理的退休年龄”。延迟退休何时开始实施、渐进期有多长，未来“合理的退休年龄”到哪一岁，学界研究方案颇多，但未形成统一口径。如当前有两个代表性的方案：一是中国社科院建议从 2018 年开始，女性退休年龄每 3 年延迟 1 岁，男性退休年龄每 6 年延迟 1 岁，至 2045 年，男女退休年龄同步达到 65 岁；二是清华大学研究团队建议从 2015 年开始实施有步骤的延迟退休计划，2030 年之前完成男女职工和居民 65 岁领取养老金的目标。此外已有研究也提出了各自的延迟建议（林宝，2003；柳清瑞和苗红军，2004；殷俊和黄蓉；2012，曾益等，2013；陈沁和宋铮，2013）。这些方案至少反映出三个特点：一是参考了一些典型国家的延迟退休做法，利用 15～30 年逐步延迟至如 65 岁的目标退休年龄；二是延迟建议主要着眼于社会养老基金收支的长期可持续性，在对养老金收支平衡估算时，也大都根据人口平均寿命预期来确定延迟节奏，比如每 3 年延迟 1 岁；三是大都认为当前可以着手调整退休年龄。而对这些方案，有学者作了进一步的思考，甚至提出不同看法，如谭远发等（2016）就认为“平均预期寿命增长一岁，并不代表工作寿命，特别是健康工作寿命也增长一岁”，基于对健康工作寿命的测算，认为现在可适当延迟的目标年龄应以男 62 岁、女 58 岁为上限。

同理，临近退休者在延迟期间是否还能维持相对稳定的产出效率，这也需要关注。“如果老龄人缺乏产出效率，那么其作为工作人口可能就会降低经济增长速度，并降低财政可持续能力”（Vegard，2003）。延迟退休关系到广大劳动者的切身利益，他们对自己年老后能否继续胜任工作有些担忧。延迟退休会影响劳动者退出劳动力市场的时间，自然地也会影响到社会经济中不同年龄组劳动者人力资源的配置结构和效率。延迟退休节奏须经慎重考虑和科学决策，老年劳动者产出效率的持续改善是延迟退休的前提条件。本书基于“年龄—产出效率”（age-productivity profile）分析框架对延迟退休节奏把握作进一步说明。现诸多研究显示，劳动者“年龄—产出效率”特征曲线呈现倒“U”型，即“中间高、两端下沉”，由于不同年龄组劳动者人力资本结构有差异，而社会经济在不同发展阶段对人力资本条件要求有变化，因此不同时期劳动者“年龄—产出效率”特征曲线也会有变化。反映老年劳动者产出效率的曲线右端“下沉”是放慢还是加快，对分析延迟退休的条件具有重要意义：如果“下沉”放慢，说明临近退休者的产出效率存在改进，有利于延迟退休；如果“下沉”加快，则说明其产出效率已在走低，延迟退休可能会加大“广大劳动者对年老后能否胜任工作的担忧”，此时不宜简单照搬一些典型国家的目标退休年龄标准，在短期内完成对 NRA 的调整。

5.2 文献综述

国外关于劳动者“年龄—产出效率”的讨论由来已久。相当多的观点认为劳动者年龄与产出效率之间关系曲线为倒“U”型，体力和脑力会随年龄的增长而自然衰退，加上知识折旧、在职培训投资减少，产出效率达到一定年龄后会逐步下降（Vegard，2003）。而另有观点认为，通过向老年工人提供专门的工作场地、适合老年人的工作岗位，老年人与年轻人搭配工作（mixed-age working teams）等措施改进，会产生“霍恩德尔（Horndal）”效应①、“干中学”效应，老年劳动者仍可能有较高的产出效率（Malmberg et al.，2008；Zwick & Gödel，2013）。

随着社会经济的发展和人们健康状况的普遍改善，从长期看，探讨体力健康因素对产出效率的影响已经不那么重要（Vandenberghe & Waltenberg，2010）。不少研究认为，产出效率的年龄效应产生原因主要是认知能力随年龄的变化。美国心理学家沙依（Schaie，1994）认为在整个生命周期，人的不同认知能力都有相对独立的曲线斜率。认知能力可分为两类：一是动态认知能力（fluid abilities），主要表现为解决新问题的反应速度，包括感知速度和推理能力、数学能力、学习能力，这些能力在年老时会逐渐衰退；二是静态认知能力（crystallized abilities），该能力在年老时仍会维持较高水平（Horn & Cattell，1966，1967），会随知识和经验的积累而提高，如口头表达、语言运用能力、关系管理能力等。随着社会经济的发展，对两种能力的要求在不同时期会有差异。如希尔贝克（Skirbekk，2003）认为，在劳动力市场出现结构性变化的情形下，技术进步的加速可能更加强调学习能力、工作方法更新能力、吸收新信息能力的重要性，而长期工作经验可能显得不那么重要。

---

① 霍恩德尔（Horndal）是瑞典中部的一个钢铁厂，该厂的炼钢工人年龄整体偏高，1930年50岁以上工人比例就超过1/3，1950年达到1/2。即便如此，1927～1952年，在钢铁厂在没有巨大投入的情形下，只是采用了所谓的“缓解策略”，如针对老年工人开展继续教育和培训、改革生产作业方式、改善适合于老年者工作的环境、调整员工福利制度等，其每年的产出增长率仍达到了2.5%。工人通过“干中学”、老新劳动者之间“传帮带”，即使工人队伍老龄化，但是工厂的产出效率仍能提高。伦德伯格（Erik Lundberg，1961）首次总结了“Horndal效应”，后来它成了阿罗（Arrow，1962）的“干中学”（learning-by-doing）理论的重要组成部分。参见文献马尔伯格等（Malmberg et al.，2008）。

实际上，工作经验、知识积累形成的认知能力，随年龄增长对产出效率的影响仍值得研究。一方面，经验和知识的积累能增加判断和评价能力，对生产决策和生产方式的改进有积极作用。当这种能力能抵消老年工人在其他认知能力下降对产出效率带来的负影响时，净产出效率仍有可能不受高龄的影响。另一方面，经验和知识积累对产出效率的正影响可能会边际递减。有研究发现，工作经验对产出效率的提高会存在一个“临界点效应”，过临界点后再多的经验也不会再有作用。伊尔马库纳斯等（Ilmakunnas et al.，1999）评估了芬兰制造业工人样本，发现工作经验能改善工作绩效的时限不会超过3.8年，经验可以在一定时期内提高个人产出效率，而此后认知能力下降就会降低工作绩效。而另有研究则认为，对劳动者有针对性的培训可以有效缓解或阻止年龄增长带来的认知能力衰退（Schaie & Willis，1986a，1986b）。教育能持续增强学习能力、提高人力资本回报率、降低失业风险，并可以大大抵消年龄增长带来的负面影响。布洛尔（Boulhol，2009）比较了欧盟15国与美国劳动者“年龄—产出效率”特征的差异，认为两类样本的人均GDP差距中有1/3主要是由受教育程度差异造成的。

上述文献从微观角度描述了“年龄—产出效率”的分布特征，而在宏观层面新古典经济增长模型较早地讨论了人口因素对产出贡献的影响。在早期的研究中，人口年龄结构因素主要以人口扶养比（如劳动人口对老年人口之比等）衡量，而不是劳动力具体的年龄结构（Werding，2008）。

由于总产出有一部分来自劳动力投入的贡献，而劳动力由不同年龄组别构成，因而总产出可被视为劳动力人口年龄结构的函数。不同年龄组劳动者的产出效率不同，对经济增长的贡献率也就有差异。林德和马尔伯格（Lindh & Malmberg，1999）首次做了这方面的研究，他们以1950～1990年OECD国家的一般人口年龄结构为样本，发现50～64岁组对人均GDP增长的正效应最大。其次是30～49岁组，而65岁以上组是负效应，15～29岁年轻组的效应模糊。费勒（Feyrer，2007）用1960～1990年87个国家（石油输出国除外）和19个OECD成员方的数据，针对劳动力人口而不是一般人口的年龄结构进行研究。发现劳动力年龄和全要素产出效率（TFP）之间的关系呈倒“U”型，40～49岁产出效率最高，其次是50～59岁。马丁（Martin，2008）基于1960～2000年106个国家和地区数据分析结果也基本与费勒（Feyrer，2007）发现的一致。这些研究显示出中高龄年龄组劳动者仍是具有较高产出效率的群体。

在国内，研究者在讨论人口因素对经济增长的贡献时，更多讨论的是基于人口规模的总量因素或人口扶养比等结构性因素，得出的结论比较统一，我国劳动力老化对劳动生产率有显著的消极影响，导致了中国经济增长呈现逐步放缓的趋势（杨道兵和陆杰华，2006；黄祖辉等，2013；杨贝贝和刘懿，2015）。而很少有研究将人口因素转化为具体的人口年龄结构，仅张晓青（2009）、徐升艳和周密（2013）、刘传江和黄伊星（2015）借鉴了林德和马尔伯格（Lindh & Malmberg，1999）的方法，在生产函数中引入年龄结构因子，分别分析了山东省140个县市、中国东中西地区城市和中国工业经济各子行业的各年龄组劳动者的劳动生产率。本书将以2000年全国第五次人口普查（以下简称“五普”）和2010年全国第六次人口普查（以下简称“六普”）中各省区市分行业、分年龄组的样本数据，进一步考察城镇劳动者“年龄—产出效率”分布特征（或称“产出效率的年龄效应”）在10年间所发生的变化。

5.3 城镇劳动者不同年龄组的产出效率变化

5.3.1 模型构建

本书采用了科布·道格拉斯（Cobb-Douglas）生产函数形式（以下简称“C－D函数”），即 $Y = AK^{\alpha}L^{\beta}$，其中A为不变的技术水平，Y为产出，K为资本投入，L为劳动力投入，α和β分别为资本和劳动的产出弹性。参考阿罗等（Arrow et al.，1961）处理资本和劳动之间替代关系的思路，假定在边际产出效率上各年龄组劳动者之间存在替代关系，则劳动力总量可定义为不同年龄组的常数替代弹性（CES）函数：

$$L = \left(\sum_{i} \delta_i L_i^{-\rho} \right)^{-\frac{1}{\rho}} \tag{5-1}$$

i为年龄组类别；δ_i 为第i年龄组的分配系数（distribution parameter），有 $\delta_1 + \delta_2 + \cdots + \delta_n = 1$；$\rho_i$ 为替代系数，是要素替代弹性σ的转化形式，有 $\rho = 1/\sigma - 1$，σ表示在产出不变时，年龄组间的边际技术替代率的百分比变化引起的劳动力要素需求的百分比变化，而1/σ表示不同年龄组劳动力要素比例的变化引起边际技术替代率的变化。C－D函数假定了资本和劳动之间的完全替代关系。由于本书主要目的是探讨劳动者的产出贡献是否有年龄效应，因此假定各年龄组劳动者之间也可完全替代，当 $\sigma=1$ 时，$\rho=0$。当 ρ 趋近于 0 时，根据洛比塔法则，公式（5－1）就变成：$L=\prod L_i^{\delta_i}$，即林德等（Lindh et al.，1999）所称的“年龄结构因子”，将该因子代入 C－D 函数中，于是有：

$$Y = AK^{\alpha}\left(\prod_i L_i^{\delta_i}\right)^{\beta} \tag{5-2}$$

公式两边对数化后为：

$$\ln Y = \ln A + \alpha \ln K + \beta \sum \delta_i \ln L_i \tag{5-3}$$

根据式（5－3），本研究采用基本的回归方程如下：

$$\ln Y_{g,m} = \alpha_0 + \alpha_1 \ln K_{g,m} + \beta_n \ln L_{i,g,m} + \gamma urban\_rate_m + \mu Industry_g + \varepsilon \tag{5-4}$$

其中，$Y_{g,m}$ 为各省区市分行业增加值，$K_{g,m}$ 为各省区市分行业的资本存量，α_1 为待估计的资本产出弹性系数，$L_{i,g,m}$ 为各省区市不同行业的分年龄组劳动投入量，下标 m、g、i 分别为各省区市、分行业和分年龄组标识。β_i 为待估计的第 i 年龄组劳动者的产出弹性系数，以姑且衡量其产出效率。urban_rate 代表省区市人口城镇化率，城镇化率是衡量社会经济发展水平和条件的重要指标，统计数据显示，城镇化率越高，居民受教育水平、市场化指数和产业结构优化程度也越高。为避免共线性，也考虑有效样本有限，在构建模型时仅以此指标作为反映地区之间发展条件差异的控制变量，这不影响各年龄组产出贡献的比较；industry 代表行业虚拟变量，以控制不同行业对资金、技术和劳动力等要素配置机制不同而导致的经济增长效率差异。α_0、ε 分别为截距项和扰动项。

5.3.2 数据来源和指标生成

1. 各地分行业的增加值数据

2010 年各地分行业增加值（GDP）数据来自 2011 年的《中国统计年鉴》和 30 个省区市的统计年鉴，由于数据不全，西藏不在统计之列。本书采用各省区市的分行业数据即第二、第三产业下的细分行业。这些分行业增加值数据统计的完整性在各地有较大差异①，有些数据缺失减少了有效样本的使用，本书最终获得了 389 个有效样本。为增强 2010 年和 2000 年估算结果的可比性，本书对 2010 年各地分行业增加值进行了平减指数处理，历年的《中国统计年鉴》也公布了以不变价格计算的地区分行业产值增长指数，通过与以当年价格计算的地区分行业产值增长指数进行比较，可获得各省区市的国内生产总值平减指数，最后以 2000 年为基期折算 2010 年各省区市分行业的共 389 个产值数据。2000 年各地分行业增加值数据来自 2001 年的《中国工业统计年鉴》和《中国统计年鉴》，由于数据来源限制，样本省区市主要有 23 个，分行业为 15 个，总样本量为 345 个②。

2. 各地分行业资本存量数据

一是 2010 年各地分行业资本存量数据。由于无法直接获得各地分行业资本存量数据，本书利用历年的《中国投入产出表》数据计算。主要思路是：折旧等于存量和折旧率的乘积，只要能确定折旧率，就可以计算出该年的资本存量，公式为 $a_{i,t} = K_{i,t} \times \delta_i$，其中 $a_{i,t}$ 为 i 部门在 t 年的折旧，$K_{i,t}$ 为 i 部门在 t 年的资本存量，δ_i 为 i 部门的折旧率③。本书直接采用田友春（2016）对分行业折旧率的测算结果。该书利用 2002 年、2005 年、2007 年和 2010 年《中国投入产出表》的折旧额数据和《中国统计年鉴》提供的 2004 ~ 2014 年

---

① 在各地的统计年鉴中，数据统计最为完整的省份不多，仅有吉林、江苏、福建、河南、广西和宁夏等。多数省区市统计年鉴中只报告了工业增加值数据，未报告涉及采矿业、制造业、电力、燃气及水的生产和供应业更为细致的数据；第三产业的增长值数据也主要报告了交通运输、仓储和邮政业、批发和零售业、住宿和餐饮业，金融业和房地产业等。除了上述地区外，还有北京、天津、山西、内蒙古、上海、浙江、安徽、山东、湖南、广东、海南、重庆、青海和新疆等地较为完整地报告了第三产业分行业增加值数据。

② 这些省份是：北京、河北、山西、内蒙古、辽宁、黑龙江、上海、江苏、浙江、安徽、江西、山东、湖北、湖南、广东、广西、海南、四川、贵州、山西、甘肃、青海、宁夏。分行业是：采掘业，制造业，电力、燃气及水的生产和供应业，建筑业，地质勘查业，水利管理业，交通运输、仓储及邮电通信业，批发和零售贸易餐饮业，金融保险业，房地产业，社会服务业，卫生体育和社会福利业，教育文化艺术及广播电影电视业，科学研究综合技术服务业，国家机关、政党机关和社会团体，以及其他。

③ 另有一方法也可核算某年的资本存量，即当年全社会固定资产形成总额除以折旧率与固定资产投资增长率或产业增长率之和，霍尔和琼斯（Hall & Jones，1999）就曾估算全球 127 个经济体 1960 年（基期）的资本存量时采用此方法，公式为 $K = I^j_{1960}/(\delta^j + g^j)$，其中 I^j_{1960}、δ^j 和 g^j 三者分别为经济体 j 在 1960 年的投资、折旧率和在 1960 ~ 1970 年投资的几何平均增长率，一些文献也将 g 作为实际 GDP 的年平均增长率或某产业增长速度来处理（如田友春，2016；徐现祥、周吉梅和舒元，2007），无论 g 以何种指标来衡量，都需要通过人工计算处理，作为一个平均增长率数据，其值大小与样本期间的选择密切相关，样本期间选择不同最终使得资本存量测算结果出入很大，因此本书在计算资本存量时未采用此法。

全社会固定资产投资序列，估计了全国 2004～2013 年 19 个细分行业的平均折旧率。本书假定各地各行业折旧率与全国水平一致。《中国地区投入产出表 2007》提供了各省区市分行业的固定资产折旧的完整数据，基于此数据核算出了当年各地细分行业的资本存量。

由于资本存量值是以当年的价格计算的，为便于与田友春（2016）的全国水平测算结果进行比较，我们将各地资本存量进行了汇总，并用 1990～2007 年间全国固定资产投资价格指数累积值 2.496 进行了换算，发现本书的测算结果与该研究高度一致（见图 5－1）。后面再将以 2007 年为基期，借助永续盘存法（PIM）计算 2010 年各省份分行业的资本存量，公式为：

$$K_{i,2010}=I_{i,2010}+(1-\delta_i)I_{i,2009}+(1-\delta_i)^2I_{i,2008}+(1-\delta_i)^3K_{i,2007} \quad (5-5)$$

其中 K、I 和 δ 分别为资本存量、投资和资本折旧率。根据历年《中国固定资产投资统计年鉴》所提供的各地分行业全社会固定资产投资数据，将其代入式（5－5）中就获得 2010 年末各地分行业的资本存量，将各地资本存量汇总获得全国层面资本存量，估算结果与田友春（2016）估算也非常一致（见图 5－1）。最后将 2010 年资本存量通过固定资产价格平减指数进行调整，折算成以 2000 年不变价格衡量的资本存量。

二是 2000 年各地分行业资本存量数据。《中国地区投入产出表 2002》提供了各地分行业当年固定资产的折旧额，根据上述各行业的固定资产折旧率可获得各行业当年年初的资本存量。但是该表公布的是 2004 年版新标准划分的行业，与之前老标准划分的行业有些差异，特别是在服务业的细分行业的划分上。只有第二产业划分是一致的，因此再根据永续盘存法可直接获得 2000 年各地第二产业的资本存量。由于《中国固定资产投资统计年鉴》和各地统计年鉴都未完整给出 2000 年各产业的固定资产投资额，只给出了历年全社会固定资产投资额，我们根据 1997 年、1998 年和 1999 年《中国固定资产投资统计年鉴》中各地分行业固定资产投资额占当地全社会固定资产投资额的比例平均值作为 2000 年的参考水平，再对其计算。由于直接计算 2000 年各地分行业资本总额难度很大，仍参考田友春（2016）计算出的 2000 年全国资本存量总水平，将其除以 2000 年全国全社会固定资产投资总额，得出的数值再乘以各地分行业固定资产投资总额，就大致得出 2000 年各地分行业资本存量。

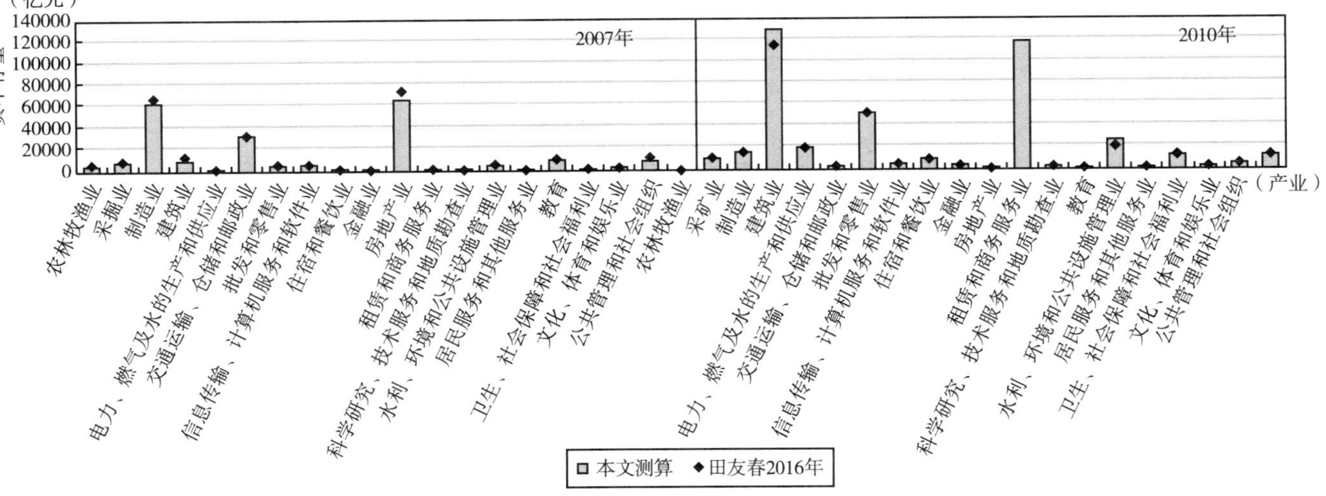

图5－1　2007年和2010年全国分行业资本存量测算结果①

① 由于田友春（2016）只公布了2年一档的资本存量测算结果，为获得2007年的资本存量值，本书对其2006年和2008年数据做了几何平均值处理。

3. 各地分行业劳动者各年龄组人数分布数据

2000 年、2010 年各地分行业城镇从业人口分年龄数据来自各地“五普”“六普”和 2001 年、2011 年《中国劳动统计年鉴》。由于两次人口普查长表中提供了各地分行业不同年龄从业者人数的抽样数据，可得“各地区分行业不同年龄从业者的人数占比”，但由于长表中只提供抽样数据，于是将该“人数占比”与《中国劳动统计年鉴》中的“分地区分行业从业人员年末人数”做相乘处理，则可大致得到各地分行业不同年龄劳动者人数的完整数据。全国 16～64 岁就业者各年龄组人数比例分布（见图 5－2）。2000 年 30～34 岁年龄组劳动者在总就业人口的占比最高，到 2010 年变为 35～39 岁年龄组占比最高，这反映整个人口年龄结构随年份在位移。2010 年总人口年

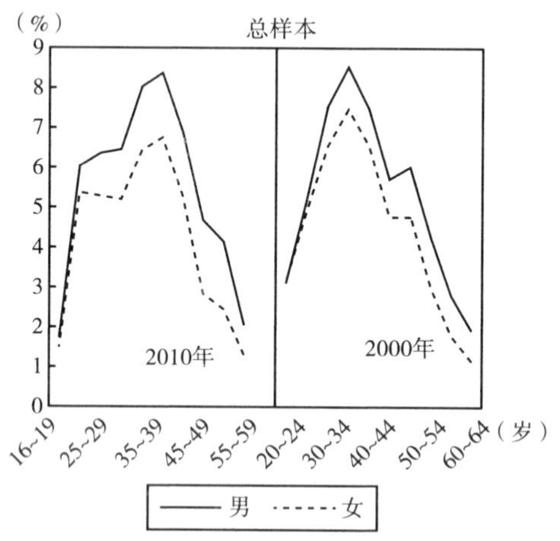

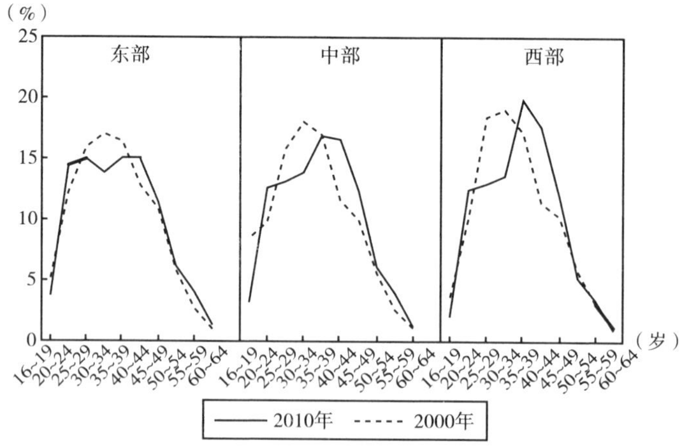

图 5－2　全国及东、中、西部地区劳动力人口的年龄结构

龄结构中有两个年龄段人口规模峰值，即20～24岁和35～44岁，这是20世纪70年代、90年代两次人口出生高峰的结果，由于20～24岁很多人仍在校学习，在就业人口中这个峰值不是很显著。从分地区来看，2000年东、中、西部人口年龄结构差异不大，但是10年后东部地区年轻劳动者占比提高，中年劳动者占比约为降低，而中西部劳动者年龄相对老龄化，40～44岁后高龄劳动者比例高，西部尤其突出。

5.3.3　回归结果

考虑到将所有年龄组同时纳入回归分析中可能会存在明显的多重共线性问题，导致变量无法正确估计。本书参考既有文献的处理办法，即将单一年龄组别逐个进行回归，以尽可能估计出不同年龄组的产出弹性（徐升艳和周密，2013；刘传江和黄伊星，2015）。我们先对2010年和2000年不分地区的总样本进行了回归分析，回归结果见表5－1。其次还对分地区样本分别进行了回归分析，这时考虑到，地区经济发展不平衡造成劳动力在地区之间大规模流动，由于不同年龄劳动者流动性不一样，因此会改变迁出地（经济欠发达地区）和迁入地（经济发达地区）的劳动者年龄结构。在这种情形下，各地区之间劳动者产出效率的年龄效应是否一致。本书对东部、中部、西部地区的样本分别进行了回归分析（见表5－2）。

表5－1中模型（1）和模型（11）是对不考虑年龄结构的全部劳动投入的回归结果，其余模型是对各年龄组逐一回归的结果。在控制住城镇化率对经济增长正效应以及产业效应之后，2000年总量劳动与资本的产出贡献系数分别为0.558和0.441，2010年分别为0.545和0.468，这种差异与其他研究基本一致①。表5－2中反映了2000～2010年各地区资本和劳动的产出贡献变化：在东部地区，资本的产出弹性系数从0.496增至0.524，而劳动的产出弹性系数从0.534降至0.424，资本对产出的贡献在上升，已超过了劳动的贡献水平；而在西部劳动的产出弹性系数从0.354增至0.632；中部从0.34增至0.772；在中、西部劳动对产出的贡献显著上升并大大超过了资本的贡献。无论是对劳动力总量进行回归还是对各年龄组劳动力逐一回归，劳动的产出弹性β值都在1%水平显著。

---

① 如常进雄（2011）的估算显示，2001～2007年劳动和资本各自对产出贡献系数分别为0.524和0.476。劳动对产出的贡献在下降，资本对产出的贡献在上升，这与前些年各地固定资产投资高速增长态势有关。

表 5 - 1　　2010 年与 2000 年不分地区的分年龄组产出弹性 β 值的估计结果

2010 年	（1）	（2）	（3）	（4）	（5）	（6）	（7）	（8）	（9）	（10）
	所有年龄组	16 ~ 19 岁	20 ~ 24 岁	25 ~ 29 岁	30 ~ 34 岁	35 ~ 39 岁	40 ~ 44 岁	45 ~ 49 岁	50 ~ 54 岁	55 ~ 59 岁
urban_rate	0. 013 *** （7. 96）	0. 010 *** （5. 45）	0. 010 *** （6. 03）	0. 009 *** （5. 62）	0. 012 *** （7. 47）	0. 015 *** （8. 50）	0. 016 *** （8. 62）	0. 014 *** （7. 93）	0. 012 *** （6. 90）	0. 013 *** （7. 55）
Industry	控制	控制	控制	控制	控制	控制	控制	控制	控制	控制
ln_K	0. 468 *** （11. 59）	0. 684 *** （19. 39）	0. 531 *** （13. 53）	0. 505 *** （12. 69）	0. 503 *** （12. 58）	0. 529 *** （13. 24）	0. 528 *** （13. 15）	0. 550 *** （13. 66）	0. 584 *** （14. 21）	0. 527 *** （12. 79）
ln_L	0. 545 *** （12. 90）	0. 290 *** （8. 61）	0. 441 *** （11. 64）	0. 494 *** （12. 16）	0. 506 *** （12. 14）	0. 487 *** （11. 43）	0. 488 *** （11. 40）	0. 454 *** （10. 73）	0. 385 *** （9. 54）	0. 413 *** （11. 00）
_cons	-5. 656 *** （ -17. 80）	-4. 028 *** （ -18. 79）	-4. 775 *** （ -21. 60）	-5. 254 *** （ -22. 09）	-5. 636 *** （ -21. 84）	-4. 663 *** （ -16. 50）	-4. 688 *** （ -16. 47）	-4. 430 *** （ -15. 88）	-3. 741 *** （ -14. 69）	-3. 384 *** （ -14. 90）
观察值	389	389	389	389	389	389	389	389	389	389
Adj-R^2	0. 9274	0. 9123	0. 9229	0. 9248	0. 9247	0. 9222	0. 9221	0. 9197	0. 9155	0. 9206
F-statistic	276. 21 ***	225. 12 ***	259. 03 ***	265. 91 ***	265. 68 ***	256. 39 ***	256. 04 ***	247. 85 ***	234. 51 ***	251. 09 ***

续表

2000年	(11)	(12)	(13)	(14)	(15)	(16)	(17)	(18)	(19)	(20)
	所有年龄组	16~19岁	20~24岁	25~29岁	30~34岁	35~39岁	40~44岁	45~49岁	50~54岁	55~59岁
urban_rate	0.011*** (5.64)	0.008*** (4.04)	0.008*** (3.69)	0.011*** (5.21)	0.012*** (5.38)	0.010*** (5.01)	0.008*** (4.03)	0.008*** (4.08)	0.008*** (4.16)	0.009*** (4.55)
Industry	控制	控制	控制	控制	控制	控制	控制	控制	控制	控制
ln_K	0.441*** (7.80)	0.707*** (16.34)	0.636*** (11.48)	0.534*** (9.50)	0.520*** (9.19)	0.523*** (9.36)	0.504*** (9.24)	0.470*** (8.35)	0.514*** (9.17)	0.487*** (8.57)
ln_L	0.558*** (9.57)	0.240*** (6.60)	0.304*** (5.86)	0.447*** (7.81)	0.477*** (8.01)	0.470*** (8.11)	0.478*** (8.76)	0.488*** (9.06)	0.430*** (8.22)	0.454*** (8.60)
_cons	-4.645*** (-11.96)	-2.000*** (-8.57)	-2.397*** (-8.86)	-3.252*** (-10.46)	-3.446*** (-10.63)	-3.389*** (-10.71)	-3.146*** (-11.13)	-2.910*** (-11.14)	-2.450*** (-10.08)	-2.103*** (-9.41)
观察值	345	345	345	345	345	345	345	345	345	345
Adj-R^2	0.8812	0.8658	0.8624	0.8718	0.8728	0.8734	0.8768	0.8785	0.8740	0.8760
F-statistic	151.11***	131.52***	127.80***	138.62***	139.90***	140.58***	145.05***	147.24***	141.33***	143.90***

注：①为了简洁起见，表中没有报告行业虚拟变量的回归系数；②括号内为t统计量，*、**和***分别代表系数在10%、5%和1%水平上显著。

表 5-2　　2010 年和 2000 年分地区分年龄组产出弹性 β 值的估计结果

年龄组	2010 年						2000 年					
	东部（174 个样本）		中部（116 个样本）		西部（99 个样本）		东部（150 个样本）		中部（105 个样本）		西部（90 个样本）	
	ln_L	ln_K	ln_L	ln_K	ln_L	ln_K	ln_L	ln_K	ln_L	ln_K	ln_L	ln_K
所有年龄组	0.424 *** (7.65)	0.524 *** (9.56)	0.772 *** (6.80)	0.256 *** (3.13)	0.632 *** (5.67)	0.306 *** (2.76)	0.534 *** (6.04)	0.496 *** (5.78)	0.340 *** (4.15)	0.195 ** (2.34)	0.354 ** (2.60)	0.615 *** (4.46)
16~19 岁	0.314 *** (6.13)	0.633 *** (12.54)	0.161 * (1.96)	0.418 *** (4.36)	0.155 (1.65)	0.729 *** (7.45)	0.315 *** (4.00)	0.658 *** (7.81)	0.243 *** (4.62)	0.229 *** (2.94)	0.186 * (1.73)	0.755 *** (6.17)
20~24 岁	0.432 *** (8.09)	0.504 *** (9.25)	0.488 *** (4.78)	0.351 *** (4.02)	0.381 *** (3.52)	0.508 *** (4.42)	0.481 *** (6.25)	0.521 *** (6.47)	0.298 *** (4.28)	0.176 ** (2.07)	0.264 * (1.99)	0.702 *** (5.29)
25~29 岁	0.448 *** (8.08)	0.518 *** (9.73)	0.674 *** (5.80)	0.350 *** (4.19)	0.375 *** (3.50)	0.526 *** (4.74)	0.519 *** (6.25)	0.508 *** (6.17)	0.356 *** (4.47)	0.168 ** (1.99)	0.364 ** (2.56)	0.610 *** (4.32)
30~34 岁	0.398 *** (7.43)	0.547 *** (10.25)	0.792 *** (6.74)	0.312 *** (3.87)	0.444 *** (3.75)	0.504 *** (4.55)	0.508 *** (5.75)	0.527 *** (6.22)	0.351 *** (4.37)	0.178 ** (2.12)	0.319 ** (2.17)	0.666 *** (4.79)
35~39 岁	0.354 *** (6.56)	0.584 *** (10.82)	0.767 *** (6.19)	0.300 *** (3.60)	0.654 *** (6.36)	0.279 *** (2.67)	0.473 *** (5.27)	0.554 *** (6.43)	0.333 *** (4.01)	0.195 ** (2.31)	0.361 *** (2.66)	0.629 *** (4.84)
40~44 岁	0.340 *** (6.25)	0.593 *** (10.82)	0.686 *** (5.89)	0.274 *** (3.21)	0.707 *** (6.91)	0.243 ** (2.38)	0.447 *** (5.20)	0.564 *** (6.62)	0.326 *** (3.73)	0.203 ** (2.38)	0.347 *** (2.97)	0.618 *** (5.05)
45~49 岁	0.295 *** (5.51)	0.634 *** (11.72)	0.655 *** (5.62)	0.274 *** (3.17)	0.661 *** (6.59)	0.289 *** (2.88)	0.480 *** (5.74)	0.537 *** (6.44)	0.292 *** (3.41)	0.213 ** (2.46)	0.315 *** (2.80)	0.617 *** (4.79)
50~54 岁	0.253 *** (5.08)	0.660 *** (12.43)	0.642 *** (4.97)	0.348 *** (4.01)	0.534 *** (5.05)	0.361 *** (3.21)	0.510 *** (5.83)	0.526 *** (6.26)	0.233 *** (2.84)	0.248 *** (2.89)	0.260 ** (2.41)	0.663 *** (5.15)
55~59 岁	0.335 *** (6.56)	0.582 *** (10.70)	0.541 *** (4.75)	0.309 *** (3.49)	0.447 *** (5.01)	0.385 *** (3.52)	0.528 *** (5.84)	0.503 *** (5.78)	0.207 ** (2.57)	0.275 *** (3.29)	0.209 ** (2.03)	0.706 *** (5.45)

注：（1）为了简洁起见，本表只报告了劳动和资本的回归系数；（2）2000 年中部地区没有将行业虚拟变量予以控制；（3）括号内为 t 统计量，*、** 和 *** 分别代表系数在 10%、5% 和 1% 水平上显著。

由于对单个年龄组进行逐一回归，自然地对每组回归时也就没有控制住其他年龄组对产出的贡献，这样可能会导致每个年龄组的产出弹性 β 值容易被高估，但这并不妨碍都在高估情形下对各年龄组的产出效率进行比较。为能更直观地比较各年龄组的产出效率，这里将各年龄的产出弹性系数 β_i 值转化为分配系数（distribution parameter）δ_i 值，有 $\delta_i = \beta_i / \sum \beta_i$，$\sum \delta_i = 1$，i 下标为年龄组标识，于是根据表 5 - 2 中各年龄组产出弹性系数 β 值计算出各年龄组相应的分配系数 δ 值，分年龄组的 δ 值分布见图 5 - 3。

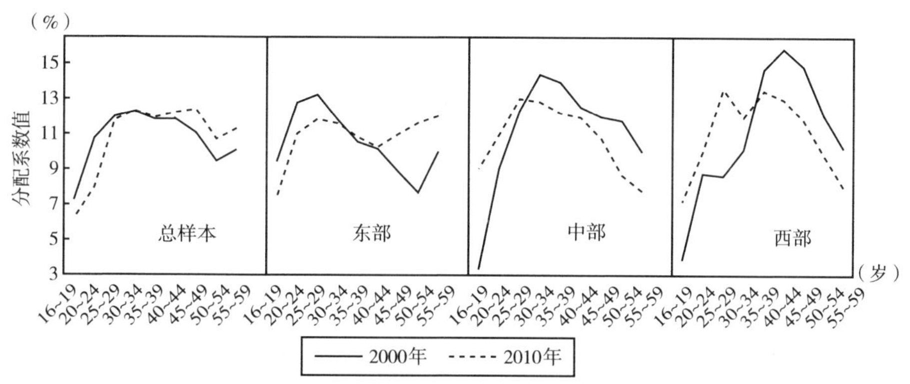

图 5 - 3　全国、不同地区劳动者分年龄组的分配系数 δ 值

资料来源：根据表 5 - 1 和表 5 - 2 中各年龄组产出弹性系数的估计结果绘制。

图 5 - 3 中，总样本各年龄组的分配系数分布呈现倒“U”型，反映出产出效率随年龄分布的特征比较符合一般经验判断。年轻劳动者入职后的产出效率提高较快，而在职业生涯后期的产出效率下降较慢。一般而言，年轻劳动者教育性人力资本较高、精力充沛，学习能力较强，经验快速积累能迅速转化成效率，而年老者身体机能缓慢衰退，知识较陈旧，经验转化成效率的潜力逐渐压缩，使得产出效率缓慢下降（刘传江和黄伊星，2015）。但 2000 年、2010 年总样本回归结果显示，两个截面倒“U”型存在一些差异：第一，2000 年中高龄组产出效率相对较高，其中 45 ~ 49 岁组效率最高，10 年后最有产出效率者向年轻组集中，2010 年效率最高为 30 ~ 34 岁组；第二，倒“U”型曲线右端进一步“下沉”：高龄组的产出弹性相比于最有效率年龄组在下降。2000 年 55 ~ 59 岁的产出弹性相当于 45 ~ 49 岁的 91%，而 2010 年相当于 30 ~ 34 岁的 81%，尽管曲线右端有所“下沉”，但高龄组产出效率水平仍相当于 20 ~ 24 岁年龄组。

出现这种“下沉”变化可能归因于社会经济快速发展对人力资本要求在

变化，使得从劳动力整体上看最有效率的年龄组在偏年轻化。例如当前产业结构变迁就需要与新兴产业发展相适应的教育和人力资本的进步（张勇，2015），快速的经济增长和产业结构变迁使得工作特征不断发生变化，老年人的技术知识结构往往无法适应新的工作岗位（张川川和赵耀辉，2014）。很多高龄劳动者受教育程度不高，影响了对新知识、新技术的学习和接受能力，导致在快速的经济增长和产业结构变迁面前适应性较差，产出效率难以随工龄提升。

分地区样本的回归结果显示：（1）在东部，2000 年 55～59 岁组产出效率表现同 25～29 岁组一样突出，中、高龄组产出效率相对较高、组间差异较小。而在 2010 年，最有产出效率的年龄组为 25～29 岁，45 岁后年龄组产出效率优势明显削弱，这种变化显示东部地区年轻群体越来越最具有产出效率。（2）中、西部最有效率的年龄组在向后推移，年龄最小组（15～19 岁）产出效率下降很快。2000 年最有产出效率的年龄组都为 25～29 岁，而 2010 年中部推移至 30～34 岁，西部推移至 40～44 岁。与此同时，55～59 岁组的产出弹性与其他年龄组中的最高产出弹性之比在提升，中部地区从 58% 提高至 68%，西部地区从 57% 提高至 63%，而东部地区则从 100% 下降至 75%。

总的而言，与 10 年前相比，东部高龄组的相对产出效率有所下降，而中、西部则有所上升。导致这种地区差异变化的可能原因是，这 10 年间最有生产效率的大批年轻劳动者流向东部，拉低了中、西部年轻劳动者产出效率的整体水平，而流动性相对低的中高龄劳动者成为该地区主要的劳动力大军。进入 21 世纪后，中国相继实施“西部大开发”“中部崛起”等区域经济协调发展战略，造成我国东部地区向中、西部地区转移的产业数量和规模都在不断扩大（贺曲夫和刘友金，2012），劳动力密集型制造业率先从东部发达地区转移出来（辜胜阻等，2013），对于还没有流动出去的大批中高龄劳动者，就近就业的机会比以往更多，导致了产出效率改进效果比 10 年前要好。

5.4 城镇劳动者不同年龄组间工资差异变化

如果工资率可作为产出效率的一个代理变量（Boulhol，2009；Vandenberghe & Waltenberg，2010），为便于验证上述宏观数据分析结果的稳健性，我们利用这十年间中国综合社会调查（CGSS）各年份的截面数据（即 2002 年、2004 年、2005 年、2006 年、2008 年、2010 年、2011 年、2012 年），来连续刻画劳动工资随年龄分布的变化，以间接反映“年龄—产出效率”曲线的变化。筛选样本为从事非农工作的城镇全职就业者，相应观察值分别有 2276 个、2652 个、3109 个、2309 个、3880 个、1874 个、3681 个和 3711 个，分年龄组的月平均工资统计结果如图 5 -4 所示①，总样本数据显示，随着 2002 ~2012 年市场经济制度的逐步完善，工资水平随年龄分布的曲线越来越呈现倒“U”型，近年来 30 ~34 岁组愈加明显地成为工资收入最高的年龄组，在该年龄组之前，年轻者参加工作之后工资增长较快，而过了该年龄组，工资逐次下降，这与前文对产出效率的年龄组效应分析结果基本一致。

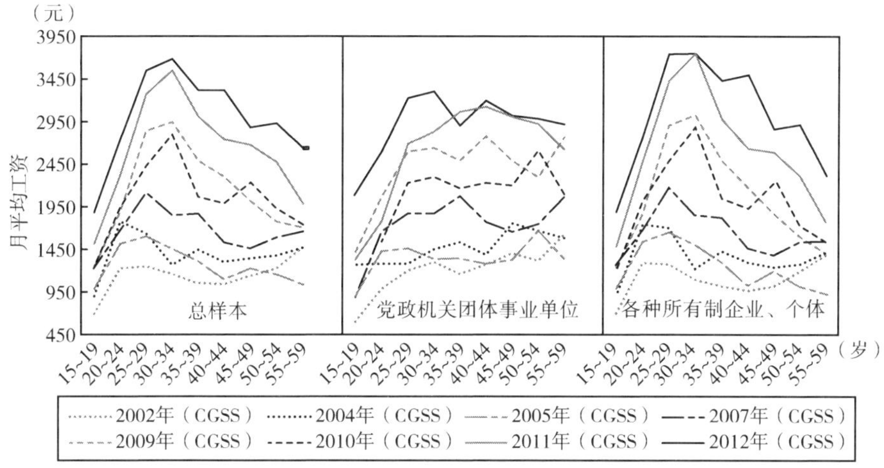

图 5 -4　不同年份的分年龄组劳动者平均工资收入

由于工资除了由产出能力等个体因素决定外，还受到就业和分配制度等外在因素的决定，我们又将总样本分为党政机关团体事业部门（以下简称“党政等部门”）样本和各类所有制企业、个体等部门（以下简称“企业等部门”）样本。“党政等部门”样本数据显示，工资随年龄未有明显下降，甚至

① 本书所使用的各年度 CGSS 调查的收入口径存在一点差异，2002 年、2004 年采用“总收入”，包括工资、各种奖金、津贴、分红、股息、经营性收入、银行利息、馈赠等所有收入。2005 年统计口径为“工资收入”，包括所有的工资、各种奖金、补贴。2007 年、2009 年的口径为“职业收入”，2010 年、2011 年、2012 年的口径为“职业/劳动收入”。2002 年、2004 年的统计口径稍宽，除了职业性收入外还有资本性收入，而之后口径稍窄。可能由于劳动性收入占比较高，资本性收入报告不多，两种口径下的统计结果并没有表现出不可接受的差异；月平均工资根据全年收入折合成。

"越老工资越高"，而"企业等部门"样本里，30～34 岁组后劳动者的工资水平随年龄明显逐次下降。两大类劳动者的"年龄—工资"分布特征差异大，这反映了党政机关团体事业部门的工资形成更看重工作年限、经验能力或资历的积累，收入一般随工作年限稳定增长。而在各类所有者企业、个体等部门，工资形成更多由市场机制决定，劳动参与、与年龄相关的产出效率等导致了各年龄组间工资水平差异明显，倒"U"型特征突出。

抛开"党政等部门"样本可能更加有利于反映工资收入的年龄效应与生产率的年龄效应之间的一致性。图 5－5 进一步刻画了"企业等部门"样本的各年龄组劳动者的相对工资在 10 年间的变化，相对工资是指不同年龄组劳动者平均工资与当期所有受访劳动者平均工资的比值，可姑且用来衡量劳动者的市场经济地位。在不同年份，分年龄组劳动者的相对工资水平并不稳定：

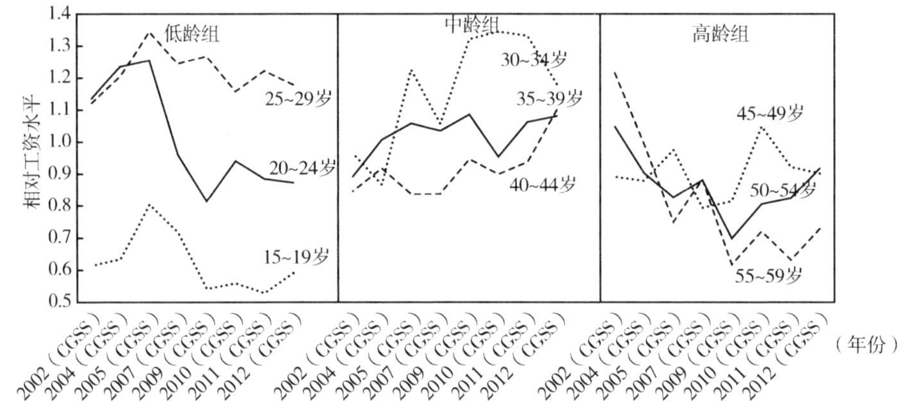

图 5－5　各类企业、个体等部门分年龄组劳动者相对工资水平的变化

（1）低龄组在早期相对工资水平很高，但在 2005～2007 年后明显下沉，反映其市场经济地位比过去相对下降，特别是过早就业、受教育程度不高的 15～19 岁组劳动者，经济地位明显恶化，这可能是全球金融危机爆发，外部经济环境严峻，给年轻劳动者就业和收入影响较大。另外教育受到重视，越来越多人推迟了就业年龄，工作经验积累还不多，也可能导致了他们相对收入不高。

（2）中龄组（30～44 岁）相对工资水平总体上平稳提高，特别是 30～34 岁年龄组，市场经济地位提升明显。

（3）高龄组（45～59 岁）劳动者的平均工资在 2002 年接近甚至超过所

有年龄组的平均工资（CGSS，2002），随后相对工资水平不断走低，约在 2009 年降至最低点，在 0.6 ~ 0.8 之间，但此后有所回升。可能原因是随着人口红利“拐点”的到来，劳动年龄人口从相对比重下降到绝对数量下降（王德文，2007），劳动力成本上升，导致了市场对高龄组劳动者的需求增加，缓解了其相对工资和经济地位下降压力，但这种“回升”是否能稳定下来，还需进一步观察。如果仅将 2002 年与 2012 年两截面对比，的确可以观察到高龄劳动者相对工资水平在十年后是下降的，这与图 5 - 5 高龄组中倒“U”型曲线右端进一步“下沉”的特征有一定程度吻合。

5.5　教育回报率的变化

分析表明，10 年间企业、个体等部门高龄者的相对工资水平在走低，这可能说明经济社会发展对人力资本结构的要求在发生变化，以年龄代表的经验对工资决定所起的作用有所削弱，而教育性人力资本的作用是否越来越重要呢，实际上很多研究已经表明教育对收入增长的作用在扩大（李实和丁赛，2003；张车伟，2006；钟甫宁和刘华，2007 等）。刘泽云和王骏（2017）基于 CHNS 数据和 CHIP 数据估计了 1988 ~ 2013 年间中国城镇居民教育回报率的变化趋势，发现中国城镇居民的教育回报率在 20 世纪 80 年代末期到 90 年代初期维持在 4% 左右的低水平，从 90 年代中期开始快速提高，到 2005 年前后达到 14% 的最大值，此后下降并维持在 11% 的水平[①]。这里我们基于中国居民收入调查数据（CHIP）的 2002 年和 2013 年两截面数据，对约 10 年间不同年龄组劳动者的教育回报率的变化进行估计，受调查对象为城镇居民，2002 年样本有 10083 个，2013 年样本有 9379 个。基本回归方程如下[②]：

---

① 刘泽云、王骏：《中国城镇居民教育回报率的长期趋势》，载于《华中师范大学学报（人文社会科学版）》2017 年第 7 期。

② 需要说明的是，这里回归模型的设计较为简单，控制变量使用较少，主要因为研究目的并不在于准确估算出教育的回报率，而只是将 2002 年和 2013 年截面分析基于对计量模型做同样的简单设计，观察教育回报率的变化方向。研究过程中我们也尝试过将劳动者“性别”“婚姻状况”“劳动合同形式”“工作单位类型”“政治身份”等影响收入的变量代入模型进行过分析，估计结果与基于该简单模型的分析基本一致。

$$\log(wage) = \beta_0 + \beta_1 educ + \beta_2 age + \beta_3 age^2 + \beta_4 health + \beta_5 lnGDP\_per + \sum \beta_i industry_i + \varepsilon \quad (5-6)$$

其中，wage 代表劳动者受访时月工资，模型以其对数值作为被解释变量，以估算各解释变量对工资增长率的影响。educ 代表受正规教育的年数，“按照被调查对象上学时的学制年数计算”。统计显示，在党政机关团体事业单位，分年龄组劳动者的平均受教育年数普遍高出企业和个体部门的 2～3 年（见图 5－6）。age 表示年龄，常规工资函数通常把年龄当作工作经验的指标来使用，并把有关年龄的二次项也包含在内，以记录“年龄—收入”的抛物线分布特征（Mincer，1974）。

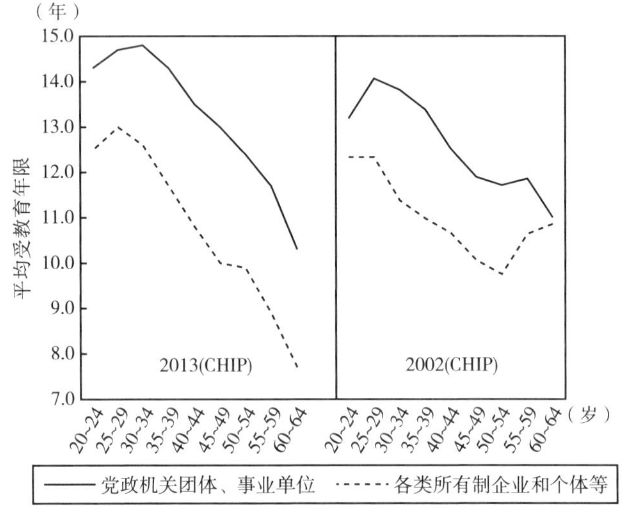

图 5－6　分年龄组受教育状况比较

health 代表健康状况，为主观评价，CHIP 问卷中问题是“与同龄人相比，您目前的健康状况是：①非常好，②好，③一般，④不好，⑤非常不好”，对应评分是“1 分……5 分”评分越高，表示健康状况相对越差。统计显示，十年间劳动者的身体健康状况在改善，特别是年轻劳动者对自身健康状况的评价越来越好；“党政等部门”各年龄组的身体状况都好于“企业等部门”（见图 5－7）。lnGDP_per 表示受访者所在省区市一级的当年人均 GDP 对数，以控制地区效应。$industry_i$ 代表 19 个行业哑变量，其中 $i=1, 2, \cdots, 19$，以控制行业效应。β_0、ε 分别为截距项和扰动项，$\beta_1 \sim \beta_5$ 为自变量的待估参数。

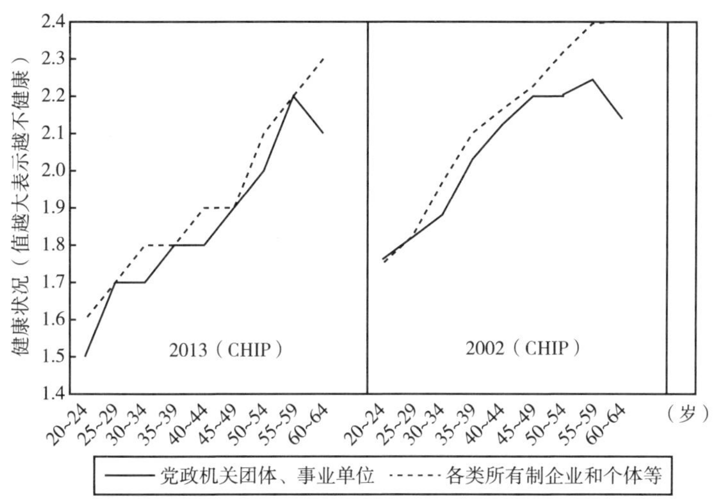

图5-7 分年龄组身体健康状况比较

5.5.1 总样本的教育对工资收入增长的影响

考虑到不同部门劳动者工资收入决定机制存在较大差异，我们先对总样本做回归，后分别对“党政等部门”和“企业等部门”两类样本做回归，最小二乘法的回归结果见表5-3。回归结果显示，教育对工资收入增长带来的带动效应都在1%水平上显著，而且2013年与2002年相比，这种带动效应明显在提升，其中男性比女性更明显。总样本回归结果显示，2002年男性学历教育每增加1年，工资增长率提高4.6%，女性提高6.1%；而在2013年男性提高6.6%，女性提高7%，男性比女性提高幅度更大。另外，在“党政等部门”教育对工资收入增长的带动效应要比“企业等部门”强烈，说明前者相对更加重视学历教育对工资增长的作用。而具体到各类型企业，教育对工资增长的带动作用，在中外合资及外资独资企业要依次大于在国有及控股企业、个体私营和集体企业。不同部门之间教育重要性的差异实际上也可以通过各部门劳动者平均受教育年限差异反映出来，受教育年限越多的部门，也说明教育重要性越强。在“党政等部门”平均受教育年限13.6年；中外合资或外商独资企业13.2年；国有及控股企业12.4年；私营企业11.3年；集体企业11.3年；个体9.86年。

其余变量对工资收入提高的影响是：以人均GDP表示社会经济发展水平对工资增长的效应为正，人均GDP水平越高，则工资增长率也较高，2013年经济发展水平的正向效应与2002年相比在减弱。2013年截面估计结果显示，身体状况越差，不利于提高工资收入，男性的工资收入增长受身体健康的影响要大于女性。而2002年截面估计显示，这种影响大多不显著，甚至女性样本显示：不健康对工资增长有微弱的正效应，可能原因是身体状况差，医疗支出多，在此时社会医保不完善时不得不继续工作以减轻经济压力（见表5-3和表5-4）。

5.5.2 分年龄组样本的教育对工资增长的影响

与以往研究不同的是，我们估计了不同年龄组的教育对工资收入带动效应，即每一个年龄组内，学历教育多1年，工资收入将提高的幅度。各个年龄组的这种边际效应可进行比较，估计结果见表5-5和图5-8。显示，在各年龄组间教育对收入增长的带动效应还是存在明显差异，相较10年前，高龄组的这种带动效应有所加强：（1）2002年总样本估计结果显示，在30~34岁年龄组，学历教育每多1年，工资会多出6.7%，在所有年龄组中，这种带动效应最明显。总体上教育对工资收入增长带动效应在各年龄组呈倒“U”型分布，在倒“U”型曲线右端，年龄越高的样本组，教育对工资的边际增加效应越弱。（2）2013年总样本估计结果显示，在30~34岁年龄组，学历教育每多1年，工资会多出7.2%。在20~34岁年龄组，教育对工资的边际提高效应随年龄快速提升，而在此后年龄组的带动效应随年龄仍在慢速加强，而2002年越往高领组边际提高效应在减弱。另一不同的是，这种边际提高效应在党政等部门与企业等部门之间有差异：越在高龄组，党政等部门的教育边际回报效应越突出，如在50~55岁年龄组，学历教育每多1年，工资会多出11%，而在企业等部门，工资仅多出6.3%。企业等部门教育的边际提升在6%~7%之间平稳波动，这并未像2002年那样有明显“下沉”，这说明教育对工资收入增进效应在10年后更有长期性、更为明显。

表 5-3　　2013 年不同部门劳动者工资收入决定的回归结果

变量	总样本		党政机关团体事业单位		不同所有制经济单位		国有及控股企业		集体企业		中外合资及外资独资企业		个体		私营企业	
	男	女	男	女	男	女	男	女	男	女	男	女	男	女	男	女
lnGDP_per	0.031 ** -2.17	0.0664 *** -4.05	0.0879 *** -3.74	0.0810 *** -2.76	0.00576 -0.34	0.0667 *** -3.41	0.0453 -1.36	0.179 *** -3.6	0.0793 -0.99	-0.0383 (-0.48)	0.129 -1.13	0.185 * -1.76	-0.085 ** (-2.54)	-0.019 (-0.51)	0.0142 -0.43	0.0835 ** -2.55
health	-0.073 *** (-5.90)	-0.071 *** (-4.79)	-0.0494 ** (-2.24)	-0.0338 (-1.22)	-0.085 *** (-5.82)	-0.081 *** (-4.67)	-0.105 *** (-3.97)	-0.0385 (-0.98)	-0.0455 (-0.65)	-0.007 (-0.11)	-0.168 ** (-2.40)	-0.057 (-0.74)	-0.107 *** (-3.49)	-0.0813 ** (-2.23)	-0.068 *** (-2.59)	-0.132 *** (-4.61)
educ	0.066 *** -19.82	0.0700 *** -17.71	0.0871 *** -13.75	0.0847 *** -10.52	0.060 *** -15.35	0.0620 *** -13.45	0.0715 *** -9.33	0.084 *** -7.24	0.0343 * -1.78	0.045 ** -2.48	0.106 *** -5.86	0.122 *** -6.21	0.051 *** -5.66	0.0361 *** -3.36	0.0574 *** -8.18	0.0588 *** -8.14
age	0.091 *** -15.28	0.0707 *** -8.91	0.0822 *** -6.07	0.0727 *** -3.91	0.091 *** -13.64	0.0648 *** -7.31	0.061 *** -4.09	0.063 ** -2.26	0.101 *** -3.08	0.116 ** -2.43	0.0698 -1.49	0.0826 -1.61	0.0899 *** -6.32	0.0639 *** -3.5	0.0819 *** -6.54	0.045 *** -2.8
age_2	-0.001 *** (-14.09)	-0.001 *** (-8.24)	-0.001 *** (-4.71)	-0.001 *** (-3.09)	-0.00 *** (-12.99)	-0.001 *** (-7.09)	-0.001 *** (-3.35)	-0.000 * (-1.83)	-0.00 *** (-3.11)	-0.00 ** (-2.37)	-0.000 (-0.93)	-0.001 (-1.18)	-0.001 *** (-6.35)	-0.000 *** (-3.71)	-0.001 *** (-5.93)	-0.000 ** (-2.51)
行业	控制	控制	控制	控制	控制	控制	控制	控制	控制	控制	未控制	未控制	控制	控制	控制	控制
_cons	5.763 *** -27.01	5.089 *** -20.47	5.543 *** -8.69	5.046 *** -6.04	6.102 *** -24.6	5.335 *** -18.82	5.514 *** -7.68	2.565 ** -2.53	5.339 *** -3.89	8.94 *** -6.64	4.09 *** -2.84	2.878 ** -2.14	7.347 *** -14.55	6.657 *** -11.82	6.803 *** -14.07	5.583 *** -11.06
样本量	5311	4068	1276	999	4035	3069	1012	536	237	190	152	122	955	806	1262	1053
Adj-R^2	0.1725	0.1812	0.1997	0.1887	0.1715	0.1711	0.141	0.225	0.1778	0.2114	0.295	0.2779	0.1492	0.0772	0.1726	0.1578
F-statistic	43.59 ***	35.62 ***	13.24 ***	9.93 ***	33.11 ***	25.36 ***	7.38 ***	5.68 ***	1.83 ***	3.03 ***	11.53 ***	8.76 ***	7.79 ***	3.93 ***	11.12 ***	8.58 ***

注：括号内为 t 统计量，*、** 和 *** 分别代表系数在 10%、5% 和 1% 水平上显著；考虑到的关注重心和限于篇幅，没有将行业因素控制情况进行报告。

表 5 – 4　　2002 年不同部门劳动者工资收入决定的回归结果

变量	总样本		党政机关团体事业单位		企业及其他单位	
	男	女	男	女	男	女
ln_gdp_per	0. 355 *** (24. 40)	0. 321 *** (18. 89)	0. 333 *** (14. 56)	0. 316 *** (11. 78)	0. 370 *** (20. 00)	0. 333 *** (15. 40)
health	0. 00955 (1. 07)	0. 0213 ** (2. 07)	0. 0110 (0. 79)	0. 000324 (0. 02)	0. 00814 (0. 72)	0. 0275 ** (2. 09)
educ	0. 0463 *** (18. 07)	0. 0611 *** (19. 12)	0. 0431 *** (10. 77)	0. 0637 *** (12. 61)	0. 0463 *** (14. 13)	0. 0571 *** (13. 92)
age	0. 0592 *** (11. 36)	0. 0431 *** (6. 63)	0. 0769 *** (8. 73)	0. 0758 *** (7. 14)	0. 0545 *** (8. 39)	0. 0275 *** (3. 35)
age_2	–0. 000571 *** (–9. 07)	–0. 000385 *** (–4. 59)	–0. 000730 *** (–7. 05)	–0. 000737 *** (–5. 53)	–0. 000538 *** (–6. 77)	–0. 000218 ** (–2. 03)
行业	控制	控制	控制	控制	控制	控制
_cons	1. 743 *** (9. 25)	1. 700 *** (7. 73)	1. 826 *** (3. 45)	1. 678 *** (2. 83)	1. 501 *** (6. 24)	2. 408 *** (8. 10)
样本量	5603	4480	1714	1420	3834	3016
Adj-R^2	0. 2583	0. 2685	0. 2668	0. 2764	0. 2080	0. 2006
F-statistic	98. 55 ***	83. 22 ***	32. 17 ***	28. 10 ***	51. 34 ***	38. 82 ***

注：括号内为 t 统计量，* 、** 和 *** 分别代表系数在 10% 、5% 和 1% 水平上显著；考虑到的关注重心和限于篇幅，没有将行业因素控制情况进行报告。

表5-5 不同年龄组教育对工资增长的边际影响

变量		(1) 20~24岁	(2) 25~29岁	(3) 30~34岁	(4) 35~39岁	(5) 40~44岁	(6) 45~49岁	(7) 50~54岁	(8) 55~59岁
总样本（2013年）	ln_gdp_per	0.0394 (0.87)	-0.00112 (-0.03)	0.0160 (0.60)	0.0666** (2.53)	0.0568** (2.29)	0.0570** (2.14)	0.0747** (2.18)	0.0704 (1.24)
	health	-0.0673 (-1.35)	-0.0689** (-2.15)	-0.0522** (-1.98)	-0.0950*** (-3.75)	-0.107*** (-5.00)	-0.0686*** (-3.03)	-0.0666*** (-2.64)	-0.0157 (-0.38)
	age	0.0520** (2.01)	0.0452*** (3.04)	0.0312** (2.39)	0.00239 (0.20)	0.000993 (0.09)	0.0136 (1.10)	-0.000694 (-0.05)	-0.0114 (-0.47)
	education	0.0203 (1.60)	0.0629*** (7.91)	0.0756*** (11.11)	0.0638*** (9.95)	0.0699*** (12.10)	0.0767*** (11.81)	0.0751*** (9.71)	0.0832*** (7.16)
	行业	控制	控制	控制	控制	控制	控制	控制	控制
	_cons	5.789*** (7.40)	5.861*** (10.87)	5.928*** (11.39)	6.495*** (11.56)	6.710*** (12.37)	5.897*** (9.00)	6.460*** (7.54)	6.876*** (4.46)
	样本量	556	1048	1267	1417	1775	1564	1010	583
	Adj-R^2	0.0365	0.1021	0.1332	0.1512	0.1679	0.1759	0.1878	0.1651
	F-statistic	1.96	6.41	9.84	12.47	17.2	16.16	11.60	6.23

续表

变量		(1) 20～24岁	(2) 25～29岁	(3) 30～34岁	(4) 35～39岁	(5) 40～44岁	(6) 45～49岁	(7) 50～54岁	(8) 55～59岁
党政机关团体事业单位（2013年）	ln_gdp_per	0.0472 (0.44)	0.0627 (0.78)	0.0732 (1.61)	0.0557 (1.51)	0.0940** (2.45)	0.149*** (2.80)	0.0661 (1.21)	0.243*** (2.67)
	health	-0.123 (-0.84)	-0.0530 (-0.60)	0.0119 (0.29)	-0.0572 (-1.57)	-0.0707* (-1.95)	-0.0405 (-0.86)	-0.0754 (-1.52)	-0.0117 (-0.18)
	age	0.00869 (0.11)	-0.0312 (-0.73)	0.0194 (0.92)	0.00569 (0.31)	0.0144 (0.80)	0.0558** (2.17)	0.0118 (0.41)	0.0439 (1.27)
	education	0.0809* (1.72)	0.0958*** (3.84)	0.0868*** (7.01)	0.0606*** (5.70)	0.0638*** (6.18)	0.0972*** (7.01)	0.110*** (6.87)	0.0828*** (4.95)
	行业	控制	控制	控制	控制	控制	控制	控制	控制
	_cons	5.258** (2.43)	7.371*** (4.59)	5.011*** (5.66)	6.389*** (7.35)	6.494*** (7.09)	1.614 (1.02)	5.254*** (2.97)	1.629 (0.73)
	样本量	92	199	334	393	450	386	261	152
	Adj-R^2	-0.0661	0.0656	0.1913	0.1369	0.1619	0.1552	0.1969	0.3057
	F-statistic	0.65	1.73	5.15***	3.96***	5.13***	4.22***	4.04***	5.16***

续表

变量		(1) 20~24岁	(2) 25~29岁	(3) 30~34岁	(4) 35~39岁	(5) 40~44岁	(6) 45~49岁	(7) 50~54岁	(8) 55~59岁
企业、个体等(2013年)	ln_gdp_per	0.0543 (1.00)	-0.00472 (-0.12)	-0.0177 (-0.50)	0.0734** (1.99)	0.0468 (1.39)	0.0190 (0.57)	0.0752 (1.58)	0.0310 (0.43)
	health	-0.0575 (-1.02)	-0.0747** (-2.09)	-0.0782** (-2.30)	-0.121*** (-3.50)	-0.107*** (-3.92)	-0.0829*** (-3.00)	-0.0935*** (-3.03)	0.0139 (0.26)
	age	0.0565** (1.97)	0.0707*** (4.32)	0.0339** (2.03)	0.00499 (0.31)	-0.0104 (-0.71)	0.00552 (0.37)	-0.0148 (-0.80)	-0.0311 (-0.95)
	education	0.0205 (1.47)	0.0565*** (6.47)	0.0721*** (8.32)	0.0647*** (7.55)	0.0686*** (9.15)	0.0694*** (8.70)	0.0634*** (6.64)	0.0705*** (4.40)
	行业	控制	控制	控制	控制	控制	控制	控制	控制
	_cons	5.519*** (6.21)	5.318*** (8.67)	6.309*** (9.43)	6.357*** (8.48)	7.302*** (10.26)	6.792*** (8.61)	7.351*** (6.77)	8.490*** (4.15)
	样本量	435	778	866	942	1174	1040	645	356
	Adj-R^2	0.0631	0.1198	0.1192	0.1358	0.1491	0.1684	0.1690	0.0640
	F-statistic	2.33***	5.81***	6.32***	7.72***	10.35***	10.56***	6.95***	2.16***

续表

变量		(1) 20~24岁	(2) 25~29岁	(3) 30~34岁	(4) 35~39岁	(5) 40~44岁	(6) 45~49岁	(7) 50~54岁	(8) 55~59岁
总样本（2002年）	ln_gdp_per	0.505*** (9.40)	0.493*** (11.41)	0.328*** (9.87)	0.320*** (11.24)	0.353*** (13.91)	0.307*** (12.50)	0.298*** (9.98)	0.281*** (5.80)
	行业	控制	控制	控制	控制	控制	控制	控制	控制
	health	0.0604 (1.60)	0.0251 (0.88)	0.0207 (1.13)	0.0299* (1.89)	-0.0134 (-0.88)	-0.00443 (-0.30)	0.00464 (0.24)	-0.00268 (-0.09)
	age	0.0535 (0.40)	0.0400*** (2.74)	0.0455*** (4.18)	0.0169* (1.92)	0.00286 (0.34)	0.0161* (1.83)	0.00231 (0.21)	0.00834 (0.45)
	education	0.0353*** (2.68)	0.0441*** (5.45)	0.0671*** (12.02)	0.0553*** (11.54)	0.0618*** (12.91)	0.0513*** (11.00)	0.0423*** (7.61)	0.0469*** (5.99)
	_cons	-0.116 (-0.16)	0.412 (0.63)	1.492*** (3.11)	2.380*** (5.46)	3.166*** (7.27)	2.855*** (6.05)	3.449*** (5.27)	2.865** (2.45)
	样本量	486	784	1362	1786	1865	2049	1147	444
	$Adj\text{-}R^2$	0.250	0.2317	0.2348	0.2420	0.2689	0.2459	0.2519	0.3244
	F-statistic	9.53	13.43	22.98	30.99	37.09	36.15	21.31	12.19

续表

变量		(1) 20~24岁	(2) 25~29岁	(3) 30~34岁	(4) 35~39岁	(5) 40~44岁	(6) 45~49岁	(7) 50~54岁	(8) 55~59岁
党政机关团体事业单位(2002年)	ln_gdp_per	0.475*** (5.09)	0.473*** (6.68)	0.326*** (5.94)	0.317*** (6.93)	0.337*** (8.56)	0.296*** (7.29)	0.261*** (6.23)	0.247*** (3.30)
	行业	控制	控制	控制	控制	控制	控制	控制	控制
	health	-0.0968 (-1.64)	0.0389 (0.86)	0.0505 (1.63)	0.0335 (1.39)	-0.0120 (-0.52)	-0.0399 (-1.58)	0.0360 (1.31)	-0.0202 (-0.43)
	age	0.0650* (1.85)	0.0615*** (2.66)	0.0417** (2.40)	0.0351*** (2.59)	0.00962 (0.75)	0.0295** (2.06)	-0.00397 (-0.25)	-0.00723 (-0.24)
	education	0.0105 (0.55)	0.0674*** (4.30)	0.0555*** (5.67)	0.0599*** (8.06)	0.0609*** (8.24)	0.0450*** (6.14)	0.0479*** (5.81)	0.0557*** (4.63)
	_cons	1.021 (0.81)	-0.624 (-0.65)	1.769** (1.99)	1.853** (2.25)	3.047*** (3.97)	2.561*** (3.01)	4.761*** (4.65)	4.471** (2.31)
	样本量	130	215	444	581	553	602	377	179
	Adj-R^2	0.2665	0.2946	0.1901	0.2011	0.2803	0.2400	0.2567	0.1938
	F-statistic	3.93***	5.97***	6.78***	9.11***	12.31***	11.54***	7.84***	3.67***

续表

变量		(1) 20~24 岁	(2) 25~29 岁	(3) 30~34 岁	(4) 35~39 岁	(5) 40~44 岁	(6) 45~49 岁	(7) 50~54 岁	(8) 55~59 岁
企业、个体等（2002 年）	ln_gdp_per	0. 519*** (7. 91)	0. 482*** (8. 81)	0. 329*** (7. 77)	0. 328*** (8. 98)	0. 366*** (11. 29)	0. 325*** (10. 58)	0. 329*** (8. 19)	0. 326*** (5. 06)
	health	0. 110** (2. 33)	0. 0184 (0. 51)	0. 000605 (0. 03)	0. 0258 (1. 24)	−0. 0148 (−0. 77)	0. 0101 (0. 54)	−0. 00878 (−0. 34)	0. 0140 (0. 33)
	age	0. 0642** (2. 55)	0. 0345* (1. 82)	0. 0452*** (3. 22)	0. 00868 (0. 76)	−0. 00268 (−0. 25)	0. 0102 (0. 93)	0. 00814 (0. 55)	0. 0240 (0. 99)
	education	0. 0525*** (3. 05)	0. 0400*** (4. 06)	0. 0707*** (10. 16)	0. 0533*** (8. 53)	0. 0575*** (9. 27)	0. 0515*** (8. 67)	0. 0352*** (4. 80)	0. 0385*** (3. 59)
	行业	控制	控制	控制	控制	控制	控制	控制	控制
	_cons	−1. 060 (−1. 04)	0. 820 (0. 96)	1. 268** (2. 00)	2. 893*** (5. 18)	3. 280*** (5. 59)	3. 024*** (4. 98)	3. 527*** (3. 96)	1. 373 (0. 88)
	样本量	355	563	897	1189	1295	1432	756	260
	Adj-R^2	0. 2688	0. 1810	0. 1935	0. 1834	0. 2110	0. 1902	0. 1791	0. 2981
	F-statistic	7. 85***	7. 54***	12. 31***	15. 04***	19. 21***	18. 68***	9. 67***	6. 79***

注：括号内为 t 统计量，*、** 和 *** 分别代表系数在 10%、5% 和 1% 水平上显著；考虑到的关注重心和限于篇幅，没有将行业因素控制情况进行报告。

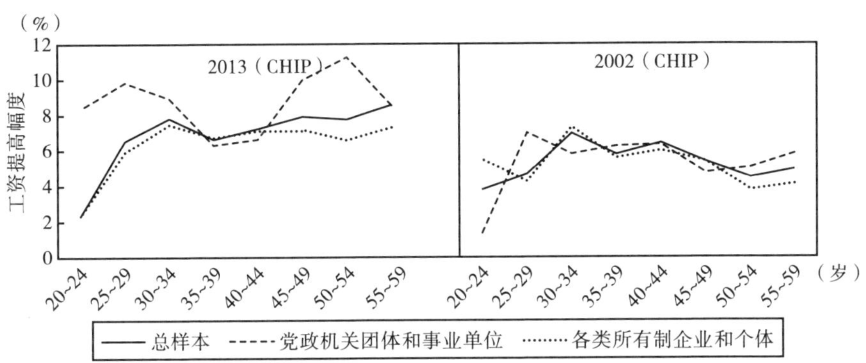

图5-8 不同年龄组内劳动者教育对工资提高幅度的影响

注：根据表5-4中分年龄组受教育年限对工资增长影响系数的估算结果绘制。

5.5.3 分学历样本的各年龄组之间工资差异

本章基于CHIP（2002，2013）截面数据，也计算了小学及以下、初中、高中、大专、本科和研究生等6类受教育层次样本中各年龄组平均工资，计算结果见图5-9。此外还针对各年龄组样本，将中小学以上不同学历水平劳动者平均工资与小学及以下劳动者平均工资依次进行了除法比较，得到不同学历者的相对工资水平，计算结果如图5-10所示。

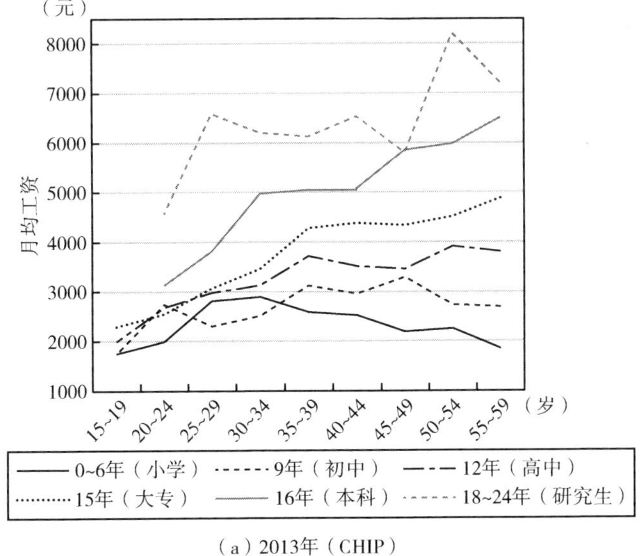

(a) 2013年(CHIP)

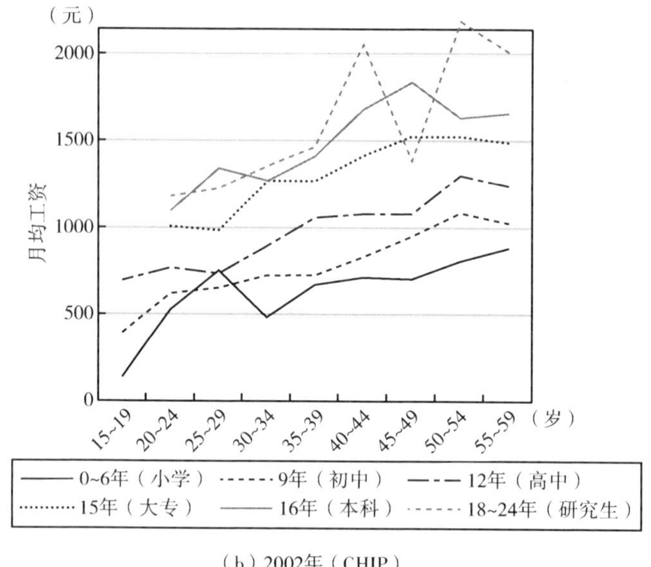

（b）2002年（CHIP）

图5-9　分年龄组不同学历者的平均工资

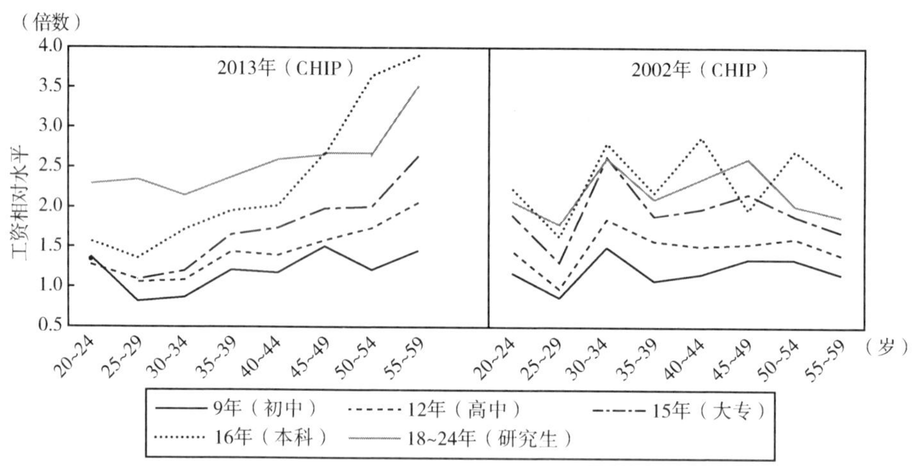

图5-10　分年龄组不同学历者的相对工资水平

一方面，图5-9显示，不同年龄组受教育年限越多，工资收入一般也越高。另一方面，图5-10显示，不同学历者的相对工资水平随年龄组的分布，在10年前后有明显变化。2002年，在30~34岁后越往高龄组，不同学历者组成的工资—年龄曲线束在“下沉收拢”；越往高龄组，不同学历劳动者中间平均工资的差距在缩小。而在2013年，不同学历者组成的年龄—工资曲线束在“上扬张开”，越往高龄组，不同学历劳动者中间平均工资的差距在扩大。图5-9也显示出，2013年初中及以下的低学历者越到高龄组，绝对工资水平甚至在下降。如在55~59岁年龄组，小学和初中学历者的平均工资为1848元和2686元，仅为高中学历者的49%和70%，大专学历者的38%和55%。

总之，通过10年前后对比，反映出学历不高的高龄组劳动者的市场经济地位在降低。2010年我国“六普”调查显示，55~59岁城镇人口中初中及以下学历者占比77.2%，其中小学及以下人口占比36.1%。这意味着高中及以上学历者仅占1/4多点，到2013年全国城镇离退休人员的高中及以上学历者占比也是这个水平，而当前城镇职工离退休金平均为1914元/月，如果每个老人的退休金差别不大的话，初中及以下学历者的养老金替代率达到了70%以上。由此可见，这些低学历劳动者“到点退休、领取待遇”的动机是多么的强烈，相较而言，延迟退休对于高学历者更容易接受。现有实证研究表明，相对于高学历者，低学历者延迟退休的确意愿不强（廖少宏，2012；阳义南，2012；李琴和彭浩然，2015等），而提前领取养老金愿望相对迫切①。

5.6 主要结论与进一步讨论

5.6.1 主要结论

本书利用2000年和2010年两个截面的宏观数据，分次测度15~59岁分年龄组的产出弹性系数。结果显示，产出弹性系数随年龄组呈倒“U”型分布，中间年龄组产出弹性最高，而两端年龄组则“下沉”，但10年前后的倒“U”型的变化是：（1）根据总样本数据测算，2000年45~49岁和30~34

① 值得注意的是，应该做出这样一个区分：延迟退休意愿不强并不表明会及早离开劳动力市场，很多研究所谈到的“延迟退休”是指延迟领取养老金的时间，并不是退出劳动力市场的时间。一些研究也发现，受教育最多的群体与受教育最少的群体都更有可能工作太久，但是两类群体工作目标是不一样的，前者是为继续融入社会、获得尊重、实现个人价值最大化，而后者是为了获得收入、稳定生计。OECD（2018）研究发现，在大部分OECD成员方中，受过良好教育的壮年者工作时间比受教育不多的人要更长。但是老年人的情况不一样：在很多国家受教育不多的65~69岁老年人，每周工作时间会比受到良好教育的人更多，意味着受到良好教育的工人减少工作时间的节奏比受教育不多的人更快。这些发现也可能显示，受教育不多的人通常不会只拿出部分时间来工作，他们会在经济压力下不得不工作得更久（OECD，2018）。

岁两个年龄组产出弹性最高，而2010年只有30~34岁年龄组最高，10年后最有效率的年龄在偏年轻化，高龄组的产出效率比10年前有进一步“下沉”。尽管如此，但高龄组的产出效率仍相当于20~24岁年龄组。（2）根据分地区样本数据测算，东部最有效率的年龄组仍较年轻，为25~29岁，而中、西部地区则向更大年龄组推移，中部从25~29岁推移至30~34岁，西部从25~29岁推移至44~49岁。未来随着区域经济进一步协调发展，中、西部地区中高龄劳动者拥有更多就业机会，经济环境改善，这对于未来在全国范围统一延迟退休年龄无疑是有利的。由于工资是反映产出效率的重要指标，本书利用2002~2012年的CGSS微观数据观察了10年间“年龄—工资”分布特征持续变化，2000年和2010年的宏观数据总样本所反映的“年龄—产出弹性”分布特征变化与同期的“年龄—工资”分布特征变化有较为明显的契合。从连续过程来看，“企业等部门”样本显示，2002~2009年间50~59岁高龄劳动者相对工资水平持续下降，但2009年后又略有回升，如果回升后处在稳定状态，表明老年劳动者工资收入状况和市场经济地位在前期恶化之后有所改善，这无疑也将有利于延迟退休。

总之，分析表明，近年来老龄劳动者的相对产出效率、相对工资水平在下降，但是否成趋势，仍需持续观察。这些变化反映了随着我国经济结构和增长方式的转型升级，教育性人力资本的市场经济地位不断提高，对产出效率和工资决定的影响越来越大。由于多年来中国老年人受教育水平整体偏低，产出效率相对于其他年龄组在下降，30~34岁年龄组成为最有产出效率的代表。

5.6.2 进一步讨论

（1）本书从年龄—产出效率特征（age-productivity profile）角度试图为未来合理掌握延迟退休的节奏找到一个理论依据。希尔贝克（Vegard Skirbekk，2003）就曾提出过一个理论判断：假定老年人缺乏产出效率，工作人口的老龄化可能会降低经济增长速度，并降低财政可持续能力。如果老年工人的工资超过了其产出效率水平，则其工资就不得不降低，这样就业率才能提高。因此，废除“论资排辈”制度（seniority systems）就可能成为“政治上试图提高退休年龄并能获得成功”的一个必要条件。

这是一个很重要的命题。如果政策上要成功提高退休年龄，就需要按照边际产出决定工资率的新古典经济原则来调整工资报酬制度，以减轻企业的负担。不采取打破“论资排辈”的更为科学的人事薪酬制度，当法定退休年龄延迟，老年工人的产出效率不能有相应的保证时，则延长退休年龄的制度将会让企业单位“左右为难”，延迟退休政策实施会陷入一种尴尬的境地。

一般而言，劳动者的个人工资水平随着年龄的增长而提高。当达到一定年龄后，因工资刚性效应存在，“我们很少发现老年工人工资率在降低，但是其产出能力在下降”（Tang and MacLeod，2006）。工资水平并未随产出效率下降而下降时，将会牺牲掉企业的利润空间，这极有可能造成达到一定年龄的老年劳动者就业率的下降。因为企业会调整生产要素的配置方案，要么是用资本替代劳动，要么是更多地雇佣年轻劳动者。即使退休年龄延迟，老年人就业状况仍然不容乐观。或者是，在某些产出效率随年龄增长而下降得更为明显的行业或企业，当劳动者权益受到强烈保护，降低工资容易面临巨大政治压力时，劳动雇佣成本高居不下，企业生产效率难以提高，最终造成企业对整个社会保障制度的“输血”功能作用减退，社保基金可持续能力受到影响。

企业既要承担社会保障责任，向社会保障基金“输血”，但更要有“造血”功能，这就需要创造适合于企业发展的宽松的制度环境。如何处理这两种功能之间的关系，企业在承担基本的社会保障责任基础上，其经济行为和要素配置方式要遵循边际产出与边际投入相等的原则。企业根据劳动者的边际产出效率来合理制定雇佣与薪酬制度，这样才能获得最大利润，实现可持续发展，社会保障费源才有稳定保障。由此而言，未来延迟退休年龄，除了着眼于社会养老保险制度的财务可持续能力发展外，还应该考虑到如何将有可能对企业的合理用人制度带来的不利影响降到最小。例如，当某年法定退休年龄要提高到65岁，但是通过实证分析表明，64岁的所有劳动者的平均产出绩效表现无法适应企业发展的需要，如果政策又规定未达到65岁时用人单位不能辞退劳动者时，继续聘用这种老年劳动者将不利于企业落实合理的用人制度，将给企业造成效率损失，此时可认为这种延退节奏显得过快。

本书探讨年龄—产出效率特征的实践和现实意义在于：我们认为至少可为退休年龄政策的调整提供一个量化依据或方法参考。目前调整退休年龄政策的主流依据是生命周期理论，当人口寿命延长时，在原来的退休年龄政策下，将会使得一个人的工作期相对缩短，退休期相对延长，会造成当前劳动者要供养更多的老年人，最终使得劳动者的负担不断加重，劳动力使用成本不断提高，更多的生产资料配置到生活资料上，阻碍社会积累增长，直接体现为社会保障制度财务收支恶化，社保基金长期内难以为继。因此多数观点认为，如何延迟退休年龄，要根据人口结构变化、人口寿命状况及其对社会养老保险基金收支影响而定，而很少观点基于年龄—产出效率特征的变化，来更为细致考虑新的退休年龄政策设计的科学性。而我们的研究则做了拓展性贡献，认为在把握延迟退休节奏时，有必要分析临近退休的劳动者产出效率在不同时期存在的差异或表现出的某种趋势变化。如果例如55~60岁的劳动者产出效率在长期内上升明显，则为未来延迟退休提供了合理的依据，说明社会经济进步，劳动者教育资本和健康资本不断提高，尽管劳动力年龄结构老化，但产出效率递减效应会得到抑制或延缓，则即使逐步延迟退休，社会产出效率并不受到影响，而且经济发展所需的劳动力供给也能有保障。那么不同时期临近退休劳动者产出效率的变化就可以作为政策上边际调整退休年龄的一个重要基础和依据。这就是从社会经济增长的角度，而不仅仅是立足于人口预期寿命变化、社会保险基金长期收支平衡等来调整退休年龄政策。

（2）老年组的受教育状况与产出效率表现。一个不可忽视的事实是，随着我国经济结构和增长方式的转型升级，教育对人力资本、产出效率和工资决定的影响越来越大。在高龄组，低学历者与高学历者之间的工资差距在拉大，低学历者的市场经济地位正在降低，而我国低学历劳动者占人口绝大多数的国情又将长期存在。2010年“六普”城镇人口数据显示，50~54岁和55~59岁组中，“初中及以下学历者”占比分别为63%和77%，即使到2025年，50~59岁年龄段的初中及以下的低学历者人数占比仍接近70%，到2035年，即当前的30~34岁组达到55~59岁，低学历人数占比仍高达50%左右。中国人口教育状况与一些正在延迟退休的典型国家存在较大差异。如OECD成员方中，55~64岁、45~54岁、35~44岁、25~34岁四个年龄组中，“初中及以下学历者”人数占比分别为32%、25%、19%、16%，而中国分别高达88%、76%、77%、64%（OECD，2016）。即使将“金砖四国”纳入比较中，我国高龄劳动者低学历者人数占比也是最高的，反映了我国老年人群体受教育状况与OECD成员方差距较大（见图5-11）。

OECD成员方的高龄劳动者受教育水平普遍较高，与其他年龄组差异较小，这可能是高龄劳动者仍有较高产出效率的一个重要原因。多项针对OECD成员方样本的研究也发现，最有产出效率的劳动者分布在如“50~64岁”（Lindh & Malmberg，1999）、“40~49岁”及“50~59岁”（Feyrer，2007）等较高年龄组。老年人受教育水平对其产出效率的影响，也可以通过受教育水平高低对就业率影响来间接体现。2016年，OECD成员方55~64岁群体中，受低等教育的平均就业率为44%，而受中等教育和高等教育的分别为59%和72%（OECD，2017）。而中国劳动者整体上看，最有产出效率的则

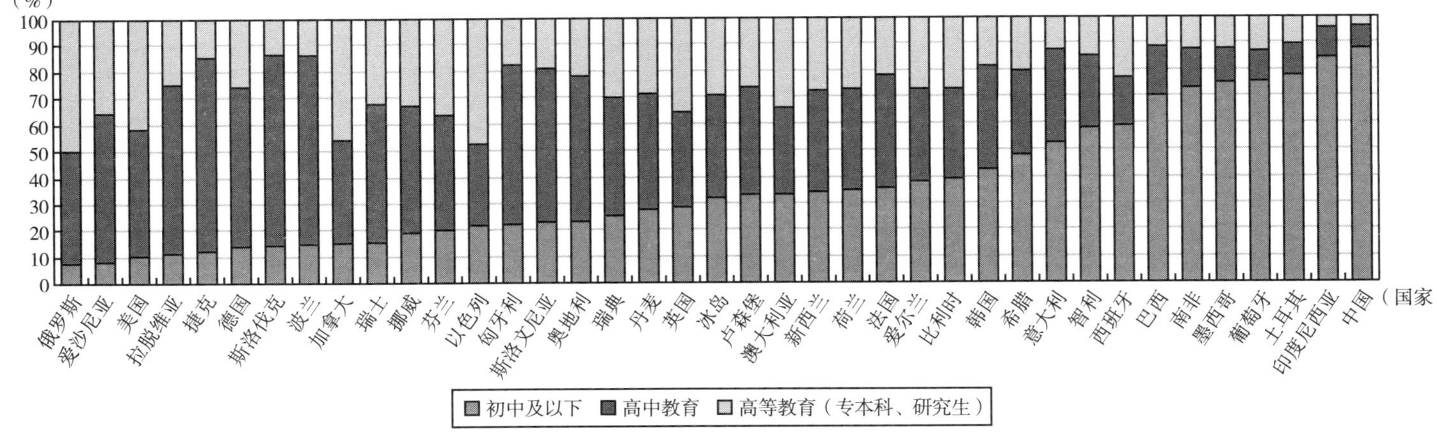

图5-11　55~64岁年龄组中不同学历者人数占比

资料来源：OECD官网（http：//stats. oecd. org/Index. aspx？ datasetcode = EAG_NEAC）。不同国家的数据采集年份分别是中国为2010年，智利、印度尼西亚与俄罗斯为2013年，法国、巴西、南非为2014年，其他国家均为2015年。

较年轻化，而且通过2000年和2010年两个时点的比较分析显示，高龄者产出效率有进一步"下沉"，意味着相对于其他年龄组，其产出效率优势有所减少。但由于数据来源有限，本书只能做到两个时点分析，这种变化是否构成趋势现在还无从判断，这是本书的最大不足。

总的来说，中外差异决定了延迟退休政策必然要基于国情，延迟节奏需谨慎安排、从长计议，切不可像目前国内有观点所建议的那样，简单参考一些国家的目标退休年龄标准（如男女同为65岁），利用今后短短10余年里就调整到位。在实施延退计划时，除了考虑养老金的收支平衡外，还应考虑不同年龄组特别是陆续临近退休的劳动者相对产出效率变化，使得延迟退休节奏尽量合理，避免不同代人因受教育水平不一、经济社会发展对人力资本要求越来越高的情形下，因延迟节奏不当加大了广大劳动者对年老后能否胜任工作的担忧，影响了岗位向产出效率相对更高的其他年龄群体配置，避免虽然延迟了退休年龄，但老年人就业难以上去的情形。因此一方面我们的延迟退休政策要早做制度准备，未雨绸缪；另一方面又不能操之过急，合理安排延迟节奏。

第6章

隔代照料对退休行为的影响

6.1 引　　言

中国在20世纪70年代末、80年代初实施的计划生育政策有效地控制了中国人口总规模的增长，同时在工业化、城市化进程中，人们的生育观念发生很大变化，少生优育、低生育趋势已经形成，人口总规模增长受到进一步抑制，但随之而来的是老龄化趋势加强，严重影响了社会经济的可持续发展。为摆脱不利的人口发展态势，2014年和2016年我国政府相继实施“单独二孩”和“全面二孩”政策。虽然生育限制放开，但近年来新生儿出生人数低于预期，尤其是“一孩”出生人口在减少，中国人口形势不容乐观。显然，要提高生育意愿，仅放开生育限制是不够的。长期以来，每个家庭承担了养育照料孩子的巨大压力和负担，也构成了生育意愿不高的重要原因①。

在人口生育限制放开的背景下，当新生儿增加，社会对幼儿照料服务和福利提供还明显滞后时，对于一般家庭，隔代照料将更显必要。隔代照料既是在中国传统文化影响下重要的家庭分工形式，既缓解了年轻子女一代在外出工作和家庭照料之间选择的两难问题，也是重要的家庭福利形式，通

① 2015年国家卫计委组织的生育意愿调查的结果显示，因为经济负担、太费精力和无人看护而不愿生育第二个子女的比例分别占到74.5%、61.1%和60.5%。照料压力、养育成本、女性的职业发展，以及追求生活质量等因素，对生育意愿和生育行为的约束增强了。有调查显示，育儿成本已经占到我国家庭平均收入接近50%，教育支出是最主要的一个负担。另外托育服务短缺非常严重，0~3岁婴幼儿在我国各类托幼机构的入托率仅为4%，远低于一些发达国家50%的比例。中国80%的婴幼儿都是由祖辈参与看护。

资料来源：华龙网。

过代际帮扶有利于实现家庭和谐与社会稳定。隔代照看的老年父母承担了年轻子女的繁重家庭劳动，反过来会缓解生育意愿不足问题，对新的人口生育政策实施意义重大。但是，延迟退休政策的实施，有可能将会影响到隔代照看的积极作用发挥。延迟退休政策实施后，老年父母回归家庭的时间就会推迟，这种推迟是否会影响到隔代照看行为？如果影响到，那说明延迟退休与人口生育政策存在一定冲突。尽管已有研究发现退休会增加隔代照料行为（封进和韩旭，2017），但并不能直接说明未来渐进式延迟退休一定会给隔代照料带来消极影响。因为中国采用的是低龄退休制，且女性作为隔代照料的主体，其法定退休年龄又比男性低，很有可能中国的低龄退休制度为隔代照料留下了足够的时间窗口。整体上看，即使退休年龄渐进式调整有可能也不足以影响到隔代照料。

而另一方面，新的人口生育政策实施后如果隔代照料的重要性在提升，新生儿的照料仍离不开家庭发挥主导作用时，隔代照料又是否会影响到未来延迟退休政策的实施？如果影响到，同样说明新的人口生育政策通过隔代照料这一传导机制与延迟退休政策形成冲突关系。进一步说，要增强年轻一代的生育意愿，就得让老年父母及早回归家庭照看孙辈，显然这与延迟退休的政策意图多少存在不一致性。从经验上分析，隔代照料将会影响到祖辈的劳动力市场参与行为，家庭照料压力的上升会减少外出工作时间。但问题是当前的低龄退休制度下，它是否会足以影响到退休行为。如果有影响，则说明未来如何延迟退休年龄就得考虑家庭隔代照料的现实国情，不能盲目照搬国外的延迟退休节奏以及男女同龄退休的政策。本章主要利用 CHARLS 微观调查数据考察了我国低龄退休制度下隔代照看对祖辈个体退休行为的影响。

6.2 文献综述

在国外，隔代照料的家庭功能和社会功能也受到越来越多人的重视。美国是个体主义文化盛行的国家，传统文化中祖辈的功能仅定位于为陪孙辈们娱乐（古吉慧，2013）。即便如此，至少在过去的 30 年里，参与照料孙辈的祖父母人数也在上升（Lumsdaine & Vermeer，2015）。当然如照料父母一样，照料孙辈的重担也是更多地压在祖母的身上（Soldo & Hill，1995）。古斯曼（Guzman，2004）研究发现，没有与 13 岁以下的孙辈居住在一起或生活在附近的祖母，提供照料服务的人数比例已高达 64%。最近的研究也认为，祖父母照料学前的孙子女已非常普遍（Laughlin，2010；Luo et al.，2012）。甚至自 2007 ~2008 年美国金融危机爆发后，祖父母提供照料服务现象越来越多，对缓解“夹心层”子女一代人的生活压力发挥了重要作用，并受到社会重视（Taylor et al.，2010）。在欧洲国家，2004 年的一份调查显示，在祖母至少每周都会照料孙辈的比例中，瑞典和丹麦最低，为 20%，意大利和希腊最高，超过了 40%，而祖父的比例在 15% ~ 37%（Hank & Buber，2009）。有些国家政府非常重视隔代照料，也向祖父母提供了育婴假（Bavel et al.，2013）。

早期文献探讨影响个体退休决策的因素，较少涉及家庭照料，而更多涉及的是经济财务因素如养老保障，以及个体特征如财产收入、受教育、身体健康等。近年来，越来越多的研究开始重视退休决策的复杂性，经济的和非经济因素在退休决策中所发挥的作用（Lumsdaine & Vermeer，2015），其中包括在家非正式照料对劳动力市场参与、退休意愿和退休行为影响，而直接探讨隔代照料对祖父母退休影响的文献不多。

考夫曼和艾德（Kaufman & Elder，2003）、希格斯等（Higgs et al.，2003）认为，在较早年龄就成为祖父母，会比同龄的还没有孙辈的心态更显老。更想花时间陪护孙辈的心情，容易成为提前退休的动力。相较男性，女性在家庭中一般承担更多照料的责任，因此在研究隔代照料时，女性退休受到格外关注。迪廷格和克拉克伯格（Dentinger & Clarkberg，2002）发现，照料一个以上孩子的女性比不照料者退休倾向更强，退休概率会高出 30%，另外照料责任强度越大，退休概率越高。巴威尔等（Bavel et al.，2013）以 22 个国家 50 岁以上的 11299 人为样本，考察了孙辈出生对祖父母提前退休的影响，发现有孙辈的女性在 60 岁之前的退休率提高了 13 个百分点，而男性则提高了 4 个百分点，孙子女的到来对祖辈提前退休有显著效应。卢姆斯丹和维米尔（Lumsdaine & Vermeer，2015）使用美国“健康和退休研究”（the Health and Retirement Study，HRS）的 47444 个观察样本，也发现拥有孙辈将祖父母退休的可能性提高了 8%，并提醒政策制定者，在延迟退休年龄时需注意到，政策鼓励照料孙辈，对老年人劳动参与可能会带来抵消效应。

近年来，国内多项研究对影响退休决策的因素进行了较为全面的分析，这些因素包括性别、婚姻、学历、收入、健康、社会地位、工作单位类型、配偶工作、保险参与等（封进和胡岩，2008；廖少宏，2012；李琴和彭浩然，2015；阳义南，2015），而很少有研究注意到，在非常强调家庭责任的传统文化背景下，照料孙辈也可能是影响退休决策的一个因素。何圆和王伊攀（2015）基于2011年健康与养老跟踪调查（CHARLS）数据的生存分析法，研究了隔代抚养对个体退休决策的影响，但该研究存在样本筛选不足、忽略内生性等问题，得出的结论并不令人信服。CHARLS的调查样本多数是农村户籍，该研究将全部受访对象作为退休年龄的考察样本，其中非农业户籍样本有1394个，其余户籍（农村）样本6118个，这样统计出来的退休年龄整体上是偏高的。因为大部分农村户籍样本并无退休年龄记录，而该研究又套用了适用于城镇职工的“制度退休”概念，而将其处理成右归并样本，因而实证结果失真；其次，CHARLS反映“照料孙子女”信息的数据是受访时的，而“退休”发生在受访之前，该研究将“需照料孙子女”作为自变量，退休年龄作为因变量，而删去的样本中则极有可能存在退休之后照料孙子女的情形，因此本书应考虑的内生性却被忽略了，同样会导致结论不可靠。

本章将基于2015年CHARLS调查，对样本进行了严格筛选，重新对该研究的结论进行了实证检验，但结果发现照料孙子女对退休行为的影响是模糊的，对其产生的原因也做了解释。我们的分析对象主要针对两类样本：一类是“是否已经制度退休”的样本，为减少内生性，对考察对象进一步针对“已退休不超过6年”样本；另一类是“预期未来何时退出有酬工作”样本，这样在分析当前照料孙辈对未来停止工作年龄的影响时就完全消除了内生性。

6.3 制度退休样本的久期分析

2015年的CHARLS调查总样本为21104个，由于CHARLS是跟踪数据，我们利用2011年和2013年的访问记录对2015年受访样本信息进行了补齐。由于2015年中受访对象大部分为农村户籍，为使得分析对象更有针对性，对样本严格进行筛选[①]，最后获得有效样本3384个，这类样本是“政府机关、事业和企业单位的社会基本养老保险”参与者，其中退休者2410个，未退休者974个。

6.3.1 主要变量的统计描述

表6-1汇报了受访样本的基本信息。样本年龄在44~80岁之间，男性样本目前平均年龄为61.77岁，女性为59.57岁；60%左右样本学历在初中及以下，高中学历占27%，大专及以上者不超过10%。根据微观调查，我们将退休年龄界定为“正式或提前退休、内退年龄”。男女性退休年龄的平均值相差较大，男性退休年龄平均为57.23岁，女性为51.40岁，二者相差6岁；男性55岁、60岁之前退休的累积样本分别占比为34.4%、51%，女性50岁、55岁之前退休的累积样本分别占比25%、77%（见图6-1）[②]。

作为一个重要解释变量的“退休年龄资格”以领取养老金的最早年龄来界定，设定女性领取养老金最早年龄为50岁，男性为55岁。一般而言，达到最低退休年龄后，退休可能性会提高。男性样本中满足退休年龄资格的占77%，女性样本中满足退休年龄资格的占75%。男性退休时妻子仍在工作的样本占26%，女性退休时丈夫仍在工作的样本占79%。临近退休时健康状况也会影响退休，但当健康状况普遍改善时，退休受健康状况的影响不是很强

① 在CHARLS（2015）的21104个总样本逐次进行如下筛选：1. 保留有明确退休时间的样本。尽管没有领取养老金的信息，“没有参与机关、事业单位和企业养老金计划的”但有明确退休时间的样本也予以保留；2. 删去“没有参与机关、事业单位或企业养老金计划”的同时又无退休年龄信息、也无任何领取养老金信息的样本，这个样本有16941个，删去“是否参与机关、事业单位或企业养老金计划”选项中回答为“0”和空白的样本274个；3. 删去无性别信息的3个；4. 删去无出生信息的16个；5. 从离退休规划还比较久远来考虑，删去44岁以下样本143个；6. 删去80岁以上样本186个，因为年龄较大，照料孙子女信息不全，即使有孙子女要照料，但离退休时已久远，难以准确观察到孙子女照料与其退休的关系。这样剩下的样本有3729个，这类样本就是“政府机关、事业和企业单位的社会基本养老保险”参与者和领取者。留下的样本必须是：“已经退休的”有明确的退休年龄信息；在65岁以上年龄样本中，有的样本虽然有“有养老金领取信息的”但没有退休年龄信息的，由于这类样本无法用于分析，最后也将其删去，被保留下来的视为“还未退休的”样本。最后有效样本3384个，其中正领取机关事业企业单位的养老金且有退休年龄信息的2053个，加上“未参加”“未回答”但有退休年龄信息的294个，该部分样本作为对已经退休者的处理，“参加还未领取但有退休年龄信息”样本63个，三类样本合计2410个；余下的“未退休者”样本974个，其中年龄60~70岁37个，55~59岁205个，50~54岁342个，45~49岁390个。由于CHARLS是追踪调查，2015年的样本信息还需要从前两轮（即2011年、2013年）调查中获得补充。

② 阳义南和才国伟（2012）对广东省数据整理发现，男职工选择在55岁之前退休的占55%，女职工选择在50岁之前退休的占41.2%，微观调查显示在职职工存在明显的提前退休倾向。

烈。本书以健康自评结果作为个体健康指标，自评“不好”计为“0”，“一般”计为“1”，“好/很好/极好”计为“2”。统计显示，受调查个体退休时的健康自评普遍较高，男性自评健康平均值为1.457，女性为1.529。

表6-1 主要变量统计描述

变量	男性			女性		
	样本	均值	标准误	样本	均值	标准误
退休年龄（岁）	1272	57.23	4.66	1138	51.40	4.56
受访时年龄（岁）	1974	61.77	9.07	1410	59.57	8.89
是否照料孙子女（是1，否0）	1974	0.296	0.457	1410	0.312	0.463
照料孙子女时长（小时数/年）	1974	864.1	2215.3	1410	1060.9	2521.9
户口（非农1，其他0）（比例）	1974	0.675	0.469	1410	0.720	0.449
小学及以下（比例）	1548	0.300	0.458	1083	0.328	0.470
初中（比例）	1548	0.293	0.455	1083	0.319	0.466
高中（比例）	1548	0.278	0.448	1083	0.266	0.442
大专及以上（比例）	1548	0.101	0.302	1083	0.067	0.251
退休时配偶仍工作（是1，否0）	1152	0.260	0.439	945	0.788	0.409
自评退休时健康（不好0，一般1，好/很好/极好2）	1217	1.457	0.654	1050	1.529	0.617
退休年龄资格（满足1，否0）	1272	0.772	0.420	1137	0.748	0.435
退休前工资水平（元）	820	1250	1397	639	874	1020

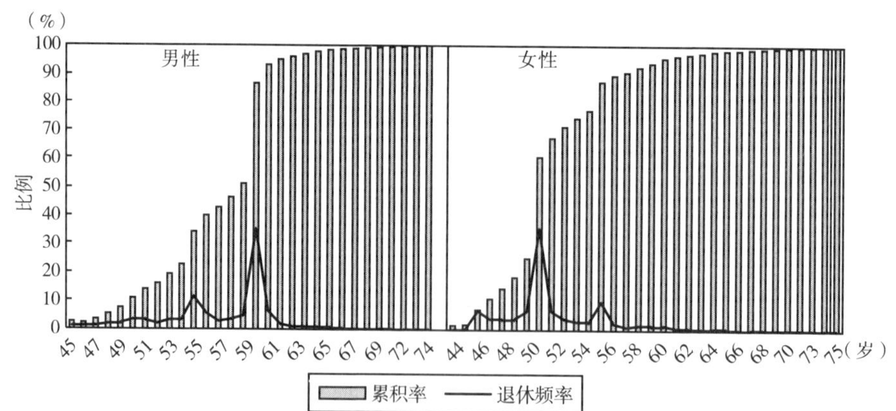

图6-1 男女性不同年龄退休样本占比

表6－1显示，需照料孙辈的男性样本平均比例为29.6%，女性样本平均比例为31.2%。在以照料时间衡量的照料强度上，女性也比男性要高。将“不需照料”与“需要照料”孙辈样本考虑在内，男性每年在照料孙子女上平均要花费约864.1小时，而女性约为1060.9小时。

☞专栏6－1

注意，上述主要是对城镇养老保险样本的统计结果。这里我们将农村样本纳入，对CHARLS（2015）的城乡合并样本进行统计，这样以类似于总人口视角来观测隔代照料与年龄的关系。城乡样本数据显示，男性和女性首次做祖父母的平均年龄分别为53.0岁和51.2岁。女性达到45岁后会迎来第一个孙辈出生的高峰期，50岁时首次当祖母的概率达到顶峰。男性在51岁首次当祖父的概率达到顶峰。女性到51岁时，约55%拥有孙辈；男性到53岁时，约54%拥有孙辈（见图6－2和图6－3）。

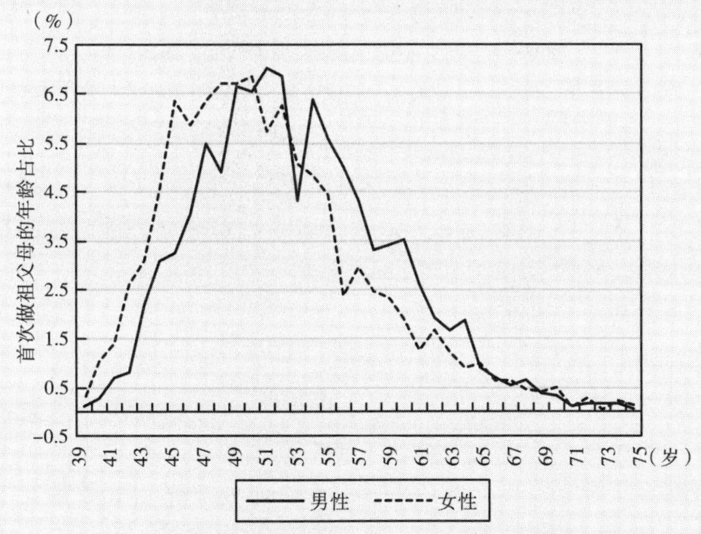

图6－2　首次做祖父母的年龄分布

一般地，随着孙辈出生，祖父母照料的概率会在后面几年内陆续提高。图6－2显示女性首次当祖母的概率在43岁后急剧上升，图6－3显示女性从45岁后照料孙子女的概率也在快速上升，直至54岁时达到顶峰，照料概率达到56%。而男性在46岁后照料概率不断提高，在55岁时达到顶峰44%。如果单从首次当祖父母的概率峰值时点与照料孙子女的概率峰值时点的差异来看，孙子女出生后的第4年将出现祖父母照料高峰。

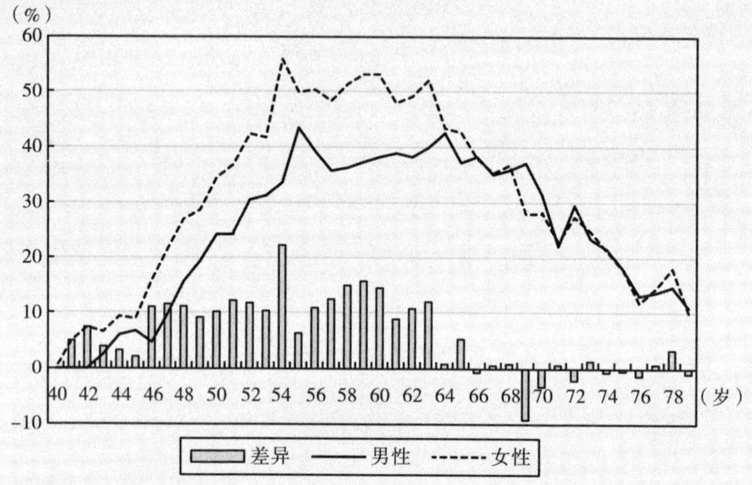

图6-3 男女不同年龄照料孙子女的概率

注：图6-2中39~75岁“有孙子女”的样本有4116个，其中男性样本1881个，女性样本2235个；图6-3中涉及城乡样本20873个。

祖父与祖母照料孙辈的概率差异一直会维持到64岁，女性的照料概率平均高出男性10%以上。64岁后男女照料孙辈的概率开始明显下降，并出现一致。此时孙辈开始读小学，家庭照料更多让位于社会照料，老年人的照料负担逐步减轻。

对孙辈的日常照料涉及饮食起居、健康卫生、安全保障、早前教育等，需要耗费大量精力和时间。CHARLS入户调查提供了受访者接受调查当年的照顾孙子女人数、每年向每个孙子女提供照料的周数和每周照料的小时数，我们对所有孙子女每年被照料小时数进行了加总处理，以此来反映祖辈照料工作的强度①，图6-4和图6-5分别刻画了“需照料孙子女”的3586个男性样本和4146个女性样本的“本人照料强度随年龄分布状况”及其“配偶照料强度随年龄分布状况”。图6-6刻画了同年龄的男、女性的照料强度差异。显然，祖辈对孙辈

① 尽管有多个孙子女需要同时照料时不存在时间累加的可能性，但我们还是对多个孙子女同时照料的时长进行了累加计算，以反映照料强度，即照料一个孙子女所花时间的劳动强度要小于同样时间照料多个孙子女的劳动强度。

的照料强度随年龄呈现倒“U”型分布，55 岁左右照料强度最高，祖母超过了 4000 个小时，祖父接近 3000 个小时，在 60 岁之前，祖父母之间的照料强度差异很明显，这种差异要大于 60 岁之后。显然在家庭照料方面，女性承担了相对多的责任。而到更晚年龄，由于男性逐渐退休、回归家庭，男女照料强度差异变小。

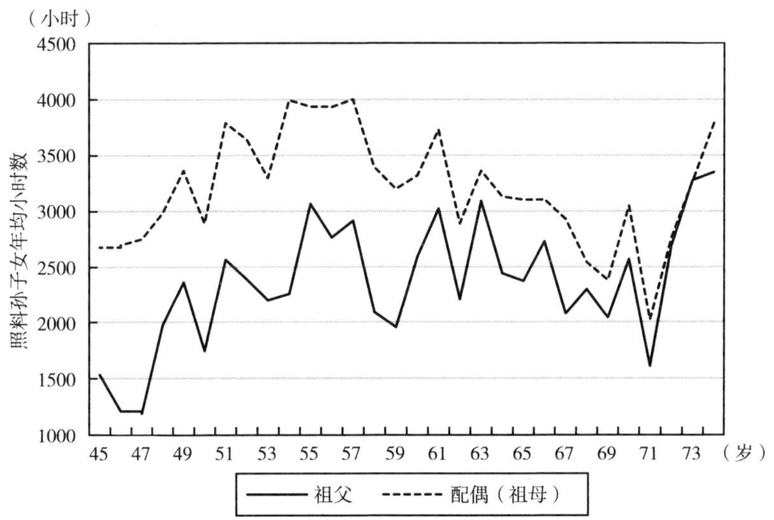

图 6－4　男性及其配偶的照料强度

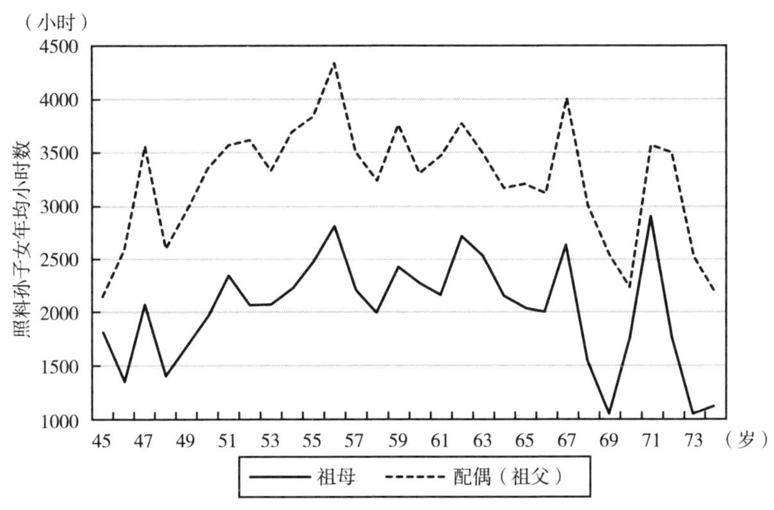

图 6－5　女性及其配偶的照料强度

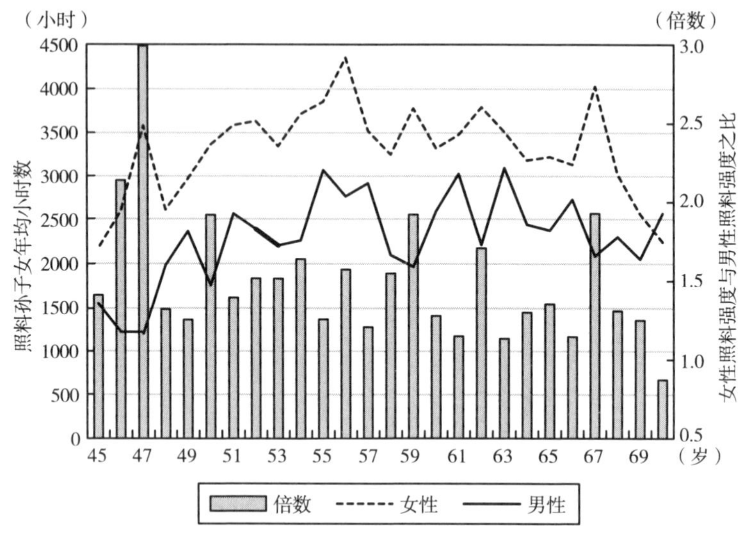

图 6－6　同年龄男、女性的照料强度

6.3.2　退休时间分布的生存曲线估计

退休时间的分布函数可以通过反映个体工作超过考察起始时点 t 的生存率函数（survival function）来描述。假定 t 为 45 岁，在 3384 个“政府机关、事业和企业单位的社会基本养老保险”参保人的有效样本中，其中失效样本 2405 个；左归并样本 5 个；其余为右归并样本，这些样本在考察时点 2015 年仍未退休，将继续工作到考察时点之后。这里生存函数采用 Kaplan-Meier 估计法来刻画（Kaplan & Meier，1958），生存函数估计结果如图 6－7 所示。

图 6－7 中的生存函数曲线含义是指被考察样本在分析时点 45 岁后的继续工作时间（即生存时间）的概率分布，继续工作时间体现在横轴上。随着时间的增长，被考察样本继续工作的生存概率曲线是不断下降的，女性生存概率要明显低于男性。在 50 岁和 60 岁时点，男、女性的生存概率曲线呈现跳跃式下降。图 6－7 也将受访时即 2015 年“需要照料孙子女”（以下简称“照料”）与“无需照料孙子女”（以下简称“不照料”）两种样本下的生存曲线做了对比，虽然当前“是否需要照料”与走向退休时“是否需要照料”因有时间差而信息并不完全一致，但图 6－7 中的处理方式假定了是一致的。

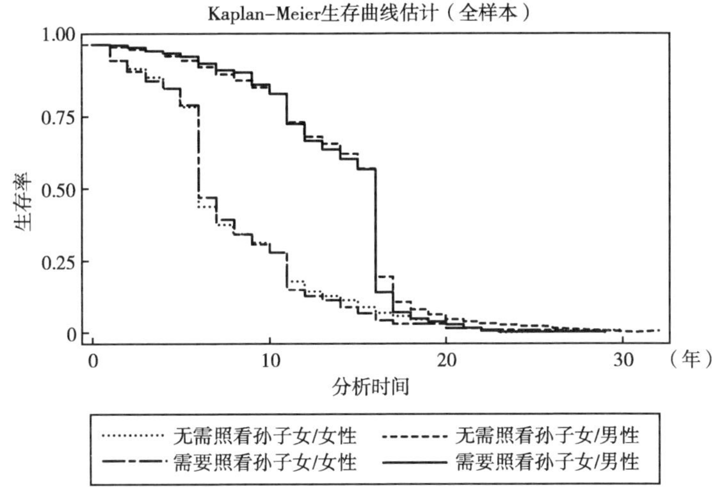

图 6-7　“照料”与“不照料”两类样本的男、女性生存函数估计

注：因考察起始时点是 45 岁，故横轴中分析时间“10 年”“20 年”“30 年”分别对应的年龄是“55 岁”“65 岁”“75 岁”。

如果这个假定合理，则图 6-7 显示“不照料”样本（用虚线表示）只是在较晚的年龄段（如 55 岁后）的生存率略高于“照料”样本（用实线表示），但整体上看，两组样本的生存曲线差异不是很明显，拟合度较高。

图 6-7 的生存函数估计结果的准确性是否可靠，将“照料”与“不照料”两类样本生存曲线的拟合性，用对数秩检验（Log-rank test）和威尔克森检验（Wilcoxon test）进行了检验①。表 6-2 第 I 部分汇报了检验结果，两种检验方法均没有拒绝“两类样本的生存曲线一致”的原假设，男性的两类样本 p 值分别为“0.1355”和“0.6726”，女性的两类样本 p 值分别为“0.4995”和“0.7764”，说明将当前“是否需要照料孙子女”作为自变量处理仍存在不足，可能是因为“受访时需要照料”与“退休时需要照料”假定是一致的这一条件过于苛刻引起的。

① 当生存时间函数分布为威布尔分布或属于比例风险模型时，对数秩检验为最佳选择；当生存时间函数近似对数正态分布式时，维克尔森检验效率较高。当对于两组或多组生存时间的比较，存在丢失数据时（本书样本是存在的），首选方法仍然是检验（陈靖，2012）。

表 6-2　　不同范围样本的生存函数检验

项目	男性				女性			
	对数秩检验		威尔克森检验		对数秩检验		威尔克森检验	
	实际失效个体	理论失效个体	实际失效个体	理论失效个体	实际失效个体	理论失效个体	实际失效个体	理论失效个体
I 部分：全退休样本								
不照料	823	843.59	823	843.59	730	739.33	730	739.33
照料	449	428.41	449	428.41	403	393.67	403	393.67
合计	1272	1272	1272	1272	1133	1133	1133	1133
chi2（1）	2.23		0.18		0.46		0.08	
Pr > *chi2*	0.1355		0.6726		0.4995		0.7764	
II 部分：已退休不超过 12 年的样本								
不照料	515	549.23	515	549.23	440	440.59	440	440.59
照料	350	315.77	350	315.77	264	263.41	264	263.41
合计	865	865	865	865	704	704	704	704
chi2（1）	9.48		3.69		0		4.58	
Pr > *chi2*	0.0021		0.0547		0.9568		0.0324	
III 部分：已退休不超过 6 年的样本								
不照料	298	314.58	298	314.48	270	265.58	270	265.58
照料	184	167.42	184	167.42	139	143.42	139	143.42
合计	482	482	482	482	409	409	409	409
chi2（1）	4.3		0.96		0.28		8.43	
Pr > *chi2*	0.0381		0.3261		0.5993		0.0037	

CHARLS 的入户调查也对“退休时是否有 6 岁以下的孙子女”做了调查，是否也可以将这个调查结果用来作为划分“照料”与“不照料”两类样本的一种方法。一般地，退休年龄早的，有孙子女的概率小，退休年龄晚的，有孙子女的概率大。如果以“退休时是否有 6 岁以下的孙子女”回答结果作为划分这两类样本的标准，那么在统计上就会出现“有孙子女的”样本退休年龄偏晚、退休的风险率偏高，而“无孙子女的”样本退休年龄偏早、退休的风险率偏低，自然地很容易得出“有孙子女使得退休更晚”这一仍不可靠的结论。本章所进行的实验，恰好也得出这一估算结果。所以也不能直接将“退休时是否有孙子女”作为自变量处理，用来划分“照料”与“不照料”两类样本。

在进行生存分析时，要鉴别“照料”与“不照料”对继续工作的生存率影响的差异，划分样本的理想方法应该是，个体样本从考察时点开始要么属于“照料”一类，要么属于“不照料”一类，这种归类直到考察时点结束也保持不变，这样就很容易观察到“照料”样本和“不照料”样本的退休时点选择差异。显然在这里，这种划分条件要求太高，因为绝大部分受访者在整个观察期内总会有机会做祖父母，只是时点或年龄早晚而已①。因此“照料”与“不照料”样本很难按照假设的考察起始时点就“是否有孙子女”问题的回答结果进行界定（即“事先界定”），仍不得不以受访时（即考察终止时点）的“是否有孙子女需要照顾”回答信息来进行界定（即“事后界定”）。但“事后界定”就会出现前面提到的当前“照料”状况与以前正走向退休时“照料”状况并不一致的问题。

为减少这个问题困扰，一个比较合理方法就是缩小样本量，不考虑在2015年受访时已经退休很久的个体样本，因为已退休越久，这种“不一致”的问题会越严重。通过减少“已退休多年”的右端高龄样本“干扰”后，保留下来的样本范围主要是受访时点“已退休还不久”样本（即失效样本）和“仍未退休”样本（即删失样本）。失效样本选取了两类：一类是“已退休不超过12年的”样本，另一类是“已退休不超过6年的”样本。相比较前面分析中的不分退休有多久的全样本而言，因当前“照料”状况更加接近以前正走向退休时的，所以估计结果应更理想，见图6－8。

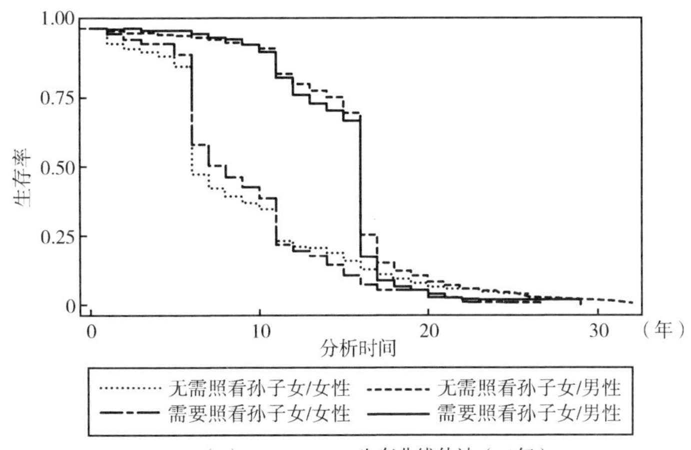

（a）Kaplan-Meier生存曲线估计（12年）

① 或者是在2015年受访时作为考察时点，45岁以上受访者也自然分为两类，即“有孙子女要照料”和“无孙子女要照料”，这需要对总的受访样本保证“干净”，例如全部为城镇职工样本。而CHARLS的微观调查是城乡混合性样本，而且大部分样本是农村居民样本，参与城镇职工养老保险制度样本占小部分，大部分样本个体不存在我们所关心的“退休”的概念，对于他们而言，“退休”仅仅是指“到了60岁可以领取居民养老金”。

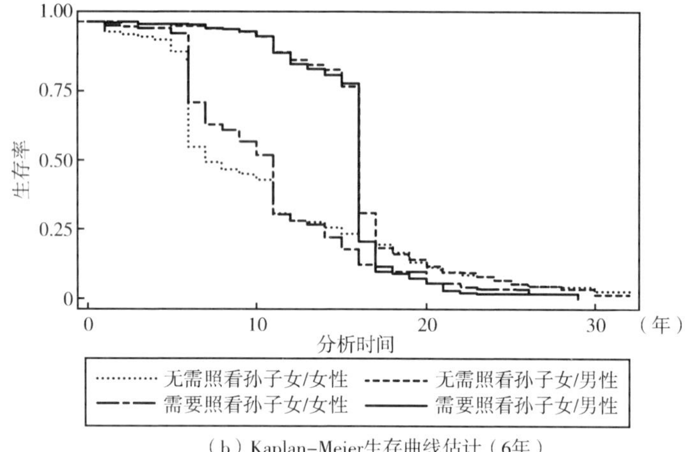

（b）Kaplan-Meier生存曲线估计（6年）

图 6－8　已退休时间不超过 12 年和 6 年样本的生存曲线估计

图 6－8 与图 6－7 的生存曲线对比显示，当考察样本范围进一步缩小后，无论男性、女性，“照料”样本和“不照料”样本的生存曲线差异进一步明显起来。男性在 60 岁前“照料”与“不照料”样本的生存曲线差异比较模糊，说明男性退休与“是否照料孙子女”的关联性的确不大；而 60 岁后“照料”样本的生存函数曲线比“不照料”样本明显要低，说明“不照料”样本继续工作的可能性更高。女性的“照料”样本与“不照料样本”的生存曲线差异比男性要明显得多，表明女性退休与“是否照料孙子女”的关联性要强。女性在 50 岁生存曲线差异跳跃式下降，这主要是女性职工达到 50 岁法定退休年龄所致。50～55 岁之间女性“照料”样本的生存函数曲线比“不照料”样本明显高出，说明“照料孙子女”降低了退休概率，继续工作的可能性更大。而在 55 岁后因女性干部到了法定退休年龄，生存曲线差异也出现跳跃式下降，相较于“照料”“不照料”时继续工作可能性更大。

同样对两类样本的估计结果进行了检验，见表 6－2 中第“II 部分”和“III 部分”。生存函数对数秩检验结果显示，男性两次通过了显著性检验，p 值分别为“0.0021”“0.0381”，明显反驳了“照料”与“不照料”的生存函数无差异的原假设。但是在威尔克森检验中，“已退休不超过 12 年”的这次样本估计结果通过显著性检验，而“已退休不超过 6 年”的这次样本估计结果则没有通过显著性检验。而女性的两次估计结果没有通过对数秩检验，但通过了威尔克森检验。可能原因是：对数秩检验对不同时点的失效事件（如退休）赋予了相同的权重，对后期曲线差别的检验更为敏感，而威尔克森检验对生存时间较短（即退休时点偏早）的个体赋予较大权重，更容易检验出早期的差异。

由于女性退休年龄一般早于男性，考察起始时点后继续工作的“生存时间”短于男性，自然地，男女样本的对数秩检验和威尔克森检验结果就会不一样。男性样本的估计结果通过了对数秩检验，而未通过威尔克森检验，可以表明男性在退休较晚时“照料”与“不照料”之间的生存曲线差异较大，而退休偏早时这种差异不大；女性样本的对数秩检验不显著，而威尔克森检验显著，可以表明在女性较早退休时“照料”与“不照料”之间的生存曲线差别较大，而较晚退休时这种差异已经变小。

6.3.3 影响制度退休年龄选择的多因素估计

1. 基本模型

如果纳入多个解释变量，是否更能显著地捕捉到“照料孙子女”对个体退休决策的影响呢，后文的多因素分析主要采用比例风险率回归模型（Proportional Hazard，HP）、“加速失效时间模型”（Accelerated Failure Time，AFT）和“Cox 模型”（陈强，2014）[①]。

（1）HP 模型。个体在时刻 t 的瞬间退休概率（即风险率或风险函数）为：

$$\lambda(t,x) = \lambda_0(t)h(x) \tag{6-1}$$

其中，$\lambda_0(t)$ 为“退休”的“基准风险”，依赖于时间 t，但不依赖于解释变量 x。基准风险对于总样本的每一个体都相同，而每一个体的风险函数则依据 h(x) 与基准风险 $\lambda_0(t)$ 成正比，h(x) 为“相对风险”，通常令 $h(x) = e^{x'\beta}$，公式两边取对数则有：

$$\ln\lambda(t,x) = x'\beta + \ln\lambda_0(t) \tag{6-2}$$

系数 β 为 x 对于退休风险函数的半弹性，如果 x 边际增加 1 单位，则导致新风险率变得为原来风险率的 e^{β} 倍，因此 e^{β} 被称为“风险比率”。可对基准风险 $\lambda_0(t)$ 的模型参数做多种假定，如指数（Exponential）分布、威布尔（Weibull）分布、冈珀茨（Gompertz）分布、对数正态分布（Lognormal）等。

（2）AFT 模型。HP 模型通常分析的重点是解释变量 x 对于“退休”的风险函数 λ(t，x) 的作用，但不容易看出 x 对于退休“风险开始”后至退休前的持续工作时长即“平均寿命 T”的作用，由此可进一步采用“加速失效时间模型”（Accelerated Failure Time，AFT）来刻画，平均寿命 T 表达式为：

① 陈强：《高级计量经济学及 STATA 应用》（第 2 版），高等教育出版社 2014 年版。

$$\ln T = x'\beta + u \tag{6-3}$$

其中，u 为扰动项。由式（6－3）可得 $T = e^{x'\beta}v$，其中 $v = e^{u}$。个体在时刻 t 的瞬间工作概率（即“平均寿命”的风险函数）为：

$$\lambda_T(t|x) = \lambda_v(e^{-x'\beta}t)e^{-x'\beta} \tag{6-4}$$

其中，$\lambda_v(t)$ 为基准风险，当 $e^{-x'\beta}>1$ 时，意味着对基准风险的加速；而当 $e^{-x'\beta}<1$ 时，意味着对基准风险的减速。由于扰动项 u 分布假定情形不同，式（6－4）中模型可分为对数逻辑（Loglogistic）模型、对数正态（Lognormal）模型、广义伽马（Gamma）模型等。对于 AFT 模型，同样可以进行 MLE 估计。但 AFT 模型的参数 β 与 PH 模型的参数 β 的经济解释不同：在 AFT 模型下，β 被解释为当 x 边际增加时，能使平均寿命增加的百分比（即半弹性）；而 PH 模型下，参数 β 与 AFT 模型下的参数 β 正好符号相反，而绝对值相等。例如，在 Stata 中进行指数回归时，默认为 PH 模型，但如果加上选择项“time”，则为 AFT 模型，二者的估计系数绝对值相等，但符号正好相反，实际上表达的经济含义是一致的。

（3）Cox 模型。如果上述各种模型参数假定正确，则最大似然估计（MLE）是最有效率的；而如果风险函数设定错误，则 MLE 一般将导致不一致的估计。事实上，一般对于风险函数的具体形式并无把握，针对参数回归的分布假设过强的缺点，可不必事先设定基准风险的具体函数形式，在 PH 模型的框架下选择被广泛运用的半参数回归的“Cox 模型”或“Cox PH 模型”（陈强，2014）。

在比例风险模型框架下，后面以“已退休不超过 6 年”样本，分别对“需照料孙子女”和“对孙子女的照料强度”对退休行为的影响进行估计。

2. 是否照料孙子女对制度退休行为影响的估计

我们分 7 个模型进行了估计，估计结果见表 6－3。根据上述模型参数的经济解释，在识别回归结果时，将模型 1、模型 2、模型 3 和模型 7 归为一类，回归结果反映的是各个解释变量对“退休”风险率的半弹性；而模型 4、模型 5、模型 6 可归为另一类，回归结果反映的是各个解释变量对“持续工作”风险率的半弹性。表 6－3 显示，各个模型中“照料孙子女”对风险率的作用都没有通过显著性检验，而且各个模型作用方向不一。模型 1、模型 4、模型 5、模型 6、模型 7 显示“照料孙子女”降低了退休的概率，而模型 2、模型 3 则显示提高了退休的概率。综合来看，回归结果是模糊的。

表 6－3 照料孙子女对个体制度退休行为影响的估计

类别	模型 1	模型 2	模型 3	模型 4	模型 5	模型 6	模型 7
	Exponential	Weibull	Gompertz	Loglogistic	Lognormal	Gamma	CoxPH
是否照料子女	－0. 0385 (－0. 35)	0. 00284 (0. 03)	0. 108 (0. 96)	0. 0427 (1. 44)	0. 0498 (1. 42)	0. 0540 (1. 55)	－0. 0250 (－0. 24)
性别	－0. 499 *** (－4. 19)	－1. 014 *** (－8. 77)	－0. 709 *** (－6. 12)	0. 647 *** (17. 76)	0. 581 *** (14. 78)	0. 635 *** (10. 69)	－1. 206 *** (－7. 69)
学历 (受教育年限)	0. 0244 (0. 75)	0. 0812 *** (2. 72)	0. 0761 *** (2. 58)	－0. 00985 (－1. 06)	－0. 0217 ** (－2. 03)	－0. 0200 * (－1. 84)	0. 0748 ** (2. 12)
户口	0. 0767 (0. 61)	0. 0952 (0. 75)	0. 138 (1. 09)	－0. 0984 *** (－2. 83)	－0. 0949 ** (－2. 33)	－0. 102 ** (－2. 52)	0. 0925 (0. 71)
退休时配偶 仍在工作	0. 154 (1. 31)	0. 563 *** (4. 88)	0. 640 *** (5. 34)	－0. 102 *** (－2. 99)	－0. 125 *** (－3. 20)	－0. 100 ** (－2. 23)	0. 426 *** (3. 50)
退休年龄资格	－0. 804 *** (－4. 74)	－2. 325 *** (－12. 26)	－1. 794 *** (－9. 86)	0. 713 *** (13. 44)	0. 884 *** (16. 23)	0. 977 *** (8. 87)	－2. 614 *** (－18. 06)
退休前 工资对数	0. 00701 (0. 15)	0. 0997 ** (2. 04)	0. 161 *** (3. 25)	0. 00681 (0. 52)	0. 00372 (0. 24)	0. 00894 (0. 56)	0. 0551 (1. 13)
常数项	－1. 704 *** (－4. 49)	－6. 627 *** (－13. 71)	－4. 144 *** (－10. 23)	1. 452 *** (13. 13)	1. 439 *** (11. 62)	1. 234 *** (5. 56)	
LR chi^2	52. 65	233. 85	191. 98	433. 94	409. 30	305. 81	372. 30
Prob > chi^2	0	0	0	0	0	0	0
Log likelihood	－394. 53	－141. 32	－178. 75	－79. 17	－104. 93	－103. 95	
/ln_p		1. 129 *** (30. 03)					
/gamma			0. 193 *** (21. 57)				
/ln_gam				－1. 824 *** (－41. 02)			
/ln_sig					－1. 139 *** (－31. 20)	－1. 151 *** (－29. 13)	
/kappa						－0. 232 (－1. 13)	
观察值	375	375	375	375	375	375	375

注：*、**、*** 分别表示参数估计值在 10%、5%、1% 统计水平上显著，括号内数值为 t 统计量。

表6－3的下半部分就提供了在多个模型假设中如何选择更优模型的参考信息。威布尔回归（模型2）中，ln_P为1.129，通过1%显著水平的检验，原假设“H_0：lnp＝0”对应的p值为0，故强烈拒绝指数回归，应优先选择威布尔回归。然而，广义伽马回归（模型6）中，参数（kappa）值为－0.2320，其95%置信区间为（－0.6336，0.1697），因此显著不等于1（对应于威布尔回归），故又可拒绝威布尔回归，相较而言，应优先选择广义伽马回归。进一步运用AIC准则来继续筛选，因广义伽马回归的AIC＝227.9026，冈珀茨回归（模型3）的AIC＝375.5，对数正态回归（模型5）的AIC＝227.8636，对数逻辑回归（模型4）的AIC＝176.3392，按最小AIC值原则，应最优先选择对数逻辑回归，其次是对数正态回归、广义伽马回归。由于对参数回归的具体分布形式始终没有把握，也可参考使用半参数CoxPH回归。为节省篇幅，后文的久期分析中将只汇报对数逻辑回归、对数正态回归、广义伽马回归和CoxPH回归的估计结果。

3. 照料孙子女强度对制度退休行为影响的估计

进一步，选择“年照料孙子女小时数的对数”代表照料孙子女的强度作为自变量，来分析其对制度退休行为的作用。表6－4显示，对数正态回归（模型9）、广义伽马回归（模型10）、CoxPH回归（模型11）系数估计值至少都通过了5%的显著性检验。如在模型9中，年照料小时数增加1%，继续工作的风险率提高2.05个百分点。照料强度增加，退休概率在降低，继续工作概率在提高。

表6－4　照料强度对制度退休行为影响的估计

类别	模型8	模型9	模型10	模型11
	Loglogistic	Lognormal	Gamma	CoxPH
年照料孙子女小时数对数	0.0161 (1.44)	0.0205* (1.66)	0.0167* (1.78)	－0.0912** (－2.02)
性别	0.583*** (10.61)	0.521*** (10.27)	0.714*** (16.63)	－1.362*** (－4.54)
学历（受教育年限）	0.0115 (0.95)	0.0122 (0.97)	0.0231** (2.26)	－0.0295 (－0.72)
户口	－0.115*** (－2.81)	－0.0980** (－2.24)	－0.0777** (－2.34)	0.153 (1.00)
退休时配偶工作情况	－0.115** (－2.34)	－0.134*** (－2.70)	－0.0647 (－1.51)	0.635*** (2.76)
退休年龄资格	0.579*** (6.01)	0.681*** (7.71)	0.849*** (11.31)	－3.026*** (－10.88)

续表

类别	模型 8	模型 9	模型 10	模型 11
	Loglogistic	Lognormal	Gamma	CoxPH
退休时健康状况	-0.0214 (-0.72)	-0.0397 (-1.25)	-0.0157 (-0.66)	0.264 ** (2.17)
退休时工作单位类型	-0.0593 ** (-2.11)	-0.0403 (-1.34)	-0.0558 ** (-2.11)	0.0396 (0.30)
常数项	1.635 *** (9.93)	1.541 *** (9.29)	1.050 *** (7.51)	
LR /wald chi^2	181.67	174.44	131.39	205.03
Prob > chi^2	0	0	0	0
Log likelihoo	10.133	5.166	16.170	
观察值	152	152	152	152

注：*、**、*** 分别表示参数估计值在 10%、5%、1%统计水平上显著，括号内数值为 t 统计量。

而其他解释变量对退休风险率的作用是：(1) 祖母比祖父有更高的退休风险率，工作持续时间明显比祖父要短；(2) 学历越高退休风险率越低，高学历者制度退休年龄更晚；(3) 非农户口样本比其他户口样本有更高的退休风险率，意味着农业户口劳动者制度退休更晚，因为一般而言农业户口样本参与是城乡居民养老保险，正常领取养老金的年龄至少 60 岁；(4) 配偶在临近退休时仍在工作的，将会提高退休的风险率，相对于配偶无工作情形，制度退休年龄偏早，即一个家庭内夫妻之间“一个退休，另一个继续工作”的情形更为普遍；(5) 个体满足法定退休年龄资格后会显著提高退休的可能性，即“到点即退”情形更为普遍；(6) 临近退休时身体健康状况越不好者会选择晚点退休，可能是身体状况不佳者，医疗等费用开支给家庭带来的较重负担，继续工作能获得额外的收入贴补，但是健康的退休效应并不显著；(7) 工作单位类型取值越高，表示工作的雇佣形式和退休安排更加宽松自由，可以理解为更有可能在非正规部门工作，表 6-4 的估计结果显示，非正规部门的就业者，制度退休可能性更高，这些部门劳动者收入水平相对较低，更希望尽早领取退休金，而正规部门就业者受到退休制度约束更严格。

4. 对实证结论模糊的解释

本书实证分析的是以受访当前的照料事件来考察对制度退休行为的影响，估计结果显示“是否照料孙子女”对退休行为的作用是模糊的，但照料强度对退休行为有一定影响：照料孙子所花费的时间越多，降低了退休概率，继续工作可能性提高。显然这种估计结果与一般经验判断是不一致的。因为 CHARLS

微观调查收集的照料孙子女信息是当前的，而有关退休发生的信息并不是当前，而是在受访前就已经存在的，因此就容易存在“照料在后，退休在前”导致回归分析存在难以避免的内生性，样本个体年龄越大，退休率越高，照料现象也越多，内生性可能会越严重。即使将考察样本进一步合理减少后，得出的结论仍值得商榷，甚至不足取。上述分析只是按照何圆和王伊攀（2015）的研究逻辑对分析样本进行更加严格筛选后所做的努力，但并没有得出“照料孙子女或照料强度增加，会显著激励祖父母的退休行为”的明确结论。

一个很重要的原因可能是，孙子女出生后，作为祖父母或多或少要参与照顾，而且“有孙子女”的样本年龄一般比“无孙子女”的样本年龄要偏大，而越往法定退休年龄靠近，有孙子女的情形会更加普遍，以至于在稍早年龄阶段就退休的，往往还“无孙子女”，这样在统计上造成在稍早年龄段里，无孙子女照料的样本有更高的退休率。只是越往高龄组，这种现象逐渐减少，最终在某个年龄（如制度退休样本中女性50岁、男性55岁）“有孙子女”的个体样本会突然提高退休率，并超过了“无孙子女”的个体样本。

作为对前述研究可能存在不足的弥补，本书将照料孙子女的劳动强度（照料时间）作为解释变量，来考察对个体样本退休行为的影响。照料强度更能反映实际照料行为，需要照料的孙子女越多，对孙子女投入的照料时间越长，更能显示照料的必要性，那么对“外出工作”如何向“家庭劳动”过渡的时间配置压力越大，这样考察照料孙子女对个体退休时机选择的影响将会更为准确。但遗憾的是，最后估算结果仍然没有清晰地显示照料孙子女的时间强度增加会导致退休概率提高。

6.4 预期退休样本的久期分析

为克服前面指出的可能存在的内生性，下面将对“在将来停止有酬非农工作”受访样本做进一步的估计。由于此时照料事件信息为受访当时的，而退休行为是将来发生的，这样“前因后果”逻辑关系理顺，内生性也就容易避免，由此得出的结论将更加令人信服。

6.4.1 样本描述

一般而言，只要身体允许，一部分劳动者在制度退休后仍会试图参加劳动，“退而不休”，获得报酬以贴补家用（张川川，2015）。加上目前提前退休领取养老金的现象大量存在，“退出劳动力市场的实际退休年龄”一般会晚于“开始领取养老金的制度退休年龄”。CHARLS 调查统计到了“何时停止一切有酬劳动”样本信息，包括农业劳动和非农工作的预期停止年龄，这对估计实际退休年龄提供了很好的数据支持，本书只选择了“非农工作”的样本。将预期停止工作的年龄范围只选择 45 ~ 80 岁，经整理有效样本 2695 个，其中非农户籍样本占 26.8%，其余为农村户籍和城乡居民户籍样本。由于非农户籍样本过少，因此后面的分析结论可能不并不全反映城镇户籍劳动者特征，但也能捕捉到隔代照料与停止工作之间的关系。此外，男性样本占 67%，女性样本占 33%。

图 6 -9 刻画了“何时停止一切有酬劳动”的年龄比例分布。男性计划在 60 岁之前停止工作的比例为 66.5%，约有 1/3 的受访者在法定退休年龄 60 岁后仍将从事有酬非农工作；女性在 50 岁时计划停止工作的约有 21%，到 55 岁时停止工作的约有 50%，计划到 60 岁之后停止工作的约有 23%。相较于图 6 -1 所反映的制度退休年龄，实际退休的预期年龄明显延后了。

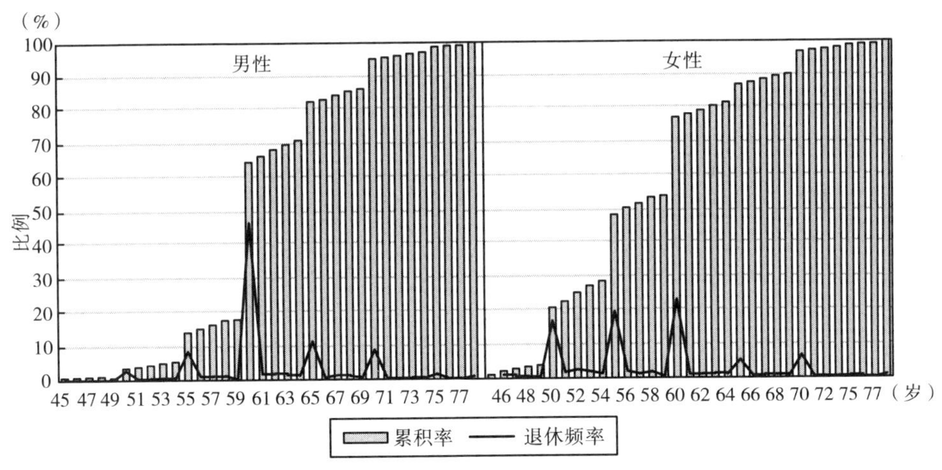

图 6 -9 “何时停止一切有酬劳动”预期年龄分布

6.4.2 预期退休时间分布的生存曲线估计

所有样本的分析时间为预期停止工作年龄，即从 45 ~ 80 岁，不存在右删失样本，不同个体实际退休的生存曲线估计结果如图 6 -10 所示。显示，相较于“不照料”样本，“照料”样本生存曲线更高，意味着无论男女性，“需照料孙子女”提高了继续工作的可能性，而不需照料的则倾向于在更早年龄停止工作；女性生存曲线低于男性，预期的实际退休年龄还是要早于男性，而且女性的“照料”样本与“不照料”样本的生存曲线差异也比男性要明显的多，意味着未来何时停止工作受“照料孙子女”的影响，女性仍比男性要强烈。此外，农村户籍样本在60岁之前生存曲线略低于非农户籍样本，在60岁之后又显著高于非农户籍样本，可以说明：在60岁之后，农村劳动者比非农户籍劳动者继续工作的可能性更高。通过对“照料”与“不照料”主体的生存曲线拟合度分别进行了对数秩检验和威尔克森检验，无论男女性检验结果（P=0）表明生存曲线估计可靠。

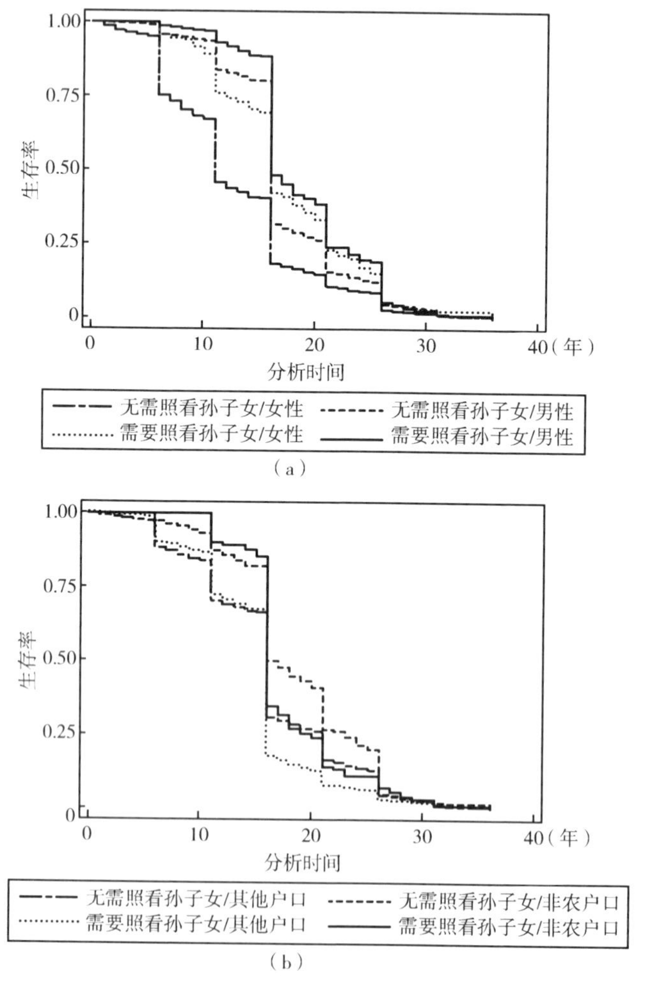

图6-10 个体停止非农工作预期年龄的生存函数估计（Kaplan-Meier生存曲线估计）

6.4.3 影响预期退休年龄选择的多因素估计

（1）照料与否的影响。多因素分析结果仍然如前面对“制度退休样本”分析结构那样，“照料”比“不照料”对预期退休风险率的作用仍比较模糊，多数模型的系数估计都未通过显著性检验。表6－5显示，只有模型17和模型19的系数估计在10%统计水平上显著，显示“照料”比“不照料”退休风险率低，继续工作的可能性更高。其他模型的估计值也显示，照料孙子女对实际退休行为有同样的作用方向。

（2）照料强度的影响。进一步估计了“照料孙子女强度”对未来停止工作的年龄的影响。表6－6中的模型20～模型22的结果显示，照料孙子女的年小时数每增加1%，未来工作的风险率分别会减少0.883%、1.27%、1.12%，而CoxPH模型的系数估计结果表示停止工作风险率将会增加3%。这意味着，通过对“照料在前，退休在后”情形下的样本估计，消除了内生性后，发现需要照料孙子女的时间越长，工作时间会减少，停止非农工作的年龄会更早，但是效应仍不太显著，上述回归模型中，仅有对数正态回归的估计系数通过10%水平的显著性检验。

其他自变量系数的估计结果显示：（1）男性相对于女性，未来继续工作的可能性更高，工作时间越久；（2）学历越高者，继续工作的可能性越低，但估计结果未通过显著性检验；（3）非农户籍人口预期离开劳动力市场的概率比其他户口人口要高，也就是说，农村户籍人口在老年工作时间更长；（4）婚姻状况对未来停止工作时间影响不够显著，多个模型所估计的系数显示有配偶者相对于无配偶者，离开劳动力市场概率更高，无配偶者更倾向于继续工作，但估计结果未通过显著性检验；（5）健康状况越好者，未来继续工作的可能性越高；（6）表6－5中，将个体等灵活就业者作为参照组，相较而言，政府机关、事业单位的劳动者会工作得更长久，而企业部门的劳动者停止工作年龄则偏早；（7）收入越高，会越早停止工作，可能是收入越高，在老年期间生活压力越小，对闲暇需求上升，收入对退休行为的收入效应大于替代效应，低收入者会工作更久。

表 6－5　照料孙子女对预期停止工作年龄影响的估计

类别	模型 12 Loglogistic	模型 13 Loglogistic	模型 14 Lognormal	模型 15 Lognormal	模型 16 Gamma	模型 17 Gamma	模型 18 CoxPH	模型 19 CoxPH
是否照料孙子女	0.0109 (0.61)	0.0187 (1.12)	0.0161 (0.75)	0.0235 (1.19)	0.0249 (1.24)	0.0322* (1.73)	-0.0883 (-1.29)	-0.104* (-1.74)
性别	0.212*** (11.33)	0.202*** (11.58)	0.230*** (11.02)	0.210*** (10.86)	0.191*** (9.40)	0.173*** (9.16)	-0.545*** (-6.77)	-0.465*** (-6.25)
学历（受教育年限）	-0.00318 (-0.61)	-0.002 (-0.38)	-0.002 (-0.40)	0.0006 (0.11)	-0.005 (-0.96)	-0.004 (-0.84)	0.0230 (1.11)	0.0187 (1.04)
年龄	-0.00107 (-0.06)	-0.00508 (-0.33)	0.0268 (1.49)	0.0278* (1.69)	-0.041** (-2.19)	-0.032** (-1.99)	0.248*** (2.95)	0.188*** (2.67)
年龄平方	0.0003* (1.93)	0.0003** (2.39)	0.00006 (0.38)	0.00006 (0.40)	0.0006*** (3.68)	0.001*** (3.70)	-0.003*** (-3.81)	-0.002*** (-3.69)
户籍	-0.0385** (-2.03)	-0.0356** (-2.07)	-0.0484** (-2.17)	-0.0445** (-2.21)	-0.061*** (-2.86)	-0.051*** (-2.70)	0.214*** (3.41)	0.161** (2.57)
婚姻状况	-0.0156 (-0.46)		-0.0220 (-0.57)		-0.0326 (-0.90)	-0.0079 (-0.24)	0.110 (0.90)	
健康状况	0.0233* (1.90)		0.0236* (1.67)	0.0131 (1.00)	0.0220* (1.65)	0.0140 (1.14)	-0.0805* (-1.84)	-0.0612 (-1.43)

续表

类别	模型 12 Loglogistic	模型 13 Loglogistic	模型 14 Lognormal	模型 15 Lognormal	模型 16 Gamma	模型 17 Gamma	模型 18 CoxPH	模型 19 CoxPH
政府机关事业单位	0.0261 (1.26)		0.0323 (1.33)		0.0269 (1.18)		-0.114 (-1.42)	
企业	-0.00475 (-0.25)		-0.0137 (-0.63)		-0.0089 (-0.43)		0.0212 (0.31)	
收入对数	-0.0281 *** (-2.84)	0.0158 (1.39)	-0.0275 ** (-2.43)	-0.0239 ** (-2.48)	-0.037 *** (-3.44)	-0.03 *** (-3.23)	0.137 *** (3.26)	0.102 *** (3.11)
_cons	2.192 *** (4.33)	2.180 *** (4.91)	1.336 ** (2.52)	1.148 ** (2.46)	3.620 *** (6.47)	3.192 *** (6.73)		
LR/waldchi^2	776.22	888.11	735.35	837.68	632.55	715.34	372.55	381.27
Prob > chi^2	0	0	0	0	0	0	0	0
Log likelihood	-106.07	-169.60	-176.68	-251.70	-148.92	-216.80	-6424.35	-8074.04
观测值	1068	1298	1068	1298	1068	1298	1068	1298

注：*、**、*** 分别表示参数估计值在 10%、5%、1% 统计水平上显著，括号内数值为 t 统计量。

表 6－6　　　　照料强度对预期停止工作年龄影响的估计

类别	模型 20	模型 21	模型 22	模型 23
	Loglogistic	Lognormal	Gamma	CoxPH
年照料孙子女小时数对数	－0. 00883 （－1. 34）	－0. 0127 * （－1. 66）	－0. 0112 （－1. 47）	0. 0302 （1. 07）
性别	0. 137 *** （4. 47）	0. 131 *** （3. 78）	0. 127 *** （3. 65）	－0. 473 *** （－2. 92）
学历（受教育年限）	－0. 0162 ** （－2. 00）	－0. 0237 *** （－2. 59）	－0. 0250 *** （－2. 76）	0. 102 *** （3. 04）
年龄	－0. 0613 * （－1. 81）	－0. 0510 （－1. 31）	－0. 0730 * （－1. 82）	0. 431 *** （2. 62）
年龄平方	0. 0008 *** （2. 70）	0. 0007 ** （2. 08）	0. 0009 ** （2. 51）	－0. 0043 *** （－3. 12）
户口	－0. 0467 （－1. 63）	－0. 0456 （－1. 32）	－0. 0605 * （－1. 72）	0. 333 *** （3. 00）
婚姻状况	－0. 0328 （－0. 52）	－0. 0456 （－0. 60）	－0. 0368 （－0. 49）	0. 0397 （0. 12）
健康状况	0. 0580 *** （3. 16）	0. 0744 *** （3. 53）	0. 0759 *** （3. 65）	－0. 315 *** （－3. 64）
政府机关、事业单位	0. 0138 （0. 46）	0. 00939 （0. 27）	0. 00598 （0. 17）	－0. 00411 （－0. 03）
企业	－0. 0139 （－0. 47）	－0. 0381 （－1. 11）	－0. 0451 （－1. 32）	0. 225 （1. 64）
收入对数	－0. 0343 *** （－2. 58）	－0. 0295 * （－1. 90）	－0. 0356 ** （－2. 24）	0. 191 *** （2. 96）
常数项	4. 163 *** （4. 18）	3. 867 *** （3. 42）	4. 679 *** （3. 91）	
LR chi^2	211. 51	181. 52	174. 03	203. 00
Prob > chi^2	0	0	0	0
Log likelihood	47. 4366	30. 5036	32. 0823	
N	258	258	258	258

注：*、**、*** 分别表示参数估计值在 10%、5%、1% 统计水平上显著，括号内数值为 t 统计量。

6.5 主要结论与政策建议

6.5.1 主要结论

本章分别使用2015 年 CHARLS 全国微观调查中的制度退休的样本和未来停止工作的样本，基于久期分析框架对隔代照料、对祖父母的退休行为的影响进行了实证分析。一是对制度退休样本的估计结果显示：（1）在 60 岁前，男性“照料”与“不照料”样本的生存曲线差异比较模糊，说明男性退休选择与“是否照料孙子女”的关联性的确不大；而 60 岁后“照料”样本的生存函数曲线比“不照料”样本明显要低，说明“不照料”样本继续工作的可能性更高。（2）女性的“照料”样本与“不照料样本”的生存曲线差异比男性要明显，女性退休与“是否照料孙子女”的关联性要强。50 ~ 55 岁女性“照料”样本的生存函数曲线比“不照料”样本明显高出，有孙子女要照料降低了退休概率，继续工作的可能性更大；而在55 岁后，因女性干部到了法定退休年龄，生存曲线差异也出现跳跃式下降，相较于“照料”样本，“不照料”样本继续工作可能性更大。（3）在影响退休行为的多因素分析模型中，“是否照料孙子女”因素对制度退休概率的影响不显著。（4）而“照料强度”对制度退休行为的影响体现在：照料孙子所花费的时间越多，反而降低了退休概率，继续工作可能性提高。这种估计结果显然与我们预期判断不一致。二是由于所考察的是关于制度退休样本，“退休”可能发生在“照料”之前，也可能发生在“照料”之后，由此可能存在严重内生性问题。为规避之，我们进一步考察了未来“停止一切有酬劳动”样本：（1）依然显示“照料”样本比“不照料”样本生存曲线更高，即继续工作可能性更高，停止工作的概率更低；（2）对影响未来停止一切有酬劳动的年龄的多因素分析结果显示，“是否照料孙子女”对预期退休行为的影响仍比较模糊，只是部分模型在一定显著水平上却揭示“照料”，提高了预期工作的可能性；（3）但是将“照料强度”作为自变量的分析结果显示，需要照料孙子女时间越多，将来停止工作的年龄会越早，但这种效应仍不十分显著。

本书对 CHARLS 的样本对象进行严格筛选，主要集中于“政府机关、事业和企业单位的社会基本养老保险”参与者和领取者样本时，研究结果并未发现“照料孙子女的确提前了主体的退休年龄，显著减少了主体的工作时间”的事实（何圆和王伊攀，2015），“是否需要照料孙子女”无论对于制度退休行为还是未来的实际退休行为并不存在显著影响，其实这也符合一般经验事实。

首先，是否从制度退休主要看是否满足了法定退休条件，而受“是否照料孙子女”因素影响很小。在孙子女刚出生时并不会马上促使祖父母退休，刚生育母亲可以休产假、请专业月嫂照料，可为老年父母向退休过渡留下了一定缓冲时间，暂时照料孙子女压力还不大。一旦其子女休完产假、要重新工作时，如何接手年轻父母照料孩子的工作，可能会作为一个重要的家庭决策问题。更重要的原因是，中国的退休年龄制度具有强制性，即“到点即退”，作为劳动者个人而言，养老金制度也并没有提供激励机制去选择推迟退休，因此在实际生活中，“能退则退”现象就极为普遍。前面统计也显示，所有女性退休者中，在50岁当年退休的人就占了35%，到51岁时退休累积人数比例高达68%。

其次，我国制度退休年龄相较于迎来孙子女出生的年龄并不太晚，女性制度退休年龄一般早于首次做祖母的年龄，意味着退休后再来照料也来得及。根据前面对CHARLS微观调查数据的统计，首次当祖父、祖母的平均年龄分别为53.0岁和51.2岁，而在迎来孙子女出生的高峰年龄分别为50岁和51岁。而当前女性职工正常退休年龄为50岁，对于一般女性职工，制度退休后刚好有时间来照料孙子女。这说明当前的女性退休年龄制度为女性接手照料孙子女提供了很大便利。相反，如果不恰当地延迟女性退休年龄，例如一夜之间提高到55岁或60岁，则使得退休制度的人性化一面大为褪色。

最后，在中国照顾孙子女一般落在祖母身上。“男主外、女主内”一直以来是一种传统家庭分工模式，当女性较早退休在家时，男性一般退休较晚，受“照顾孙子女”的影响很弱。这种分工模式体现了“家庭成员照料”与“家庭收入获得”之间角色关系的平衡。前面统计数据也显示，丈夫退休时妻子仍继续工作的平均比例仅为26%，而妻子退休时男性仍在工作的平均比例接近80%。反过来说，如果退休政策让男女领取养老金的年龄一致起来，那么这种传统的具有一定合理性的家庭分工模式将会受到冲击，在促进男女平等就业的名义下仓促实现男女同龄退休，很可能会受到大部分女性的抵触（谢增毅，2013）。关键问题是，家庭照料性劳动同社会性劳动一样，其价值和功能都应该受到社会尊重和认可，并获得经济上的回报。女性可早于男性领取待遇，当中国还缺乏一些国家提供的家庭成员照看者津贴计划时，女性退休待遇可视为对其照料性劳动的一种支付，这与劳动权利性别平等理念并不冲突，未来取消强制性退休、实施弹性退休，也并不妨碍女性参与就业。

目前，在家庭分工和退休年龄上还存在很大的性别差异，这很可能造成了男性退休行为很少受到需照料孙子女的因素影响。一般而言，男性收入高于女性，在孩子养育成本不断攀升的今天，男性对孙子女的照料努力主要是体现在为家庭带来更多的收入上。

6.5.2　政策建议

女性退休年龄如何延迟，可以将“首次当祖母的年龄”作为一个重要参考。我们对历年的数据分析发现，随着经济社会发展，女性生育年龄平均在推迟，这种推迟节奏不失为渐进式调整女性法定退休年龄的一个重要依据，详见第7章的分析。

在我国，随着“全面二孩”政策实施，未来新生儿增加，家庭所面临的照料孩子的压力也会增加，由于家庭福利制度建设相对滞后，0~3岁入园前的孩子的照料仍主要由家庭解决。目前我国还未有像很多OECD成员方推行了比较慷慨的照料津贴计划（见补充资料6-1），孩子照料、教育成本日渐高昂。家庭内部需要处理好照料性劳动与外出工作之间的关系，而家庭老年人退休在家照料孙辈、年轻父母一代人外出工作获得收入，这也是一个较为合理的家庭分工模式。所以基于传统文化和现实国情，我们需要建立一种家庭友好型的退休年龄调整制度，不能单纯地否定现有退休年龄制度中的合理安排，未来如何延迟退休年龄，应考虑家庭福利因素。我们建议，我国将来应推行各种照料津贴计划，扩大幼儿托管、学前教育的公共服务供给（近年来国家学前教育发展，见补充资料6-2），推动家庭友好型的福利制度不断发展，让家庭照料婴幼儿的压力和成本明显减轻，一方面有利于全面二孩政策落地，另一方面也让工薪阶层有更多精力和时间投入工作，最终将会扩大社会劳动的有效供给，为未来推行延迟退休政策创造更有利的条件。

☞专栏6-2

在不少工业化国家，家庭照料被视为一种很重要的社会责任和政府义务（不同国家的照料者津贴计划实施情形见表6-7），并高度认可家庭照料者的作用，认为“照料者扮演了一个重要社会角色”“家庭照料者所付出的照料努力应该得到奖励”（OECD，2011）。早在1945年，法国就提出针对照料孩子的养老金津贴计划（但直到20世纪80年代才得到广泛实施）。其他欧洲国家，如瑞典（1970年代）、德国（1986年）、挪威（1992年）和瑞士（1998年）也实施了该计划。21世纪早期，在资本主义国家的第二波养老金改革浪潮中，卢森堡（2002年）、奥地利（2005年）、芬兰（2005年），乃至所有欧盟国家几乎都实施了照料者计划。由于女性是主要的家庭照料者，因此照料者计划推行的主要目的是“改善因照料家庭孩子、病人或老人而不得不中断工作的女性的退休待遇；提高整个社会的生育水平；激励女性生育后及时重返就业”①。

表6-7　各国实施的“孩子照料者”津贴计划

国家	计划特点
奥地利	如果家庭月收入不足1350欧元（约1857美元），有4岁或以下孩子的家庭可以领取津贴；对每个孩子最多有2年的照料期，可视同养老金缴费年限
比利时	雇员为同一雇主工作至少1年，因照料孩子可以领取一份所谓的“时间津贴”，津贴期限3年，待遇水平与离开劳动力市场前的收入相当。“照料孩子”等同于“就业”
丹麦	有酬生育假期间（不超过11个月），对应的养老金待遇为“1.17＊计算家庭待遇的工资基数”。此外，针对未计酬的、对4岁以下孩子的护理，如果月收入不足556.6欧元（765.66美元，2006年），父母可领取“在家护理孩子津贴”，直到孩子年满3岁
法国	照料16岁以下的孩子至少有9年的，父母任一方不管是否有工作，都可享受津贴，最多为2年。此外，照料3岁以下孩子，收入不足一定标准的（一个孩子的是17600欧元或23028美元，二孩或以上的更高），他（她）已经领取最低工资后，还可以领取津贴。抚养3个或更多孩子的，在孩子年满16岁之前还照顾了父母至少有9年的，退休后养老待遇上浮10%
德国	父母任一方，专职负责照料孩子的头3年，每年可以获得相当于1个养老金积分；此外，边工作、边照料孩子到10岁的，父母还可以获得不超过1个养老金积分的补充津贴；另外，照料2个或更多的10岁以下孩子，但没有工作的父母，一般还可领取相当于0.33个养老金积分的津贴
卢森堡	照料4岁或以下孩子的父母任一方，1个孩子可获得不超过2个、2个孩子（或严重残疾的孩子）不超过4个“幼儿年”（baby year）津贴。“幼儿年”等同于就业，津贴是根据生育前或领养前的照顾者收入计算的，它可以提供给父母任一方，或者在父母两人之间分配
荷兰	因照料孩子而无法工作的，无酬的照料期间也自动地被视为参与了基本养老保险，待遇根据居住年限来计算

① 尽管一些国家公共养老金负担已经日渐沉重，但对家庭照料者提供津贴仍成为一项重要的社会保障开支。例如，2006年法国的照料孩子津贴和相关养老金津贴就占了公共养老金总支出的13%；2010年德国政府承担的家庭照料者津贴就占了总养老金支付规模的5%；2008年瑞典的照料津贴就占了总养老金支出规模的2%（Jankowski，2011）。

续表

国家	计划特点
挪威	照顾者（包括无酬照料7岁以下孩子的父母、在家照料残障人、病人、老人的个人）每年可以获得3个“补充性收入关联型养老金计划”养老金积分，相当于51797美元
西班牙	在家照料孩子可视同为参保，可冲抵领取养老金必须有15年的最低参保年限，但可冲抵参保缴费的年限不超过2年
瑞典	照料4岁或以下孩子的父母任一方，可领取如下待遇中的最高一类：（1）生育或领养前的收入；（2）瑞典国民平均收入的75%；（3）固定额度，它相当于一个收入基数（2011年为8028美元）。此外，辞掉工作后照料一个残疾孩子的父母任一方，可以领取照料者津贴，最多不超过15年
瑞士	如果收入仅为最低养老金标准的3倍（2006年为36894美元），照料16岁或以下孩子期间，父母任一方退休时都可以领取补贴
英国	公共养老金制度（国家基本养老金和第二养老金）对照料期间提供保障：（1）基本养老金下，父母任一方或照料者，每周都可领取津贴：①照料12岁以下的孩子，至少可以领取一个孩子津贴；②寄养类照顾者经审查合格的，可领取津贴；③每周照料至少20小时的，照料者可领取护理津贴、残障生活津贴，或长期护理津贴。（2）第二养老金下，照料者如果已离开劳动力市场或年收入不足8010英镑，每年可领取13900英镑，但要满足如下条件：①所照料的孩子在6岁以下；②照料病人或残障人、接受家庭责任保护的人；③有权领取照料津贴

资料来源：John Jankowski. Caregiver Credits in France，Germany，and Sweden：Lessons for the United States. *Social Security Bulletin*，2011，Vol. 71，No. 4.

☞专栏6-3

近些年来，中国政府越来越重视学前教育对促进新生人口发展、实现教育公平、阻断贫困代际传递的重要意义。2010年《国家中长期教育改革和发展规划纲要》提出了到2020年基本普及学前教育的发展目标。同年11月国务院颁发《关于当前发展学前教育的若干意见》，提出积极发展学前教育、加大政府投入、大力发展公办幼儿园、积极扶持民办幼儿园。目前教育部等四部门正在开展第三期“学前教育行动计划”，基本解决“入园难”“入园贵”问题，推动“二孩”政策落地。到2020年，将基本建成广覆盖、保基本、有质量的学前教育公共服务体系，全国学前三年毛入园率达到85%，普惠性幼儿园覆盖率（公办幼儿园和普惠性民办幼儿园在园幼儿数占在园幼儿总数的比例）达到80%左右。2018年10月11日，国务院发布的《完善促进消费体制机制实施方案（2018~2020年）》，提出要大力发展普惠性学前教育，鼓励地方政府通过购买服务、减免租金、派驻公办教师等方式引导和支持民办幼儿园提供普惠性服务，制定实施大力发展3岁以下婴幼儿照护服务的政策措施。2019 年 5 月国务院办公厅印发《关于促进 3 岁以下婴幼儿照护服务发展的指导意见》提出，到 2025 年，基本形成多元化、多样化、覆盖城乡的婴幼儿照护服务体系，要求各级政府提高对发展婴幼儿照护服务的认识，将婴幼儿照护服务纳入经济社会发展相关规划和目标责任考核。

自 2010 年以来，由于学前教育发展获得了中央政府前所未有的高度重视，公共财政对学前教育有明显倾斜，学前教育占教育支出之比从 2010 年的 1.53% 上升到 2017 年的 3.92%（见表 6－8）。由于大力发展了公办幼儿园，私立幼儿园的入园人数占比自 20 世纪 90 年代以来一直快速上升的势头有所减缓（见图 6－11）。

表 6－8　　2010 年以来全国公共财政对学前教育的支付规模

年份	学前教育（亿元）	教育支出（亿元）	占比（%）
2010	191.91	12550.02	1.53
2011	310.06	16497.33	1.88
2012	632.71	21242.1	2.98
2013	659.88	22001.76	3.00
2014	691.29	23041.71	3.00
2015	929.26	26271.88	3.54
2016	1011.12	28072.78	3.60
2017	1182.35	30153.18	3.92

资料来源：根据财政部历年“全国财政决算”整理，http://yss.mof.gov.cn/zhengwuxinxi/caizhengshuju/。

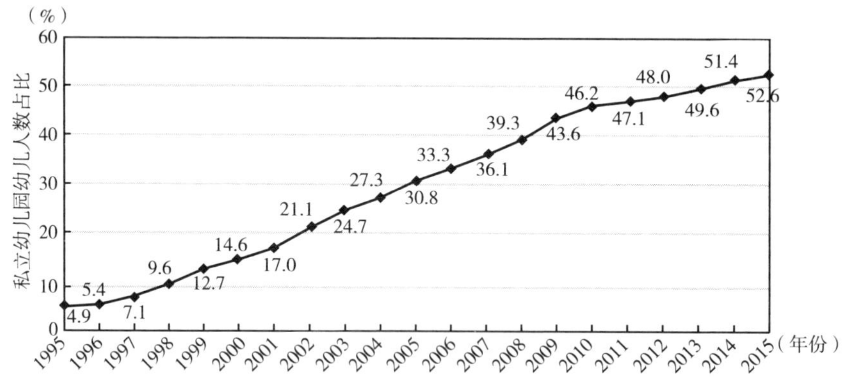

图 6－11　全国幼儿入园总数中私立幼儿园的幼儿数占比

资料来源：根据《中国教育年鉴》（1996～2016 年）整理。

第7章

中国未来人口估计与法定退休年龄调整方案

7.1 人口预测方法与工具

基本养老基金收支估算需要有准确的人口预测数据为基础。人口预测是在设定的一组未来生育率、死亡率和迁移率等可量化的影响因素的变化值条件下，运用科学的方法，对未来某个时间的人口状况进行推测。按照不同学科，人口预测方法可以分为数学与统计学方法和人口学方法。数学与统计学方法通过考虑分析纵向数据进行单变量的人口预测，主要包括回归分析和灰色系统分析方法；人口学方法则是通过考虑单一或多种人口变动因素来推算未来人口状况，主要包括单要素法和多要素的队列要素法。

本书对中国2010～2100年的人口规模及其结构的预测，主要采用队列要素法，所使用的软件工具为PADIS－INT①。该工具需要人为设定未来人口预测的三种不同方案（场景或可能性）及其一系列参数值，借助队列要素法的思想实现对未来一段时间内人口变化（主要指总人口和年龄结构的变化）的预测。一系列参数值包括：初始人口结构、平均预期寿命、生命表、生育水平（总和生育率）、生育模式（育龄妇女的生育率水平）、出生性别比、迁移人口等。该预测算法原理如下：

$$P_x^t = M_x^t + F_x^t$$

---

① PADIS－INT人口预测软件是在联合国人口司的指导下，由中国人口与发展研究中心依据"队列要素法"开发的国际化人口预测软件，具有功能强大、技术先进、方便快捷、准确率高、可视化效果好、输入简单、输出结果丰富等特点，已在全球多个国家得到应用推广，并获得联合国、美国人口普查局、普林斯顿大学等国际权威机构高度认可。

$$M_x^t = [(1-\mu_{x,t}^m) + m_{x,t}^m] \times M_{x-1}^{t-1}$$

$$F_x^t = [(1-\mu_{x,t}^f) + m_{x,t}^f] \times F_{x-1}^{t-1}$$

$$B_x^t = \sum_{x=15}^{49} W_x^t \times b_x^t$$

$$B_{x,t}^m = B_x^t \times \frac{k}{100+k}$$

$$B_{x,t}^f = B_x^t - B_{x,t}^m$$

$$P_x^t = P_x^{t-1} + B_x^t - D_x^t + I_x^t - E_x^t \tag{7-1}$$

式（7－1）中，P_x^t 为 t 年份的 x～x＋1 岁的人数；P_x^{t-1} 为 t－1 年份的 x～x＋1 岁的人数；M_x^t、F_x^t 分别为 t 年份 x～x＋1 岁的男、女性人数；M_{x-1}^{t-1}、F_{x-1}^{t-1}分别为 t－1 年份 x－1～x 岁的男、女性人数；$\mu_{x,t}^m$、$\mu_{x,t}^f$分别为 t 年份 x～x＋1 岁男、女性的死亡率；$m_{x,t}^m$、$m_{x,t}^f$分别为 t 年份 x～x＋1 岁男、女性的净迁移率；D_x^t 为 t 年份 x～x＋1 岁死亡人数；B_x^t 为 t 年份出生婴儿数；W_x^t 为 t 年份 x～x＋1 岁的育龄女性人数；b_x^t 为 t 年份 x～x＋1 岁的育龄女性生育率；$B_{x,t}^m$、$B_{x,t}^f$分别为 t 年份出生的男婴和女婴数；k 为人口性别比；I_x^t、E_x^t 分别为 t 年份 x～x＋1 岁迁出人数、迁入人数。

7.2 数据选取和参数设置

7.2.1 初始人口结构

本书以 2010 年第六次全国人口普查（以下简称“六普”）的分年龄、分性别的人口数为基准，通过综合 2011～2017 年新出生人口数，按照队列要素法计算出 2017 年底全国分年龄分性别的人口数据。再基于此，对 2018 年之后的相关人口参数进行合理设定后，以估算未来人口数据。

7.2.2 平均预期寿命

2010 年全国“六普”统计数据显示，我国人口平均预期寿命为 74.8 岁，与 2000 年“五普”时相比提高了 3.4 岁，其中男性为 72.4 岁，提高了 2.8 岁；女性为 77.4 岁，提高了 4.0 岁。十年间男女平均预期寿命差异由 3.8 岁扩大到 5.0 岁，女性平均寿命增速快于男性。联合国人口司曾对 2010 年中国人口预期寿命做过估计，与中国自己开展的人口普查所得的数据相比，其估计值相对保守，尤其对女性。2017 年联合国人口司在修订时显著上调了估计值，与中国所统计的比较接近。鉴于数据完整性，这里直接采用联合国人口司 2017 年的预测数据，并对各年份数据进行平滑处理（见表 7 – 1）。

表 7 – 1　　中国人口预期寿命假设（2010 ~ 2100 年）　　单位：岁

年份	2017 年版			2010 年版		
	平均	男性	女性	平均	男性	女性
2010 ~ 2015	75.67	74.23	77.23	73.76	72.07	75.61
2015 ~ 2020	76.48	75.01	78.08	74.74	72.98	76.66
2020 ~ 2025	77.28	75.79	78.87	75.61	73.80	77.58
2025 ~ 2030	78.06	76.58	79.62	76.43	74.58	78.43
2030 ~ 2035	78.83	77.38	80.35	77.19	75.31	79.21
2035 ~ 2040	79.58	78.19	81.04	77.86	75.97	79.91
2040 ~ 2045	80.34	79.02	81.71	78.53	76.63	80.57
2045 ~ 2050	81.07	79.84	82.35	79.15	77.25	81.2
2050 ~ 2055	81.80	80.68	82.97	79.75	77.84	81.82
2055 ~ 2060	82.54	81.54	83.59	80.30	78.4	82.39
2060 ~ 2065	83.27	82.38	84.19	80.83	78.94	82.92
2065 ~ 2070	83.96	83.18	84.78	81.34	79.48	83.45
2070 ~ 2075	84.60	83.90	85.36	81.84	79.99	83.96
2075 ~ 2080	85.21	84.54	85.94	82.34	80.5	84.46
2080 ~ 2085	85.79	85.13	86.51	82.82	80.98	84.95
2085 ~ 2090	86.32	85.67	87.06	83.3	81.47	85.41
2090 ~ 2095	86.85	86.17	87.62	83.76	81.94	85.85
2095 ~ 2100	87.40	86.71	88.18	84.23	82.41	86.30

资料来源：根据联合国官网数据统计整理得出。

PADIS-INT 人口预测软件内置有“智利”“远东”“一般”“拉美”“南亚”五种类型生命表，每一种生命表都具有独特性。对于一个给定地区人口，男性和女性通常应该使用相同类型的生命表，本书预测直接选用“远东”类型。在不同年份，当预期寿命发生变动时，各年龄的死亡率、生命表也会发生变化。

7.2.3 生育模式

生育模式是指育龄妇女（指 15 ~49 岁女性）的生育率水平或生育概率。某一时期新生儿数是由不同年龄队列的育龄妇女数分别乘以对应年龄的妇女生育概率来决定。不同时期育龄妇女生育模式存在差异，预测起来比较困难。一些研究利用了“规格化生育率”计算公式（于洪和曾益，2015）：

x 岁规格化生育率 = x 岁女性的生育率/总和生育率

规格化生育率被视为一个常数。只要假定了未来的总和生育率（TFR），则可根据过去数据而获得的 x 岁规格化生育率，计算出未来的分年龄育龄妇女的生育模式[①]。我们基于 2010 年“六普”提供 15 ~49 岁育龄女性的生育率，对未来总和生育率进行了假定，由此得到了未来每年的不同年龄育龄妇女的生育模式。

7.2.4 总和生育率

总和生育率（TFR）是指每个女性在育龄期间平均生育的子女总数，以反映生育水平。20 世纪 70 年代后期以来，中国育龄妇女的生育水平持续下降，总和生育率已从 1980 年的 2.24 下降至 2010 年时的 1.18，远低于人口更替水平的 2.1。2014 年、2016 年我国相继实施“单独二孩”“全面二孩”政策[②]，而后 1 ~2 年迎来了新生人口增长的小高峰，一部分累积的生育意愿得到了释放，预计到 2020 年后“生育累积效应”会消失。当由正常生育意愿来决定时，总和生育率相较于生育放开之前会有一定提高，但还是无法改变中国已经形成的低生育率趋势，这是不同国家迈向高度工业化、城市化过程中的共同现象。侯佳伟等（2014）系统地整理了 1980 ~2011 年 227 项反映中

① 但该方法的弊端是它假定了不同年龄队组的育龄妇女随人口总和生育率的变化会做同样幅度调整，在人口政策调整的特殊时期，这种不同年龄组别的育龄妇女生育模式必定发生结构性的变化。比如，“全面二孩”的生育政策放开后，高龄的妇女会加紧利用“育龄末班车”，在 4 年之内安排第二胎生育，形成人口增长的小高峰，限制二胎的生育所形成生育累积效应得到释放，总和生育率被暂时推高。高峰期之后，总和生育率将在新的生育政策环境下回落到比生育政策放宽之前更高的水平。

② 2013 年 11 月，《中共中央关于全面深化改革若干重大问题的决定》提出“启动实施一方是独生子女的夫妇可生育两个孩子的政策”。2015 年 12 月 27 日，全国人大常委会表决通过了人口与计划生育法修正案，“全面二孩”政策将于 2016 年 1 月 1 日起正式实施。

国人生育意愿纵向变化的研究文献，发现自1980年以来，中国人的理想子女数呈减少趋势。1980~1989年，城市理想子女数的均值为1.54，农村为2.01；而在2000~2011年期间，城市理想子女数的均值下降到1.50，农村下降到1.82。农村的理想子女数减少明显，与城市的差异越来越接近。

专栏7-1

2011~2016年的《国民经济和社会发展统计公报》数据显示，2011~2016年全年出生人口分别为1604万人、1635万人、1640万人、1687万人、1655万人、1786万人①②，2014年和2016年分别为“单独二孩”和“全面二孩”政策落地的第一年，2014年的出生人口仅比2013年增长47万人，2016年的出生人口仅比2015年的增长131万人，远远低于一些学者的研究预测值（翟振武等，2014）③。甚至有研究做了更为保守的估计，如果早在2013年11月就全面放开二孩政策的话，则随后4年内将出现人口生育峰值，每年新生儿将在2200万~2700万人之间（乔晓春，2014）。2016年新生人口并未显著增长，总和生育率应该在1.72~1.8之间。假如生育政策放开所带来的生育异常增加效应在2016~2020年的5年里全部释放掉，各年新生人口比例呈对数正态分布，即10%、25%、35%、20%、10%（周长洪和陈友华，2013），由于2016年新增131万人，则2017~2020年将大概分别新增328万人、460万人、262万人、131万人，再分别加上2015年出生人口数，则在各年出生的人口应分别为：1983万人、2093万人、1917万人、1786万人。这一推算结果，尽管相较于前述研究更显保守，与实际情形相比却更显乐观。

① 这些数据是国家统计局公布的抽样数据，而不是实际数据。而据卫生计生统计数据显示，2016年全年住院分娩活产数为1846万人，应该卫生计生统计数据更为靠近真实生育数据，如果用PADIS-INT人口预测软件进行测算，总和生育率达到1.78。

② 根据2010~2016年出生人口数据，我们通过PADIS-INT软件进行测算，结果显示2010年总和生育率为1.26，由此也说明2010年总和生育率为1.18是明显低估了总和生育率。也有研究认为2010年仍达到1.4，2011年为1.50，2012年为1.49，2013年为1.49，2014年为1.56，2015年为1.56，2016年为1.72。2010~2015年平均总和生育率为1.47，略低于联合国2017年的修正数据1.60。由于“全面二孩”政策是在2016年1月开始实施，只有2017年的出生人口数据才能显示生育政策放开的效应。联合国人口司对未来人口总和生育率的中等水平预测应该是相对低估了中国数据，中等水平预测数据显示，2015~2020年，中国总和生育率处在1.63，2020~2025年为1.66，2025~2030年为1.69。

③ 翟振武等（2014）使用2005年的全国1%抽样调查数据，假定如果2012年全面放开二孩政策，在政策放开后女性将会在4年内逐步完成二孩生育，出生人口峰值将达到4995万人。也就是说，在2016年“全面二孩”政策开始实施的2~3年里，即2017~2018年将迎来出生人口峰值。

国家统计局数据显示，2017 年全年出生人口 1723 万人比 2016 年减少了 63 万人（比本书预测值少了 260 万）。2018 年为 1523 万人，比 2017 件减少 200 万人。2019 年为 1465 万人，为 1952 年以来最低。新生人口减少主要是由女性人口结构变化引起，2017 年“一孩”出生人数为 724 万人，比 2016 年减少 249 万人。基于“六普”数据，如果不考虑死亡率因素时，2017 年 20～29 岁生育旺盛期的育龄女性总人数为 10169.6 万人，比 2016 年还少出近 600 万人。而这个年龄段的育龄女性生育“一孩”最为普遍，因此 2017 年“一孩”出生人数下降主要受到了生育女性人口结构变化的“冲击”。按照 2011～2017 所公布的新生人口数和同期的出生人口性别比计算，各年份的女性出生人口分别为 737 万人、751 万人、753 万人、781 万人、775 万人、838 万和 809 万人。我们将该数据与 2010 年“六普”中女性“出生年份—人数”分布数据进行合并（见图 7－1）。

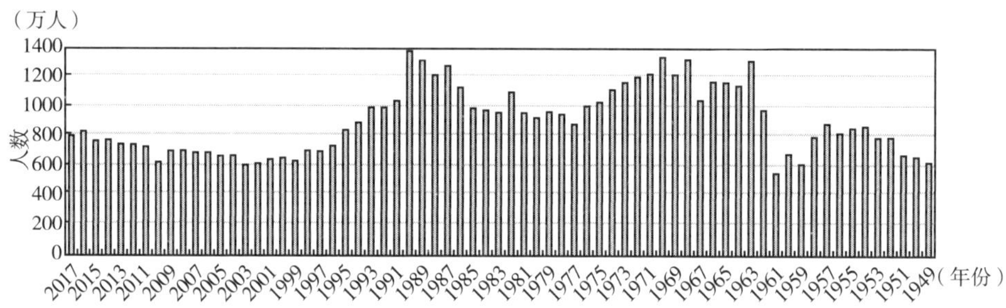

图 7－1　各年份的新生儿（女性）人数

注：横轴中 2011～2017 年所对应的柱状图为新生女婴人数。

资料来源：根据 2010 年“六普”数据计算。

2010 年 20 岁以下（即 1990 年后出生的）女性人数出现急剧下降；该年 7 岁（即 2003 年出生）女童人数降至谷底。1990～2003 年出生人口下降，至少会导致在 2023 年前，“一孩”出生人数仍将走低，低生育率的短期趋势将会持续到至少 2023 年。如果不考虑受到女性人口结构变化的影响，2017～2019 年新生人口总数持续显著下降，可能说明中国的确存在“生育危机”①，未来新生人口下滑趋势是否能得到有效遏制，仍面临很大挑战。国家卫计委的一项调查发现，不愿生育二孩的多个原因中，“经济负担”“太费精力”

① 资料来源：刘昶荣、文并摄：《2017 年新出生人口同比减少 63 万生育危机是否存在?》，载于《中国青年报》2018 年。

“无人看护”分别占比为74.5%、61.1%和60.5%。[①] 为化解“生得起养不起”的人口发展困局，国家正在重视扩大民生财政投入，发展学前教育，以减轻家庭的孩子养育负担。

2007年国家人口发展战略研究课题组发布的《国家人口发展战略研究报告》中，认为“全国总和生育率在未来30年应保持在1.8左右，过高或过低都不利于人口与经济社会的协调发展”，人口总规模控制在14亿人内。联合国人口司2017年发布的《世界人口展望报告》与2010年的版本相比，调高了近30年的总和生育率，而且认为中国人口总和生育率已触底反弹，并在21世纪内将持续上升到1.88。对中国未来人口预测是基于未来总和生育率有3种假定：（1）“低方案”：2030年后总和生育率调整至1.5，为“单独二孩”政策实施前的生育水平；（2）“中方案”：2030年后总和生育率调整至1.8，这是多项调查研究发现的不考虑生育政策时的理想生育率；（3）“高方案”：2030年后总和生育率调整至2.1，即人口替代水平，人口规模将保持稳定（见表7-2）。

表7-2　中国未来育龄妇女总和生育率（TFR）的假定

年份	低方案	中方案	高方案	年份	低方案	中方案	高方案
2010	1.47	1.47	1.47	2021	1.80	1.80	1.80
2011	1.48	1.48	1.48	2022	1.77	1.80	1.83
2012	1.49	1.49	1.49	2023	1.73	1.80	1.87
2013	1.54	1.54	1.54	2024	1.70	1.80	1.9
2014	1.53	1.53	1.53	2025	1.67	1.80	1.93
2015	1.69	1.69	1.69	2026	1.63	1.80	1.97
2016	1.91	1.91	1.91	2027	1.60	1.80	2.00
2017	2.07	2.07	2.07	2028	1.57	1.80	2.03
2018	1.94	1.94	1.94	2029	1.53	1.80	2.07
2019	1.85	1.85	1.85	2030	1.50	1.80	2.10
2020	1.85	1.85	1.85	2030+	1.50	1.80	2.10

① 资料来源：财经网，http://economy.caijing.com.cn/20180118/4396307.shtml。

7.2.5 新生儿性别比

2016年“全面二孩”政策实施后，生育机会大大提升，对新生儿的性别要求与能有机会成功生育二孩相比已经不那么重要，将有利于减轻新生儿性别比的失衡程度。实际上我国新生儿性别比已经呈现逐年平稳下降的趋势，2004年为121.2，2013年为117.6，2014年“单独二孩”政策实施后降至115.9，2015年降为113.5，2017年为111.9。随着小康社会的全面建成，社会保障日益完善，生育观念变化，新生儿性别比会进一步降低，向自然水平103~107靠近，我们假定2016~2030年，新生儿性别比从112逐渐降至107后稳定不变[①]。

7.2.6 其他参数设定

由于我国人口迁入迁出规模不大，我们对未来人口预测视为是在封闭条件下进行的，对预测期间的迁移水平和迁移模式不做考虑，各个年份的相关参数都设定为0。

7.3 中国未来人口预测结果

7.3.1 人口规模

预测结果显示，无论“低方案”“中方案”，还是“高方案”，未来100年中国人口总规模呈现下降趋势。三个方案都对2017年后2~3年的总和生育率做了较高水平的假定[②]，预计2019年中国人口规模将突破14亿

---

① 联合国人口统计数据显示，从1950年至今，日本、韩国等东亚国家出生人口性别比一直稳定在106~108区间，由此我们假定在2030年后我国新生儿性别比也将稳定在自然水平。

② 由于本书的估算工作开展于2017年，而2018年和2019年的新生人口数比社会预期明显下降，说明了中国的确存在生育意愿不足问题，使得2017年对总和生育率的假定相对于现实情形高估了，这是本书的不足。但这不影响今后20年内工作年龄人口数与退休年龄人口数的估算。另外，如果本书在人口预测时的确高估总和生育率，则可以反映出，在20多年后的中远期，中国人口老龄化问题可能比本书的研究估计结果更加严重，养老金收支缺口倾向更严峻。

人，为14.11亿人。但是，在低、中、高方案中总人口规模分别在2036年、2042年和2055年又将跌回14亿人。中国总人口规模峰值将出现在2030年前后，低、中、高方案下分别为2027年、2028年、2034年，将达到14.26亿人、14.3亿人、14.38亿人。2017年联合国人口司对中国未来人口发展趋势估算做了新修订①，最新预测结果见图7－2。与联合国2017年版本相比，本书的“中方案”与其“中方案”估计值吻合度高，由此得出的不同年份的分年龄人口详细数据，作为了估算未来城镇人口、养老金收支规模的主要依据（见图7－2）。

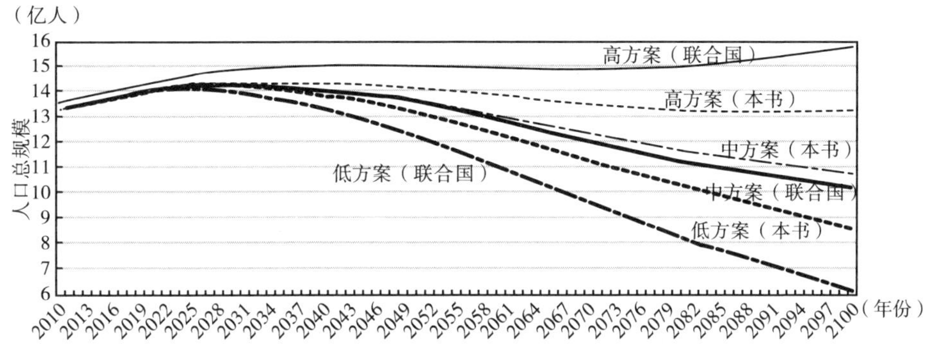

图7－2 中国人口规模变化趋势

资料来源：联合国经济与社会事务司（DESA）网。

7.3.2 人口结构

劳动力人口规模和总扶养比。劳动力人口规模以“男20～59岁、女20～54岁”年龄来统计，老年人口规模以“男60岁及以上、女55岁及以上”年龄来统计，少儿抚养规模以“19岁及以下”年龄来统计。社会总抚养比等于少儿抚养比与老人扶养比之和。

图7－3显示，目前劳动力人口在8亿人左右，“中方案”下未来呈现显著下降趋势，到2030年降至7亿人，2050年、2075年分别降至6亿人、5亿人，在2100年略为当前的一半。而在未来30年老年人口规模持续扩大，到2050年将达到峰值5.3亿人，而后开始缓慢回落。约到2080年，劳动力人口与老年人口规模几乎相当。生育限制放开后，尽管少儿人口规模在未来几年

① 资料来源：联合国官网。

里略有回升（对“全面二孩”实施初期的总和生育率做了一定乐观估计），但2025年达到3.27亿人后将会回落，且往后一路下降。约在2055年前，劳动力人口所承担对老少人口总扶养压力不断上升，2055年后虽有所波动，但整体上总扶养压力保持稳定，处在130%～140%之间的高位区间，相当于1个劳动力将来除了要养活自己，还需另养活1.3～1.4个人，人口供养负担超重。目前总抚养比为70%，这意味着未来40年后，劳动力个体对孩子和老人的供养负担将增加1倍。

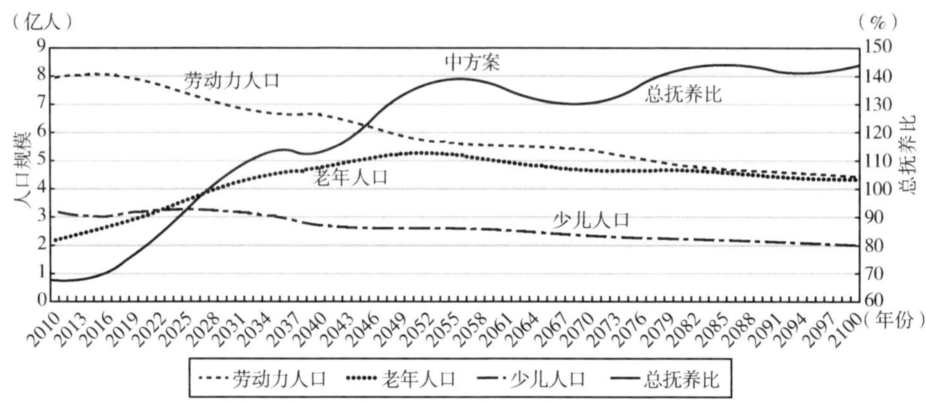

图7-3　中国劳动力人口规模及总抚养比的趋势（中方案）

为能对上述人口指标有完整的把握，根据“高方案”和“低方案”估算结果，对上述指标做了同样刻画，如图7-4所示。由于“高方案”对未来

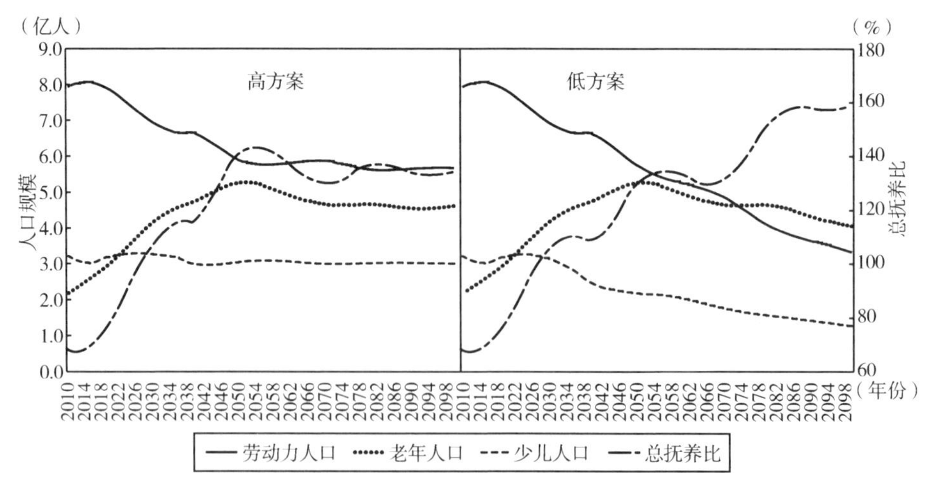

图7-4　“高方案”和“低方案”下的人口结构变化趋势

TFR设定为人口替代水平的2.1，由此显示，2050年以后劳动力人口、退休人口、少儿人口规模，以及总抚养比都将保持稳定。即使如此，总抚养比也非常高，约130%。“低方案”下未来TFR是按照“单独二孩”政策实施前的较低水平1.5设定，预测结果反映了少儿人口规模长期内的持续下降。劳动力人口规模也将持续下降，到2050年、2100年陆续降至5.8亿人、3.4亿人。老年人口规模约在2050年出现转折性变化，达到峰值后开始持续回落。总抚养比一直上升，特别是在2040年、2065年经过暂时“停顿”后会急速提高，到21世纪末将超过160%。

由于对未来TFR的假定水平不同，少儿人口、劳动力人口和老年人口规模在将来会有不同变化趋势。图7－5显示，三种方案下的少儿人口、劳动力人口和老年人口规模估值的差异将分别在2020年、2050年、2075年左右显现出来。如图7－6所示，2055年左右，社会总抚养比将迎来一个峰值，将是现在的2倍，在远期都将稳定在高位，即使到21世纪末也难见有降低的趋势。联合国的三种方案估计也显示出了同样的趋势。

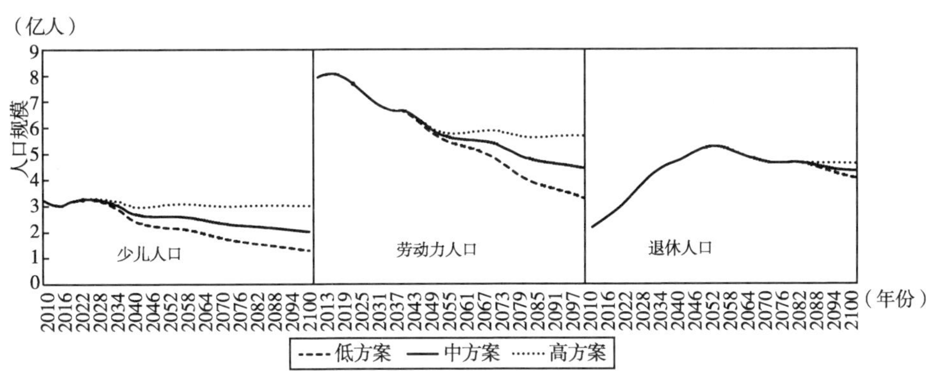

图7－5　三种方案下的未来不同类型人口规模变化趋势

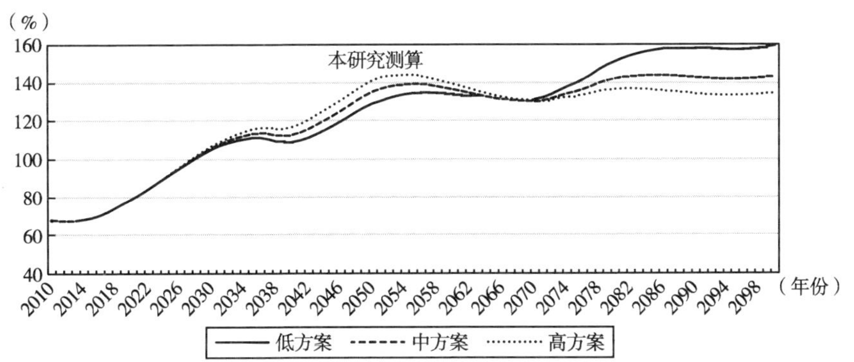

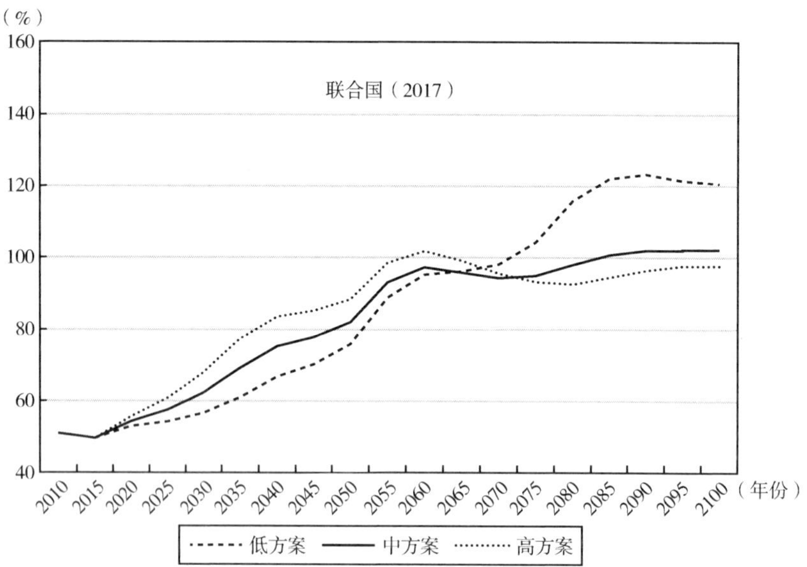

图 7-6　三种方案下的未来总抚养比变化趋势

注：联合国人口司数据中“总抚养比”与本研究的统计口径不一样，是指“0~19 岁和 65 岁及以上人口”与“20~64 岁人口数”之比。

资料来源：United Nations, Department of Economic and Social Affairs, Population Division. *World Population Prospects*: *The* 2017 *Revision*, 2017.

7.3.3　城镇人口估计

由于前面仅对未来中国总人口进行了估计，要刻画出未来城镇人口变化，还须在此基础上考虑城镇化率（后文所有测算是基于前文“中方案”人口预测结果）。而现有研究在估算城乡人口数时，很少考虑到各年龄组人口城镇化率的差异，多数只是按人口总体城镇化率这一指标进行处理（刘学良，2014）。实际上由于种种原因，如随父母户口状况、入城学习务工、城乡人口寿命差异等①，会造成不同年龄组别的人口城镇化率差异较大（见图 7-7）。

① 比如，受生育父母城镇化的影响，如果父母城镇化率高，则新生儿城镇化率也高；受入城上学的影响，升学容易造成较高的城镇化率，特别是在 13~18 岁刚好是从中学到大学的阶段，因需入城接受更好教育，户口转移造成了城镇化率陡升。受入城就业的影响，当进城入学急速提高城镇化率后，当 20 岁后年轻人开始参加工作，城镇化率还会进一步提高。由于不同年龄组劳动者城镇化能力并非一致，30 岁后的劳动者城镇化率表现越来越低。由于城乡人口寿命有差异，高龄老人越来越集中在城镇，高龄人口城镇化率会很高。

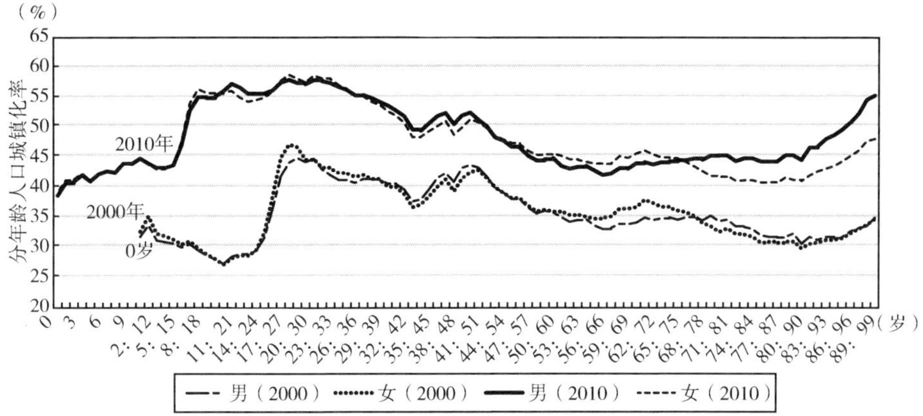

图7-7 2000年分性别每个年龄组人口到2010年的城镇化率发展状况

资料来源：根据全国“五普”和“六普”数据整理；国家统计局网站，http：//www.stats.gov.cn。

对未来不同年龄组人口的城镇化率按如下步骤估计。首先，基于图7-7中第五、第六次全国人口普查数据，根据队列法估算出2000~2010年十年间不同年龄组人口的城镇化率年均推进速度，由此估算结果见表7-3。

表7-3 2000~2010年不同年龄组人口的城镇化率年均推进情况

年龄组（岁）	男（%）	女（%）	年龄组（岁）	男（%）	女（%）	年龄组（岁）	男（%）	女（%）
0	1.3	1.2	14	2.6	2.5	28	1.4	1.3
1	1.0	0.9	15	2.4	2.2	29	1.3	1.2
2	1.2	1.1	16	2.0	1.7	30	1.3	1.3
3	1.2	1.1	17	1.6	1.3	31	1.2	1.2
4	1.3	1.2	18	1.4	1.2	32	1.2	1.2
5	1.7	1.7	19	1.2	1.1	33	1.2	1.2
6	2.2	2.3	20	1.3	1.3	34	1.1	1.1
7	2.6	2.7	21	1.3	1.4	35	1.1	1.1
8	2.6	2.7	22	1.5	1.5	36	1.0	1.0
9	2.7	2.7	23	1.5	1.5	37	1.0	1.0
10	2.9	2.9	24	1.6	1.5	38	1.0	0.9
11	2.9	2.8	25	1.5	1.4	39	0.9	0.9
12	2.8	2.6	26	1.5	1.4	40	0.9	0.9
13	2.7	2.6	27	1.4	1.3	41	0.8	0.8

续表

年龄组（岁）	男（%）	女（%）	年龄组（岁）	男（%）	女（%）	年龄组（岁）	男（%）	女（%）
42	0.8	0.8	59	0.9	0.8	76	1.3	1.0
43	0.8	0.9	60	1.0	0.9	77	1.3	1.0
44	0.9	0.9	61	0.9	0.8	78	1.4	1.1
45	0.9	0.9	62	0.9	0.8	79	1.3	1.0
46	0.9	0.9	63	0.9	0.8	80	1.4	1.1
47	0.9	0.9	64	0.9	0.8	81	1.5	1.1
48	0.9	0.9	65	1.0	0.9	82	1.6	1.2
49	0.9	0.9	66	1.0	0.8	83	1.6	1.2
50	0.9	1.0	67	1.0	0.8	84	1.7	1.2
51	0.9	0.9	68	1.0	0.9	85	1.8	1.3
52	0.9	0.9	69	1.0	0.8	86	1.8	1.3
53	0.9	0.9	70	1.1	0.9	87	1.9	1.3
54	0.9	0.9	71	1.1	0.9	88	2.1	1.4
55	0.9	0.9	72	1.1	0.9	89	2.0	1.3
56	0.9	0.9	73	1.1	0.9	90	1.4	0.9
57	0.9	0.9	74	1.2	0.9	91	1.4	0.9
58	0.9	0.9	75	1.2	1.0	92	1.4	0.9

其次，对未来不同年龄组人口的年均推进速度进行估算。中国总人口城镇化率在2000～2010年从36.9%增至50.3%，每年环比平均约为1.031∶1。联合国人口司（2017）对中国未来总人口城镇化率进行估测：2015年为55.6%，2020年为61%，2025年为65.4%，2030年为68.7%，2035年为71.1%，2040年为72.8%，2045年为74.3%，2050年为75.8%，总人口城镇化率的推进趋势呈现幂分布特征。基于联合国人口司数据，我们在估算未来不同年龄组别的城镇化推进速度时，应做如下方法处理：（1）0～18周岁组别人口的城镇化率增速取值总人口城镇化率平均增速；（2）18周岁之后的各年龄组别人口的城镇化率增速数据通过如下处理方法获得：先将2000～2010年各年龄组别人口的城镇化率年均增速分别除以2000～2010年的总人口城镇化率年均增速，再分别乘以联合国对未来不同年份的总人口城镇化率增速的估测值。18周岁之后的各年龄组别人口的未来城镇化率数据，同样通过队列法获得，即第t年x岁组人口城镇化率乘以该年龄组人口城镇化率年

增速，就可获得第 t+1 年 x+1 岁组人口的城镇化率。最后将（1）和（2）两大类年龄组别人口城镇化率合并在一起，得出2010年后各年份的不同年龄组别人口城镇化率估计结果（见图7-8）。

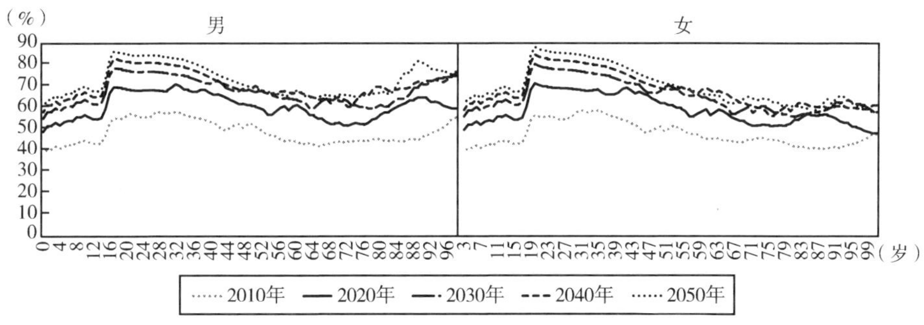

图7-8 未来不同年龄组别城镇化率的估计

最后，将2010年后各年份不同年龄人口的预测值分别乘以相应年份不同年龄组人口的城镇化率估计值，就可获得不同年龄城镇人口的估计值。

7.4 未来渐进式延迟法定退休年龄的政策设计

7.4.1 政策实施假设时点与延迟节奏

人口老龄化日益加深的背景下，提高法定退休年龄（NRA）成为一个必然的趋势，目前诸多文献提出不同的延迟方案建议，认为延迟退休宜早不宜迟，以时间换空间，有利于减轻未来养老金收支缺口压力，缓解老龄化社会劳动力不足。延迟退休政策何时开始实施、具体延迟节奏如何安排，需综合考虑多方面因素。有研究提出以城镇劳动力人口增长率的预测结果为基础，将延退政策实施的起始点设定在城镇劳动力人口负增长出现的年份，如2021年（金刚等，2016）。迄今为止延迟退休方案迟迟未出台，反映政府决策谨慎。但中国的老龄化浪潮已扑面而来，当前老年扶养率正在加速上升，也正以前所未有的广度和深度影响着社会、每个家庭和个体，社会养老保险收支平衡压力日趋增大，延迟退休已经越来越不容回避或犹豫。近年来中国劳动年龄人口规模已在逆转下降，而近年来经济增幅明显下降的情况下，失业率并未提高，表明劳动力供过于求的格局已经扭转，提高退休年龄对就业的损害应该可控。事实上，老年人延长就业，“退而不休”（张川川，2015）的现象并不少见。

由于中国教育事业发展，国民受教育水平不断提高，也有利于延迟退休政策的实施。教育性人力资本是决定劳动者产出效率的重要因素。当劳动者受教育水平还普遍较低时，延迟退休对改善整个社会劳动力的有效供给状况不会很明显，受教育少会影响到学习能力、再就业能力，一般倾向于及时退休、提前退休，延迟退休意愿较弱（廖少宏，2012；阳义南，2012；李琴、彭浩然，2015）。在规划延迟退休政策实施时间和确定延迟节奏时，可考虑到不同世代劳动者教育状况改善进度。2010 年“六普”城镇人口数据显示，50～54 岁和 55～59 岁组中，初中及以下学历者占比分别为 63% 和 77%。到 2025 年，55～59 岁年龄组（即“六普”时 40～44 岁年龄组）城镇人口中高中及以上学历者占比仍只占 35%，这部分人是 1966 年“文化大革命”爆发后出生的，受到巨大政治冲击受教育不多，但此后的世代受教育水平开始稳步提高（见图 7－9），意味着随时间推移，临近退休者延迟退休年龄的条件越加充分。因此可考虑经过未来 5 年的过渡期后，从 2025 年起渐进提高正常退休年龄（NRA）。

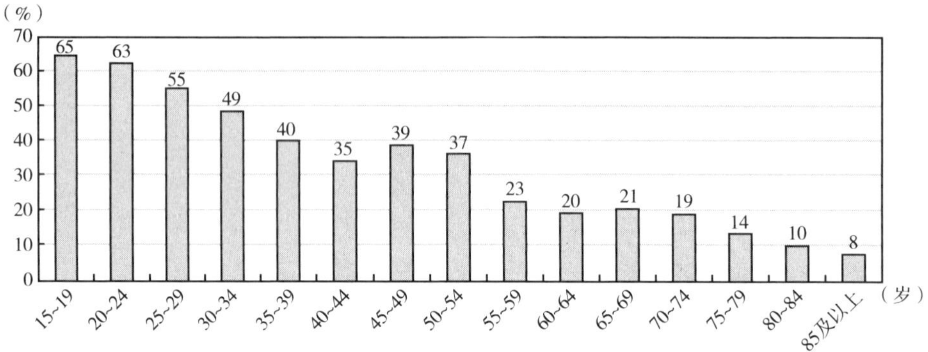

图 7－9　2010 年城镇分年龄组的“高中及以上”学历人数占比

我们的政策假定是：从 2025 年起，将男、女性 NRA 分别从 55 岁、60 岁以“每 4 年延迟 1 岁或每 1 年延迟 3 个月”节奏，到 2049 年逐渐提高至 65 岁、60 岁；取消“女干部”“女职工”的就业身份、退休年龄差别，到 2025 年 NRA 都统一为 55 岁。具体而言，自 2025 年起，1965 年出生的男性、1970 年出生的女性开始延迟 3 个月退休；1966 年出生的男性、1971 年出生的女性延迟 6 个月退休，依次类推（见表 7－4）。

表7-4　不同世代男女劳动者未来法定退休年龄延迟计划

大致对应的退休年份	女性			男性		
	出生时间	延迟年数（年）	退休年龄（岁）	出生时间	延迟年数（年）	退休年龄（岁）
2025	1970/1/1~12/31	0.25	55.25	1965/1/1~12/31	0.25	60.25
2026	1971/1/1~12/31	0.50	55.50	1966/1/1~12/31	0.50	60.50
2027	1972/1/1~12/31	0.75	55.75	1967/1/1~12/31	0.75	60.75
2029	1973/1/1~12/31	1.00	56.00	1968/1/1~12/31	1.00	61.00
2030	1974/1/1~12/31	1.25	56.25	1969/1/1~12/31	1.25	61.25
2031	1975/1/1~12/31	1.50	56.50	1970/1/1~12/31	1.50	61.50
2032	1976/1/1~12/31	1.75	56.75	1971/1/1~12/31	1.75	61.75
2034	1977/1/1~12/31	2.00	57.00	1972/1/1~12/31	2.00	62.00
2035	1978/1/1~12/31	2.25	57.25	1973/1/1~12/31	2.25	62.25
2036	1979/1/1~12/31	2.50	57.50	1974/1/1~12/31	2.50	62.50
2037	1980/1/1~12/31	2.75	57.75	1975/1/1~12/31	2.75	62.75
2039	1981/1/1~12/31	3.00	58.00	1976/1/1~12/31	3.00	63.00
2040	1982/1/1~12/31	3.25	58.25	1977/1/1~12/31	3.25	63.25
2041	1983/1/1~12/31	3.50	58.50	1978/1/1~12/31	3.50	63.50
2042	1984/1/1~12/31	3.75	58.75	1979/1/1~12/31	3.75	63.75
2044	1985/1/1~12/31	4.00	59.00	1980/1/1~12/31	4.00	64.00
2045	1986/1/1~12/31	4.25	59.25	1981/1/1~12/31	4.25	64.25
2046	1987/1/1~12/31	4.50	59.50	1982/1/1~12/31	4.50	64.50
2047	1988/1/1~12/31	4.75	59.75	1983/1/1~12/31	4.75	64.75
2049	1989/1/1~12/31	5.00	60.00	1984/1/1~12/31	5.00	65.00

联合国2017年“世界人口展望”数据显示，到2050年中国男、女性老年人寿命会分别增长3.5岁、2.7岁。如按本章所假定的延迟节奏，当前男性制度退休后的剩余寿命约有19年，到2050年约有18年；当前女性干部（职工）制度退休后剩余寿命约有27年（32年），到2050年约有25年。2016年OECD各成员男（女）的退休剩余寿命为17.8（21.5）年，而到2050年约为19.1（22.2）年（见图7-10）。也就是说，中国从2025~2049年渐进上调NRA后，将来男性制度退休后的剩余寿命将比OECD各成员平均水平还少1年，而女性则多出约3年。考虑到中国女性普遍在隔代照看、家庭劳动上做出了巨大贡献，女性正常领取养老金的年龄可以早于男性，在2049年时NRA为60岁也应该可行。如果要求女性与男性同龄退休，则中国的女性在制度退休后的剩余寿命比OECD各成员平均水平还少了2年。

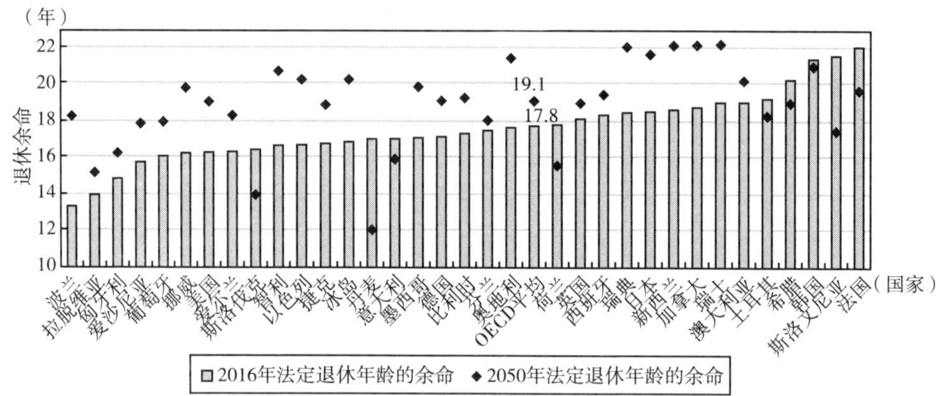

图 7－10　OECD 国家男性法定退休年龄余命

资料来源：OECD 官网。

另外，2025～2049 年约 25 年内完成 5 岁的延迟，这个节奏与其他国家相比，并不算很慢。如果节奏过快，延迟退休可能会加大“广大劳动者对年老后能否胜任工作的担忧”（谭远发等，2016）。由于中国不同年龄组别劳动者受教育程度差异很大，最有产出效率的劳动者相较于其他工业化国家偏年轻化，因此在延迟节奏上要立足本国实际，不能盲目照搬国外的目标退休年龄标准（如男女皆为 65 岁），在今后短短 10 多年里就调整到位。

7.4.2　女性延迟节奏的依据

中国女性生育年龄、首次当祖母年龄的延迟节奏，可作为延迟女性法定退休年龄的一个重要参考。上述的退休年龄调整安排，在 2050 年女性 NRA 为 60 岁，这个年龄也是首次当祖母的平均年龄，这种延迟进度就比较好地考虑到了中国女性普遍存在的“隔代照看”的情形。从“隔代照看”角度，女性生育年龄延迟，可以引导其父母选择在更晚年龄退休，由此，城市老年女性退休年龄的延迟可与年轻女性生育高峰年龄的推迟相适应。

中国历年的全国人口变动情况抽样调查数据显示，1986 年城市育龄女性“一孩”的平均生育年龄为 24.1 岁，到 2015 年推迟到 27.8 岁，30 年间推迟了 3.7 年。1986 年生育过“一孩”的 24 岁女性，在 27 年后即 2013 年刚好是 51 岁，此时其女儿世代普遍地生育了“一孩”，这与 CHARLS 微观调查结果高度一致，2011～2013 年女性首次做祖母的平均年龄为 51 岁，而男性为

53 岁①。从“隔代照看”角度判断，女性在51岁后退休比较合适。目前退休年龄制度允许女性职工在50岁退休，说明现有制度安排的确也满足了很多家庭的“隔代照看”需求。

根据图7－11所示，以1986年为基年，可以拟合出能反映1986～2015年城市女性首胎平均生育年龄变化的幂函数曲线，公式为：

$$Y = 23.814x^{0.0556} \quad (7-2)$$

其中，Y为第x个考察年的女性“一孩”平均生育年龄。根据式7－1，2016年“一孩”的平均生育年龄为28.8岁，2030年为29.4岁，2050年为30.0岁②。如果今后“一孩”平均生育年龄一直稳定在29岁左右，则30年后，即当2016年出生的女性生存至2046年时，将达到普遍生育“一孩”的年龄，而其母亲平均接近60岁（见图7－12）。延迟退休年龄应体现“以人为本”，尽可能减少对一般家庭劳动带来的负面影响。由此建议将2050年女性正常退休年龄设定为60岁。另外，由于1995年女性首胎平均生育年龄约为25岁，30年后也到了其子女普遍生育的年龄，此时女性首次做祖母的平均年龄约为

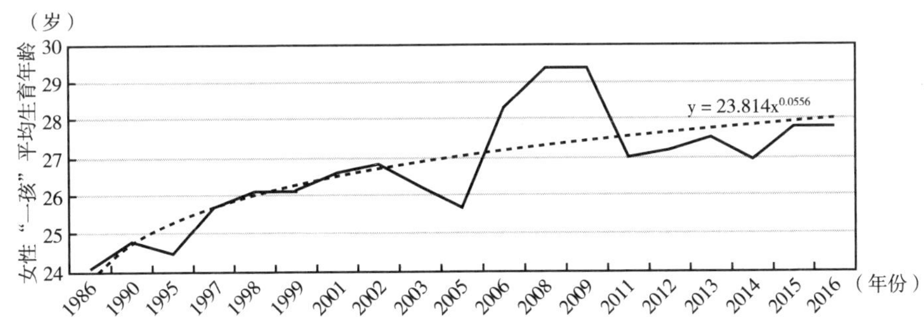

图7－11 中国城市育龄女性“一孩”平均生育年龄

资料来源：根据历年《中国人口和就业统计年鉴》和全国育龄妇女分年龄、孩次的生育状况（城市）的数据计算得出。

① CHARLS（2015）提供39～75岁的“有孙子女”样本共4116个，其中女性样本2235个，首次做祖母的平均年龄为51.2岁，而男性样本1881个，首次做祖父的平均年龄为53.0岁。当女性达到51岁年组时，在所有女性样本中第一次做祖母的人数占比已经达到55%，男性样本中到53岁年龄时首次做祖父的人数占比达到54%。男女之间差异在45～50岁之间非常明显，在此期间是女性首次迎来孙子女出生的爆发期，统计结果也证实上述根据人口宏观统计数据所做的推测。由于这里的样本大部分是农村籍样本，所以城市籍样本首次做祖父母的年龄，应该是往后推迟。

② 联合国人口司2017年版（World Population Prospects：The 2017 Revision）数据显示，2015～2020年中国女性平均生育年龄为27.37岁、2025～2030年为28.83岁，2035～2040年为29.70岁，2045～2050年为30.16岁。

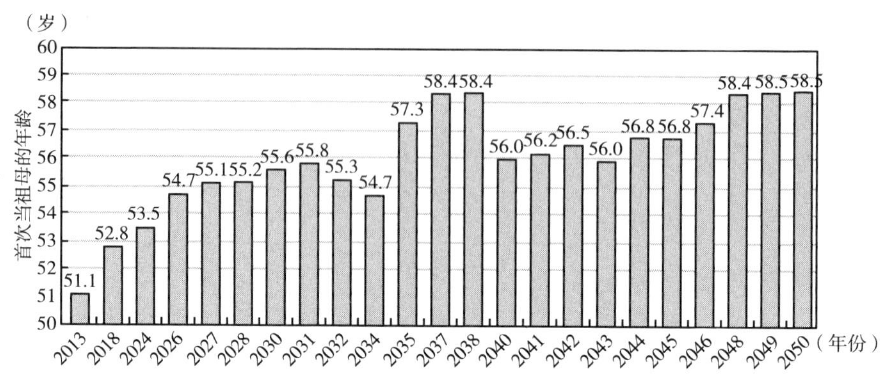

图7－12　女性首次当祖母的平均年龄估计

资料来源：根据式（7－2）的拟合值和历年《中国人口和就业统计年鉴》数据所计算的女性“一孩”平均年龄绘制。

55岁左右，因此2025年女干部、女职工的NRA都可统一为55岁，这样也有助于减少身份歧视。

7.4.3　暂不主张男女同龄退休的解释

目前有不少研究主张未来男女同龄退休。例如，2015年中国社科院人口与劳动经济研究所建议“从2018年开始，女性退休年龄每3年延迟1岁，男性退休年龄每6年延迟1岁，直至2045年同时达到65岁”①。主张男女同龄退休的理由有：

（1）发达国家延迟退休年龄方案最终都将实现男女同龄退休，这是因为女性由于生育和家庭照看，使得职业生涯有限，导致参保缴费不足，如果退休年龄偏低，造成养老金积累不多和老年退休生活贫困。

（2）女性相对于男性有更长的预期寿命，缴费期较短，受益期相对较长，则影响社会养老基金的收支平衡。

（3）随着经济社会发展，女性受教育水平与男性之间差异日益缩小。退休年龄较早对女性职业发展不利，造成女性人力资本浪费（谭琳、杨慧，2012）。

（4）从性别平等的角度，认为男女应该同龄退休（张素伦，2010）。

尽管当今世界上，保留性别差异的国家相对更少，男女退休年龄走向统一是一种趋势，近些年来OECD成员方退休年龄的性别差异也越来越模糊，但最终要消除性别差异仍需要有一个历史过程。对于中国，我们认为在今后

① 资料来源：中国社会科学网，http：//www.cssn.cn/dybg/gqdy_sh/201512/t20151202_2738569.shtml。

较长一段时期内保持男女差龄退休仍有必要：

一是家庭劳动是社会分工的一个重要组成部分。本质上，家庭劳动是社会性劳动向家庭领域的延伸，仍属于社会分工的一种形式。随着市场经济的发展，家务劳动越来越由市场化劳动替代（如商业性家政服务、幼儿托管），家庭成员可按照人力资本的比较优势原则来决定是“出去工作”还是“在家劳动”，家务劳动是“自给”还是“购买”。无论家庭劳动供给形式有何不同，都应该属于社会分工的范畴。在观念上，不能忽略家庭照看性劳动所产生的代际互惠效应，对稳定社会关系、促进社会和谐有不可替代的作用，其重要性也应像参与社会性劳动那样受到社会尊重、重视。

二是女性是家庭劳动主要承担者，应该获得社会的价值补偿。由于中国家庭照料福利保障制度发展不足，照看学前幼儿的成本和压力主要由每个家庭承担，照看者中断工作的风险损失还未有效地向社会分散。由于传统分工文化影响，以及女性独有优势，女性成为家庭劳动的主要贡献者，也是因家务而中断工作的风险集中承担者。由于家庭照料相对于社会是无酬劳动，女性承担了很大的机会成本。照料幼儿看似是一个家庭责任，但对于国家和社会，它关系到每个孩子成长起点的公平性，关系到国家的人口发展，国家和社会应为每个家庭能更好地照料孩子提供基本服务和托底性经济支持。在近几十年来，很多工业化国家都实施了照看者津贴计划。即使同属于东亚文化圈的韩国，对照看家庭老幼也提供有政府补贴①。“对照看者提供现金待遇，

① 即使同属于东亚文化圈的韩国，在对家庭成员照看文化方面也与中国存在很大差异。中国老人晚年最为重要的家庭劳动是照看孙辈。而在韩国，祖父母对孙辈几乎从来不帮助自己子女来照看，韩国老人认为自己养育子女已经非常辛苦，到晚年应该有自己的生活，按照自己的方式颐养天年，养育孙辈是子女不可推卸的义务，不能转嫁到老人身上。由于韩国正在成为全球老龄化最严重的国家之一，因此对于隔代照看，政府部门就建议由政府补贴计划来推动。据韩国《朝鲜日报》2013年3月19日报道，韩国女性家庭部宣布了一个名为“照看孙辈”的新项目，由政府向照看孙辈的祖母、外祖母每月发放40万韩元（约合2200元人民币）的津贴（资料来源：温莎：《韩国老人照看孙辈政府给钱?》，载于《青年参考》2013年3月27日第20版，http://qnck.cyol.com/html/2013-03/27/nw.D110000qnck_20130327_1-20.htm）。同样，这种观念认识还可以用来解释西方国家也不像中国那样普遍存在的“隔代照看”现象。美国社会将承担隔代教养任务的老人看作是“受害者”（古吉慧，2013）。此外在西方国家很少有“隔代照看”，可能还因为存在一种代际之间约定俗成的“边界”（boundary）观念。每代人的生活空间是独立的，鲜有“三代或四代同堂”。每代人成长经历千差万别，造成养育观念、饮食习惯等都有很大差别，年轻父母对其子女负有绝对的、主要的照看抚养责任，而祖父母在照看孙辈上一般扮演次要的、补充性的角色，如要想照看需要提前与其子女预约、沟通，当然对于祖父母，照看也不是必须的家庭义务。年轻父母一般是这样处理照看子女和工作的：在上班工作期间，可以聘请家庭保姆、家庭教师来照看，或将孩子寄托在私立或公立的早教机构、日托中心、幼儿园、工作单位的托幼所等。而在中国家庭，照看幼儿工作普遍由老年父母来承担了。所以，中国“大家庭”文化与西方国家“核心家庭”文化明显迥异。在中外之间，老年父母的退休计划受到其子女家庭事务的影响也就有了很大不同。但是在2008年金融危机后，如美国由于工薪阶层经济收入不如从前，越来越多的双职工家庭中，老人介入“隔代照看”、偶尔帮助照看孙辈现象也在增加。

就是一种补偿和认可”（OECD，2011）[①]。当我们还缺乏类似福利制度安排时，让女性相对于男性能够提前领取养老金，安心回归家庭照料家人，未尝不可，也是对女性家庭劳动的一种津贴和补偿，这是基于中国独有国情的制度安排。女性退休相对早，社保缴费责任承担少，而领取待遇相对长，这看似有损养老金公平，而恰恰由此形成的养老金成本，通过政府财政最终兜底，实际上由整个社会承担了，家庭照看性劳动成本也就间接转移了出去。

三是男女差龄退休造成劳动权不平等，主要是强制退休制度所致。当女性仍然还是家庭劳动的主要贡献者时，应允许女性比男性更早领取养老金，这凸显了制度的“人文关怀”，新中国形成退休年龄政策的起初，就考虑了女性身体健康、需操持家务、照顾家人等现实情形，让女性比男性早退休，保障了女性的休息权。但这种女性早退休的差别化退休年龄制度，被认为损害了女性平等的劳动权利，与当前很多国家出现的男女同龄退休趋势相悖。随着现代社会发展，女性平等劳动权意识增加，这种退休年龄有性别差异的制度安排将面临越来越多的挑战。但是各国退休年龄制度改革越来越将养老金领取年龄与工作退休年龄分而治之时，延迟法定退休年龄主要是指延迟养老金的领取年龄，而工作退休年龄的强制性正逐步被取消，那么女性相对男性更早领取养老金就不是一个损害女性平等劳动权利的问题，相反是对女性承担较多家务劳动的一种认可和尊重。因此，问题不在于“养老金领取年龄有差异”，而在于“女性较早终止劳动关系”的退休强制性。考虑到现代社会发展，女性平等劳动权意识增加，在延迟退休年龄的同时，可考虑逐步实行弹性退休制度的改革，一方面让女性平衡家庭劳动和外出劳动具有一定弹

---

① 比如，挪威和瑞典会向照看者支付工资的100%和80%。在丹麦，为补偿照看假期间雇主所支付的全额工资，市政府会补偿相当于不超过82%的福利津贴。加拿大和美国都有税收补贴计划。在加拿大，照看者可通过联邦税收制度获得财务资助，为无酬照看者提供非返还型税收津贴，税收津贴制度包含有照看者税收补贴、适格受抚养人的税收补贴（the Eligible Dependent Tax Credit）、体弱的被抚养者税收补贴、配偶或普通法合伙人税收补贴、残障税收补贴未使用额度的转移支付、医疗护理费用税收补贴（METC）。在METC下，照看者可以代表被抚养的亲属，申请不超过10000美元的医疗和残障费用补助。“体弱的被抚养者税收补贴”可向照看者提供大约一年630美元的税收减免，以减轻对残障严重的家庭成员的照看负担。另外，当被照看者收入不高时，“照看者税收补贴计划”可向居住在一起的照看者提供同样额度的补贴。此外，在加拿大，有13个省份都提供“联邦税津贴”计划、类似的照看者税收津贴计划，有些省份还向“适格照看者”提供了税收返还津贴。在美国，在职的照看者也可获得税收补贴，即“照看被抚养者税收补贴”，这是一个非税收返还型补贴，向那些低收入的、与受照看者生活在一起、并为其提供至少50%救助的在职纳税人。这些津贴仅仅是向在职纳税人提供，而那些失业者、已离开劳动力市场的人，实际上他们大多成为被照看群体，却无资格直接领取补贴。资料来源：OECD. Policies to Support Family Carers in Pensions at a Glance 2011：Retirement-income Systems in OECD and G20 Countries. *Complete Edition-ISBN*，2011（38）：112－149。

性；另一方面不妨碍女性退休之后仍可继续外出工作的权利，不能强制性要求领取养老金待遇的女性职工退出正式工作，终止劳动关系。

四是基于所谓的性别平等而实行男女同龄退休并不一定受欢迎，男女同龄退休并不一定带来家庭福利的改善。全国妇联2010年一项在黑龙江的调查显示，在对“你是否同意男女不同龄退休侵犯了妇女的平等权利”的调查中，选择比较同意和非常同意的占41.9%，不太同意和很不同意的为38.7%，还有19.4%的回答说不清。可见，并不是多数意见明确支持男女必须同龄退休（谢增毅，2013）。实际上，不少女性希望达到一定年龄后回归家庭，多照料家庭，以减轻子女的负担。盲目追求男女同龄退休，普通工薪家庭的幸福感不可避免会下降，并引发家庭矛盾，必然会造成不良的社会影响（王峥，2015）。

当前，鼓励生育的政策正在推行，未来新生儿会增加，加上家中老人不断增多，老幼照看的家庭负担会加重，当这仍需要传统的家庭分工来解决时，自然地也加重了女性的家庭负担。女性可比男性退休更早，这便于照看孙辈和老人。女性较早领取养老金，可视为对女性的无酬性家庭劳动的一种津贴和补偿。只有当替代家庭照看模式的公共福利事业充分发展、社会性照看老幼的服务体系完善起来、家庭成员照看期间可以被视同为工作年限、并获得政府提供的养老金权益补偿、越来越多女性可从家庭劳动和传统分工模式中摆脱出来后，实现男女同龄退休才会水到渠成。在较长时期内，这些家庭负担主要还得依靠家庭“内部消化”时，允许女性相较于男性更早退休，可能就是一个不得已的制度选择。

7.5　主要结论和政策建议

本章研究主要采用队列要素法，使用PADIS-INT软件对中国2018～2100年的人口规模及其结构的预测。预测结果显示，无论“低方案”“中方案”，还是“高方案”，未来100年内中国人口总规模呈现下降趋势。中国总人口规模峰值将出现在2030年前后，低、中、高方案下分别为2027年、2028年和2034年，将达到14.262亿人、14.299亿人和14.375亿人。目前劳动力人口8亿人左右，未来将呈现显著下降趋势。“中方案”测算结果显示：（1）到2030年降至7亿人，2050年降至6亿人，2075年降至5亿人，2100年将略为当前的一半。（2）而在未来30年老年人口规模持续扩大，到2050年将达到峰点5.3亿人，而后开始缓慢回落。到2080年左右，劳动力人口与老年人口规模几乎相当。（3）约在2055年前，中国劳动力人口所承担对老少人口总扶养的压力不断上升，2055年后部分年份有所波动，但整体上总扶养压力保持稳定，处在130%～140%之间的高位区间。意味着未来40年后，中国劳动力对孩子和老人的抚养负担将增加1倍。约在2055年，中国人口总抚养比将出现世纪峰值，达到约140%。

鉴于未来老龄化日益严重，因此我们提出的延迟退休政策主张是：从2025年起，男性法定退休年龄（NRA）60岁开始调整；而女性无论是干部还是职工，NRA都统一规定为55岁，男、女性到2049年分别逐渐提高至65岁和60岁，即“每4年延迟1年或每1年延迟3个月”。另外，本章也对不宜匆忙实现男女同龄退休的制度改革进行了解释，认为中国女性生育年龄、首次当祖母年龄的延迟节奏，可作为延迟女性法定退休年龄的一个重要参考。女性退休年龄的延迟，应考虑到了中国家庭普遍存在的“隔代照看”现象。在中国家本位传统下，女性一般承担了主要的家庭照看责任，构成了女性可较早领取养老金的合理依据。当前老人护理、幼儿托管等相关公共服务体系发展滞后，家庭成员照料过于依赖市场、归属为家庭责任，相关成本的社会化分摊程度较低时，老幼居家照看模式仍将大量存在。在这种国情背景下，退休年龄制度改革在注重“经济理性”时，也要体现“人文关怀”，不能盲目照搬其他国家的男女同龄退休的做法。最后，本章还认为男女差龄退休中存在的所谓的劳动权利性别歧视并非“差龄退休”本身导致的，而是强制性退休政策导致的。如果实施弹性退休政策，则既考虑了中国的现实国情，满足了部分女性回顾家庭劳动的意愿，又不妨碍有继续工作意愿的女性拥有劳动者权利。

第 8 章

延迟退休对城镇职工基本养老金收支的影响

近些年对延迟退休必要性的解释，主要强调了延迟退休对养老金收支改善有积极影响。延迟退休与不延迟时相比，相对增加了养老保险缴纳年限，减少了领取养老金年限，从而达到增收节支，缓解养老保险基金的支出压力。

在人口老龄化日益加深的同时，延迟退休通过控制养老金制度的赡养率过快上升，将个体的养老金受益期与缴费期之比控制在合适水平，缓解了养老金支付压力，这个作用容易被人们注意到。但同时延迟退休延长了个体缴费年限、形成个体更多的养老金权益积累，由此转化成养老金支付增加的压力，这一点却容易被人忽视。张熠（2011）认为，延迟退休对养老保险收支余额的影响，是缴费年限效应、领取年限效应、替代率效应和差异效应等四种效应共同作用的结果，不能简单地认为延迟退休就一定会减轻养老保险支付困境。我国城镇职工基本养老保险有“多缴多得”特点，每多缴费 1 年，基础养老金将按指数化平均工资的 1 个百分点增加，个人账户养老金也因缴费积累增加而提高。随法定退休年龄延迟，养老金待遇趋于提高，除非未来每年养老金待遇调整幅度与前一年度地区的平均工资增长率相比越来越低，那么延迟退休对未来养老金支出压力形成边际增加效应。

因此，延迟退休对基金支出压力的影响方向并不是单一的。与不延迟情形相比，它引起缴费人数增加（缴费期延长）、领取人数减少（受益期缩短），形成对养老金支出压力的“减轻”效应，也因个体缴费年限增加、退休待遇随之提高，形成对养老金支出压力的“增加”效应，或称“替代率效应”（张熠，2011）。这两种效应是同时存在的，但是在未来不同时期，因制度参保人口年龄结构不一，制度赡养率有变化，不同代人缴费年限长短不同，初始养老金替代率也不同，使得延迟退休对养老金支出压力的“减轻”和“增加”效应也有强弱变化，那么这两种冲突性效应相抵后形成的净效应到底如何，就需要基于准确的人口预测数据，结合养老金制度特征和未来各种养老金参数的合理假定，作出更为细致的估算，以便形成更有价值的政策参考。

近年来，延迟退休对城镇职工养老保险收支影响的研究文献比较丰富（袁磊，2014；刘学良，2014；于洪和曾益，2015；张琴和郭艳，2015；于文广，2017；高建伟和伊茹，2018）。但多数研究在估算中只是关注了延迟退休的“减轻”效应，而“增加”效应则考虑很少，多数结论认为，延迟退休可以推迟养老保险资金缺口来临的时间窗口，并缓解养老保险资金缺口规模，但并不能解决养老保险资金缺口问题。他们在估算未来养老金支出规模时，一般是以每期退休人数与养老金替代率、工资水平相乘来处理，只是笼统地针对所有退休者采用了统一的替代率或养老金计发比例，未考虑不同世代退休者因法定退休年龄不一、初始养老金替代率的变化；或者只是假定一次性将退休年龄延迟至某一年龄，而未考虑将来渐进式延迟退休的政策趋向。类似估算，将无法准确反映延迟退休对养老金收支的影响，估算结果很可能是严重偏低的。

而本章主要工作是，根据全国城镇男女性职工以“每年延迟 3 个月、25 年共退休 5 岁”的节奏，从 2025 年开始实施政策改革的假定。基于对中国未来不同年份的城镇分年龄人口数、养老金缴费人数和领取人数，以及不同年份新退休者的初始养老金等完整数据估计，并结合未来中国经济中低速增长趋势下养老金制度参数调整方向的判断，分多种情形估算了养老金收支缺口规模，并与不延退改革时进行了比较。

8.1 退休年龄延迟情形下的人口模型

假定以 t 年作为延迟退休政策实施的第 1 年（t = 2025），x 年份出生的人作为受政策改革影响的第一代人，退休年龄被延迟 3 个月，即 1/4 年，同时假定劳动者出生时间在 1 ~ 12 月份均匀分布，劳动力总数与退休人口总数都以年末计算。为表述简便，将 2025 年之后逐渐提高退休年龄称为“新制度”，而不延迟称为“原制度”。

（1）参保人口模型。在 t 年，新制度的劳动力人数为 $L_t' = L_{t-1,t} + 1/4 \cdot l_{x,t}$，其中 $L_{t-1,t}$表示 t 年原制度下的劳动力人数，$1/4 \cdot l_{x,t}$表示 x 年份出生一代人在 t 年在新制度下仍有 1/4 还不能退休，则相对于原制度，形成了劳动力的增量。以此类推，得出第 n 年后的各年份即 t + n 的劳动力人口总数，模型如下：

$$L'_{t+n}=L_{t+n-1,t+n}+\begin{cases}k_n l_{x+n,t+n} & \text{if } n=0,1,2,3,4\\ k_n l_{x+n-1,t+n}+l_{x+n,t+n} & \text{if } n=5,6,7,8,9\\ k_n l_{x+n-2,t+n}+l_{x+n-1,t+n}+l_{x+n,t+n} & \text{if } n=10,11,12,13,14\\ k_n l_{x+n-3,t+n}+l_{x+n-2,t+n}+l_{x+n-1,t+n}+l_{x+n,t+n} & \text{if } n=15,16,17,18,19\\ \cdots\cdots & \cdots\cdots\end{cases}\tag{8-1}$$

式（8－1）右边第一部分表示原制度下的劳动力人数，第二部分为新制度的劳动力人数增量。其中，当每组 if 中 n 有 5 个年份取值，k_n 分别取值 1/4、2/4、3/4、1、1；$l_{x+n,t+n}$表示在 x＋n 年份出生世代在 t＋n 时的劳动力人口数。

（2）退休人口模型。在 t 年，退休人口数为 $R'_t=R_{t-1,t}+3/4\ l_{x,t}$，其中 $R_{t-1,t}$表示在 t－1 年已退休人口在 t 年时留存总数，$3/4l_{x,t}$表示新增的退休人数，即 x 年份出生世代在 t 年将有 3/4 的比例退休。以此类推，得出第 n 年后的各年份即 t＋n 的退休人口总数，模型如下：

$$R'_{t+n}=R_{t+n-1,t+n}+\begin{cases}\sum_{\alpha=0}^{n-1} l_{x+\alpha,t+n}+k_n l_{x+n} & \text{if } n=0,1,2,3,4\\ \sum_{\alpha=0}^{n-2} l_{x+\alpha,t+n}+k_n l_{x+n-1} & \text{if } n=5,6,7,8,9\\ \sum_{\alpha=0}^{n-3} l_{x+\alpha,t+n}+k_n l_{x+n-2} & \text{if } n=10,11,12,13,14\\ \sum_{\alpha=0}^{n-4} l_{x+\alpha,t+n}+k_n l_{x+n-3} & \text{if } n=15,16,17,18,19\\ \cdots\cdots & \cdots\cdots\end{cases}\tag{8-2}$$

式（8－2）右边第一部分表示 2025 年改革时的已退休人数，第二部分为 2025 年后新增退休人数。其中，当每组 if 中 n 有 5 个年份取值，k_n 分别取值 3/4、2/4、1/4、0、0；$l_{x+\alpha,t+n}$表示在 x＋α 年份出生世代在 t＋n 时的退休人口数。

延迟退休政策实施后，不同年份的劳动力参保人口和退休人口规模的估计模型体现在表 8－1 中。

表 8-1　　延迟退休政策实施后不同年份的劳动力人口与退休人口规模估计模型

变量	延迟对象	延迟标准	劳动力人口规模模型	退休人口规模模型
t	x	1/4	$L'_t = L_{t-1,t} + \frac{1}{4} l_{x,t}$	$R'_t = R_{t-1,t} + \frac{3}{4} l_{x,t}$
t+1	x+1	2/4	$L'_{t+1} = L_{t-1,t+1} + \frac{2}{4} l_{x+1,t+1}$	$R'_{t+1} = R_{t-1,t+1} + l_{x,t+1} + \frac{2}{4} l_{x+1,t+1}$
t+2	x+2	3/4	$L'_{t+2} = L_{t-1,t+2} + \frac{3}{4} l_{x+2,t+2}$	$R'_{t+2} = R_{t-1,t+2} + l_{x,t+2} + l_{x+1,t+2} + \frac{1}{4} l_{x+2,t+2}$
t+3	x+1	4/4	$L'_{t+3} = L_{t-1,t+3} + l_{x+3,t+3}$	$R'_{t+3} = R_{t-1,t+3} + l_{x,t+3} + l_{x+1,t+3} + l_{x+2,t+3}$
t+4	x+1	5/4	$L'_{t+4} = L_{t-1,t+4} + l_{x+4,t+4}$	$R'_{t+4} = R_{t-1,t+4} + l_{x,t+4} + l_{x+1,t+4} + l_{x+2,t+4} + l_{x+3,t+4}$
t+5	x+1	6/4	$L'_{t+5} = L_{t-1,t+5} + \frac{1}{4} l_{x+4,t+5} + l_{x+5,t+5}$	$R'_{t+5} = R_{t-1,t+5} + l_{x,t+5} + l_{x+1,t+5} + l_{x+2,t+5} + l_{x+3,t+5} + \frac{3}{4} l_{x+4,t+5}$
t+6	x+1	7/4	$L'_{t+6} = L_{t-1,t+6} + \frac{2}{4} l_{x+5,t+6} + l_{x+6,t+6}$	$R'_{t+6} = R_{t-1,t+6} + l_{x,t+6} + l_{x+1,t+6} + l_{x+2,t+6} + l_{x+3,t+6} + l_{x+4,t+6} + \frac{2}{4} l_{x+5,t+6}$
t+7	x+1	8/4	$L'_{t+7} = L_{t-1,t+7} + \frac{3}{4} l_{x+6,t+7} + l_{x+7,t+7}$	$R'_{t+7} = R_{t-1,t+7} + l_{x,t+7} + l_{x+1,t+7} + l_{x+2,t+7} + l_{x+3,t+7} + l_{x+4,t+7} + l_{x+5,t+7} + \frac{1}{4} l_{x+6,t+7}$

续表

变量	延迟对象	延迟标准	劳动力人口规模模型	退休人口规模模型
t+8	x+1	9/4	$L'_{t+8}=L_{t-1,t+8}+l_{x+7,t+8}+l_{x+8,t+8}$	$R'_{t+8}=R_{t-1,t+8}+l_{x,t+8}+l_{x+1,t+8}+l_{x+2,t+8}+l_{x+3,t+8}+l_{x+4,t+8}+l_{x+5,t+8}+l_{x+6,t+8}$
t+9	x+1	10/4	$L'_{t+9}=L_{t-1,t+9}+l_{x+8,t+9}+l_{x+9,t+9}$	$R'_{t+9}=R_{t-1,t+9}+l_{x,t+9}+l_{x+1,t+9}+l_{x+2,t+9}+l_{x+3,t+9}+l_{x+4,t+9}+l_{x+5,t+9}+l_{x+6,t+9}+l_{x+7,t+9}$
t+10	x+1	11/4	$L'_{t+10}=L_{t-1,t+10}+\frac{1}{4}l_{x+8,t+10}+l_{x+9,t+10}+l_{x+10,t+10}$	$R'_{t+10}=R_{t-1,t+10}+l_{x,t+10}+l_{x+1,t+10}+l_{x+2,t+10}+l_{x+3,t+10}+l_{x+4,t+10}+l_{x+5,t+10}+l_{x+6,t+10}+l_{x+7,t+10}+\frac{3}{4}l_{x+8,t+10}$
t+11	x+1	12/4	$L'_{t+11}=L_{t-1,t+11}+\frac{2}{4}l_{x+9,t+11}+l_{x+10,t+11}+l_{x+11,t+11}$	$R'_{t+11}=R_{t-1,t+11}+l_{x,t+11}+l_{x+1,t+11}+l_{x+2,t+11}+l_{x+3,t+11}+l_{x+4,t+11}+l_{x+5,t+11}+l_{x+6,t+11}+l_{x+7,t+11}+l_{x+8,t+11}\frac{2}{4}l_{x+9,t+11}$
t+12	x+1	13/4	$L'_{t+12}=L_{t-1,t+12}+\frac{3}{4}l_{x+10,t+12}+l_{x+11,t+12}+l_{x+12,t+12}$	$R'_{t+12}=R_{t-1,t+12}+l_{x,t+12}+l_{x+1,t+12}+l_{x+2,t+12}+l_{x+3,t+12}+l_{x+4,t+12}+l_{x+5,t+12}+l_{x+6,t+12}+l_{x+7,t+12}+l_{x+8,t+12}\,l_{x+8,t+12}+l_{x+9,t+12}+\frac{1}{4}l_{x}+10,\ t+12$
t+13	x+1	14/4	$L'_{t+13}=L_{t-1,t+13}+l_{x+11,t+13}+l_{x+12,t+13}+l_{x+13,t+13}$	$R'_{t+13}=R_{t-1,t+13}+l_{x,t+13}+l_{x+1,t+13}+l_{x+2,t+13}+l_{x+3,t+13}+l_{x+4,t+13}+l_{x+5,t+13}+l_{x+6,t+13}+l_{x+7,t+13}+l_{x+8,t+13}\,l_{x+8,t+13}+l_{x+9,t+13}+l_{x+10,t+13}$

续表

变量	延迟对象	延迟标准	劳动力人口规模模型	退休人口规模模型
T+14	x+1	15/4	$L'_{t+14} = L_{t-1,t+14} + l_{x+12,t+14} + l_{x+13,t+14} + l_{x+14,t+14}$	$R'_{t+14} = R_{t-1,t+14} + l_{x,t+14} + l_{x+1,t+14} + l_{x+2,t+14} + l_{x+3,t+14} + l_{x+4,t+14} + l_{x+5,t+14} + l_{x+6,t+14} + l_{x+7,t+14} + l_{x+8,t+14} l_{x+8,t+14} + l_{x+9,t+14} + l_{x+10,t+14} + l_{x+11,t+14}$
T+15	x+1	16/4	$L'_{t+15} = L_{t-1,t+15} + \frac{1}{4} l_{x+12,t+15} + l_{x+13,t+15} + l_{x+14,t+15} + l_{x+15,t+15}$	$R'_{t+15} = R_{t-1,t+15} + l_{x,t+15} + l_{x+1,t+15} + l_{x+2,t+15} + l_{x+3,t+15} + l_{x+4,t+15} + l_{x+5,t+15} + l_{x+6,t+15} + l_{x+7,t+15} + l_{x+8,t+15} l_{x+8,t+15} + l_{x+9,t+15} + l_{x+10,t+15} + l_{x+11,t+15} + \frac{3}{4} l_{x+12,t+15}$
略	略	略	略	略

8.2 退休年龄延迟情形下的基本养老保险基金收支模型

8.2.1 基金收入模型

我国实施的是社会统筹账户与个人账户相结合的筹资模式，二者合计缴费率用 τ 表示，在本书测算中假定了缴费率有3种情形。未延迟退休和延迟退休情形下，每年养老金的收入分别用I和I′表示，相应的公式为：

$$\begin{aligned} I_{t+n} &= \tau \times W_{t+n} \times L_{t+n} = \tau \times W_t \times (1+g)^n \times L_{t+n} \\ I'_{t+n} &= \tau \times W_{t+n} \times L'_{t+n} = \tau \times W_t \times (1+g)^n \times L'_{t+n} \end{aligned} \quad (8-3)$$

其中，L_{t+n}与 L'_{t+n}分别为原制度和新制度下的参保缴费人数，W_t 为城镇职工社会平均工资，g 为城镇职工社会平均工资年增长率。

8.2.2 基金支出模型

假定同代人之间的缴费工资基数无差异，都处在社会平均工资水平，养老待遇计发差异主要取决于个体的缴费年限。根据现行养老金的计发办法，每多缴费1年，基础养老金替代率将增加1个百分点（为方便计算，将个人账户养老金待遇也以该幅度增长）。例如，在t年时须延迟3个月退休，则所计发的待遇替代率应上浮1/4个百分点，在新制度下每期待遇应为原制度的（1+0.25%）倍。在t年，平均养老金待遇用 P_t 表示，则在原制度下，当年养老金应计发总额为：

$$C_t = (R_{t-1,t} + l_{x,t}) P_t \quad (8-4)$$

由于在新制度下，x年份出生世代在t年需延迟1/4年，只有3/4的可领取养老金，因此当年养老金应计发总额为 $C'_t = R_{t-1,t} \cdot P_t + \frac{3}{4} l_{x,t} \cdot P'_t$。式（8-4）中，$R_{t-1,t}$表示在t时前一年的所有退休者；$P'_t$是指x年份出生世代因延迟而得到的养老金，$P'_t = \left(\delta + \frac{1}{4}\%\right) W_t$；$\delta$ 为刚退休时所假定的养老金替代率（本书将分为三种假设情形），延迟退休3个月，则比不延迟额外多计发相当于退休时社平工资0.25%的退休金，这个标准在整个养老金领取期间都将保持着。

在 t+1 年时，x 年份出生世代全部退休，x+1 年份出生世代延迟 2/4 年退休，待遇将比“不延退”情形多出“0.5%”，因此当年新制度下的养老金计发规模为：

$$C'_{t+1}=R_{t-1,t+1}\cdot P_{t+1}+l_{x,t+1}\cdot\left(\delta+\frac{1}{4}\%\right)W_t(1+\rho)$$
$$+\frac{2}{4}l_{x+1,t+1}\cdot\left(\delta+\frac{2}{4}\%\right)W_{t+1} \tag{8-5}$$

其中，$P_{t+1}=P_t(1+\rho)$，ρ 为退休金年增长率。式（8-5）右边，第 1 部分为在 t+1 年向不受“延退”政策影响的已退休者的养老金计发额；第 2 部分为 x 年份出生世代在 t+1 年延迟 3 个月退休的养老金计发额；第 3 部分为 x+1 年份出生世代在 t+1 年延迟 6 个月后的养老金计发额。在 t+1 年，在不延迟退休的原制度下，养老金总计发额为：

$$C_{t+1}=(R_{t-1,t+1}+l_{x,t+1}+l_{x+1,t+1})P_{t+1} \tag{8-6}$$

同样，在 t+2 年，新制度下养老金计发总额为：

$$C'_{t+2}=R_{t-1,t+2}\cdot P_{t+2}+l_{x,t+1}\cdot\left(\delta+\frac{1}{4}\%\right)W_t(1+\rho)^2$$
$$+l_{x+1,t+1}\cdot\left(\delta+\frac{2}{4}\%\right)W_{t+1}(1+\rho)$$
$$+\frac{1}{4}l_{x+2,t+2}\cdot\left(\delta+\frac{3}{4}\%\right)W_{t+2} \tag{8-7}$$

而不延迟退休时，在 t+2 年，原制度下养老金计发总额：

$$C_{t+2}=(R_{t-1,t+2}+l_{x,t+2}+l_{x+1,t+2}+l_{x+2,t+2})P_{t+2} \tag{8-8}$$

依次类推，可获得未来各年份“延迟”与“不延迟”两种情形下的养老金计发模型。

8.3 基金收支模型的各种参数估计

8.3.1 就业参保人口与制度退休人口

1. 2025 年之前的退休人数、在职参保人数

1997 年，纳入城镇职工养老保险制度的在职和退休人数共计 11204 万人，2017 年为 40199 万人，包括城镇企业和机关事业单位的参保人数。根据 20 年间参保人口数据所拟合的线性公式估计（见图 8－1），结果显示，2018 年参保人数将为 4. 246 亿人、2019 年为 4. 494 亿人、2020 年为 4. 746 亿人、2021 年为 5. 000 亿、2022 年为 5. 257 亿人、2023 年为 5. 516 亿人、2024 年为 5. 776 亿人、2025 年为 6. 037 亿人。

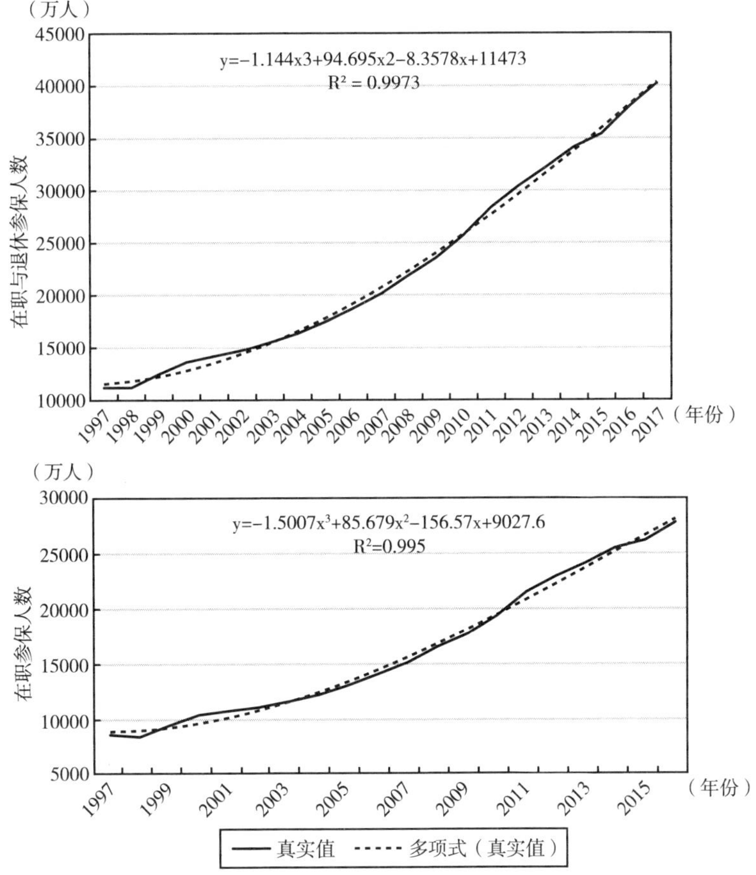

图 8－1 1997～2017 年城镇职工养老保险参保人数

资料来源：根据历年《中国劳动统计年鉴》整理。

2017 年，全国 20 岁及以上人口总计 107587. 52 万人，当年城镇职工基本养老保险参保人数 40199 万人，城乡居民养老保险参保人数 51255 万人，社会养老保险覆盖人数总计 91454 万人，制度覆盖率达 85%（见表 8－2），意味着还有 1. 6 亿左右人口还未加入社会养老保险。2017 年城镇化率约为 59%，按此城镇化率可粗略计算出接近 1 亿人城镇人口未加入社会养老保险。

如果这1亿人在2017年全部加入城镇职工基本养老保险，可得到的参保比例将构成城镇职工基本养老保险参保率上限，2017年20岁及以上城镇人口约为6.33亿人，则参保率上限将约为78%，这成为未来城镇劳动力人口参与城镇职工基本养老保险的比例的参考基础。2010年，城镇职工基本养老保险的参保人口占20岁及以上城镇总人口比重为49.2%，2017年63.5%，7年间此参保率平均每年以2%递增，我们假定未来城镇职工基本养老保险的参保率每年也以2%的速度递增，到2025年达到80%后就稳定下来。这样，就可根据对未来城镇分年龄人口的预测值（基于“中方案”的估计值）、“21岁及以上”城镇人口的职工基本养老保险参保率，获得未来在职参保人数和制度退休人数的估计值。

表8－2　　全国20岁及以上人口社会养老保险参保情况

年份	20岁及以上人口（万人）	城镇职工基本养老保险（在职＋退休）（万人）	城乡居民养老保险参保人数（万人）	社会养老保险覆盖率（%）
2010	101159.9	25707	10276.8	35.6
2011	102466.7	28391	33182.0	60.1
2012	103648.0	30427	48369.5	76.0
2013	104709.6	32218	49750.1	78.3
2014	105638.8	34124	50107.5	79.7
2015	106441.7	35361	50472.2	80.6
2016	107071.8	37930	50847	82.9
2017	107587.5	40199	51255	85.0

假定2018年后城镇男女职工都在21岁开始就业并参保，2010～2016年提供有实际参保人数，我们按照男女不同退休年龄的组合假定，尽量使得到的在职参保人数与实际值最为接近。2017年后的在职参保人数根据1997～2016年参保人数的线性拟合公式计算得出（见图8－1），权且作为“实际值”来参考。2017年后在职参保人数估计结果如表8－3所示。我们假定未来参保率不断提高，参保缴费和退休管理日趋严格，政府鼓励延迟退休，减少提前退休，男女退休的平均年龄将会推迟。2010年男女平均退休年龄分别为57岁、50岁，2016年分别为58岁、51岁。如果在2017～2025年参保人数增长趋势与1997～2016年表现一致，在城镇职工参保率每年以2%速度递增的情形下，因退休管理严格，提前退休减少，男女性平均退休年龄也都将逐渐提高。我们将每年的男女平均退休年龄都做适当的排列组合，例如2020

年男、女分别为58岁、52岁，2024年为60岁、54岁时，所获得的在职参保人数估计值与实际值（包括2016年后的线性拟合值）最为接近，由此描绘出2010～2025年男女平均退休年龄分别向60岁和55岁逐步逼近的轨迹（见表8－3）。然而，由于部分年份的线性拟合值毕竟不是真实值，相应各年份被倒推出来的男女平均退休年龄组合可能并不准确反映真实的退休状况，这里只是对未来做了一个可能会发生的假设。

表 8－3　城镇劳动力参与基本养老保险的人数估算

年份	城镇劳动人口参保率（%）	实际在职参保人数（万人）	退休年龄假定组合（岁）		在职参保人数估计（万人）	退休参保人数估计（万人）	实际退休参保人数（万人）
			男	女			
2010	49.2	19402	57	50	19458.8	6248.5	6305.0
2011	52.6	21565	57	51	21564.5	6827.8	6826.2
2012	54.6	22981	57	51	22921.4	7505.4	7445.7
2013	56.1	24177	57	51	24081.4	8137.0	8041.0
2014	57.7	25531	58	51	25500.1	8624.3	8593.4
2015	58.1	26219	58	51	26180.1	9181.1	9141.9
2016	61.1	27826	58	51	27805.0	10124.7	10103.4
2017	63.5	29134	58	51	29149.1	11049.9	—
2018	65.5	29626	57	52	29698.7	11906.1	—
2019	67.5	31072	58	52	31124.0	12529.2	—
2020	69.5	32492	58	52	32156.6	13589.4	—
2021	71.5	33875	58	53	33662.4	14220.2	—
2022	73.5	35214	59	53	34981.7	14859.8	—
2023	75.5	36499	59	54	36383.3	15439.7	—
2024	77.5	37722	60	54	37742.0	16083.9	—
2025	79.5	38873	60	54	38629.8	16666.0	—

注：2016年后实际在职参保人数是根据1997～2016年参保人数据线性拟合的结果；2010～2017年男女性参保的起始年龄假定为20岁，2018年后为21岁，这是考虑到越来越多年轻人因上学工作参保年龄在推迟。

2. 2025年后“延退”与“不延退”的制度赡养率对比

假定2025年男女NRA分别在60岁、55岁基础上开始调整，调整节奏为“每年延迟3个月”，到2049年NRA分别至65岁、60岁后不再继续延迟。按照式（8－1）和式（8－2），对2025～2100年在职参保人数和退休人数进行了估计。如果“不延退”，到2050年，城镇在职参保人口为34969万人，制度退休人口27308万人，而“延退”后，参保人数和退休人数分别为40307万人和21971万人，即当年制度缴费者相对增加5338万人，制度退休者相对减少5338万人，这“一增一减”，制度赡养率也从78.1%下降至54.5%，尽管这种延迟节奏不算快，但也为25年后争取到了接近25%的制度赡养率下降空间。图8-2显示，由于2050年后男女NRA不再继续延迟，将稳定在65岁、60岁，则制度赡养率相对于“不延退”的降低幅度也将一直稳定在约20%水平。

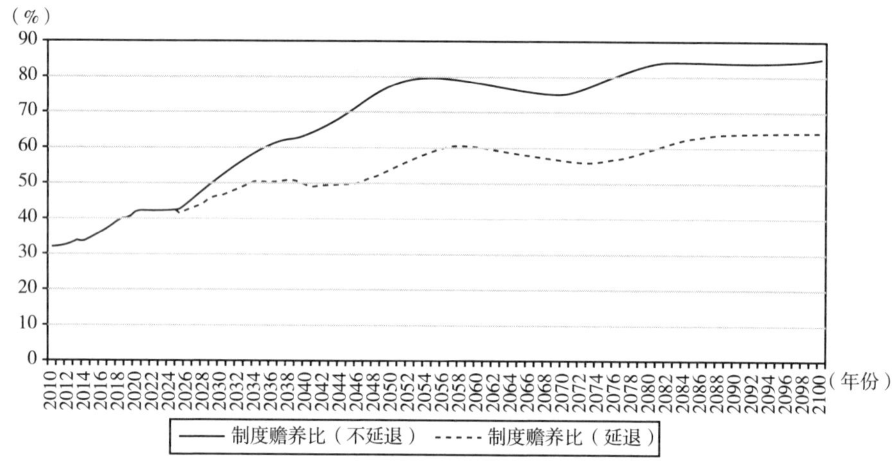

图8-2 自2025年起“不延迟退休”与“延迟退休”的制度赡养比

8.3.2 养老保险缴费率

多年来中国城镇职工养老保险的制度缴费率约为28%（2019年下调至约24%）。尽管名义缴费率位居世界前列，但实际缴费率低于该水平。1999年实际缴费率约为24.9%，此后急剧下降，到2002年跌至18.5%，而后缓慢下降，到2016年仅为14.2%，遵缴率（即实际缴费率与制度缴费率之比）仅约为50%（见表8-4和表8-5）。对于未来年份的遵缴率，现在还无法做出一个稳定估计，只能分几种情形假定：（1）保持现有水平50%，即养老保险实际缴费率为14.3%；（2）实际缴费率在现有基础上每年以0.4%速度递增，2030年遵缴率达到70%，即实际缴费率达到19.8%时，以后保持不变；（3）实际缴费率在现有基础上每年以0.8%速度递增，2033年遵缴率达到100%、实际缴费率达到27.8%时，以后保持不变。

表 8－4　延迟退休与不延迟退休时的制度赡养情况比较

年份	正常退休年龄制度不变		2025 年起正常退休年龄延迟		年份	正常退休年龄制度不变		2025 年起正常退休年龄延迟	
	在职参保人数（万人）	退休参保人数（万人）	在职参保人数（万人）	退休参保人数（万人）		在职参保人数（万人）	退休参保人数（万人）	在职参保人数（万人）	退休参保人数（万人）
2010	19557	6248	19557	6248	2026	39121	17406	39669	16858
2011	21119	6828	21119	6828	2027	38895	18080	39729	17246
2012	22921	7505	22921	7505	2028	38642	18785	39799	17628
2013	24081	8137	24081	8137	2029	38428	19457	39567	18318
2014	25500	8624	25500	8624	2030	38242	20106	40273	18692
2015	26180	9181	26180	9181	2031	38107	20697	40089	19047
2016	27805	10125	27805	10125	2032	37901	21202	39836	19316
2017	29149	11050	29149	11050	2033	37742	21673	39650	19546
2018	29699	11906	29699	11906	2034	37621	22115	39501	20019
2019	31124	12529	31124	12529	2035	37561	22525	40453	20200
2020	32157	13589	32157	13589	2036	37520	22896	40363	20357
2021	33662	14220	33662	14220	2037	37504	23202	40304	20447
2022	34982	14860	34982	14860	2038	37639	23477	40400	20514
2023	36383	15440	36383	15440	2039	37843	23752	40598	20796
2024	37742	16084	37742	16084	2040	37922	24027	41660	20445
2025	39201	16666	39472	16395	2041	37836	24369	41665	20573

续表

年份	正常退休年龄制度不变		2025年起正常退休年龄延迟		年份	正常退休年龄制度不变		2025年起正常退休年龄延迟	
	在职参保人数（万人）	退休参保人数（万人）	在职参保人数（万人）	退休参保人数（万人）		在职参保人数（万人）	退休参保人数（万人）	在职参保人数（万人）	退休参保人数（万人）
2042	37660	24719	41625	20671	2058	33184	26220	36970	22434
2043	37383	25097	41511	20767	2059	33070	25996	36750	22316
2044	37085	25453	41341	20980	2060	32966	25770	36569	22167
2045	36776	25779	42128	20996	2061	32865	25552	36435	21982
2046	36441	26096	41837	21017	2062	32776	25330	36339	21767
2047	36080	26396	41485	21321	2063	32697	25109	36276	21530
2048	35683	26704	41086	21350	2064	32617	24900	36220	21297
2049	35319	26951	40683	21364	2065	32537	24700	36166	21071
2050	35013	27119	40507	21625	2066	32437	24528	36103	20863
2051	34668	27141	39959	21851	2067	32323	24376	36036	20662
2052	34363	27114	39405	22072	2068	32195	24240	35965	20471
2053	34095	27044	38848	22291	2069	32043	24129	35878	20294
2054	33853	26944	38345	22452	2070	31885	24026	35779	20131
2055	33638	26813	37896	22556	2071	31670	23983	35652	20001
2056	33458	26642	37538	22563	2072	31388	24011	35504	19896
2057	33306	26445	37229	22522	2073	31062	24084	35335	19812

续表

年份	正常退休年龄制度不变		2025年起正常退休年龄延迟		年份	正常退休年龄制度不变		2025年起正常退休年龄延迟	
	在职参保人数（万人）	退休参保人数（万人）	在职参保人数（万人）	退休参保人数（万人）		在职参保人数（万人）	退休参保人数（万人）	在职参保人数（万人）	退休参保人数（万人）
2074	30759	24132	35139	19752	2088	27727	23345	31147	19925
2075	30492	24141	34936	19696	2089	27622	23208	30985	19845
2076	30198	24171	34679	19689	2090	27522	23078	30839	19761
2077	29873	24229	34361	19741	2091	27424	22960	30707	19678
2078	29526	24305	34004	19827	2092	27326	22858	30585	19598
2079	29235	24317	33669	19882	2093	27224	22771	30473	19522
2080	28989	24272	33368	19893	2094	27118	22699	30366	19451
2081	28763	24203	33043	19923	2095	27006	22643	30262	19387
2082	28568	24105	32693	19980	2096	26885	22602	30159	19328
2083	28391	23995	32326	20059	2097	26757	22573	30055	19276
2084	28231	23879	32020	20090	2098	26621	22556	29945	19232
2085	28087	23756	31762	20081	2099	26478	22546	29830	19194
2086	27956	23625	31527	20054	2100	26328	22538	29706	19160
2087	27837	23485	31327	19995					

表 8－5　城镇职工基本养老保险基金收支状况

年份	城镇职工基本养老保险基金收入（亿元）	当年征缴收入（亿元）	中央与地方财政补贴（亿元）	基金支出（亿元）	基金累计结余（亿元）	人均保费收入（元）	实际缴费率（%）	人均退休金（元）	人均保费收入增长率（%）	人均退休金增长率（%）	城镇单位就业人员平均工资增长率（%）	城镇单位就业人员平均货币工资（元）	养老金替代率（%）
1997	1338	1338	0	1251	683	1543	23.9	4940	—	—	7.8	6444	76.7
1998	1459	1459	0	1512	588	1721	23.1	5542	11.6	12.2	15.5	7446	74.4
1999	1965	1965	0	1925	734	2068	24.9	6452	20.1	16.4	11.7	8319	77.6
2000	2279	2279	0	2116	947	2181	23.4	6674	5.5	3.4	12.2	9333	71.5
2001	2489	2489	0	2321	1054	2304	21.3	6867	5.7	2.9	16.1	10834	63.4
2002	3172	2551	408	2843	1608	2850	18.5	7880	23.7	14.8	14.2	12373	63.7
2003	3680	3044	530	3122	2207	3160	18.7	8088	10.9	2.6	12.9	13969	57.9
2004	4258	3585	614	3502	2975	3476	18.4	8536	10.0	5.5	14.0	15920	53.6
2005	5093	4312	651	4040	4041	3882	18.1	9251	11.7	8.4	14.3	18200	50.8
2006	6310	5215	971	4897	5489	4465	17.7	10564	15.0	14.2	14.6	20856	50.7
2007	7834	6494	1157	5965	7391	5160	17.3	12041	15.6	14.0	18.5	24721	48.7
2008	9740	8016	1437	7390	9931	5872	16.7	13933	13.8	15.7	16.9	28898	48.2
2009	11491	9534	1647	8894	12526	6476	16.7	15317	10.3	9.9	11.6	32244	47.5
2010	13420	11110	1954	10555	15365	6916	15.7	16741	6.8	9.3	13.3	36539	45.8
2011	16895	13956	2272	12765	19497	7834	15.5	18700	13.3	11.7	14.4	41799	44.7
2012	20001	16467	2648	15562	23941	8703	15.3	20900	11.1	11.8	11.9	46769	44.7
2013	22680	18634	3019	18470	28269	9381	15.0	22970	7.8	9.9	10.1	51483	44.6
2014	25310	20434	3549	21755	31800	9913	14.2	25316	5.7	10.2	9.5	56360	44.9
2015	29341	23016	4716	25813	35345	11191	14.2	28236	12.9	11.5	10.1	62029	45.5
2016	35058	26768	6511	31854	38580	12599	14.2	31528	12.6	11.7	8.9	67569	46.7

8.3.3 工资增长率和养老金替代率

历史数据显示，当实际缴费率持续走低时，养老金替代率也在持续走低（特别是 2004 年之前），2013 年替代率已低至 44.6%，明显低于制度设计的目标替代率 58.5%。但 2004 年起至今养老待遇经过 10 多次调整①，对遏制替代率持续下降发挥了重要作用，近 5 年来的替代率水平一直稳定在 45% 左右。未来替代率将如何变化，取决于养老金待遇调整幅度、城镇劳动者工资水平上涨幅度。如表 8-6 所示，城镇职工平均工资水平增速达到 2007 年最高点 19% 后开始降低，2016 年降至 8.9%，而 2017 年人均养老金上涨 5.5%，相当于工资增长水平的 60%。我们假定未来养老金增速与工资增速的关系将稳定在这个水平。未来城镇职工工资增幅如何，将受国民经济增速、劳动力要素对 GDP 贡献率变化等因素决定。1999~2016 年，城镇职工平均工资增速与国内生产总值增速之比值稳定在 1.1~1.67，平均为 1.4。近年来，中国劳动力人口数量开始逆转，“人口红利”走到尾声。多年来高储蓄、高投资和高增长局面不再持续，中国经济正进行供给侧改革，当经济增速转向中低档区间时，城镇劳动者工资增长率也会随之一致。

我们参考陆旸和蔡昉（2016）对未来 GDP 增长率的预测值②，按照工资增速与 GDP 增速之比 1.4 的标准，将未来城镇职工平均工资年增长率设定为：2018~2020 年 9.2%，2021~2025 年 7.9%，2026~2030 年 7.0%，2031~2035 年 6.4%，2036~2040 年 5.5%，2041~2045 年 4.4%，2046~2050 年 3.5%，以后各年也保持 3.5% 不变。相应地，未来养老金年增长率 ρ 按照城镇职工工资年增长率 g 的 60% 来设定。到 2026 年，养老金替代率将进一步降至 35.1%，假定将 35% 设定为养老金制度的目标替代率之一；2026 年后则

① 2005~2015 年，我国连续 11 年上调企业退休人员养老金，由 2004 年的人均 647 元，提高到 2015 年的 2200 元左右，年均增长率达 12%。国务院决定从 2016 年 1 月 1 日开始，再次提高退休人员基本养老金水平 6.5 个百分点。养老金的调整需要跟物价水平、和在职职工的工资增长挂钩，同时也要考虑到经济的增长。过去连续 11 年按照每年 10% 的比例提高企业人员养老金的待遇，主要考虑早期企业退休人员的养老金与机关事业单位差距比较大。资料来源：网易新闻网。2017 年根据国务院批准，人社部、财政部共同印发的《人力资源社会保障部财政部关于 2017 年调整退休人员基本养老金的通知》，养老金标准要提高，总体调整水平为 5.5% 左右。

② 陆旸和蔡昉（2016）认为 2016~2020 年、2021~2025 年、2026~2030 年、2031~2035 年、2036~2040 年、2041~2045 年、2046~2050 年中国经济的潜在增长率将分别为 6.6%、5.633%、4.983%、4.54%、3.935%、3.151%、2.474%。

保持35%不变，即养老金增速与城镇职工平均工资增速将会一致。另外，考虑到养老保险制度管理日趋完善，特别是2019年1月1日开始，社保改由税务部门统一征收，城镇职工缴费基数选择将更加规范，逃费、少缴现象将会减少，今后遵缴率可能会提高，相应地养老待遇积累也会增加。本书对实际缴费率做了补充假设，替代率也做了相应假定（见表8－6）。

表8－6　　未来不同年份城镇职工平均工资和养老金替代率的设定

年份	GDP增长率（%）	城镇单位职工平均工资（元）	城镇单位职工平均工资增长率（%）	人均养老金水平（元）	人均养老金增长率（%）	养老金替代率（%）
1997	9.6	6444	8.0	4940	—	76.7
1998	7.3	7446	16.0	5542	12.2	74.4
1999	8.0	8319	12.0	6452	16.4	77.6
2000	8.6	9333	12.0	6674	3.4	71.5
2001	8.1	10834	16.0	6867	2.9	63.4
2002	9.6	12373	14.0	7880	14.8	63.7
2003	10.5	13969	13.0	8088	2.6	57.9
2004	10.5	15920	14.0	8536	5.5	53.6
2005	10.9	18200	14.0	9251	8.4	50.8
2006	13.3	20856	15.0	10564	14.2	50.7
2007	14.7	24721	19.0	12041	14.0	48.7
2008	10.1	28898	17.0	13933	15.7	48.2
2009	8.5	32244	12.0	15317	9.9	47.5
2010	10.3	36539	13.0	16741	9.3	45.8
2011	9.0	41799	14.0	18700	11.7	44.7
2012	8.6	46769	12.0	20900	11.8	44.7
2013	7.1	51483	10.0	22970	9.9	44.6
2014	8.3	56360	10.0	25316	10.2	44.9
2015	6.4	62029	10.0	28236	11.5	45.5
2016	6.7	67569	8.9	31528	11.7	46.7
2017	6.6	73812	9.2	33276	5.5	45.1
2018	6.6	80633	9.2	35121	5.5	43.6
2019	6.6	88083	9.2	37068	5.5	42.1
2020	6.6	96222	9.2	39123	5.5	40.7

续表

年份	GDP 增长率（%）	城镇单位职工平均工资（元）	城镇单位职工平均工资增长率（%）	人均养老金水平（元）	人均养老金增长率（%）	养老金替代率（%）
2021	5. 6	103810	7. 9	40974	4. 7	39. 5
2022	5. 6	111997	7. 9	42913	4. 7	38. 3
2023	5. 6	120829	7. 9	44943	4. 7	37. 2
2024	5. 6	130358	7. 9	47070	4. 7	36. 1
2025	5. 6	140638	7. 9	49297	4. 7	35. 1
2026	5. 0	150450	7. 0	52808	7. 0	35. 1
2027	5. 0	160945	7. 0	56492	7. 0	35. 1
2028	5. 0	172173	7. 0	60433	7. 0	35. 1
2029	5. 0	184184	7. 0	64649	7. 0	35. 1
2030	5. 0	197033	7. 0	69159	7. 0	35. 1
2031	4. 5	209557	6. 4	73555	6. 4	35. 1
2032	4. 5	222876	6. 4	78229	6. 4	35. 1
2033	4. 5	237042	6. 4	83202	6. 4	35. 1
2034	4. 5	252109	6. 4	88490	6. 4	35. 1
2035	4. 5	268133	6. 4	94115	6. 4	35. 1
2036	3. 9	282904	5. 5	99299	5. 5	35. 1
2037	3. 9	298489	5. 5	104770	5. 5	35. 1
2038	3. 9	314933	5. 5	110541	5. 5	35. 1
2039	3. 9	332283	5. 5	116631	5. 5	35. 1
2040	3. 9	350588	5. 5	123056	5. 5	35. 1
2041	3. 2	366054	4. 4	128485	4. 4	35. 1
2042	3. 2	382202	4. 4	134153	4. 4	35. 1
2043	3. 2	399062	4. 4	140071	4. 4	35. 1
2044	3. 2	416667	4. 4	146250	4. 4	35. 1
2045	3. 2	435048	4. 4	152702	4. 4	35. 1
2046	2. 5	450116	3. 5	157991	3. 5	35. 1
2047	2. 5	465706	3. 5	163463	3. 5	35. 1
2048	2. 5	481836	3. 5	169124	3. 5	35. 1
2049	2. 5	498525	3. 5	174982	3. 5	35. 1
2050	2. 5	515792	3. 5	181043	3. 5	35. 1

续表

年份	GDP 增长率（%）	城镇单位职工平均工资（元）	城镇单位职工平均工资增长率（%）	人均养老金水平（元）	人均养老金增长率（%）	养老金替代率（%）
2051	2. 5	533657	3. 5	187314	3. 5	35. 1
2052	2. 5	552141	3. 5	193801	3. 5	35. 1
2053	2. 5	571265	3. 5	200514	3. 5	35. 1
2054	2. 5	591051	3. 5	207459	3. 5	35. 1
2055	2. 5	611523	3. 5	214645	3. 5	35. 1
2056	2. 5	632703	3. 5	222079	3. 5	35. 1
2057	2. 5	654618	3. 5	229771	3. 5	35. 1
2058	2. 5	677291	3. 5	237729	3. 5	35. 1
2059	2. 5	700750	3. 5	245963	3. 5	35. 1
2060	2. 5	725021	3. 5	254482	3. 5	35. 1
2061	2. 5	750133	3. 5	263297	3. 5	35. 1
2062	2. 5	776114	3. 5	272416	3. 5	35. 1
2063	2. 5	802996	3. 5	281852	3. 5	35. 1
2064	2. 5	830808	3. 5	291614	3. 5	35. 1
2065	2. 5	859584	3. 5	301714	3. 5	35. 1
2066	2. 5	889357	3. 5	312164	3. 5	35. 1
2067	2. 5	920160	3. 5	322976	3. 5	35. 1
2068	2. 5	952031	3. 5	334163	3. 5	35. 1
2069	2. 5	985006	3. 5	345737	3. 5	35. 1
2070	2. 5	1019122	3. 5	357712	3. 5	35. 1
2071	2. 5	1054421	3. 5	370102	3. 5	35. 1
2072	2. 5	1090942	3. 5	382921	3. 5	35. 1
2073	2. 5	1128727	3. 5	396183	3. 5	35. 1
2074	2. 5	1167822	3. 5	409906	3. 5	35. 1
2075	2. 5	1208271	3. 5	424103	3. 5	35. 1
2076	2. 5	1250120	3. 5	438792	3. 5	35. 1
2077	2. 5	1293420	3. 5	453990	3. 5	35. 1
2078	2. 5	1338218	3. 5	469715	3. 5	35. 1
2079	2. 5	1384569	3. 5	485984	3. 5	35. 1
2080	2. 5	1432525	3. 5	502816	3. 5	35. 1

续表

年份	GDP 增长率（%）	城镇单位职工平均工资（元）	城镇单位职工平均工资增长率（%）	人均养老金水平（元）	人均养老金增长率（%）	养老金替代率（%）
2081	2.5	1482142	3.5	520232	3.5	35.1
2082	2.5	1533477	3.5	538250	3.5	35.1
2083	2.5	1586591	3.5	556893	3.5	35.1
2084	2.5	1641544	3.5	576182	3.5	35.1
2085	2.5	1698400	3.5	596138	3.5	35.1
2086	2.5	1757226	3.5	616786	3.5	35.1
2087	2.5	1818090	3.5	638150	3.5	35.1
2088	2.5	1881061	3.5	660252	3.5	35.1
2089	2.5	1946213	3.5	683121	3.5	35.1
2090	2.5	2013622	3.5	706781	3.5	35.1

注：GDP 增长率数据来自陆旸和蔡昉（2016）的预测结果。

8.3.4 实际缴费率与养老金替代率的组合假定

本章前面是对实际缴费率 τ（或遵缴率）做的 3 种情形假定。一般地，当参保人数、制度缴费率一定时，实际缴费率的变化将与参保人缴费连续性、缴费基数选择等有关。如果经常中断缴费、缴费基数偏低，实际缴费率或遵缴率会下降，退休时养老金替代率会降低，就会影响养老金替代率的稳定。本章后面的测算假定不存在缴费中断，实际缴费率或遵缴率主要取决于缴费基数与职工平均工资的比例选择，由此将引起退休时养老金替代率发生相应变化。

尽管 1997 ~2016 年这 20 年间养老金替代率与实际缴费率变化趋势吻合度较高（见图 8 -3），但并不能认为两者将一直保持着这种稳定关系。在过去 20 年，基本养老保险制度中的“老人”数减少速度应该比“中人”要快，“中人”逐渐成为领取养老金的主要群体。而这两类群体中，由于“老人”在原制度下的工作年限构成了“视同缴费年限”，造成养老金替代率相对较高。而“中人”跨越了新、老制度，在新制度下，养老金权益一部分要靠实际缴费获得，而作为过渡期参保人口，因就业因素导致的实际缴费不确定性在增加，加上提前退休现象较为普遍，使得“中人”逐渐成为主要退休群体之后，养老金替代率相对于“老人”群体在下降。这构成了20年来养老金替代率不断下降的一个重要原因。

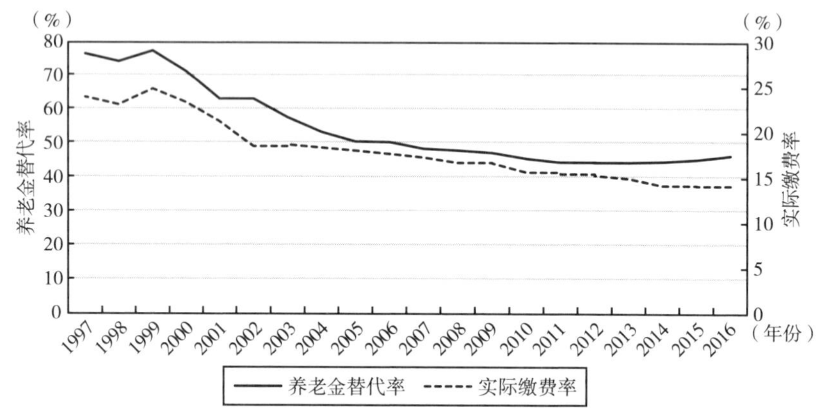

图8－3　1997～2016年养老金替代率与实际缴费率的变化

资料来源：根据历年《中国劳动统计年鉴》整理。

另外，“中人”比“新人”更接近制度退休年龄，参保缴费记录又比一般“新人”要稳定，当“新人”逐渐成为制度的缴费主力军时，随着市场经济发展，劳动力流动性增加，参保缴费记录的不确定性也在增加。加上我国社会保障负担较重，企业用工成本较高，逃重费、就轻费时有发生。而且许多职业不稳定的劳动力群体，一般倾向于选择低费率、低缴费基数（如当地社平工资60%）。诸多因素使得这些年来实际缴费率不断降低。因此造成实际缴费率越往早期越高、越往后期越低的趋势。而这种趋势不扭转，“中人”正在逐渐减少，则必将导致到10～20年后“新人”逐渐步入退休时，养老金替代率比当前水平还要低。

根据我国城镇职工基本养老金的计发规则，如果一个“新人”从21岁时起在整个工作期间不中断缴费、按城镇职工平均工资一定比例缴费，分三种情形：（1）当遵缴率为100%（相当于按城镇职工平均工资的70%缴费）、实际缴费率τ为28%时，养老金平均替代率最高假定为65%；（2）当遵缴率为70%、实际缴费率τ为19.8%时，养老金替代率假定为45%；（3）当遵缴率为50%、实际缴费率τ为14.3%时，养老金替代率最低假定为35%。由此，在实际缴费率的3种假设情形下，相应地将养老金替代率δ分别设定为35%、45%和65%，后文测算中分别表示情形1、情形2和情形3。在未来不同年份，三种情形下的实际缴费率和替代率的假定组合如表8－7所示。

表 8-7　实际缴费率与养老金替代率三种组合情形　单位:%

年份	情形 1		情形 2		情形 3	
	实际缴费率	替代率	实际缴费率	替代率	实际缴费率	替代率
2010	15.7	45.8	15.7	45.8	15.7	45.8
2011	15.5	44.7	15.5	44.7	15.5	44.7
2012	15.3	44.7	15.3	44.7	15.3	44.7
2013	15.0	44.6	15.0	44.6	15.0	44.6
2014	14.2	44.9	14.2	44.9	14.2	44.9
2015	14.2	45.5	14.2	45.5	14.2	45.5
2016	14.2	46.7	14.2	46.7	14.2	46.7
2017	14.3	45.1	14.6	45.1	15.0	47.5
2018	14.3	43.6	15.0	45.0	15.8	45.0
2019	14.3	42.1	15.4	45.0	16.6	45.0
2020	14.3	40.7	15.8	45.0	17.4	45.0
2021	14.3	39.5	16.2	45.0	18.2	45.0
2022	14.3	38.3	16.6	45.0	19.0	45.0
2023	14.3	37.2	17.0	45.0	19.8	46.3
2024	14.3	36.1	17.4	45.0	20.6	48.2
2025	14.3	35.0	17.8	45.0	21.4	50.0
2026	14.3	35.0	18.2	45.0	22.2	51.9
2027	14.3	35.0	18.6	45.0	23.0	53.8
2028	14.3	35.0	19.0	45.0	23.8	55.6
2029	14.3	35.0	19.4	45.0	24.6	57.5
2030	14.3	35.0	19.8	45.0	25.4	59.4
2031	14.3	35.0	19.8	45.0	26.2	61.3
2032	14.3	35.0	19.8	45.0	27.0	63.1
2033 +	14.3	35.0	19.8	45.0	27.8	65.0

8.4　未来城镇职工基本养老保险基金收支的模拟结果

8.4.1　养老基金支出总规模

对未来养老金支出总规模的估算，分 2025 年开始延迟退休与不延迟退休的两种情形展开。不延迟退休情形下，养老金总支出规模根据城镇职工参保男性60岁及以上人口、女性55岁及以上人口规模、人均养老金计算获得；而延迟退休情形下，由于每延迟一年养老金替代率增加1%，退休年龄不同，会造成养老金替代率不同，不同代人养老金存在差异。在某个年份，不同代退休人员的养老金标准乘以相应退休人口规模，就获得当年的养老金总支出规模。对应于不同的实际缴费率，我们对未来的养老金替代率假定了3种情形，即35%、45%和65%。虽然，延迟退休使得制度退休人口有所减少，但养老金替代率会因延迟退休而增加。这“一增一减”，最终对养老金支出规模形成了净效应。

如图8-4显示，测算结果表明，2025年男、女分别从60、55岁开始每4个月延迟1个月的节奏下，延迟退休产生了养老金给付压力减轻的净效应。在2025~2049年正常退休年龄在逐渐上调时，延迟退休对养老金减轻的效果越明显。三种替代率假设情形下，到2049年法定年龄渐进式调整阶段结束时，延迟退休使得养老金支出规模分别减少了15.7%、16.8%和18%，而后制度不再进一步调整，延迟退休造成的负担减轻净效应在减弱；养老金替代率设定水平越高，延迟退休带来的养老金支出减轻净效应越明显。

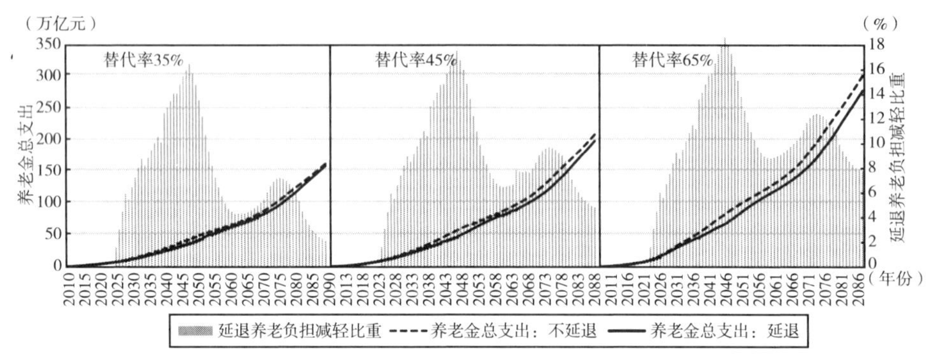

图8-4 不同替代率下“延退”与“不延退”的养老金支出规模差异

8.4.2 养老基金当年收支缺口

对未来养老金收支缺口的估算，也按实际缴费率与替代率有3种组合情形开展。三种情形下，不延退与延退时的养老金收支缺口估计结果如图8-5所示。

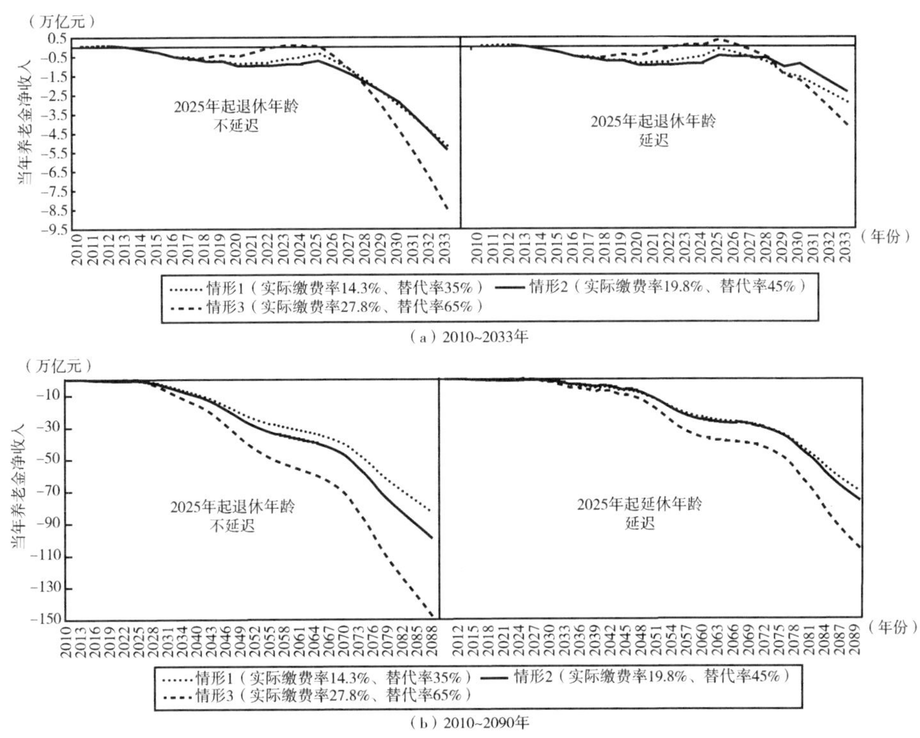

图 8－5　城镇职工基本养老保险基金当年收支差额

资料来源：本书整理。

在不考虑有各级政府财政补贴时，2016 年当期净收入为－5106 亿元。如果按照此情形发展，即实际缴费率维持 14.3%、替代率逐步滑向 35% 水平时，2017～2024 年，各年当期收支净额分别为－5923 亿元、－7483 亿元、－7139 亿元、－8805 亿元、－8166 亿元、－7598 亿元、－6364亿元、－5170亿元。图 8－4 显示，实际缴费率和替代率 3 种组合情形中，无论哪种情形，也无论“延退”与否，都不能阻止2025 年后养老金收支缺口的快速扩大。未来各年份都将出现赤字，越往以后，赤字规模越庞大，这意味着，城镇职工基本养老金制度仅靠自身是根本无法实现收支平衡的。

以实际缴费率、替代率组合的情形 2 为例，2030 年、2040 年、2050 年、2060 年，“不延退”时，养老金当期缺口分别为 2.9 万亿元、11.5 万亿元、27.1 万亿元和 36.7 万亿元，分别约占当年 GDP 的 1.7%、4.5%、8.1% 和 8.9%。如果以情形 3 为例，则当期收支缺口又分别为 4.4 万亿元、17.7 万亿元、40.7 万亿元、54.9 万亿元。也就是说，当实际缴费率、替代率都按较高水平设定时，未来养老金制度面临的收支缺口压力可能越大。估算也显示，即使在情形3下，短期内（2027～2028年前）养老金赤字的确比情形1、情形2更低，但是后期赤字规模会一路扩大，远超其他两种情形。这意味着，实际缴费率不断提高后，在短期内对基金收支改善有好处，但长期内，如果不合理掌握替代率，养老基金可能会面临更大的赤字风险。现有研究大都认为，我国基本养老金制度设计是缺乏精算原则的，以致早退休现象较多。在解决好制度“转轨成本”等历史遗留问题后，如何在缴费与受益之间建立精算联系应该是未来制度的完善方向。

从长期来看，2025年延迟退休的政策虽不能使养老金避免未来面临的巨大收支缺口，但对阻止各年份的养老金收支缺口进一步扩大的确能发挥重要作用。以图8－6中情形2为例，2025年退休年龄逐渐推迟后，2030年、2040年、2050年和2060年当年发生的养老金收支缺口分别为0.9万亿元、4.0万亿元、11.4万亿元、25.8万亿元，分别占当年GDP的0.5%、1.6%、3.4%和6%。与不延迟退休的情形相比，延迟退休使得当年收支缺口分别减少了68%、65%、58%、30%。在中短期内（约2050年前），延退政策阻止养老金缺口扩大的作用很显著的，但在2050年后的远期，政策效果在减弱。

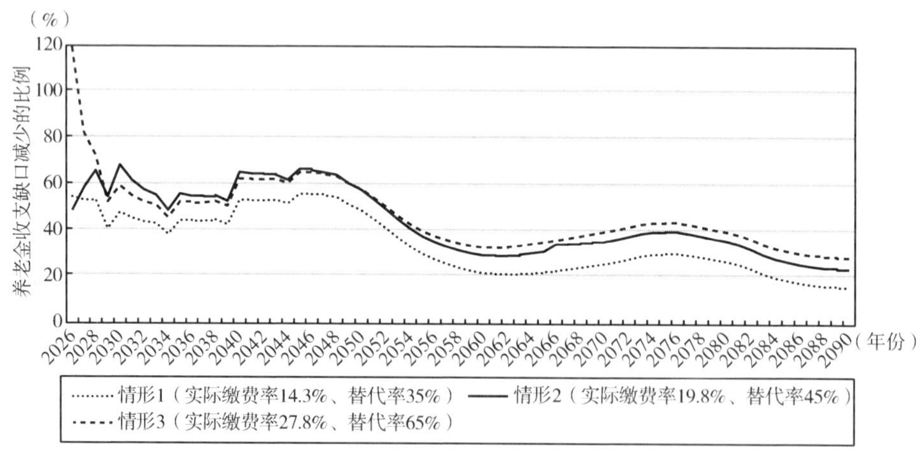

图8－6　2025年退休年龄政策调整后对各年养老金收支缺口的影响

资料来源：本书整理。

基本养老金未来的收支缺口规模如此之大，令人难以置信。袁磊（2014）就曾做了一个多种假设情形的测算，例如当不执行延迟退休政策时，当年工资增长率为3%、5%和7%时，2050 年当年缺口规模为15 万亿元、35 万亿元和75 万亿元。张乐川（2012）测算显示，2050 年当年基金缺口规模也高达51.3 万亿元。而我们三种情形的测算结果分别为23 万亿元、27 万亿元和47 万亿元。

于洪和曾益（2015）根据建议方案，即：2022～2031 年，打破女性职工退休政策区别，将女性干部和工人法定退休年龄统一为55 岁；2032～2041 年，逐步延迟法定退休年龄，女性每2 年延迟1 年退休，直到60 岁；2042～2051 年，男女同时每2 年延迟1 年，逐步延迟至65 岁。在该方案下，基本养老保险基金的收支缺口在2058 年出现，到2070 年基金仍将有36.55 万亿元的盈余；如果不按现行退休年龄政策，收支缺口将在2031 年出现，基金盈余从2046 年开始出现负数，到2070 年基金累计亏损为319 万亿元。

由于不同研究对各种参数设定不同，延迟退休年龄的规划也不同，估算结果难免存在差异，但这些研究的结论都应引起注意。而我们的研究与其他研究最主要的区别是，重点考虑到了延迟退休会同时改变“制度赡养率”和“养老金替代率”，由此给养老金收支带来影响，因此本章的估算结果应该更能体现养老金制度运行特征。

8.4.3 养老基金收支缺口累积

2016 年城镇职工基本养老保险基金累积结余38580 亿元，这不完全是历年基本养老金自身收支结余的结果，因为近年来各级政府不断加大了对养老保险制度的财政补贴。2002 年中央财政就开始向养老基金拨付408.2 亿元，此后各地财政也向基金补贴，2016 年各级财政补贴高达6511 亿元，2002～2016 年共计补贴本金32084 亿元，利息（按3%计算）计算在内补贴积累共计36213 亿元，几乎与基金多年来形成的结余相当。这意味着目前从全国水平来看，如果除去各级财政的补贴部分，城镇职工基本社会养老保险收支实际上已收不抵支，各地财政补贴负担将越来越重。2009 年至今，每年各级财政补贴占当年基本养老金缴费收入的比例都超过了16%，2016 年达到20.5%。在将来，该比例还会继续提高。问题是在将来各年份政府补贴会提高到何种程度，到底给财政造成多大压力，有必要对未来各年份基本养老保险累积赤字规模进行估算。本书同样就实际缴费率、替代率的3 种组合情形，以及就2025 年起是否“延退”两种情形分别进行估算，估算从2016 年的38580 亿元开始，基金结余都按3%计息收入，为弥补基金赤字需要融资，基金赤字也按3%计息形成支出。

1. 养老基金自身收支结余累积规模

当不考虑财政补贴因素，情形 1 和情形 2 估算结果显示，现有基金结余只能帮助制度维持到 2021 年，2022 年基金开始出现缺口，缺口规模分别为 2470 亿元、6300 亿元。而不大可能出现的情形 3 估算结果显示，基金结余可帮助制度维持到 2027 年，2028 年基金开始缺口，达到 1.29 万亿元（见图 8－7）。但基金一旦出现缺口后，缺口规模将快速扩大，越往后期，缺口规模越将庞大到令人吃惊。以情形 2 为例，在 2025 年后不延迟退休年龄时，2030 年、2040 年、2050 年、2060 年，基金累计赤字分别为 13.8 万亿元、103.2 万亿元、359.6 万亿元和 859.7 万亿元。越到远期，赤字累积规模越庞大。即使 2025 年起逐年提高 NRA，虽然各年份基金累积缺口规模在显著减少，但依旧庞大：2030 年、2040 年、2050 年和 2060 年，累计赤字分别为 7.4 万亿元、46.8 万亿元、143.6 万亿元和 423.2 万亿元，赤字规模额将分别占 GDP 的 4.4%、18.5%、42.8% 和 98.5%①。与"不延退"相比，"延退"使得未来的累积赤字将几乎减少一半，可见"延退"的意义明显。

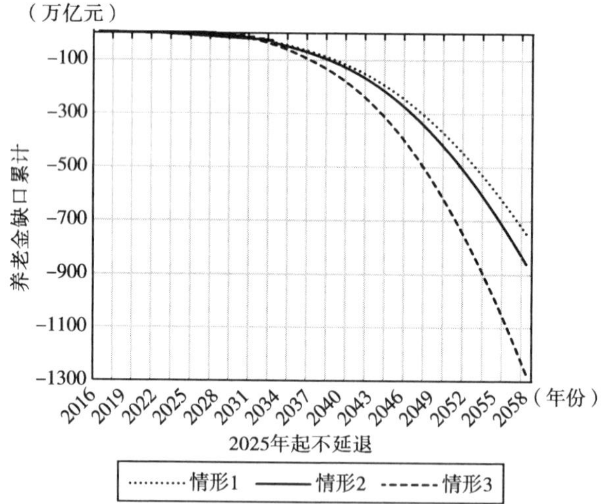

① 按陆旸和蔡昉（2016）对未来 GDP 增长率的预测值计算，2030 年、2040 年、2050 年和 2060 年，我国 GDP 将分别约为 168 万亿元、253 万亿元、336 万亿元和 430 万亿元，因此累积赤字规模将分别占 GDP 的 4.4%、18.5%、42.8% 和 98.5%。

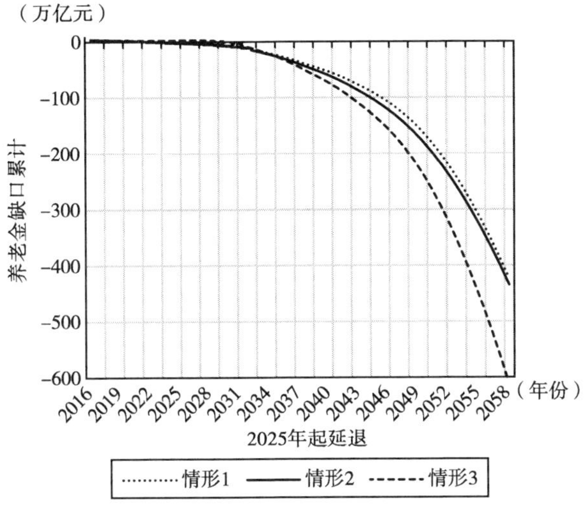

图 8－7　养老基金收支缺口累积规模估计

资料来源：本书整理。

2. 未来政府财政可能的补贴压力

未来存在如此大的基金收支缺口，必然需要政府财政补贴，并通过划拨国有资产、股权及其收益等多渠道开源，来充实养老保险基金，否则制度将难以为继。政府对社会养老保险基金提供财政转移支付是必要的，也是必须的。

一是基本养老金制度的“转轨成本”需要政府逐步消耗，制度“老人”和“中人”直接进入新制度之前，“视同缴费年限”所对应的养老金权益只能通过政府财政来埋单，填补这个“历史欠账”。再者这部分群体在“老制度”下未形成社保基金积累，由此形成的经济利润已上交给国家，成为社会经济可持续发展的重要物质基础，因而他们也应当能够分享到当前的社会经济发展成果，由当前财政收入的一部分承担其老年生活保障责任。

二是政府加大对社会养老保险基金的预算补贴力度，基金收入一部分来自一般税收，收入流更有保障，这有利于将基金保障能力不足的风险向更为广泛的纳税人中间分散，而不是过于集中在工薪阶层，这也有利于促进社会财富公平分配。特别是在人口老龄化趋势下，劳动力供给减少，如果“机器换人”、资本对劳动的替代越来越普遍，以工薪收入作为社会养老保险费的征缴基础很可能越来越狭窄和不足，将增加养老保险制度的资金筹集模式变迁的内在要求，更加依赖政府的一般税收。

三是中国经济是以公有制为基础，公有资本占据了社会总资本绝大多数，公有资本利益应全民共享。自然地，在应对人口老龄化、化解社会养老风险过程中，应发挥重大作用。中国在解决老龄化问题上，应比私人资本占社会总资本绝大比重的资本主义国家有更强的财务能力，这是我们的制度优势。因此划拨国有股权、将国有资本收益充实社会养老基金，加大财政对养老基金转移支付是应有之义。

四是中国社保费负担较重，企业单位用工成本高，特别不利于劳动密集型行业发展，不利于改善就业、提高市场竞争能力。虽然目前劳动力总量在减少，但规模仍然庞大，在经济新常态下，劳动力就业在长期内仍然关系到经济社会的健康、稳定发展。因此未来社会养老保险费率不能保持高水平。费率下降后可能会导致养老保险基金收入边际减少，此时也需要政府财政来补充。

2010～2016年，各级财政对基金的当期补贴额分别占了当年“一般公共预算收入”的2.4%、2.2%、2.3%、2.3%、2.5%、3.1%和4.1%，补贴力度逐年在加大。如果未来财政是根据当期养老基金缴费收支缺口规模来决定补贴额，未来“一般公共预算收入”如果能每年以6%速度增长，2017～2020年，补贴额占当年“一般公共预算收入”比例会持续增加，2017年为3.4%，2020年将达到4.3%左右。2020～2025年则有所减少，但2025年之后又开始逐渐提高。图8－8所示，在2025年“不延退”情形下，2050年前后是财政面临最大压力的阶段。如果“一般公共预算收入”如果能每年以6%、8%速度增长，则补贴额占“一般公共预算收入”的比例高的惊人，分别将达到“20%～35%”“11%～19%”。

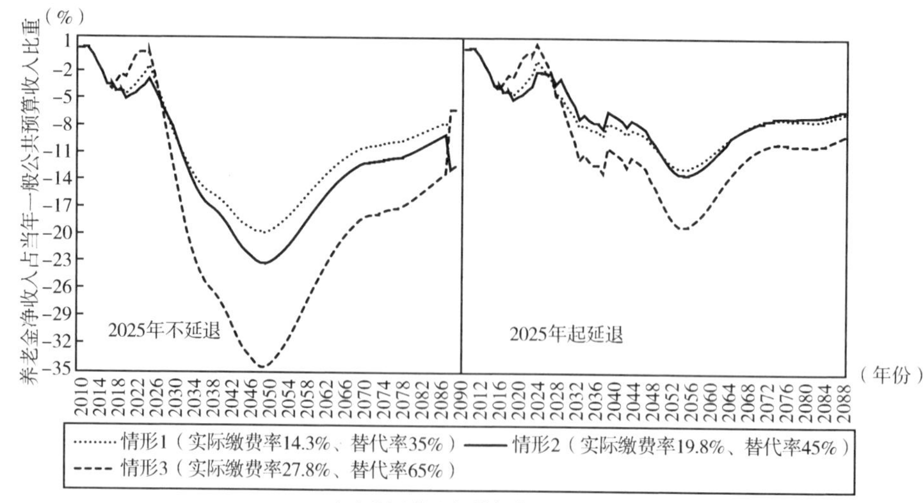

（a）财政收入年增长率6%

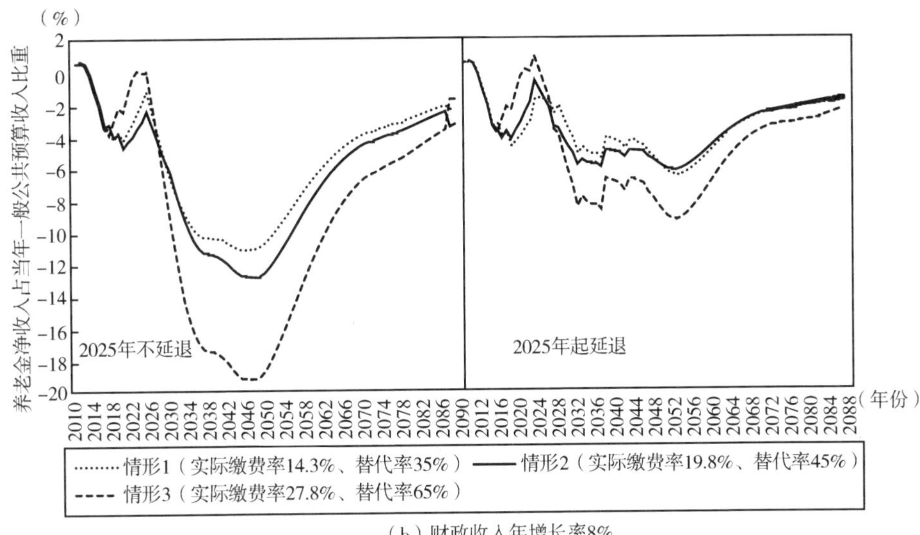

(b)财政收入年增长率8%

图8-8 财政的基本养老保险基金补贴压力估算

资料来源:本书整理。

如果2025年"延退",财政负担将明显减轻,2050年该比例分别降至"13%~18%""6%~9%",负担压力几乎被消化掉一半,甚至压力最大的时间也被推迟了约5年。因此从减轻未来财政面临的巨大补贴压力而言,"延退"是一个明智选择。

3. 基金投资对基金结余的影响

上述所有估算是将养老基金投资收益假定为3%。长期以来城镇职工养老保险基金收益率偏低,无法有效增强养老基金的可持续能力。如何优化投资管理,提高基金投资回报率,缓解基金收支压力,一直受到社会各界关注。2015年国务院颁布《基本养老保险基金投资管理办法》(以下简称《办法》),《办法》明确规定,养老基金实行中央集中运营、市场化投资运作,由省级政府将各地可投资的养老基金归集到省级社会保障专户,统一委托给国务院授权的养老基金管理机构进行投资运营,这开启了我国基本养老保险基金投资管理的实践。社会养老保险基金投资管理的改革,为养老基金结余的投资收益率进行更高水平假设提供了可能。全国社会保障基金自2000年成立以来采用市场化投资管理,截至2016年,年均投资收益率高达8.37%,基金权益已累积16042亿元。考虑未来养老保险基金实现统一运营,投资渠道拓宽,有益于提高收益率。因此,可进一步假定,未来财政对养老基金的补贴年增长率、养老基金投资收益率有如下几种组合：O 组合（0，8%）、A 组合（5%，6%）、B 组合（6%，6%）、C 组合（6%，8%）、D 组合（8%，6%）、E 组合（8%，8%），不同组合下的估算结果如表 8－8 和图 8－9 所示。

表 8－8　不同情形下基本养老保险基金赤字出现的可能时间

组合类型	2025 年起不延迟退休	2025 年起延迟退休
O 组合（0，8%）	2031 年	2036 年
A 组合（5%，6%）	2032 年	2038～2040 年
B 组合（6%，6%）	2033 年	2040～2044 年
C 组合（6%，8%）	2034 年	2042～2049 年
D 组合（8%，6%）	2034 年	2043～2058 年
E 组合（8%，8%）	2034～2037 年	2049 年（替代率为 65% 时）； 无（替代率为 35% 和 45% 时）

在 O 组合，当 2016 年后政府不再补贴养老基金，基金投资收益率为 8% 时，基本养老保险基金约在 2031 年左右（不延退时）和 2036 年左右（延退时）不再有结余。

在 A 组合，2017 年后当政府财政对基金补贴的年增长率为 5%、投资收益率为 6% 时，基本养老保险基金在 2032 年左右（不延退时）和 2038～2040 年（延退时）不再有结余。

在 B 组合，2017 年后当政府财政对基金补贴的年增长率为 6%、投资收益率为 6% 时，基本养老保险基金在 2033 年左右（不延退时）和 2040～2044 年（延退时）不再有结余。

在 C 组合，2017 年后当政府财政对基金补贴的年增长率为 6%、投资收益率为 8% 时，基本养老保险基金在 2034 年左右（不延退时）和 2042～2049 年（延退时）不再有结余。

在 D 组合，2017 年后当政府财政对基金补贴的年增长率为 8%、投资收益率为 6% 时，基本养老保险基金在 2034 年左右（不延退时）和 2043～2058 年（延退时）不再有结余。

在 E 组合，2017 年后当政府财政对基金补贴的年增长率为 8%、投资收益率为 8% 时，在 2025 年后不延退时，基本养老保险基金将在 2034～2037 年不再有结余；而在延退时，情形 3 高实际缴费率、高替代率的条件下，基金将在 2049 年左右不再有结余，而在情形 1、情形 2 时，基金结余状况极为良

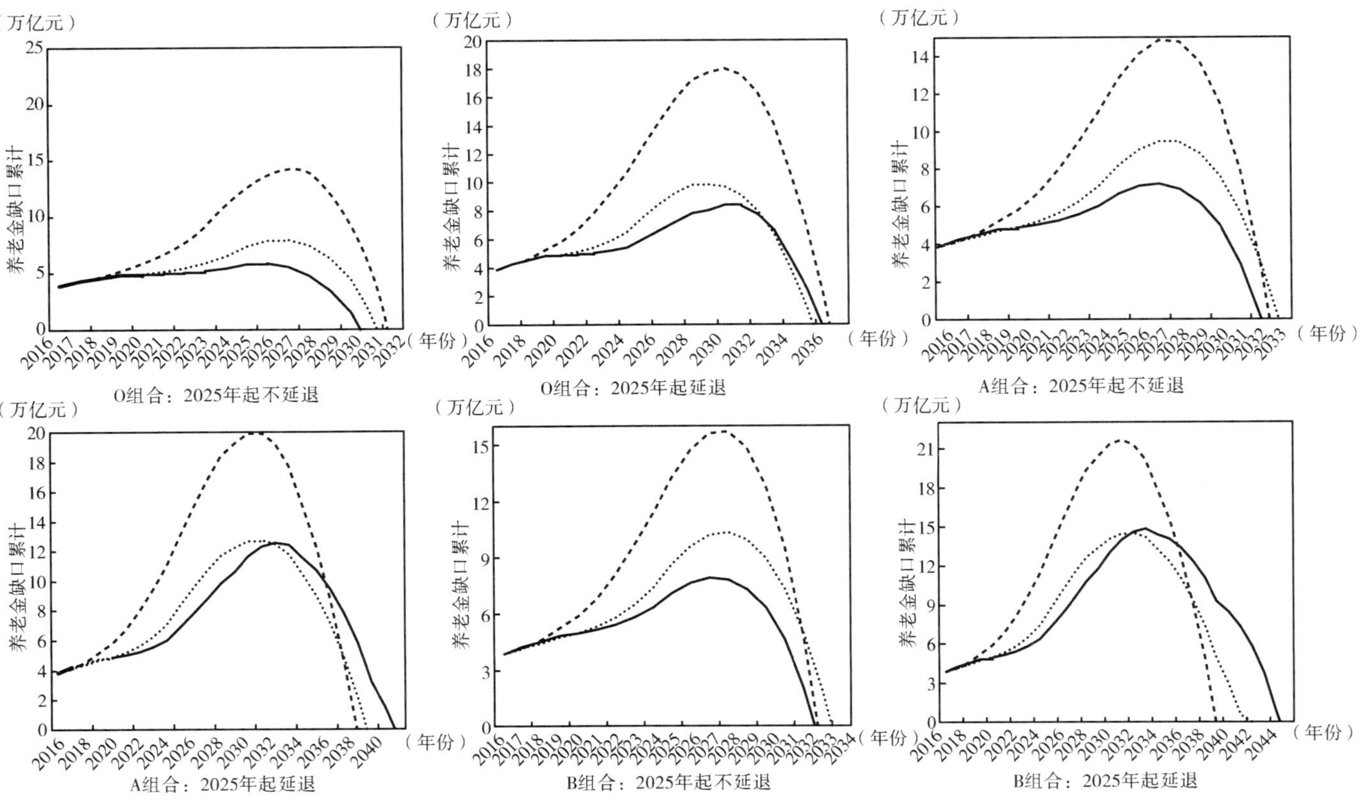
（万亿元）
养老金缺口累计
（年份）
O组合：2025年起不延退
O组合：2025年起延退
A组合：2025年起不延退
A组合：2025年起延退
B组合：2025年起不延退
B组合：2025年起延退

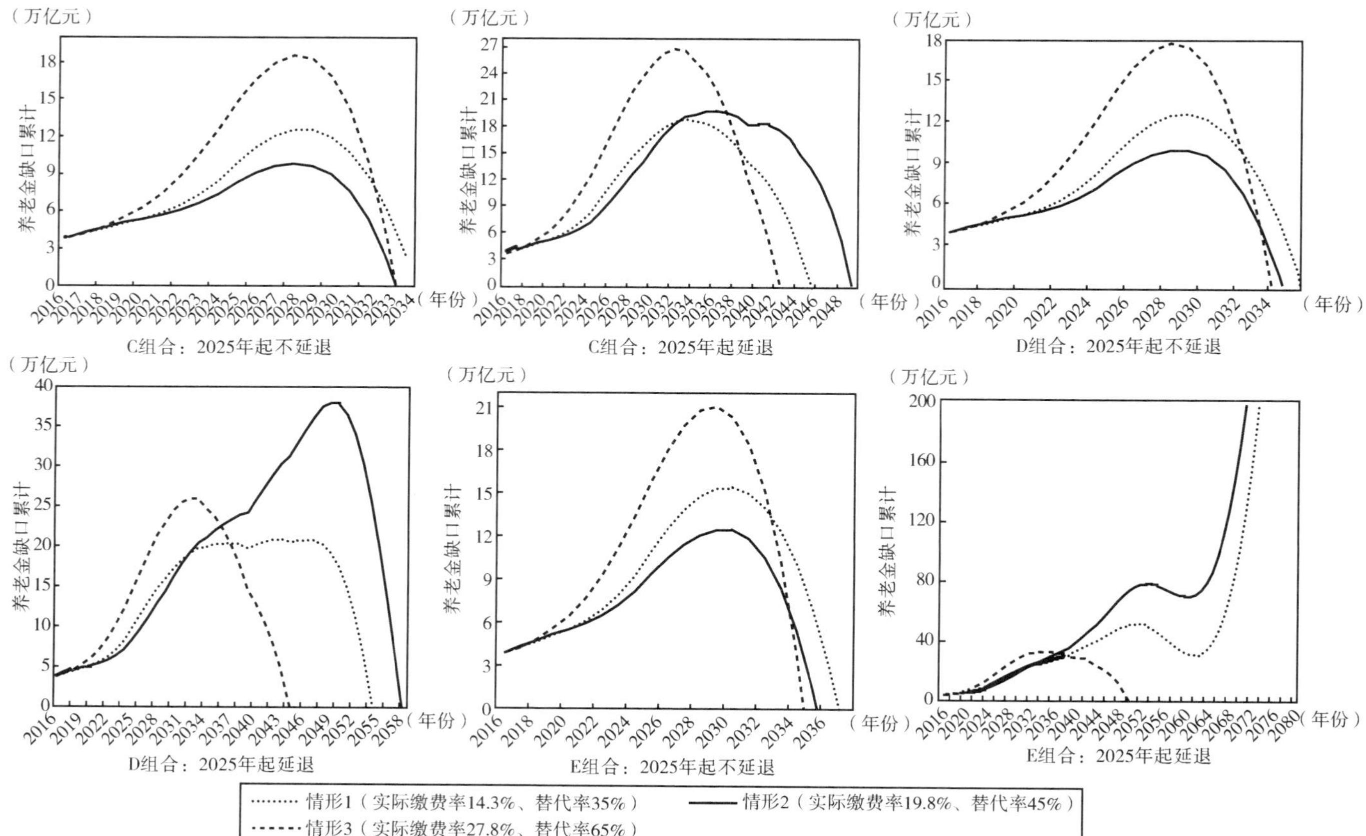

图8－9　不同情形下基金投资管理对基金结余的影响

资料来源：本书整理。

好，将来都不出现赤字现象。

在 O 组合中，当 2016 年后政府不再补贴养老基金，基金投资收益率为 8% 时，养老保险基金约在 2031 年左右（“不延退”）和 2036 年左右（“延退”）不再有结余。在 E 组合，2017 年后当财政对基金补贴的年增长率、投资收益率皆为 8% 时，在 2025 年后“不延退”时，基金将在 2034 ~ 2037 年间不再有结余；而在“延退”时，情形 3 下，基金将在 2049 年左右不再有结余，而在情形 1、情形 2 时，基金结余状况极为良好，将来都不出现赤字现象。

D 组合和 E 组合，假定了财政对基金的补贴年增长率皆为 8%。当假定“一般公共预算收入”的年增长率为 8% 时，即各级财政对基本养老保险基金的补贴额占“一般公共预算收入”的比重也将维持现有水平 4% 左右，从目前情形来看，这种补贴年增长速度是可以承受的。而我们最为担心的是，随着今后 GDP 增速在降低，一般财政收入增速也将降低。另外，随着经济增速的减缓，基金投资收益率是否还能像以往保持 8% 较高水平，仍值得关注。所以 E 组合下，虽然基本养老保险基金未来将不再出现赤字，但这是一个理想的、可能也难以企及的情形。

总的来看，“延退”比“不延退”推迟了基金出现赤字的时间，在短中期会形成一定基金积累，为缓解基金远期的收支巨大缺口将发挥其作用；此外优化基金投资管理显得很重要，即使在不考虑财政补贴的情形下，将基金收益率从 3% 提高到 8%，也能将基金开始赤字的时间推迟 10 ~ 20 年或以上。

8.5　主要结论和政策建议

鉴于延迟退休对养老金收支有多重影响，本章按照从 2025 年起以“每年延迟 3 个月”将男（女）性养老金正常领取年龄（NRA）分别从 60（55）岁提高至 2049 年的 65（60）岁的假定延迟退休节奏，利用第 8 章中国未来分年龄人口数的完整估计数据，估算了延迟退休对城镇职工基本养老金收支影响的净效应。发现延迟退休节奏为 2050 年争取到了近 25% 的制度赡养比下降空间，使养老压力高峰期大大推迟。但无论延迟退休与否，未来养老金收支缺口规模都很大，虽然延迟退休难以避免未来巨额收支缺口，但对抑制缺口扩大的效果还是明显的，特别是短中期内的政策效果强烈，2050 年前每年养老金收支缺口将会因此减少 40% ~ 70%，但 2050 年后的远期效果开始明显减弱，那时可能仍需持续开展延迟退休改革。

以上是将养老金收益率假定为3%的估算结果，如果再假定从3%提高到6%或8%，养老金财政补贴年增长率保持在6%~8%的当前水平，则养老金收支缺口出现的时间会大大推迟，至少有10年（不延迟时）或20年（延迟时），可见投资管理和财政补贴对增强养老金可持续能力有多么的重要。因此，一方面应优化养老金投资管理体制，为养老金争取长期的高水平投资收益，另一方面做好各级财政对养老金补贴的长期的科学合理规划，尽量将未来养老金收支缺口风险进行跨期分摊，以减轻远期财政面临的巨大兜底压力。

此外，本书估算结果也显示，当实际缴费率和替代率都设定较高时（如28%和65%），越到远期，收支缺口累积规模将大到惊人，这一点应引起重视。多数研究认为，我国的基本养老金制度精算原则运用不足，导致人们退休倾向明显，今后仍需改革和完善，加强缴费与受益之间精算联系。实际缴费率越高，固然能增加养老金收入，但替代率也随之提高，未来养老金有可能会面临难以想象的赤字压力。

第9章

中国未来退休制度改革的建议

9.1 弹性退休制度构建的总体思路

本书第2章反映了现代退休制度具有强制性实现劳动力市场新陈代谢的功能，“工人一旦达到某一年龄，即使还希望继续工作，但仍然会被迫退休”(Barker and Clark，1980)。而不少工业化国家通过退休制度改革，正在取消强制退休，或减少对退休的年龄限制，增加退休的弹性。中国未来在延迟退休上，也应放松对老年人劳动关系存续年龄的限制。改革当前的强制退休制度，至少不应妨碍弹性退休的设置，劳动法律应允许老年人的劳动关系有更长时间的延续，为充分利用老年人力资源铺平道路，为未来老龄化高峰的到来做好制度准备。除针对特殊职业群体、机关事业单位等公共部门雇员、国有企业高管的工作退休年龄有强制性要求外，凡是按照劳动力市场规则来配置人力资源、参与市场经济竞争的非公共部门，应放开对工作退休年龄的统一要求。何时领取养老金、领取待遇有多少，主要由养老金制度的权利与义务关系制约，而老年劳动者何时退出劳动力市场、以何种形式退出，应多尊重劳动力市场供求双方契约意愿。

鉴于退休年龄有双重含义，未来弹性退休制度改革方向是，在一定年龄区间：一要放开对养老金领取年龄的限制，这需要完善基本养老保险制度，让养老金给付走向精算中性，养老金财富不因养老金起付年龄而有差异；二要放开对工作退休年龄的限制，政策上不宜强行统一劳动合同终止时间，工作退休时间应主要是劳动力市场双向选择的结果，制度应为不同年龄劳动者提供平等劳动权利保障。

未来退休制度改革不仅涉及对退出工作年龄和领取养老金年龄放松管制，同时也涉及对企业和职工劳动关系如何终止、社保责任如何承担等复杂问题。

此外，为减少弹性退休制度实施中可能会产生的回避劳动关系和社保责任，并由此影响了老年劳动者继续工作时养老金权益积累和造成市场不公平竞争等现象，相应的政策建议如下。

一是劳动者未办理退休手续。继续工作的，无论年龄有多大，只要与用人单位协商一致仍保留劳动关系的，仍然作为劳动者，就应该继续受到劳动合同法的保护，社保部门应接受用人单位和劳动者的继续参保缴费关系，让劳动者继续积累养老金权益，享受正常的劳动权益保障。

二是在正常退休年龄（NRA）后设置一个弹性延迟退休的年龄区间。比如“NRA～65 岁”，在此年龄区间内职工未退休、继续在原单位工作的，仍采用劳动合同，合同时长可不受限制。如果职工已办理正式退休，可选择不再缴纳养老保险，而其他社保关系与劳动者权益不受影响。当职工达到 65 岁时，用人单位有权决定是否终止劳动合同。未来视劳动力市场发展状况，如劳动力市场供求结构越来越失衡，社会经济发展所需劳动力资源供给不足，人们接受终身劳动、尽可能晚退休的意识观念越来越强烈，可继续放宽此年龄区间，如调整为“NRA～70 岁”，直至最终取消。

三是允许在 NRA 前 5 年内领取基本养老金，但城乡居民养老保险待遇领取不能提前。为避免可能引发的提前退休潮，未来在适度降低养老保险费率以激励参保缴费、待遇进行精算扣减同时，还建议如下：（1）提高参保缴费最低年限要求，比如由 15 年提高至 20 年，或者根据提前时间设置阶梯性缴费年限要求，如提前 5 年的，参保缴费年限至少 20 年，提前 4 年的，参保缴费至少 19 年，以此类推；（2）提前退休者留在原单位继续工作的，仍须采用劳动合同，继续缴纳养老保险、积累养老权益直至 NRA（如西班牙经验），或者对提前退休者进行收入审查（仅限于待遇计发未走向精算中性时），提前退休待遇与继续工作薪酬合并计算个人所得税、根据薪酬相应扣减提前退休待遇（如美国、波兰经验），除非提前退休后完全退出劳动力市场。这种制度安排，有利于减少员工与用人单位“合谋”（即先提前退休，再以劳务用工形式继续上岗工作，以回避社保责任），维护公平市场竞争。

这里进一步说明的是，提前退休者的继续缴费仍可积累养老金权益，直到终止工作或达到 NRA 时不再缴费为止。这部分新积累的养老金权益可转化成附加待遇，包括基础养老金和个人养老金两部分。例如，一名男性提前至 55 岁退休，但又继续工作并缴费了 5 年，60 岁后不再缴费，则新计发的待遇应该将附加待遇包括在内，附加待遇计发有两部分：（1）基础养老金待遇 = 指数化调整月平均工资 ×5% ×60 岁时的标准年金因子；（2）个人养老金待遇=5年间缴费积累额/60岁时的标准计发月数。附加待遇可与已有的提前退休待遇合并计发。标准年金系数、标准计发月数都是根据精算中性原则厘定的，一般来说，新计发待遇时年龄越大，未来余命越短，则标准年金因子越高，标准计发月数越少。

四是避免退休年龄制度走向“条块化”。弹性退休制并非针对不同职业群体设置不同的NRA，从养老金制度公平角度，不同类型劳动者的养老金正常领取年龄都应该是统一的，但考虑到国情（如家庭照看），男女性可保留NRA差异。当社会养老保险制度重视运用精算方法走向科学规范时，退休年龄因不同类型劳动者而设置的“条块化”特征会增加准确估算未来养老保险基金收支的难度，也易导致养老金利益分配不公，不利于社会形成合理的择业观和平等的身份认同（如干部与职工身份差异），不利于人才的合理流动和公平的就业市场形成，相反会损害退休制度本身的公信力。NRA适用对象的平等和待遇计发规则的统一，是实现社会养老保险制度公平与效率的根本要求①。对于从事“井下、高温、高空、特别繁重体力劳动或其他有害身体健康工作”等的劳动者，一直以来受到制度的特殊保护，其NRA较早，未来改革应将这部分劳动者覆盖在统一的NRA制度下，允许他们提前领取待遇，待遇计发同样遵循精算中性。如果的确因长期从事有害身体健康的工作而导致身体过早衰老的劳动者，工伤事故中失去劳动能力的伤残者，当还未达到最早退休年龄时，可以让他们继续接受失业保险、工伤保险或最低生活待遇的保障。此外也应注意的是，基本养老保险曾在安抚社会人心、疏散国企改制压力等方面承担了较多责任，很多未满足退休条件的被允许提前退休，这加大了养老保险基金的给付压力，在一定程度上损害了社会养老保险的效率原则，对其他参保人也是一种不公平。因此未来为避免退休年龄制度走向“条块化”，应避免提前退休政策的过度使用。

以上主要是针对市场竞争性部门的改革建议，而党政机关、事业单位等体制内部门的劳动者退休制度改革应考虑到有助于推动人事管理制度改革，打破“铁饭碗”编制、论资排辈和特权观念，推动干部队伍年轻化、专业

① 当前退休者的保障制度以社会保险形式建立，养老权益与缴费义务挂钩，未来制度完善中将会更加重视精算原则的运用，如果不同类型劳动者所适用的NRA有差异，他们都正常退休时，退休年龄不一样，受益期也就不一样，但待遇计发标准一致，这样就违背制度的精算中性原则，导致养老金权益的不公平分配。因此，这种退休年龄“条块化”问题需要利用新的制度形式来解决。有不少研究者就主张统一女性退休年龄，取消女工人与女干部退休政策区别（于洪、曾益，2015）。2015年中国社科院发布的《人口与劳动绿皮书：中国人口与劳动问题报告》也明确建议，“取消女干部和女工人的身份区别，将职工养老保险的女性退休年龄统一规定为55岁”。

化，提高公共管理和公共服务效率，主要建议是“到点即退，允许提前，谨慎延迟，享受退休待遇即退出正式工作”。而特殊岗位或高级专业人才通过一定程序，可适当提高 NRA 上限，比如 65 岁或 70 岁，但退休后返聘的，按劳务合同进行规范和管理。对于体制内部门劳动者，正常领取退休金年龄与正常退出工作年龄一致，对于弹性领取退休金的，不同退休年龄的养老金待遇也应该按精算中性原则调整。

9.2 弹性退休待遇调整的精算方法

9.2.1 不同退休年龄的年金精算因子

当满足参保缴费的最低条件要求，并达到养老金最低领取年龄时，劳动者就可以自主决定何时退休、领取待遇。领取年龄早晚，将会影响到待遇水平。个人的养老金缴费义务与权益获取之间应受到精算原则的约束，待遇计发上通过设置“奖惩机制”，来调节劳动者退休行为，激励其延迟领取养老金，继续参与劳动，为社会创造财富。在多大年龄退休，制度不能完全代替劳动者作出选择，这种弹性退休制度，就充分考虑了每个劳动者退休意愿的差异。我国城镇基本养老金的待遇计发体现了“多缴多得”，基本养老金计发公式为：

养老金待遇 = 基础养老金 + 个人养老金
　　= (退休时上年度职工年平均工资 + 指数化年平均缴费工资) ÷ 2
　　× 缴费年限(含视同缴费年限) × 1%
　　+ 个人账户储蓄额 ÷ 计发月数

参保人所得的养老金待遇高低取决于“职工社平工资”“个人缴费工资基数”“缴费年限”“养老金缴费积累”，以及退休后养老金待遇调整率等因素，虽然个人养老金待遇计发与退休年龄、退休后预期余命有直接关系，而基础养老金无此关系。也就是说，如果一个劳动者选择在 30 岁或 35 岁参保，缴费年限都为 30 年，当不考虑参保期间缴费工资基数增长率、退休后养老金待遇调整率时，那么按照上述公式计算，无论是 60 岁还是 65 岁退休，基础养老金待遇都将一样。如果 65 岁的余命比 60 岁的余命少 5 年，则实际上 65 岁退休后能领取待遇的年限将比 60 岁退休少 5 年，可见主动延迟退休对个人不利。本书第 4 章的研究结论也显示，当养老金待遇增长相对于工资增长越快时，延迟退休越可能会减少养老金财富（PW），劳动者会越加倾向于提前退休或正常退休。

养老金制度要达到鼓励劳动者延迟退休年龄的效果，就必须对待遇给付政策进行改革。对不同年龄的退休待遇按照预期寿命来调整，可用年金精算因子调整法。这种方法简单，易于操作。年金的精算因子公式：

$$\alpha_T = \frac{1}{\sum_{n=0}^{\bar{T}-T} \left(\frac{1+g}{1+i}\right)^n {}_nP_T} \tag{9-1}$$

式（9-1）中，年金的精算因子 α_T 表示在 T 岁退休时养老金账户中每 1 元保险费将能换取的待遇标准。年金的精算因子也可用 $AF_T = 1/\alpha_T$ 表示，是指初始养老金待遇为 1 元时所需缴纳的保险费。其中 T 为退休年龄，$\bar{T}$ 为极限寿命，g 为养老金年增长率，i 为贴现利率，n 为退休后年份，${}_nP_T$为 T 岁后生存至第 n 年的概率，当人口寿命预期越高时，则各期生存概率${}_nP_T$也就越大，年金因子会降低。当 T 不一样，年金因子 α_T 也不一样。

假定未来养老金待遇调整政策比较谨慎，g 保持在 4% ~10% 水平。随着中国社保基金投资体制完善，市场化投资政策进一步放宽，贴现利率 i 能至少保证在 3% ~5% 的水平，采用 2010 年“六普”提供的“全国分年龄、性别的死亡人口状况（2009. 11. 1 ~2010. 10. 31）”数据，对不同年龄开始领取待遇的年金因子进行计算。表 9-1 汇报了计算结果，养老金领取年龄越延迟，年金因子值越高；当养老待遇年均增长率越高，年金因子值越低。

在基金积累制下，参保人的待遇水平就取决于工作期间养老金缴费积累额乘以年金因子。表 9-1 中的年金因子标准，将使得所有劳动者在不同年龄退休后获得的各期待遇收入流在退休时的贴现值总额都是无差异的，皆为 1①。这体现了养老金制度的精算中性。由于我国社会养老金制度采用“统账结合”模式，基础养老金是“现收现付制”，个人账户是“基金积累制”。虽然两部分养老金待遇计算方式完全不同，但退休时基础养老金根据缴费记录计算出来的待遇标准，也可以被视为有相应的“基金积累制下养老金权益累积终值”，即将基础养老金的待遇标准看作是养老金权益累积终值向终生年金转化的结果。

① 如果一名男性 2000 年的月工资收入为 2000 元，工资收入年均增长率 10%，企业缴费和个人缴费占工资的 28%，如果两部分缴费全部计入个人养老金权益积累额中，每年制度对积累额计算的利率为 3%，则在 60 岁时（即 2030 年）养老金权益总积累为 144.2 万元，如果选择在 60 岁退休，按照年金因子 0.0344 计算，首月退休待遇为 4134 元，这就是基金积累制账户下本金的年金转化水平。

表 9－1　　男女领取待遇起始年龄所对应的标准年金因子 α 估算

参数组合 1：待遇年增长率 6%、利率 3%				参数组合 2：待遇年增长率 10%、利率 3%		参数组合 3：待遇年增长率 6%、利率 4%		参数组合 4：待遇年增长率 4%、利率 3%	
男性		女性		男性	女性	男性	女性	男性	女性
55 岁	0.0267	50 岁	0.0181	0.0135	0.0074	0.0311	0.0222	0.0358	0.0373
56 岁	0.0280	51 岁	0.0186	0.0145	0.0079	0.0325	0.0226	0.0267	0.0269
57 岁	0.0295	52 岁	0.0195	0.0156	0.0085	0.0340	0.0235	0.0358	0.0373
58 岁	0.0310	53 岁	0.0204	0.0168	0.0091	0.0356	0.0245	0.0267	0.0269
59 岁	0.0326	54 岁	0.0214	0.0181	0.0098	0.0373	0.0255	0.0358	0.0373
60 岁	0.0344	55 岁	0.0224	0.0195	0.0105	0.0391	0.0265	0.0267	0.0269
61 岁	0.0362	56 岁	0.0235	0.0210	0.0113	0.0410	0.0277	0.0358	0.0373
62 岁	0.0382	57 岁	0.0246	0.0226	0.0122	0.0431	0.0289	0.0267	0.0269
63 岁	0.0404	58 岁	0.0259	0.0244	0.0131	0.0453	0.0302	0.0358	0.0373
64 岁	0.0427	59 岁	0.0272	0.0263	0.0141	0.0477	0.0316	0.0267	0.0269
65 岁	0.0451	60 岁	0.0286	0.0284	0.0152	0.0502	0.0331	0.0358	0.0373
66 岁	0.0478	61 岁	0.0302	0.0307	0.0164	0.0529	0.0347	0.0267	0.0269
67 岁	0.0507	62 岁	0.0318	0.0332	0.0177	0.0559	0.0364	0.0358	0.0373
68 岁	0.0538	63 岁	0.0335	0.0359	0.0191	0.0591	0.0382	0.0267	0.0269
69 岁	0.0571	64 岁	0.0354	0.0388	0.0206	0.0625	0.0401	0.0358	0.0373
70 岁	0.0607	65 岁	0.0374	0.0420	0.0223	0.0661	0.0422	0.0267	0.0269

因此，领取养老金的时间早晚将决定了待遇领取标准，不同领取年龄对应有不同的年金精算因子，不同领取年龄的待遇差异也就可以通过年金精算因子的差异反映出来。

9.2.2　不同形式的延迟退休待遇计发

鉴于目前延迟退休政策实施所必需的最大社会共识还未形成，但延迟退休趋势又不容回避。我们建议延迟退休可分阶段进行，先从“引导个体主动延迟退休”再到“制度统一延迟退休”。

（1）“引导个体主动延迟退休”阶段（2025 年前）。2025 年前，是向新制度过渡时给社会留下的心理适应期、缓冲期。这一阶段，中国劳动力人口规模开始急转而下，就业环境宽松，老年人的就业机会增加，延迟退休将面临越来越有利的人口条件。当引导个体主动延迟退休时，暂不考虑制度性延迟法定退休年龄，而是在政策鼓励下个体自主延迟退休。在此期间，可继续完善社会养老保险制度，适度下调养老金费率、上调权益积累率，完善待遇计发办法，对延迟退休以待遇激励，诱导劳动者主动延迟退休；着手修订劳动法律制度，考虑废除“达到退休年龄，应该退休”“自动终止劳动关系”等反映“到点即退”的规定，督促用人单位继续为延迟退休者参保缴费，使整个社会大量形成正常劳动关系不受影响的延迟退休现象。

对于达到NRA后主动退休的，针对不同年龄的延迟另外计发相应的“奖励性津贴”，奖励标准参考不同退休年龄的年金因子水平来确定。这种奖励性津贴既可以计算到按月领取的待遇中去，在延迟退休后一次性给付，但“一次性延迟补贴”对激励延迟行为的效果，可能要比计算到月待遇标准中去的更好（Knoll & Olsen，2014）。通过这种诱致性制度安排，为最终制度性延迟NRA创作良好的社会环境。在精算方法上，根据不同退休年龄的年金因子的倍数关系，来确定不同退休年龄待遇相对于在正常退休待遇的倍数。当男女NRA分别为60岁、55岁时，在不同年龄退休的延迟待遇“奖励”幅度参考见表9-2。

表9-2　在不同年龄延迟退休时的待遇增加幅度

男性				女性			
退休年龄（岁）	情形1（%）	情形2（%）	情形3（%）	退休年龄（岁）	情形1（%）	情形2（%）	情形3（%）
61	5.3	7.7	5.0	56	4.8	7.8	4.5
62	11.1	16.0	10.2	57	10.0	16.0	9.1
63	17.3	25.1	15.9	58	15.6	24.9	14.0
64	24.1	35.1	22.0	59	21.5	34.5	19.3
65	31.2	45.7	28.4	60	27.9	44.9	24.9
66	31.2	45.7	28.4	61	27.9	44.9	24.9

注：养老金调整每年平均上调幅度与养老金年贴现率的3种组合分别为情形1（6%，3%）、情形2（10%，3%）、情形3（6%，4%）。

根据表9-2，当养老退休金年均增长率为6%、养老金贴现利率为3%时（情形1），如果男女分别在61岁和56岁退休，每年退休待遇在“正常计发标准”之上再提高5.3%和4.8%；如果是62岁和57岁退休，每年退休待遇在“正常计发标准”之上再提高11.1%和10.0%。延迟时间越长，所获得待遇“奖励”幅度越高。比如男女分别延迟至65岁、60岁，每年退休待遇在“正常计发标准”之上再提高31.2%和27.9%。

实际上延迟退休带来的待遇增加分为两个部分：①继续缴费提高了替代率，比如延迟至65岁，比60岁退休基础养老金待遇另提高5个百分点（另外个人账户养老金待遇随缴费积累也会增加），这构成待遇“正常计发标准”；②因养老金领取时间延后，使得每期领取的待遇通过精算补贴能永久性增加，等于表9－2中的补贴增加幅度乘以“正常计发标准”。表9－2中也显示男女分别在65岁、60岁之后延迟的，待遇不再进一步提高。对延迟退休给予精算补贴，这是对现有制度的一种合理改进，以鼓励人们尽可能较晚退休，为养老金制度收支缺口缓解赢得一点时间。这些“奖励”标准都是按照养老年金因子公式计算的结果，体现了精算中性原则，因此从较长期来看，这些补贴标准对养老金带来的给付压力是可控制的（荷兰的延迟退休补贴办法，见表9－3）

表9－3　荷兰养老金计划提前、延迟退休的精算系数设定

退休年龄（岁）	职业养老金（AFt）	精算系数与60岁退休的差异：补贴幅度（%）	国家养老金（AFt）	精算系数与65岁退休的差异：补贴幅度（%）
60	0.724		—	
61	0.770	4.6	—	
62	0.819	9.5	—	
63	0.874	15.0	—	
64	0.934	21.0	—	
65	1.000	27.6	1.000	
66	1.074	35.0	1.054	5.4
67	1.155	43.1	1.114	11.4
68	1.246	52.2	1.181	18.1
69	1.347	62.3	1.256	25.6
70	1.461	73.7	1.342	34.2

注：职业年金的精算因子是ABP养老金2010年设定的标准。国家养老金的精算因子是根据65岁退休的平均余寿和推迟退休后的平均余寿的比值确定。领取国家养老金的最早年龄为65岁，不能提前领取（刘德浩、庞夏兰，2015）。

需进一步说明的是，这些补贴标准是基于当前生命表数据，即2010年“六普”提供的“全国分年龄、性别的死亡人口状况（2009.11.1～2010.10.31）”数据计算，因此是静态的。当人口寿命不断改善，这种补贴标准不动态调整，可会导致延迟激励“代价”过高，给养老金制度带来不恰当的给付压力。因此随着预期寿命的变化，补贴标准还需动态调整，如年金因子每隔2年或3年进行更新。另外表9－2也显示：如果养老退休金年均增长率提高，则延迟退休的奖励标准也会提高；如果养老金贴现率提高，延迟待遇的奖励标准会下降。所以延迟待遇的奖励标准也应根据养老金增长率、贴现利率等指标来动态调整。

上述补贴标准即使是动态调整的，可能仍然不够，因为影响养老金可持续能力除了预期寿命变化外，还有制度赡养率等因素。不同退休年龄的待遇调整标准确定后，还可以进一步考虑利用反映制度赡养率变化的“统一调节因子”来调整，由此最终获得“延退激励系数”，公式如下：

延退激励系数＝基于动态年金因子计算的待遇上浮比例×统一调节因子

“统一调节因子”取值在0～1之间，具体水平由管理部门掌握，在不同时期可根据实际退休状况、制度赡养率变化等来弹性取值。如果提前退休普遍、延迟退休不多，“统一调节因子”可取较高值，以加强政策对延迟退休的激励。随着制度赡养率提高、养老金给付压力加大，可以适度下调“统一调节因子”值。

（2）“制度统一延迟退休”阶段（2025年后）。在2025～2049年，男女法定退休年龄分别从60、55岁渐次提高到65、60岁。为尊重劳动者可选择退休时间的权利，也为减少对延迟退休制度实施的阻力，允许提前退休。2025年，男女最早退休年龄（ERA）分别设定为55岁、50岁。当NRA渐进式提高时，ERA也可随之提高。此外，也允许在NRA之后延迟领取待遇，最多可延迟5年，即待遇最多可按延迟5年来计算；或者最多延迟至65岁（近期）或70岁（远期），即待遇最多按65岁或70岁领取的标准计算。

2025年后，弹性退休待遇计发方法可参考表9－4。假定预期寿命一定，养老待遇年增长率6%，养老金贴现率4%，男女NRA分别提高到了61岁、56岁时，如果一名男性（女性）在56岁（51岁）时开始申请领取待遇，即提前5年退休，则每期待遇与正常退休标准相比，将永久性减少20.7%（18.5%）；如果男性（女性）延迟到66岁（61岁）退休，则每期待遇与正常退休标准相比，将永久性提高28.9%（25.2%）。这种计算只是为如何鼓励“延迟退休”、抑制“提前退休”提供了一个方法参考。当未来预期寿命、养老金增长率、投资收益率等参数不断变化时，对表9－4中的弹性退休待遇的奖惩系数也同样要进行动态调整。

表 9－4　NRA 不同调整情形下提前退休与延迟退休待遇增减幅度

情形 1：正常退休年龄 男 61 岁、女 56 岁				情形 2：正常退休年龄 男 62 岁、女 57 岁				情形 3：正常退休年龄 男 63 岁、女 58 岁				情形 4：正常退休年龄 男 64 岁、女 59 岁				情形 5：正常退休年龄 男 65 岁、女 60 岁			
男性		女性		男性		女性		男性		女性		男性		女性		男性		女性	
年龄（岁）	幅度（%）	年龄（岁）	幅度（%）	年龄（岁）	幅度（%）	年龄（岁）	幅度（%）	年龄（岁）	幅度（%）	年龄（岁）	幅度（%）	年龄（岁）	幅度（%）	年龄（岁）	幅度（%）	年龄（岁）	幅度（%）	年龄（岁）	幅度（%）
56	－20.7	51	－18.5																
57	－17.1	52	－15.2	57	－21.0	52	－18.7												
58	－13.2	53	－11.7	58	－17.3	53	－15.4	58	－21.4	53	－19.0								
59	－9.1	54	－8.1	59	－13.4	54	－11.9	59	－17.6	54	－15.7	59	－21.8	54	－19.4				
60	－4.7	55	－4.2	60	－9.2	55	－8.1	60	－13.6	55	－12.1	60	－18.0	55	－16.0	60	－22.1	55	－19.8
61	—	56	—	61	－4.8	56	－4.2	61	－9.4	56	－8.3	61	－14.0	56	－12.4	61	－18.2	56	－16.3
62	5.0	57	4.4	62	—	57	—	62	－4.9	57	－4.2	62	－9.6	57	－8.5	62	－14.1	57	－12.6
63	10.4	58	9.1	63	5.1	58	4.6	63	—	58	—	63	－5.0	58	－4.4	63	－9.8	58	－8.7
64	16.2	59	14.1	64	10.6	59	9.4	64	5.3	59	4.7	64	—	59	—	64	－5.0	59	－4.5
65	22.3	60	19.5	65	16.5	60	14.5	65	10.8	60	9.6	65	5.2	60	4.7	65	—	60	—
66	28.9	61	25.2	66	22.8	61	20.0	66	16.8	61	14.8	66	10.9	61	9.7	66	5.4	61	4.7
67	28.9	62	25.2	67	29.7	62	25.8	67	23.4	62	20.4	67	17.2	62	15.1	67	11.4	62	9.8
68	28.9	63	25.2	68	29.7	63	25.8	68	30.4	63	26.4	68	23.8	63	20.8	68	17.7	63	15.3
69	28.9	64	25.2	69	29.7	64	25.8	69	30.4	64	26.4	69	31.0	64	26.9	69	24.5	64	21.2
70	28.9	65	25.2	70	29.7	65	25.8	70	30.4	65	26.4	70	31.0	65	26.9	70	31.7	65	27.4

注：根据养老待遇年增长率 6%、养老基金年收益率 4%、2010 年“六普”分年龄死亡率计算结果。本表仅对未来 NRA 调整到不同水平时，个体在不同年龄退休，如何确定初始养老金待遇提供方法参考。

附　　录

附录1：H省某建筑工地劳务班组工人的年龄结构

本课题组成员于2018年3月深入某省会城市一建筑工地调研建筑工人的就业年龄结构和用工形式。在建筑施工领域，建筑工人流动性大，第一线作业的施工队伍通常以劳务公司形式管理。建筑公司承建业务后一般将各道工序业务分包给劳务公司（或专业公司），劳务公司再将任务分配给各个劳务班组。劳务班组以农民工居多，往往来自同一地方。如附图1所示，有一班组296人，其中男性280人、女性16人，承担多个工种作业任务。劳务公司相关负责人介绍，现在建筑工地工作环境脏累差，吸引不了年轻人，只能招聘到年龄较大的农民工，这与前10年、20年有很大不同。我们统计了受访的劳务班组年龄结构，显示50岁以上占40%，其中60岁以上占7%，年龄最大的工人为73岁；而30岁以下不足6%。劳务班组的所有工人，无论年龄

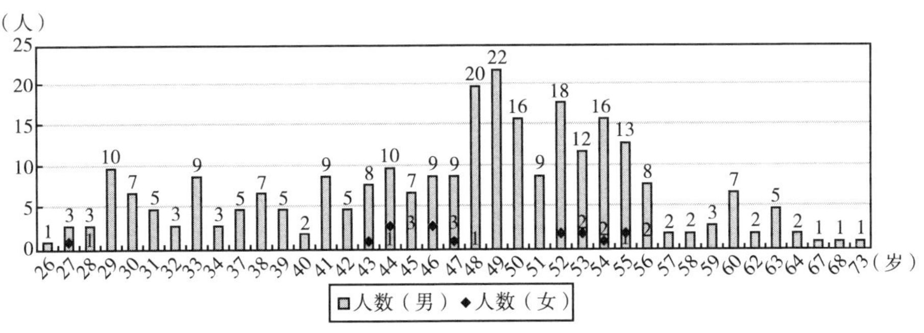

附图1　H省会城市某建筑工地劳务班组工人的年龄结构

多大都在一起作业，按工作小时数或天数结算劳务工资，工资标准统一为300元/天，工作11.5天，每人（按手印）实际领取的劳务收入为3450元。

附录2：适度调整养老金费率和权益积累率，助推延迟退休

国务院《关于完善企业职工基本养老保险制度的决定》为我国基本养老保险制度定下了“统账结合”的主基调，规定“社会统筹缴费比例为20%、个人缴费为8%”，这种费率制度运行多年。相较于其他国家，中国的社会养老保险率偏高已成为不争的事实，一直以来受到社会广泛的关注，也引起管理部门的重视。当前正在开展经济结构性调整，转变经济增长方式，在追求有质量和有效率的增长模式下，各种生产要素价格的上升，经济运行面临的压力较大，给企业经营造成了很大影响。降低企业缴费负担已成为业界和学界共同的呼声（郑功成，2015；郑秉文，2016）。《中共中央关于全面深化改革若干重大问题的决定》和《中华人民共和国国民经济和社会发展第十三个五年规划纲要》都提出要“适时适当降低社会保险费率”。

基本养老保险费率偏高，对将来的退休年龄制度改革主要形成两个方面的影响：一是法定退休年龄延迟后，企业仍需继续承担高缴费责任，如果将费率适度降低，企业对延迟退休政策的接受意愿会更强。二是费率偏高不利于老年劳动者自主选择延迟退休，未来弹性退休模式事实上很可能会沦为提前退休模式。高费率将增加了企业雇用成本，损害就业率。老年人达到退休年龄，一般会选择及时退休。如要继续工作的，可以劳务形式参与就业，这样雇主和雇员都可不用继续承担社保责任。如果未来实行弹性退休制，允许提前退休，在高费率之下，提前退休很可能成为普遍现象，即使法定退休年龄提高了，降低制度赡养率的效应也会被部分抵消。因此，合理下调养老保险费率对于未来退休年龄制度的改革有重要意义。

一是适度下调费率。目前，我国养老保险征缴中存在严重的养老保险欠费和逃费问题①。社会养老保险费率设计合理，是造成欠费、逃费、少缴的一个重要因素之一。有研究发现，高工资企业实际缴纳社会保险比例相对较

① 杨立雄：《加强养老保险征缴管理的对策研究》，载于《经济纵横》2010年第9期。

低，高工资企业具有更强的动机逃避社会保险费用①。今后制度改革应加强职工缴费与待遇之间的联系，设计公平合理的缴费率，比如将城镇职工基本养老保险的个人账户缴费率保持在8%，统筹账户缴费率适度下调。费率合理下降除了有利于减轻企业社保缴费负担，改善福利和缩小福利差距外（李培和范流通，2018），也会减少欠费、逃费、少缴现象。此外，合理降低费率，也为推行延迟退休政策创造一个好的征缴环境。如果费率仍高居不下，用人单位为延迟退休者继续缴费的意愿就更难以形成。

二是适度上调养老金权益积累率。为能推动延迟退休，除了缴费率合理下调时，还仍可适度提高每年参保缴费所对应的养老金权益积累率。目前，城镇职工基本养老保险统筹账户待遇是根据参保缴费年限、指数化平均工资等计算，缴费至少满15年的，每缴费1年，待遇（替代率）增加1%，与其他国家相比，这个“1%”的每年权益积累率（accrual rate）并不高。

例如，在葡萄牙，缴费年限在20年以下的，替代率下限为30%，在此基础上，每缴费1年，替代率增加2%；缴费年限在21年及以上的，每缴费1年，替代率增加2%~2.3%。土耳其也采用“阶梯性”养老金权益计算公式：缴费满第一个10年的，待遇为终生平均收入的35%，相当于每缴费1年，替代率增加1.5%；而继续缴费15年的，每缴费1年替代率增加2%；此后继续缴费的，每缴费1年替代率增加1.5%。芬兰于2005年就分年龄段设置了不同养老金权益年递增率，18~52岁每年待遇增幅为1.5%，53~62岁为1.9%，63~67岁为4.5%。

显然，这种随参保年龄而提高替代率的办法，对于老年人继续参保缴费有吸引力。当然养老金权益的年增长率水平设定较高，无疑会增加养老金制度的给付负担，不利于养老基金财务平衡。如果不能作为长期的制度安排时，不妨可以作为一个暂时性的激励政策来使用，以此引导延迟退休行为的普遍形成。但注意的是，为减少参保人在年轻时不缴费而集中在老年时缴费的逆向选择，可以将目前的缴费年限要求提高，比如从至少15年提高到至少20年。在未来逐步提高法定退休年龄的过程中，可以将养老金权益年增长率再次进行调整。芬兰2017年改革办法是：2017~2025年，53岁以下待遇年增长率为1.5%，53~62岁为1.7%，63岁以上为1.5%；从2026年起所有年龄组又统一调回至1.5%。

---

① 赵绍阳、杨豪：《我国企业社会保险逃费现象的实证检验》，载于《统计研究》2016年第1期。

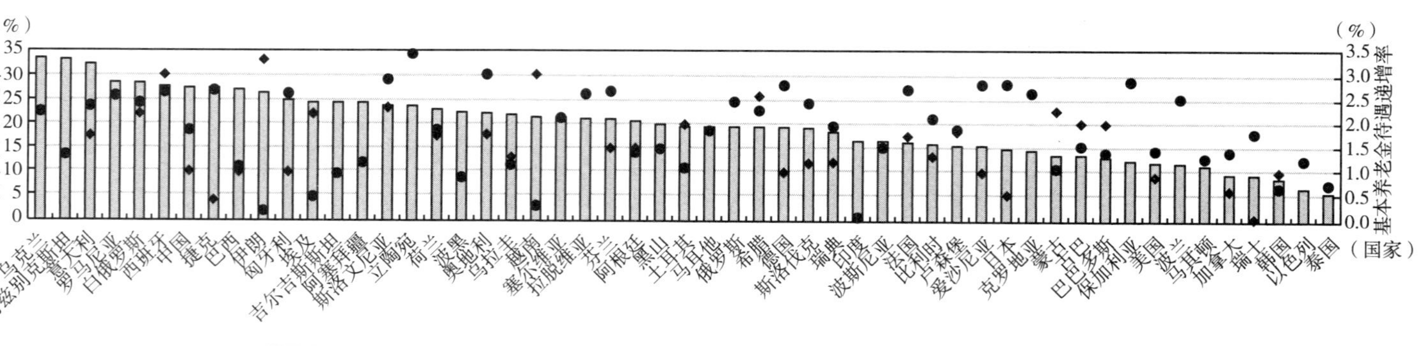

附图 2　各国公共养老金缴费率与养老金权益随缴费的年递增率

资料来源：根据 OECD（2017）数据整理；中国大陆的基本养老金待遇递增率仅指统筹账户养老金的每年缴费所对应的替代率，未包括个人账户养老金的替代率。

我们的改革可参考芬兰养老金权益积累率调整方法。例如，每缴费1年，替代率都增加1.25%（或1.5%），或者累进式提高。比如参保缴费第15～20年的，每年对应的权益积累率为1%；第21～35年的，为1.25%；第36年和以上的，为1.5%。如果一个处在社会平均工资水平的人，缴费满40年，按现有标准，统筹账户养老金初始待遇的替代率为40%，而按新方法替代率将为：$20\times1\%+15\times1.25\%+5\times1.5\%=46.25\%$，比现制度所计算的养老金替代率多出了6.25个百分点。这种累进式设计，让缴费越长久的人所获得的边际待遇越多，无疑会大大激励延长工作年限，继续缴费，以积累更多权益。

三是养老金待遇调整偏CPI指数化。然而，当养老金权益积累率提高后，必定会提高初始退休金的替代率，如果退休期间待遇调整幅度不变（如2017年待遇上调幅度为5.5%，相当于城镇职工平均工资增长率的60%），这将加大保险基金的给付压力，可能会恶化财务收支状况。为消解这种压力，避免退休期间养老待遇过快增长，待遇调整可与CPI指数更多挂钩，特别是要避免某年份财政状况好时而大幅度提高待遇，让社会公众产生不合理的预期，保持待遇调整幅度相对稳定。基本养老保险基金在退休时计算出来的初始待遇，实际上是向受益人所作的购买力标准承诺，即未来个人的退休金额将如何变化，其购买力不能低于刚退休时标准。因此在很多国家，公共养老金待遇主要是随消费物价指数（CPI）变化而调整，而与工资增长或GDP增长等挂钩的比例较低（见附表1）。近10多年来，我国待遇调整机制在不断完善，调整幅度经历过从高水平到中高水平的过程①，未来随着国民经济增速和工资增速减缓，养老金调整幅度也可下降。

附表1　　收入关联型公共养老金待遇调整特点

澳大利亚	待遇随CPI或受益人生活成本指数调整。
日本	67岁前，基本养老金待遇实行净工资指数化，68岁后实行价格指数化。
拉脱维亚	2014年起指数化改革：待遇指数＝CPI＋25%×工资增长率。
卢森堡	待遇物价指数化；如果养老金计划财务状况允许，也与真实工资变化挂钩。

① 2005～2017年，我国已经连续13年13次提高退休人员的基本养老金。统计数据显示，2005年的养老金金额约为714元/月，到了2015年，养老金金额约为2200元/月，企业退休人员的总体待遇已经涨了两倍。在2005年以及2008～2015年，有9年涨幅都在10%；2006年涨幅最大，达到23.7%。即便是在金融危机前的2007年，涨幅也在9.1%。从2016年开始，调整幅度开始下降，2016年的调整幅度为6.5%左右，2017年的调整幅度是5.5%左右。

续表

波兰	名义账户养老待遇定期指数化，以抵消通胀效应。
美国	养老待遇根据物价变动调整。
斯洛伐克	待遇与社会平均收入增长、物价增长挂钩，权重结构为：2014 年 40∶60，2015 年 30∶70，2016 年为 20∶80。2017 年待遇调整的指数值仅为 2%。
斯洛文尼亚	待遇指数化公式：0.6×工资平均增长率+0.4×消费物价增长率。
土耳其	1999～2008 年待遇指数：（1+GDP）（1+CPI），2008 年后：1+CPI+30%×GDP。
意大利	累进性指数化调整：待遇在 3 倍于最低养老金之下的，100% 生活成本指数化；4 倍之下的为 95%；5 倍之下的为 75%；6 倍之下的为 50%；6 倍以上的为 45%。
西班牙	2014 年起待遇调整区间：0.25%～CPI+0.5%。
葡萄牙	待遇指数化公式：75%×CPI+25%×平均收入增长。
奥地利	待遇指数化公式：80%×CPI+20%×平均收入增长；2010 年后引入寿命变化率
瑞士	待遇指数化公式：50%×CPI+50%×名义收入增长

注：根据 OECD“Country Profiles of Pension Systems”资料整理，OECD 官网，http://www.oecd.org/pensions/oecd-pensions-at-a-glance-19991363.htm。

总之，待遇调整要有稳定的机制保证，待遇调整的目标要进一步明确。虽然目前政策所掌握的待遇调整幅度控制在消费价格上涨率之上和在岗工资上涨率之下的区间内，但这两个参考指标中，到底更靠近哪个仍没有明确下来①。而在不同时期，这个区间时宽时窄，意味着对待遇调整水平的选择还有较多不确定性，不利于社会形成稳定预期，政府也经常在如何处理“调待”问题上面临较大压力。我们建议，简化待遇指数化调整公式，在确定待遇调整幅度时，所参考的“工资增长率”与“CPI”的权重分布让社会知晓，使之今后能形成稳定的预期。考虑到为鼓励延迟退休，“适度提高权益积累率”有可能会造成养老保险基金给付压力加大风险。因此在待遇调整公式中，可以将“CPI”与“工资增长率”权重结构定为 80∶20，这样在维持退休金的购买力，让退休者分享到经济发展成果时，也能将退休初期因替代率较高给基金给付压力加大的风险慢慢消化掉。

这里不妨举例说明。如果一名工资处在社会平均水平的人参保缴费 40 年、在 60 岁退休。在现有制度下，统筹账户养老金初始待遇的替代率 40%。2016 年全国城镇非私营单位平均工资同比增长 8.9%，2017 年养老待遇平均

① 待遇调整水平靠近不同的指标，含义大不一样：如果更靠近物价上涨指数，则说明待遇调整更重视解决退休者生活成本上升的问题；如果更靠近在岗工资增长水平，则说明待遇调整更重视退休者分享经济发展成果。

上调5.5%，养老待遇增长率相当于工资增长率约60%。当工资增长率为8.9%、养老缴费回报率为3%时，个人账户养老金替代率为11.7%，则现有制度下基本养老金总替代率为51.7%。而假定在新制度下，如果按前述的“累进提高权益积累率”方法计算总替代率为57.95%。2016年全国居民消费价格增长1.9%，假定取值2%，如果养老待遇调整幅度按照“消费价格增长率”与“工资增长率”权重之比80：20来计算，则为3.2%。附图3就刻画了根据这些假定情形所计算的现有制度和新制度下的两种替代率在退休期间的变化。

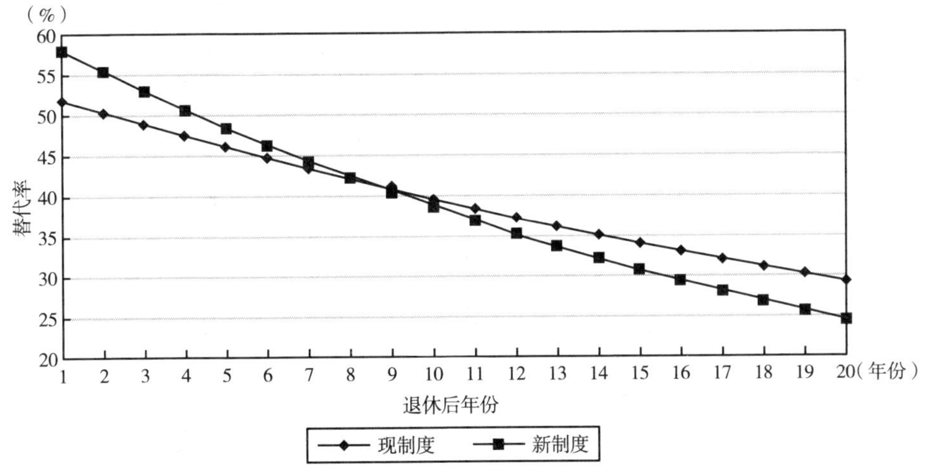

附图3　两种情形下养老金待遇水平的变化

虽然现有制度下的替代率偏低，但养老待遇调整率偏高，在退休后替代率曲线下降速度则偏慢，以至于越往退休后晚期，替代率总会超过新制度，因此从整个退休期间来考察，现有制度对社会养老保险制度带来的给付压力并不比在新制度下要小。附图3显示，在上述各指标假定情形下，在退休后的第9年，现有制度的替代率就超过新制度，此后与新制度的替代率差距逐渐拉大。由此认为，通过养老保险制度进一步改革，即一方面提高每1年参保缴费所对应的权益积累率或养老金替代率，另一方面将养老待遇调整更偏向于采用消费物价水平指数化，这种改革结果与现有制度相比，不一定会恶化基本养老保险制度的收支状况。当然这还是要受到退休者的预期余命变化的影响，如果预期余命普遍较高，新制度更有推行的可行性。

附录 3：经济合作与发展组织（OECD）35 个成员方的退休年龄政策

澳大利亚

• 养老金制度：家计调查养老金，即由一般税收筹资的养老金（Age Pesion）；强制性雇主缴费的私人超年金储蓄计划（即超年金保证计划，SGS，成为最主要养老金支柱）；自愿超年金缴费和其他私人储蓄计划。

• 待遇领取年龄：（1）家计调查养老金，目前领取年龄男女都为 65 岁，不可提前。领取待遇的适格年龄从 2017 年起，将每 2 年提高 6 个月，到 2023 年达到 67 岁。（2）超年金计划，由于其采用是基金积累制，无所谓正常退休年龄，只存在可允许的最早领取待遇年龄：对于 1960 年 7 月 1 日前出生的，领取待遇最早年龄为 55 岁；对于此后出生的人，最早年龄将逐步提高，1964 年 6 月 30 日后出生的，最早年龄将达到 60 岁（即在 2024 年时执行）。

出生日期	超年金待遇最早领取年龄（岁）	出生日期	超年金待遇最早领取年龄（岁）
1960 年 7 月 1 日之前	55	1962 年 7 月 1 日之后至 1963 年 6 月 30 日之前	58
1960 年 7 月 1 日之后至 1961 年 6 月 30 日之前	56	1963 年 7 月 1 日之后至 1964 年 6 月 30 日之前	59
1961 年 7 月 1 日之后至 1962 年 6 月 30 日之前	57	1964 年 6 月 30 日之后	60

• 延迟退休和收入审查：在超年金保证计划下，在 65 岁之后可延迟领取超年金，雇主不管其雇员年龄多大，仍须向超年金替雇员缴费；此外，家计调查养老金还设计有一个“工作津贴”（work bonus）收入审查特许制度，目的是鼓励达到退休年龄的老人继续工作，只要老人的两周收入不超过 250 澳元的，就不用接受收入审查。每两周的特许额度指标未使用的话，可以积攒起来用于冲抵未来就业收入，但累积指标不能超过 6500 澳元。“工作津贴”和养老金收入合并后，一名退休者在无其他收入来源时，通过继续工作获得的收入只要不超过 10730 澳元/年，其养老金就不会受到影响

续表

<table>
<tr><td>奥地利</td><td>● 公共养老金制度：针对低收入者的收入调查养老金；DB 公共养老金。
● 正常退休：男/女正常退休年龄：65/60 岁，到 2024～2033 年，女性 NRA 将从 60 岁提高至 65 岁；参保缴费年限要求：退休前的 30 年中至少有 15 年参保历史，或者整个工作期间参保须满 25 年。整个参保期间分为缴费期间和缴费有限期间（如抚养孩子时等记录缴费期间），2005 年改革后，对最低缴费年限的要求从 15 年减到 7 年，余下的 8 年参保年限可能就由抚养孩子等期间构成。
● 提前退休：男女 ERA 分别为 62、57 岁，缴费或视同缴费年限至少 37.5 年。从 2017 年起，提前退休年龄女性为 60 岁。在 65 岁之前提前领取的养老金，每提前 1 年减少 4.2%。
● 延迟退休：延迟到 65～68 岁退休的，养老金每延迟 1 年增加 4.2%，在 68 岁之后的不会再增加。延迟退休的工人继续支付缴费，积累养老金权益。
● 收入审查：可以边工作、边领养老金，但收入受到限制。如在 65 岁前退休，且工资超过一定值，养老金将被全部收回；而在 NRA 后养老金将不再受工作收入限制</td></tr>
<tr><td>比利时</td><td>● 公共养老金制度：最低养老金、家计调查安全网；收入关联性公共计划。
● 正常退休：从 2006 年 1 月起，NRA 男性 65 岁，女性 64 岁；目前都为 65 岁。2009 年起，无论男女性，全额养老金至少有 45 年缴费。
● 提前退休：从 2005 年起，60 岁可提前退休，但缴费要达到 35 年。从 2014 年 1 月起，缴费满 39 年的可在 61 岁时提前退休；缴费满 40 年的可在 60 岁时提前退休。2016 年 1 月 ERA 提高至 62 岁，缴费须满 40 年；到 2019 年 1 月 ERA 进一步提高至 63 岁，缴费须满 42 年。在工薪者计划中，提前待遇不会精算减少
<table>
<tr><th>开始日期</th><th>提前退休年龄（ERA）（岁）</th><th>工作年限（年）</th><th>可提前退休的特殊情形</th></tr>
<tr><td>2013 年 1 月 1 日</td><td>60.5</td><td>38</td><td>年满 60、工龄 40 年</td></tr>
<tr><td>2014 年 1 月 1 日</td><td>61.0</td><td>39</td><td>年满 60、工龄 40 年</td></tr>
<tr><td>2015 年 1 月 1 日</td><td>61.5</td><td>40</td><td>年满 60、工龄 41 年</td></tr>
<tr><td>2016 年 1 月 1 日</td><td>62.0</td><td>40</td><td>年满 60、工龄 43 年（或 61 岁、41 年）</td></tr>
<tr><td>2017 年 1 月 1 日</td><td>62.5</td><td>41</td><td>年满 60、工龄 43 年（或 61 岁、42 年）</td></tr>
<tr><td>2018 年 1 月 1 日</td><td>63.0</td><td>41</td><td>年满 60、工龄 44 年（或 61 岁、42 年）</td></tr>
<tr><td>2019 年 1 月 1 日</td><td>63.0</td><td>42</td><td>年满 60、工龄 44 年（或 61 岁、43 年）</td></tr>
</table></td></tr>
</table>

续表

比利时	• 延迟退休：在 NRA 后延迟退休，继续工作可填补享受全额待遇所需的缴费时限或进一步提高待遇，因为待遇要根据最后的 45 年来计算。 • 退休待遇审查：(1) 未满 65 岁或工龄不足 45 年，退休待遇和工作收入要面临收入审查，提前退休比延迟退休后要严格，在领取提前待遇时继续工作的可能性降低。(2) 满 65 岁或者工龄至少有 45 年的，没有收入审查。2016 年工资收入在 22521 欧元（单人）或 26075 欧元（抚养一个小孩的），退休待遇不减少；如果超过了该水平，待遇会减少：如果收入在该阈值 200% 以下，待遇减少 35%；如果超过该阈值 200% 的，待遇将全部停发
加拿大	• 公共养老金制度：待遇统一基本养老金（OAS）；家计调查养老金（GIS）；收入关联养老金（CPP/QPP）。 • 正常退休：基本养老保障（OAS）有法律和居住要求，18 周岁后每多居住一年，待遇增加全额待遇的 1/40，因此 40 年后可领全额；不能领取全额的，18 岁后至少居住 10 年可领取部分待遇。对于收入关联性计划（CPP），NRA 为 65 岁，领取全额养老金须有 40 年的缴费记录。 • 提前退休：在收入关联计划（CPP）下在 60 岁就可以领取，在 65 岁前每提前 1 个月，待遇下浮 0.6%（相当于 7.2%/年，2011 年时为 6%/年），在 60 岁领取，待遇最多可下浮 36%。在收入关联计划（QPP）下，下浮幅度为 6%～7.2%/年，在 60 岁领取，待遇最多可下浮 30%～36%。在基本养老保障（OAS）和家计调查计划（GIS）下，不能提前领取待遇。 • 延迟退休：OAS 计划待遇在 65 岁后最多可延迟 5 年领取，每延迟 1 年，待遇上浮 7.2%（2011 年为 6%），因此 70 岁的延迟待遇上浮 36%；家计调查计划（GIS）下不可延迟；收入关联计划（CPP/QPP）待遇可在 65 岁后延迟领取，每延迟 1 年，待遇永久性上浮 8.4%，因此 70 岁可上浮 42%
智利	• 养老金制度：突出收入再分配的第一支柱（待遇统一的 PBS、补充性 APS）；强制性个人账户的第二支柱；自愿性个人账户第三支柱，个人账户都属于 DC 制。 • 正常退休：DC 制养老金的 NRA 为男 65 岁，女 60 岁，达到 NRA 后，任何时候都可以领取，个人不需要为领取养老金而停止工作；基本团结养老金（PBS）从 65 岁起可以向无其他养老金的群体（最穷的 60% 人口）支付，受益人本国居住至少 20 年、申领前 5 年至少居住 4 年。补充性福利养老金（APS）针对养老金不多者提供，即受益人的个人账户余额低于一定水平（即最高福利养老金，PMAS）时就可以领取，领取额为 =（参考养老金 × PBS ÷ PMAS − PBS），领取年龄要求与 PBS 一样。 • 提前退休：如果 DC 制账户的资本金能足以提供一定标准之上的养老金时，可随时领取：(1) 账户能提供的待遇必须至少达到 PMAS 的 80%（而在 2012 年 7 月之前的要求是，待遇必须至少达到老制度下最低养老金的 150%）；(2) 账户能提供的待遇必须至少达到申领待遇前 10 年平均收入的 70%，以前的要求是，2008～2009 年达到 64%，2009～2010 年提高至 67%，2010 年 8 月为 70%。对于从事繁重体力工作的特殊职业群体，每工作 5 年退休提前 1～2 年，最多可提前 10 年。 • 延迟退休：达到 NRA 后可延迟领取待遇

续表

捷克	• 养老金制度：公共养老金（待遇统一的基本养老金、收入关联性养老金）；自愿性 DC 制私人养老金。 • 正常退休：2016 年男女 NRA 为 63 岁、62 岁 +4 个月。根据最近养老金改革计划，退休年龄男性将逐步提高到 65 岁，女性与男性快速平齐，也将提高到 62 ~65 岁（取决于其要抚养的孩子数量）。从 2010 年起，参保年限从最低要求的 25 年将逐步提高到 35 年（或有 30 年缴费历史），每年都提高 1 年。如果男性参保有 15 年的（将来逐步提高到 20 年或有 15 年缴费历史），可比 NRA 晚 5 年领取待遇。 • 提前退休：参保至少25 年（将来提高35 年）可在 NRA 前3 年退休；也可提前5 年，但不能早于60 岁退休。提前待遇的下浮系数：提前的第 1 个 360 天内，每提前90 天待遇的增长因子（accrual factor）永久性减少0. 9%（即3. 6%/年）；提前的第361 ~720 天内，每提前90 天待遇永久性减少1. 2%（即4. 8%/年）；提前超721 天以上的，每提前90 天待遇永久性减少1. 5%（折合每提前 1 年待遇减少 6%。例子：如果一名全职工人，参保收入关联性养老金 43 年，每参保 1 年，养老权益增加 1. 5 个百分点，如果正常退休总替代率 64. 5 =1. 5% ×43；如果提前 1 年退休，每期待遇将永久性减少 3. 6 ÷64. 5 =5. 6%。其中，3. 6 是“增长因子”的减少额，表示提前 1 年退休的待遇减少了相当于工资水平的 3. 6 个百分点。 • 延迟退休：NRA 后可以延迟领取待遇。每延迟 90 天则待遇提高 1. 5%（折合 6%/年）。此外延迟退休待遇不再有上浮部分。但是也有可能是，领取退休待遇后继续工作，将带来养老金权益继续积累。从 2010 年起，如果是在领取全额养老金情形下仍工作的，每工作 360 天“增长因子总和”将继续增加 0. 4%；如果是在只领取一半养老金情形下仍工作的，每工作 180 天“增长因子总和”将继续增加 1. 5%（折合 3%/年）
丹麦	• 养老金制度：公共基本养老金计划；家计调查补充养老金计划；广泛建立的强制性 DC 制职业养老金计划（如 ATP）。 • 正常退休：NRA 为 65 岁，与预期寿命直接挂钩，2019 ~2022 年将 NRA 逐步提高至 67 岁、2030 年至 68 岁。全额公共养老金的居住年限为 40 年，年限短的待遇按比例减少。 • 提前退休：60 ~65 岁每周工作 12 ~30 个小时的人，可提前领取部分退休养老金。该规定仅仅适用于 1959 年 1 月 1 日之前出生的工人。受益人必须每周减少至少 7 小时或者每周至少四分之一的劳动时间。部分养老金待遇计算：减少的每小时折合成固定金额，2007 年每小时约为 76 克朗。一旦在 65 岁正常退休，领取提前待遇可转向领取标准待遇（OECD，2001）。 • 延迟退休：最多可延迟 10 年。每延迟 1 年待遇增幅 = 领取待遇的延迟时长/平均余命，例如，人口预测显示 68 岁的余命为 17. 1 岁，因此从 67 岁时起，延迟 1 年待遇将上浮 1 ÷17. 1 =5. 8%
爱沙尼亚	• 养老金制度：安全网国民养老金（待遇统一养老金、最低保证养老金）；收入关联型公共养老金（积分制）；强制缴费的基金积累制养老金。 • 正常退休：2016 年男女性 NRA 开始相同，都为63 岁；到2026 年男女 NRA 将逐步提高到65 岁，2017 年 NRA 为63 岁 +3 个月；另外参保年限至少要有 15 年。 • 提前退休：参保至少 15 年，公共养老金可提前 3 年退休；每提前 1 年，养老金减少 4. 8%。 • 延迟退休：在 NRA 之后每推迟 1 年，待遇增加 10. 8%。在推迟期间，工人可继续缴费，积累额外权益。也可以边工作、边享受待遇，此时又在缴费，每年会对养老待遇重新计算

续表

芬兰	• 养老金制度：家计调查型国家基本养老金（国民养老金、保证养老金）、法定收入关联型计划（私人部门雇员的部分积累制计划、公共部门的现收现付计划）。 • 正常退休：国民养老金有居住年限要求，无缴费要求。国民养老金 NRA 为65 岁，随寿命预期调整，每1 年最多调整2 个月。全额国民养老金待遇的居住年限须满40 年，居住年限不足的，待遇再作调整。 • 提前退休：（1）国民养老金，可在63 岁提前领取。ERA 与寿命预期挂钩，1954 年后出生的人，每 1 年将 ERA 延迟 3 个月，最终提高至 65 岁。在65 岁之前，每提前1 个月，待遇相对于正常标准将永远性减少 0.4%（折合为 4.8%/年）；达到 65 岁后，养老金也不上升至正常标准。该规则从 2005 年生效。（2）在收入关联计划下，63 岁不可提前退休。63 岁（与寿命预期变化一致将提高到 65 岁）之后，养老待遇可领取，数额不减少。 • 延迟退休：（1）国民养老金计划，在 NRA 之后可延迟领取，每延迟 1 个月，待遇提高 0.6%（即 7.2%/年）；（2）收入关联型计划，每延迟 1 个月待遇增长 0.4%（即 4.8%/年），但延迟是以“最早领养老金年龄”为划分标准，而不是以前的以“最迟退休年龄”为划分标准。也就是说，现在 63 岁后退休的视为延迟。而 2005 年以来至今的老制度下，是以“最迟退休年龄”68 岁为准，在 63～68 岁之间退休的，待遇不会增加或调整，原有的解释是，在这个年龄段，养老金呈加速增长，可边工作、边领待遇（OECD，2011）。而现在的调整无疑更能切实地激励人们在延迟 63 岁之后退休。 • 收入审查：退休待遇和工作收入可能要合并审查，因为从开始领取养老待遇到 68 岁前，工作收入会进一步增加养老金权益，每工作 1 年，待遇会正常提高 1.5%
法国	• 养老金制度：私人部门，有两个强制性公共养老金支柱：一是缴费型 DB 制公共养老金，还包含有家计调查型最低缴费型养老金、老年人家计调查型最低收入保障计划；二是积分制强制职业养老金计划。公共养老金以收入关联型计划为主，全额养老金替代率约 50%，缴费未满足最低缴费季数，每少 1 季待遇减少 1 ÷ N ＝0.58%，N 是指所要求的缴费季数（如 172 季）；如果每提前 1 季待遇减少 1.25%，折合每提前 1 年减少 5%。 • 正常退休：2010 年，法国退休制度改革（已经实施）：（1）将法定养老金最早领取年龄从 60 岁提高到 62 岁；（2）将全额养老金领取年龄从 65 岁提高到 2022 年的 67 岁。2014 年的改革，将缴费年限的最低要求，逐步从 41.25 年或 165 季（针对 1954 年出生的）增加到 43 年或 172 季（针对 1973 年或以后出生的）。领取全额公共养老金缴费年限要求：2003 年以前至少为 37.5 年；在 2008～2012 年逐步提高到 41 年；2012 年后最低缴费年限要求将随人口平均寿命提高，以实现养老金受益期与工作期之比关系稳定。收入关联型公共养老金计划下，2016 年全额公共养老金领取，需满足下列二者条件之一者即可：（1）最低缴费记录达到 41.25 年（在 2016 年针对 1954 年出生的）和达到最低法定养老金领取年龄（1954 年出生的为 61 岁 +7 个月）；（2）年满 66 岁又 7 个月（1954 年出生的）。 • 提前退休：提前是指在“最早法定退休年龄”（如 60 岁）之前。在主要的公共养老金计划下，在 20 岁以前参加工作、缴费年限要求满足的，在“最早法定退休年龄”60 岁之前可以退休。在职业养老金计划下（如强制性积分制计划），也可提前退休，但待遇会根据退休年龄或/和缴费年限而减少（见下表）。例如，如果在全额养老金领取年龄提前 5 年退休，待遇减至全额养老金的 78%；如果缴费年限缺少 1 年，待遇仅降至 96%。公共养老金计划的提前退休、待遇不减少的条件，对职业养老金计划也同样适用。

续表

<table>
<tr><td>法国</td><td>
<table>
<tr><td>相对于正常领取年龄（如65岁）提前（年）</td><td>10</td><td>9</td><td>8</td><td>7</td><td>6</td><td>5</td><td>4</td><td>3</td><td>2</td><td>1</td></tr>
<tr><td>缴费年限缺少（年）</td><td></td><td></td><td></td><td></td><td></td><td>5</td><td>4</td><td>3</td><td>2</td><td>1</td></tr>
<tr><td>退休待遇调整系数</td><td>0.43</td><td>0.50</td><td>0.57</td><td>0.64</td><td>0.71</td><td>0.78</td><td>0.83</td><td>0.88</td><td>0.92</td><td>0.96</td></tr>
</table>
● 延迟退休：当在“最早法定退休年龄”后继续工作，缴费也满足全额养老金领取条件（如在2016年出生的缴费须满41.25年），缴费每增加1季，公共养老金计划待遇随之提高1.25%（折合年增长5%），且在延迟退休期间，可继续积累ARRCO积分。
● 收入审查：当有资格领取全额养老待遇时，养老待遇与工作收入可以合并，不受审查限制；如果未达到领取全额待遇的资格，则合并收入会受到一些审查限制
</td></tr>
<tr><td>德国</td><td>● 公共养老金制度：收入关联性的现收现付制（PAYG）；公共养老金计划（积分制）；补充性的家计调查计划（由社会救助提供）。
● 正常退休：1992年德国政府进行改革时，NRA为男性65岁，女性60岁。但目前德国人均退休年龄只有60岁，但平均寿命已达到80岁。因此从2012年到2029年NRA提高67岁（针对1964年或以后出生的人）。现在养老金正常给付年龄为“65岁+4个月”，至少要有5年缴费，不足5年的就没有待遇。2014年7月，工人缴费满45年，63岁就可以领取“特殊的服务年限养老金”（sepcial length of service pension）。2016年起，对于1964年或以后出生的人，该年龄将从63岁提高至65岁。
● 提前退休：缴费35年后就可以在63岁时提前退休，待遇会永久性减少。如果在65岁之前退休，每提前1年，待遇会永久性减少3.6%。此外，在63岁退休与67岁退休相比，由于提前退休导致少工作4年，从而额外赚取的养老金“点数”减少，则待遇明显会减少。如果参保满45年（包括正常就业期间、不超过10年抚养孩子期间或者短期失业期间），可在63岁退休，待遇不会有任何减少；对于身体严重残障的特殊群体，身体失能伤残达到50%的等级、参保达到35年的，就可以在60岁退休，待遇最大减少幅度为10.8%（OECD，2011）。从2016年起，提前退休年龄将从63岁逐步提高到65岁（针对1964年或以后出生的人）。
● 延迟退休：在NRA岁后延迟退休，每延迟1年待遇增加6%</td></tr>
<tr><td>希腊</td><td>● 公共养老金制度：希腊政府通过“2010年养老金改革方案”：建立一个新的现收现付的缴费型养老金制度，以替代非缴费型和家计调查型养老金制度；降低养老金替代率（下降到60%）和慷慨水平，以提高制度对继续工作的激励性（因以前在60岁之前的早退休现象普遍存在）；严格限制提前退休，对所有退休人员的待遇给付将从60岁开始，提高正常退休年龄；待遇与价格进行指数化挂钩；公务员退休年龄将提高到65岁并与寿命预期挂钩。养老金计发的工资基数从退休前的最后5年平均值改为终生收入等。当前，希腊主要公共养老金是：非费缴费型国民养老金、缴费型DB制养老金。国民养老金直接由政府预算筹资，居住年限须满40年、参保至少20年才能领取全额待遇。参保15~20年的，每参保减少1年待遇减少2%，参保15年的待遇替代率约为21%。缴费型养老金待遇取决于缴费年限，缴费形成的待遇增长幅度因缴费年限有变化：缴费在15年以下的，每缴费1年待遇递增0.77%，分层次递进，缴费达39年或以上的，每缴费1年待遇递增2%。</td></tr>
</table>

续表

<table>
<tr><td>希腊</td><td>• 正常退休：（1）2011 年男女 NRA 为 65 岁，最低社会养老金需缴费满 4500 天（即 15 年）；缴费 37 年的可在任何年龄退休，领取全额待遇（OECD，2011）。（2）从 2013 年 1 月 1 日起，男女 NRA 为 67 岁，缴费需满 15 年；缴费满 40 年，在 62 岁可视同正常退休，领取全额待遇；从事重体力、健康危害大工作的、有孩子生病的、需照看家人的女性，条件还会优厚。
• 提前退休：（1）2011 年，当缴费满 15 年，60 岁就可提前退休；缴费满 37 年，则可在任何年龄退休（OECD，2011）。提前退休的条件和待遇计发标准为：
<table><tr><th>缴费年限</th><th>退休的正常年龄</th><th>待遇情况条件</th></tr><tr><td>满 15 年</td><td>65 岁</td><td>全额</td></tr><tr><td>满 15 年</td><td>60 岁</td><td>每提前 1 年待遇每月减少 1/200，即 6%/年</td></tr><tr><td>满 37 年</td><td>不限</td><td>全额</td></tr></table>
（2）2013 年后，男女的 ERA 为 62 岁，但在 67 岁之前每提前 1 个月，待遇减少仍为 1/200（折合为 6%/年），提前退休降幅标准与以前一样没有变化。2015 年 8 月 19 日后，对于可以领取部分待遇的提前退休者，待遇还会进一步减少 10%，直到 NRA 后不再进一步减少。但待遇每月降低“1/200”标准即使在 NRA 后也将不变。
• 延迟退休：（1）2010 年改革以前，在正常退休年龄 65 岁之后、68 岁之前退休的，每延迟 1 年待遇增加 3.3%，最多计算 3 年，此后延迟待遇不再继续增加，替代率不能超过 80%。（2）2010 年改革以后，不再有延迟退休的政策安排。
• 收入审查。年满 55 岁，可边领待遇边工作，工资收入与养老待遇合并计算，接受收入审查：月收入超过 733 欧元，养老待遇减少 70%；有孩子要抚养的，待遇可以提高</td></tr>
<tr><td>匈牙利</td><td>• 公共养老金制度：强制性、待遇统一的最低保障养老金；现收现付的 DB 制收入关联型养老金。收入关联型养老金的待遇水平：参保满第 1 个 10 年的，替代率约 33%；参保 11～25 年的，每增加 1 年待遇增加 2%；参保 26～36 年的，每增加 1 年待遇增加 1%；参保 37～40 年的，每增加 1 年待遇增加 1.5%；参保 41 年以上的，每增加 1 年待遇增加 2%。最低保障养老金自 2008 年一直未变，每月 28500 福林，替代率约 10%，但政府决定在将来调整最低保障的待遇水平。
• 正常退休：满足最低参保年限要求、减少有酬工作，并达到正常退休年龄才能领取待遇。2016 年，NRA 为 63 岁，到 2022 年将逐步提高至 65 岁。收入关联型养老金、最低保障养老金都需参保至少 20 年；参保 15 年的，可领取部分养老金，但不能领取最低保障养老金。
• 提前退休：2008 年 ERA 为男 60 岁、女 57 岁，提前待遇不会精算减少。但新的法律规定，随着 NRA 逐步提高到 63 岁，ERA 也会逐步提高。对提前退休约束更为严格：1951 年及以后出生的男性、在 1958 年及以后出生的女性，参保须满 37 年，并终止营利性活动时，可以提前申请退休，但待遇会减少：提前不超过 1 年的，每提前 1 月减少 0.3%，即 1 年减 3.6%；超过 1 年的，则 3.6% +0.4% ×提前月数（OECD，2011）。2016 年，女性缴费满 40 年、并减少营利性活动，在任何年龄都可退休。
• 延迟退休：收入关联型养老金可以延迟领取，每延迟 1 月，待遇提高 0.5%，即 6%/年</td></tr>
</table>

续表

冰岛	• 养老金制度：家计调查的国家基本养老金（国民养老金）、强制性 DB 制职业养老金。社会保障制度保证向每个人提供最低养老金，即使养老基金缴费很少，甚至从未缴费。基本养老金全额待遇的替代率约 6%。如果有其他收入来源，该国民养老金待遇会减少，收入超过一定额度，养老待遇甚至收回。职业养老金缴费率：雇主 8% + 雇员 4%，公共部门更高。法律规定缴费 40 年，目标替代率 56%，每参保 1 年，待遇增加 1.4%。 • 正常退休：正常领取年龄为 67 岁。基本养老金的全额待遇须居住年限满 40 年，待遇根据居住年限减少呈比例降低。年龄在 16 ~ 67 岁，居住期至少 3 年。私人部门职业计划的 NRA 也是 67 岁，而渔民 NRA 仅为 60 岁，从事职业至少有 25 年。 • 提前退休：在 67 岁之前，不可领取国家基本养老金或家计调查养老金。而职业养老金和私人养老金可提前在 65 岁领取，每提前 1 年待遇减少 7%。 • 延迟退休：2007 年 1 月 1 日后，国家基本养老金、补充性家计调查养老金可延迟 72 岁领取，每延迟 1 月待遇提高 0.5%（折合 6%/年），最多可提高 30%；强制性职业计划下，最多可延至 70 岁退休，每延迟 1 年待遇提高 9%
爱尔兰	• 养老金制度：待遇统一、缴费型国家基本养老金（替代率约 35%）；家计调查安全网计划；广覆盖的自愿性 DC 制职业养老金计划（缴费率 10%）。 • 正常退休：缴费型国家养老金起付年龄为 66 岁。2021 年、2028 年将分别提高至 67 岁、68 岁。全额待遇需要在整个职业生涯，每年平均有 48 周缴费或接受补贴。缴费年限不足，待遇将会减少；总缴费年限至少达到 10 年或 520 周。非缴费型家计调查养老金起付年龄也为 66 岁。 • 提前退休：公共养老金只能在 66 岁起付，不能提前领取。 • 延迟退休：缴费型国家基本养老金不需要延迟退休，也无需接受收入审查，以激励退休后继续工作
以色列	• 养老金制度：普惠性保险养老金（替代率约 18%）；家计调查收入扶持计划；强制缴费型 DC 制养老金计划（2008 年 1 月 1 日推行，2014 年以来费率 17.5%）。 • 正常退休：（1）当居民达到 NRA，可以领取“国民保险协会”（NII）提供了养老金。（2）2004 年起，男性 NRA 从 65 岁逐步提高至 67 岁、女性从 60 岁逐步提高至 62 岁。2009 年男性 NRA 达到 67 岁，女性达到 62 岁，到 2022 年进一步提高至 64 岁。 • 提前退休：无提前退休年龄，在 NRA 前，不能领取养老金。 • 延迟退休：NRA 之后每延迟 1 年，养老金增加 5%。 • 收入审查：在 70 岁之前，男性退休者的合并收入受到限制；当前女性 68 岁（2020 年将提高至 70 岁）之前，退休后合并收入也有限制

续表

意大利	• 养老金制度：收入关联型养老金（即名义账户制养老金，缴费率33%，账户资本金收益与真实GDP增长率挂钩，退休时账户资本转化成年金，年金因子调整与退休时预期余命挂钩）；社会救助计划（保证养老收入替代率达到19%）；覆盖率很低的自愿型私人养老金。 2011年养老金改革采用了一个62~70岁之间的弹性退休窗口，窗口随寿命预期变化而调整；名义账户制养老金下，缴费至少满20年、且待遇不低于1.5倍的2012年老年社会津贴标准（与5年平均名义GDP增长率指数化），就可领取待遇。 • 正常退休：2016年公共、私人部门的NRA为“66.6岁”，缴费至少有20年。私人部门女性的NRA固定在“65.6岁”、女性自雇者的NRA为“66岁+1个月”，但是2018年有望将提高至“66岁+7个月”。新制度下，男女NRA都会提高，与寿命预期变化一致，到2019年至少提高至67岁。 • 提前退休：OECD（2011）报告显示，一般雇员不能提前退休，除非满足法定要求：养老金不能少于1.2倍老年津贴，如果缴费达到35年，则可在57岁退休，如果缴费40年，则可在任何年龄退休。2008年1月起，ERA提高到58岁（自雇者为59岁），2013年ERA提高到61岁。2016年新规定：（1）如果满足缴费年限要求，即男性“42年+10个月”、女性“41年+10个月”，可在62岁提前领取待遇，并不受惩罚；缴费年限要求随预期寿命提高。（2）每提前1年领取，待遇减少1个百分点；如果在62岁之前2年内退休的（即从60岁后退休），这2年内的每提前1年待遇“惩罚性”减少2个百分点。但在2017年，这种惩罚不适用于缴费年限要求已经得到满足的情形。 • 延迟退休：不可以
日本	• 养老金制度：待遇统一的基础养老金；收入关联型养老金（即厚生年金与共济年金两种雇员养老金计划）；协议退出计划。基本养老金替代率约15%；收入关联性雇员养老金是在基础养老金之上的补充；协议退出计划下，雇员达到1000名的雇主可选择退出关联性养老金，而自行建立养老金，现有6%雇员参与。 1994年日本立法规定，将基本养老金的NRA在2002~2013年（针对男性）、2006~2018年（针对女性），逐步从60岁提高到65岁；收入关联性养老金的NRA分别在2013~2025年（针对男性）、2018~2030年（针对女性），逐步从60岁提高到65岁。 • 正常退休：凡参保达到25年，且年龄达到65岁即可领取基本养老金。2017年8月1日起，基本养老金待遇需要缴费至少10年；全额养老金缴费至少40年；待遇将根据缴费年限长短，成比例调整。雇员养老金的NRA也为65岁。 • 提前退休：基本养老金和收入关联性计划都可提前退休，但待遇会减少。每提前1个月待遇减少0.5%，即每年减少6%。个人可在60~65岁申领雇员养老金中的”待遇统一”成分养老金。待遇在67岁前实行净收入指数化，之后实行物价指数化。 • 延迟退休：基本养老金和收入关联养老金可以延迟领取，每延迟1个月待遇增加0.7%，即每年增加8.4%。年满70岁后，无需再缴费。 • 收入调查：从2004年起，年满65岁后工资收入和养老金收入可以合并，但二者之和不超过470000日元（2016年国民人均收入）。如果超出该水平线的，收入关联养老金将从全额待遇中扣减掉超出部分50%，但是基本养老金全额待遇不受影响。从2007年起，这种政策也适用于70岁以上的无需缴费的老年工人

续表

韩国	• 养老金制度：公共养老金主要是收入关联计划，待遇由个人收入和所有参保人平均收入决定。 • 正常退休：从 2013 年至 2033 年，NRA 将从 60 岁提高至 65 岁，ERA 也将从 56 岁提高至 60 岁。当前，NRA 为 61 岁，同时缴费至少满 10 年。 • 提前退休：在 56 岁也可提前领取部分待遇。相对于 NRA 每提前一年，待遇减少 6%。如果提前了 5 年，则提前退休养老金只有正常退休待遇的 70% • 延迟退休：在 NRA 后每延迟 1 年待遇增加 7.2%，但延迟待遇计算最多不超过 5 年。 • 收入审查：工资收入超过平均水平的、年满 61 岁的受益人可领取 50% 的全额养老金，而且随年龄增加，待遇还会以 10% 幅度递增，这就是所谓的“在职养老金”（active old-age pension）。61 ~65 岁的受益人和仍在工作的老年人，可以在“延迟领取待遇”和“边工作、边退休”两个模式之间进行选择
拉脱维亚	• 养老金制度：收入关联性、现收现付的名义账户制养老金（缴费率 14%）；新的强制缴费型 DC 制养老金（缴费率 6%）；安全网养老金 • 正常退休：当男女满 62.9 岁、参保记录满 15 年，领取正常待遇。从 2014 年起，NRA 每年提高 3 个月，到 2025 年提高至 65 岁；参保年限从 15 年提高至 20 年。 • 提前退休：可提前 2 年领取，但参保至少 30 年。 • 延迟退休：可在 NRA 后领取待遇，延迟待遇会提高
卢森堡	• 养老金制度：待遇统一的基本养老金（替代率约 10%）；收入关联型养老金；最低待遇保证养老金。收入关联性养老金计划下，每缴费 1 年待遇积累 1.825 个百分点，最高时有 2.05 个百分点。最低待遇保证养老金计划下，参保 40 年，替代率约 37%，参保不足 40 年，待遇成比例下降。 • 正常退休：任何参保人只要年满 65 岁，就能领取养老金，但要提供至少 120 个月缴费记录（强制性或自愿性）。 • 提前退休：如果强制缴费至少 40 年，可在 57 岁提前退休；如果参保（包括自愿缴费、强制缴费或非缴费的视同期间）有 40 年，其中缴费至少有 10 年，可在 60 岁提前退休。提前退休者可以继续工作，但条件是其收入一直不高，或者总收入没有超过一生中最好 5 年收入的平均值。对于提前退休，待遇不会有精算调整。此外，有不少提前退休计划可选择，比如“团结计划”、“适应计划”，“团结计划”提前退休条件是，雇主需聘用了一名就业局指派的求职者（但目前的法律会废除该提前退休计划）；“适应计划”允许在企业破产和重组中失业的老年人提前退休。这两类提前退休计划都允许在 57 ~60 岁领取待遇。提前退休的第 1 年待遇为过去收入的 85%，第 2 年为 80%，第 3 年为 75%。 • 延迟退休：养老待遇须在 65 岁申请。 • 收入审查：65 岁后，工资收入与养老金待遇合并计算，养老金待遇不会减少

续表

墨西哥	• 养老金制度：（1）针对65+岁的家计调查型养老金，替代率约6%；（2）强制性DC制养老基金，其缴费率为雇员1.125%，雇主5.115%，政府0.225%。另雇主向住房分账户缴费5%，退休时未使用的进入养老金账户；政府对不同收入者个人退休账户的补贴缴费“社会费用”，收入越低补贴越多。退休时账户余额转成年金或逐期发放，年金率与寿命挂钩。DC制附加有最低待遇保证，账户余额不足部分，由政府兜底；（3）私人养老金（个人养老金和职业养老金）。地方政府和公立大学还建有自己独立的养老金计划。 • 正常退休：男女NRA皆为65岁，缴费须有24年。 • 提前退休：如果失业、缴费达24年，男女可在60岁退休；如果个人账户余额足够买一份在30%之上的最低待遇保证标准的年金，可随时退休，但需缴费至少24年。 • 延迟退休：65岁退休无强制性，可以延迟到65岁后
荷兰	• 养老金制度：待遇统一、与最低工资关联的基本养老金（AOW）；工薪税筹资的职业养老金；个人储蓄计划。虽然建立养老金计划对雇主无强制性，但是行业协议将91%雇员参与了职业养老金计划，这些计划具有半强制性，以DB制为主。2016年基本养老金替代率约为29%（个人）、39%（夫妇）。 • 正常退休：2016年基本养老金NRA为65.5岁，所有居民都可领取。NRA将从2018年66岁提高至2021年的67岁，其调整与寿命预期挂钩。职业养老金的目标NRA为67岁，2018年为68岁。 • 提前退休：基本养老金，在NRA之前不能领取；2005年曾取消过一个有税收支持的特别提前退休计划（early retirement，VUT）和60~65岁提前待遇，以提高老年工人的劳动力市场参与率。但是职业养老金计划可以提前领取，相应的待遇会减少。 • 延迟退休：基本养老金，在NRA之后不延迟；职业养老金，各个计划之间延迟领取规定各有不同。 • 收入审查：退休期间收入限制少，可以同时领取养老金和工资收入。可以将职业养老金和工资收入合并，实际上一些计划允许成员提取养老金，同时继续受雇于原来雇主。对这些问题，法律没有专门规定
新西兰	• 养老金制度：基于居住调查的待遇统一公共养老金，替代率约40%；正在萎缩的非税惠性职业养老金；不断壮大的税惠性自愿储蓄计划（KiwiSaver），该计划2007年推行，覆盖75%的18~64岁人口，默认最低缴费率4%~6%，资本金账户锁定到65岁，需用于购买首套住房的，或当个人财务有困难、死亡、重疾、永久性移民时，可提前取款。 • 正常退休：NRA为65岁，20岁之后居住至少10年，其中50岁后居住有5年的，达到NRA可领取公共养老金。在65岁之前不能申请领取养老金。 • 提前退休：没有强制退休年龄，但在NRA 65岁前不能领取。 • 延迟退休：领取公共养老金与是否退休无关，可以将养老待遇与就业收入合并。2016年6月，65岁及以上仍有23.2%的老年人从事有偿工作。当达到NRA无须申请领取公共养老金，延迟领取没有额外好处，也不允许追溯索赔

续表

挪威	• 养老金制度：收入养老金（名义账户制）；家计调查型的保证养老金，替代率约 33%；私人部门的强制性职业养老金，2006 年推行，作为对公共养老金的补充，雇主最低缴费率 2%，为雇员建立 DC 制计划，或建立同等待遇水平的 DB 制计划；自愿私人养老金计划。 2011 年引入一个新的养老金制度：收入养老金通过工作收入或其他养老金收益筹资，可在 13～75 岁缴费。2011 年起，公共养老金计划开始基于精算中性，允许在 62～75 岁之间选择弹性退休；允许边退休、边工作，从 62 岁起，工作收入与养老待遇完全或部分合并，不进行收入调查。2011 年也对受益人的预期寿命进行调整，每代人的预期寿命因子都基于预期余命予以明确。从 62 岁到 75 岁，每代人获得一组专门的预期寿命因子，退休时，每年待遇根据“账户所积累养老金权益资本金”除以“寿命预期因子”获得。退休后待遇增长率 = 工资增长率 − 固定因子 0.75%。2011 年也同样向职业 DC 制计划推行了弹性退休。 • 正常退休：公共养老金的 NRA 固定在 67 岁。16～66 岁时居住本国至少 3 年，就有资格领取最低待遇保证养老金；全额待遇须居住满 40 年；居住年限不够的待遇成比例减少。 • 提前退休：ERA 为 62 岁。约有 2/3 的私人部门雇员拥有雇主参与的“协议提前退休计划”（AFP），该计划于 1989 年实施，允许 62 岁退休。2011 年起，私人部门的 AFP 计划作为了对公共养老金计划的补充，补充额相当于用于计算养老待遇的参考收入的 4.2%，并可积累到 62 岁。可以将公共养老金、AFP 补充待遇和工作收入合并，不经受收入调查。该补充计划同样基于精算中性，寿命预期可调整，在 62～70 岁之间可弹性退休。 • 延迟退休：67 岁后可延迟退休，但养老金待遇不会额外增加。 • 收入审查：退休收入与继续工作收入合并，无收入审查
波兰	• 养老金制度：1999 年养老金改革建立“名义账户制”（NDC），1969 年及以后出生的必须加入基金制计划，1969 年前出生的，可选择性加入基金制计划。2014 年起，参与基金制计划改成了基于“自愿”。目前的养老金体系：（1）收入关联型计划：按收入 19.52% 缴费，进入现收现付的名义账户，名义利率与工资增长率 100% 挂钩，但不低于物价上涨率；（2）基金制计划，即完全积累的个人账户，个人按总工资收入 2.92% 向市场化管理 DC 计划缴纳，在退休前 10 年里，账户资产逐步转移至 ZUS，与名义账户一并由 ZUS 计算待遇。退休待遇等于“账户积累的名义资产”除以 G 值，G 值就是退休时的平均预期寿命；（3）现收现付制度下最低养老金，待遇相当于人均收入的 25%，由国家预算筹资发放，以弥补前面的强制性养老金待遇不足，保证最低待遇标准落实。但领取条件是：男性缴费至少 25 年，女性 20 年。 • 正常退休：2016 年 NRA 为：男 66 岁、女 61 岁，原计划将男女 NRA 都提高至 67 岁；但是 2016 年 11 月议会决定：不再提高 NRA，长期内 NRA 回到男 65 岁、女 60 岁。 • 提前退休：一般养老金计划不允许提前退休。从 2009 年起，根据当前法律规定，不再有提前退休的选择权。提前退休制度应该被“过渡养老金”（bridging pension）替代，只向条件特殊和职业特殊的劳动者提供，以鼓励延迟退休。 • 延迟退休：名义账户和基金制 DC 养老金都可以延迟，不受年龄限制。在 NRA 后延迟期间继续缴费，还可获取额外养老金。 • 收入审查：养老待遇与工资收入可以合并，但在领取全额待遇之前，原就业协议可能需要终止，受益人继续工作的，要重新建立一个新的协议，并领取全额待遇。2009 年前允许提前退休时，提前领取待遇又继续工作的，或者领取了残障养老待遇，同时又被鉴定为部分失能时，工作收入与养老待遇合并都会面临一些限制，即包括养老待遇在内的收入必须要计税。如果工作收入超过平均工资的 70%，养老待遇少发；如果高出 130% 的平均工资，养老待遇将停发（OECD，2011）

续表

<table>
<tr><td>葡萄牙</td><td>● 养老金制度：家计调查安全网计划；收入关联型公共养老金计划。
● 正常退休：2014～2015 年 NRA 为66 岁，2016 年提高至“66 年+2 个月”，NRA 根据前2 年65 岁的寿命预期平均增长幅度的2/3 来自动调整。当缴费超过40 年的，将以65 岁为准，每超过1 年，NRA 降低4 个月。正常退休的最低缴费年限至少15 年；如果55 岁退休，最低缴费至少30 年。
● 提前退休：2002 年以来由于长期缴费年限要求，提前退休被暂停了。在以前，有收入记录的工作满30 年，到55 岁就可提前退休。从事非常辛苦职业的，也可以提前退休。2015 年针对有长期缴费历史的群体，引入了一个暂时的提前退休计划：当缴费至少有40 年，可以在60 岁后退休。提前退休的惩罚规则仍没有变化：在 NRA 之前退休，每提前1 年待遇减少6%。缴费满40 年的，缴费每超过1 年，以65 岁为基准，视同提前时长可减少4 个月。2016 年后，2012 年以前被暂停的提前退休规则又重新启动，3 月份又再次暂停。长期失业者可以提前退休：如果满足最低缴费年限、失业待遇不再享受，在57 岁或以上年龄长期失业的，可以在62 岁退休，待遇不降低；如果缴费22 年，在52 岁或以上年龄失业的，在57 岁可以提前退休，每提前1 年待遇减少6%，最多减少以提前5 年计算的比例。
● 延迟退休：如果达到 NRA，并且缴费至少有必须的15 年，养老金待遇等于“延迟月份数”乘以相应的“月待遇率”，最迟年龄不能超过70 岁。当计算总体累进率时，要考虑有效工作的收入记录月数。每月增长率是不同的，要根据工作年限（即从收入登记年份开始，到待遇起领时间之间年份数）确定，见下表。如果延迟了12 个月，即67 岁才开始领取，工作有25 年的，则每期养老金要多领取12×0.5=6%。
<table><tr><td>工作收入或缴费年限</td><td>15～24 年</td><td>25～34 年</td><td>35～39 年</td><td>超过40 年</td></tr><tr><td>每月累进率</td><td>0.33%</td><td>0.50%</td><td>0.65%</td><td>1%</td></tr></table></td></tr>
<tr><td>斯洛伐克</td><td>● 养老金制度：收入关联型养老金（积分制）；针对低收入工人的最低收入保障计划；社会救助；2005 年引入的自愿 DC 制计划。
● 正常退休：2006 年男性 NRA 为62 岁。从2008 年1 月起，正常待遇领取要参保至少15 年，2016 年 NRA 为62 岁。女性有孩子的，领取年龄可降低。2016 年，有5 个或以上孩子的女性，可在58.25 岁退休。女性 NRA 逐步提高，到2024 年与男性一致，达到62 岁或以上。从2017 年起，NRA 与退休年龄的预期寿命增长挂钩。实际提高幅度等于平均预期寿命相对于参考寿命的增长幅度（以天数来计算）。2017 年 NRA 为“62 岁+76 天”。DC 制计划要求缴费至少10 年，但这一规则在2015 年就取消了。
● 提前退休：可以提前领取，每提前30 天减少0.5%，即每年为6.5%。提前退休也要求养老待遇必须高于一个成年人生活收入水平标准的1.2 倍。从2013 年以来，该标准一直固定在198.09 欧元（相当于国民平均收入22%）。提前退休的条件：最多提前2 年、至少15 年缴费、待遇达到规定要求。
● 延迟退休：每推迟1 个月待遇增加0.5%（约为6.0%/年）。
● 收入审查：对于申请养老金而又继续工作的，养老待遇每年自动重新计算，或者当个人最终退休时增加延迟期间的半个积分</td></tr>
</table>

续表

斯洛文尼亚

● 养老金制度：收入关联型公共养老金；最低待遇、家计调查养老金。收入关联型计划下，如果缴费满15年，即领取待遇最低缴费年限，男女养老待遇的替代率分别为26%、29%；缴费满40年，男女替代率又分别为57.25%、63.5%。即每缴费1年，男性养老权益积累1.25个百分点，女性积累1.38个百分点。

● 正常退休年龄：2017年，男性缴费满40年，NRA为59岁+4个月；女性缴费满39年+4个月，NRA为59岁。NRA和必须缴费年限继续逐步提高：男女缴费必须满40年，2018年的NRA男性达到60岁，2020年女性达到60岁。2020年后，缴费在40年以下的，男女退休年龄都须达到65岁，正常退休年龄调整情形如下：

男性（2016）	缴费年限	15年	20年	40年
	退休年龄	65岁	65岁	59岁+4个月
男性（2016）	缴费年限	15年	20年	40年
	退休年龄	65岁	65岁	60岁
女性（2016）	缴费年限	15年	20年	39年+8个月
	退休年龄	65岁	63岁	59岁
女性（2020）	缴费年限	15年	20年	40年
	退休年龄	65岁	65岁	60岁

● 提前退休：对于女性，2013年起，最低待遇养老金的缴费年限每年增长3个月，达到38年；同时2014年起，其领取年龄每年提高4个月，达到58岁。提前待遇最多减少18%（男性）、10.8%（女性）（OECD，2011）。然而由于处在过渡期间，2016年男、女性的上限年龄分别设定为65岁、63岁。对于女性，这种上限年龄正每年以6个月速度提高，2020年将达到65岁。男女面临的待遇最大减少幅度为18%。目前每提前1年领取，待遇减少幅度如下：

续表

斯洛文尼亚

性别	女（2014 年）					男（2016 年）						
提前退休年龄（女，2014）	59 岁	60 岁	61 岁	62 岁	63 岁	59.3 岁	59.6 岁	60.5 岁	61.5 岁	62.5 岁	64 岁	65 岁
每年减少（%）	3.6	3.6	3.6	3.6	0	3.6	3.6	3.6	3.6	3.6	3.6	0
累计减少（%）	14.4	10.8	7.2	3.6	0	18.0	18.0	16.2	12.6	9.0	3.6	0

• 延迟退休：当个人满足领取待遇的年龄条件（即年满 60 岁、缴费 40 年）后，每继续工作 3 个月都有待遇补贴。延迟待遇的最高补贴为 12%，即补贴计算最多为 3 年。2016 年，如果一个人在最低待遇的领取年龄（男性缴费满“40 年”时为“59 岁 +8 个月”，女性缴费满“39 年 +8 个月”时为“59 岁 +4 个月”，到 2019 年后都为 60 岁）后退休的，在全额待遇年龄之前，每延迟 1 年，待遇增加 4%，具体情形如下：

缴费期长：男	41 年	42 年	43 年
缴费期长：女	40 年 +8 个月	41 年 +8 个月	42 年 +8 个月
待遇增加	4%	8%	12%

与以前比较，延迟待遇的补贴力度在提高。例如，OECD（2011）显示：（1）如果一个人在最低待遇的领取年龄（2008 年男性为 58 岁、女性 56 岁，2014 年起都为 58 岁）后退休的，在全额待遇年龄之前，每延迟 1 年，待遇提高幅度见下表。例如：一名男性缴费 40 年、年龄达到 58 岁后，就可领取最低或全额养老金，如果延期 1 年领取，则缴费有 41 年，59 岁的待遇增加 3%，依次计算，延迟 2、3、4、5 年的待遇分别增加 5.2%、6.6%、7.2%、7.5%。

缴费期长：男	41 年	42 年	43 年	44 年	44 年以上
缴费期长：女	39 年	40 年	41 年	42 年	42 年以上
待遇增加	3%	2.6%	2.2%	1.8%	1.5%

续表

斯洛文尼亚	（2）达到全额待遇年龄后（男63岁、女61岁），延迟的第1年（即男性63到64岁，女性61到62岁），每月提高0.3%（即3.6%/年），第二年每月只提高0.2%（即2.4%/年），第三年每月只提高0.1%（即1.2%/年），可延迟的最高年龄为65岁。因此，可能的最高增加幅度为7.2%，即3.6%+2.4%+1.2%+0%=7.2%
西班牙	● 养老金制度：收入关联型公共养老金；家计调查最低待遇养老金（替代率约33%）；非缴费型家计调查养老金（对以前特别社会救助计划的替代）。 从2011年改革以来，收入关联型计划的缴费达15年，替代率约为50%，缴费37年的，替代率可高达100%，满足15年缴费要求后，每继续缴费1月，待遇增加0.19个百分点，约2.3%/年，缴费超过248个月后，约0.18个百分点。2014年引入新的“养老金调整指数”（IRP）和“可持续能力因子”（FS）（将于2019年生效），这些因子考虑的受益人预期寿命增长状况，用于将来计算养老待遇；养老待遇与新调整指数（IRP）（指数值区间为0.25%~CPI+0.5%）挂钩，根据“缴费年限”、“平均养老金的变化”、社会保障收支差额变化等确定。 ● 正常退休：领取养老金至少缴费15年，全额养老金至少缴费35年。2011年养老金改革以来，缴费不足36.5年的，全额养老金年龄（NRA）从65岁提高到2016年的65+4个月，到2027年，NRA提高到67岁。如果缴费达38.5年的，也可在65岁领取全额养老金。 ● 提前退休：由于西班牙的退休年龄从1967年起从60岁延长至65岁，所以规定，对1967年以前参加工作的人员可以提前退休，即在60~65岁之间退休，但待遇会成比例下降，每提前1年，待遇降低8%。例如：在60周岁退休，养老金计发比例减少40%；在61周岁退休，计发比例减少32%。对工作年限满40年的人员、井下矿工、斗牛士等，在退休条件上有一定的照顾；工伤事故等特殊原因丧失工作能力的也可以提前退休，这些特殊人员提前待遇下降比例为7%，但其提前退休必须是非自愿的，退休年龄不得低于60岁。自雇人员、农业劳动者、家政服务人员则不能提前退休。在1967年后进入制度或后来失业的，年满60岁就可退休，但缴费必须30年，待遇会精算减少，也取决于缴费年限：缴费满30~34年减少7.5%，35~37年减少7%，38~39年减少6.5%，40年以上减少6%。提前退休领取的最低养老金约为国民平均收入的30%；如果有需扶养的配偶，待遇约为国民平均收入的37%。在61~64岁之间，如果工作时间减少了25%~75%，可同时领取兼职工资和养老金（OECD，2011）。 当前，已非自愿失业、缴费满33年的，可在NRA的前4年内退休；已非自愿失业、缴费满35年的，可在NRA的前2年内退休。提前待遇精算减少，每提前1个季度减少幅度2%~1.5%，即8%~6%，具体幅度取决于缴费时长。2016年，年满“61岁+4个月”后可以“半退休”。到2027年，一旦改革完成，缴费满“36年+6个月”，可在63岁“半退休”；或者缴费满“33年~36年+6个月”，可以在65岁时“半退休”；或者满“65岁+2个月”时可“半退休”。2014年新退休者和“半退休者”可继续向养老金制度全额缴费。而之前，“半退休者”只是继续向制度作部分缴费。 ● 延迟退休：（1）NRA后可延迟领取待遇，在67岁后继续工作的，每延迟1年，如果缴费满15~25年，待遇提高2%；如果满25~37年，待遇提高2.75%；如果满37年，待遇提高4%。延迟待遇提高的幅度比以往在提高，如OECD（2011）报告显示，缴费不足40年的，65岁后每额外工作1年待遇提高幅度为2%，缴费满40年的为3%。（2）从67岁起，可同时领取部分养老金和兼职工资。以前法律规定退休人员不能再工作。从2013年3月起，NRA之后可以边领取待遇边工作，只是养老待遇会减少50%

续表

瑞典	• 养老金制度：收入关联型名义养老金，由家计调查 DB 制养老金（GARP）、PAYG 名义账户与强制性基金积累账户构成；DC 制与 DB 制职业养老金计划（参保率高达 90%，如 ITP1）。（1）收入关联型名义养老金下，缴费实际占总收入为 17.21%，其中 14.88% 进入名义账户制度，2.33% 进入 DC 基金制养老金。名义账户制养老金按保险原则运行，在退休时，积累的名义资本金将按一个系数被转化成年金，转化系数由个人退休年龄、寿命预期、真实年贴现率 1.6% 来确定。待遇计发还附加了一个平衡机制，但账户资产不足以支持待遇给付义务时，将降低待遇指数化水平、降低账户名义回报率，以平衡资产与义务。（2）家计调查养老金待遇向名义账户待遇不高的人提供，待遇相当于总收入的 22%。（3）强制性基金积累账户计划，实际缴费率为总收入的 2.33%，形成个人养老金账户，个人在基金投资上有广泛选择权。退休时，个人可以选择待遇提取办法，或购买年金保险，或购买变额年金，计发待遇等于“账户价值”除以“年金因子”。 • 正常退休：家计调查养老金（GARP）需要有 3 年居住年限，待遇在 65 岁领取，最高待遇保证养老金需要有 40 年居住年限，居住年限不足待遇成比例降低；收入关联型名义养老金在 61 岁领取。 • 提前退休：收入关联性名义账户养老待遇可在 61 岁提取，退休年龄不固定。名义账户和年金计算根据退休年龄自动精算调整待遇。家计收入调查养老金在 65 岁前不能领取。如果名义账户养老金可在 65 岁前后领取的话，待遇保证养老金仍旧像在 65 岁领取时来计算；职业养老金计划 ITP1，养老金正常领取时间为 65 岁，但也可在 55 岁开始起付。养老金具有长期性，在至少 5 年的受限过后，才可部分或全部领取。 • 延迟退休：名义账户养老金和个人账户养老金都可延迟领取，无最大年龄限制，待遇根据精算自动调整。在 65 岁后可以延迟领取职业养老金 ITP1，但在 65 岁后不会有养老金权益额外增加，除非与雇主有特别的协议约定。 • 收入审查：可将工作收入和养老金一起领取。养老金也可部分领取，如领取全额的 25%、50%、75%。家计调查的待遇保证养老金会根据来自其他的瑞典国内养老金和国外名义养老金的领取状况进行调整，但是工资收入、资本收入、职业养老金或私人养老保险金不会影响家计调查养老金的待遇。因此可以边领取工作收入、边领取家计调查养老金
瑞士	• 养老金制度：收入关联型养老金与家计调查的补充待遇计划；1985 年引入的强制性职业养老金计划；自愿性职业养老金。 • 正常退休：公共计划和强制性职业养老金的 NRA 为男 65 岁和女 64 岁（1991 年瑞士强制退休保险计划的改革：将女性 NRA 从 62 岁提高到 64 岁），全额养老金需要交费 44 年和 43 年（OECD，2011；2017）。 • 提前退休：公共计划可以提前两年，即男性 ERA 为 63 岁，女性 ERA 为 62 岁。男性每提前 1 年减少 6.8%，其中提前退休导致的待遇精算向下调整 4.5%，不能继续缴费而形成的权益积累减少 1÷44=2.3%；职业计划允许提前 5 年，即 ERA 为 58 岁。 • 延迟退休：公共和职业养老金都可延迟领取待遇，最多可延迟 5 年。延迟 1 年，养老金增加 5.2%，2 年 10.8%，3 年 17.1%，4 年 24%，5 年 31.5%。公共养老金可在男 65 岁、女 64 岁申请领取同时，继续工作。如果工作收入低于 16800 法郎（平均收入的 22.5%），在 NRA 后不再缴费；收入高出该水平的要缴费，但是养老金权益不能额外增加。职业养老金计划允许最多延迟 5 年，即到 70 岁。一般地，根据联邦社会保险办公室建议，年金转化率每推迟 1 年提高 0.2（66~67 岁时）、0.25（68~70 岁时）个百分点。包括缴费在内，延迟退休的理论待遇每年会偏高 7.25%（1 年）~8.15%（5 年）。没有缴费的，延迟退休的理论待遇每年会偏高 4.2%（1 年）~4.6%（5 年）。一般地，可以将待遇领取与工作合并，边工作边领取退休待遇；公共养老金计划下，人们不会在 65 岁后继续缴费

续表

土耳其	• 养老金制度：收入关联性公共养老金、家计调查安全网计划；待遇统一的补充养老金计划。 • 正常退休：在1999.9～2008.10参保的男性NRA为60岁，女性为58岁，缴费期限7000天（约19.4年），或者参保满25年、缴费满4500天。2008年10月后，又提出了另外的一个资格条件：缴费满5400天的，退休年龄是65岁。当前，男女的NRA分别为60岁、58岁，缴费至少7200天。未来将逐步提高NRA，从2036～2044年，男女性NRA都提高到65岁。家计调查养老待遇只向没有其他社会保障权益的、失能或者年满65岁以上的群体提供。 • 提前退休：特殊行业如采矿雇员、残障者可以提前退休，但是其他工人在法定年龄之前是不能领取养老金的。 • 延迟退休：可以，对于公务员，法定退休年龄是65岁，但有些特殊群体可以延迟
英国	• 养老金制度：（1）2016年4月6日的“养老金新政”，引入了一个新的国家基础养老金制度。如果男性在1951年4月6日之后出生，女性在1953年4月6日后出生，年满65岁便可以申请。在2016年4月6日之后开始缴纳国民保险费的，享受待遇需缴费至少10年，要享受全额待遇的，需缴费35年；在2016年4月6日之前已缴纳国民保险费、在此之后才能办理退休的，已有的缴费记录将转至新的国家基础养老金账户中。待遇统一，2016～2017年全额待遇为155.65英镑，替代率约22%，而同期的老的基础养老金全额待遇为119英镑，替代率约17%；（2）在“新政”之前，已经达到国家养老金领取年龄的，享受两层次公共养老金保障：一是待遇统一的基本养老金（老的BSP），二是收入关联型补充养老金（SERPS）；（3）针对最贫穷、参加了BSP但无法参加SERPS的群体提供额外待遇的收入关联型养老金（S2P）、养老金津贴计划（包括保证最低待遇津贴计划、储蓄津贴计划）；（4）此外，还有各类大型的私人部门养老金。2012年10月，政府又推出自动参与型车间养老金计划（workplace pension）。 • 正常退休：国家养老金NRA的年龄要求变化：1950年4月6日前出生的女性为60岁，男性为65岁。从2010年至2020年，女性NRA将逐步提高到65岁。2007年养老金法案推出后，2024～2028年间，将NRA提高到66岁，到2034～2036年提高到67岁，2044～2046年提高到68岁（OECD，2011）。但最近的（OECD，2017）报告显示，到2018年11月，女性的NRA将逐步提到65岁（2016年为63岁）；立法要求，到2020年10月，男女NRA提高到66岁，到2026～2028年，提高到67岁。可以立法加快了延迟年龄的节奏。政府也已经建议，以后的国家养老金领取年龄的变化将基于预期寿命。在老制度下，领取全额的国家基础养老金待遇，必须在工作期间已经缴纳，或视同缴纳，或通过补贴缴纳国民保险费满30年；满足最低缴费（或津贴缴费）年限要求、但缴费年限又不足30年的，国家基本养老金待遇将成比例减少。2016年的“新政”将基础养老金全额待遇的缴费年限要求从30年提高到了35年。 • 提前退休：国家养老金不能提前领取；自愿养老金领取时间根据计划而定。

续表

英国	• 延迟退休：允许延迟退休，延迟退休可以获得更多养老金权益：（1）2005 年 4 月之前，延迟退休可最多延迟 5 年，每延迟 1 年待遇将增长 7.4%；（2）2005 年 4 月之后，限制延迟退休时间规定取消，可延迟至少 5 周，每延迟 5 周，待遇提高 1%，即每延迟 1 年，待遇提高到 10.4%；如果连续延迟至少 12 个月，国家养老金允许一次性地计税性提取退休待遇，一次性领款额包括延迟期间放弃领取的国家养老金，加上此期间利率高出英格兰银行基准利率至少 2 个百分点的利息。采取何种领取方式，个人可选择（OECD，2011）；（3）最新规定是：对于在 2016 年 4 月 6 日“新政”之后年满 NRA 的人，他们不能再一次性领款。为保证整个退休期间每周能领取更高待遇，国家养老金待遇领取至少要延迟 9 周。新的国家养老金每延迟 1 年，待遇将增加 5.8%（或每延迟 9 周待遇递增 1%）
美国	• 养老金制度：DB 制社会保障计划；针对低收入者的家计调查计划；各类 DC 和 DB 制职业养老金计划；个人储蓄养老金计划。 • 正常退休：2016 年养老金领取年龄（NRA）为 66 岁，到 2022 年将提高到 67 岁；且要求积累 40 个信用积分，缴费达到一定额度（如 1050 美元）便可获得一个积分，一年最多可获得 4 个积分；最低缴费年限为 10 年。社会保障的养老待遇以累进法计算，即在过去收入最高的 35 年的经指数化调整后的月均收入细分为三档，档越高用于计算养老待遇的替代率水平越低。例如，2016 年，指数化调整后的月均收入中：第一档 856 美元，替代率 90%；第二档 856 ~ 5157 美元（相当于人均国民收入 20% ~ 118%），替代率 32%；第三档 5157 ~ 118500 美元（即 2016 年的收入上限），替代率 15%。例如，假定经调整的月均收入为 4167 美元，正常退休时月待遇为 1829 美元，即 $1829 = 0.9 \times 856 + 0.32 \times (4167 - 856)$。美国社保待遇计发与很多国家不一样的是，待遇水平并未与缴税（费）年限直接挂钩，而与个人就业期间收入、待遇领取年龄有很大关系。 • 提前退休：可提前 3 年退休，如果 NRA 为 65 岁，则在 62 岁就可退休，但待遇会精算减少，每提前 1 年待遇永久性减少 6.75%；3 年后，待遇减少幅度调整为 5%。 • 延迟退休：在 NRA 可以延迟领取第一笔养老待遇。在 70 岁之前的延迟期间仍可积累“津贴”（credit）。1980 年代退休的人，65 岁的延迟待遇每延迟 1 年仅提高 3%，这就低于精算公平，自 2008 年后，年满 62 岁后每延迟 1 年，待遇增加 8%。 • 收入审查：可以将工作与待遇领取合并，接受收入审查。对于提前领取者，如果就业收入超过 15720 美元（2016 年约为人均国民收入 30%），养老待遇将少发超过部分的 50%；2000 年废除了针对在 NRA 后延迟退休者的收入审查，延迟退休者不会因收入而减少养老待遇给付额

注：“提前退休”、“延迟退休”是指领取养老金时间相对于“正常领取年龄”（NRA）的“提前”与“延后”，而不是实际退出劳动力市场年龄。资料来源：根据 OECD 官网“Pensions at a Glance 2017：Country Profiles of Pension Systems”，http：//www. oecd. org/pensions/oecd-pensions-at-a-glance-19991363. htm；“Pensions at a Glance 2011：Retirement-Income Systems in OECD and G20 Countires”，http：//www. oecd. org/els/pensionsystems/47384613. pdf。

参考文献

[1] 白重恩、吴斌珍、金烨：《中国养老保险缴费对消费和储蓄的影响》，载于《中国社会科学》2012年第8期，第48~71页。

[2] 白重恩、张琼：《中国经济增长潜力预测：兼顾跨国生产率收敛与中国劳动力特征的供给侧分析》，载于《经济学报》2017年第12期，第1~27页。

[3] 贝弗里奇：《贝弗里奇报告——社会保险和相关服务》，中国劳动社会保障出版社2008年版。

[4] 蔡昉：《人口转变、人口红利与刘易斯转折点》，载于《经济研究》2010年第4期，第4~13页。

[5] 蔡昉：《未富先老与中国经济增长的可持续性》，载于《国际经济评论》2012年第1期，第82~95页。

[6] 曹艳春、路锦非：《长期精算模型下上海基本养老保险制度整合的财政压力测试》，载于《华东经济管理》2010年第5期，第153~157页。

[7] 曾益、任超然、刘倩：《延长退休年龄有助于改善养老保险的偿付能力吗？——基于精算模型的模拟分析》，载于《经济管理》2013年第5期，第108~117页。

[8] 曾益、任超然、汤学良：《延长退休年龄能降低个人账户养老金的财政补助吗?》，载于《数量经济技术经济研究》2013年第12期，第81~96页。

[9] 常进雄、王丹枫、叶正茂：《要素贡献与我国初次分配中的劳动报酬占比》，载于《财经研究》2011年第5期，第134~144页。

[10] 陈靖、何春拉、潘建红、陈平雁：《无删失生存数据Wilcoxom秩和检验与Logrank检验的比较》，载于《中国卫生统计》2012年第10期，第654~656、660页。

[11] 陈沁、宋铮：《城市化将如何应对老龄化？——从中国城乡人口流

动到养老基金平衡的视角》，载于《金融研究》2013 年第 6 期，第 1 ~ 15 页。

［12］仇雨临：《多管齐下，完善养老保险制度——以延迟退休年龄的争议为背景》，载于《中国党政干部论坛》2012 年第 8 期，第 18 ~ 21 页。

［13］储丽琴：《我国推行弹性退休制度的可行性探究——基于上海的分析》，载于《学术交流》2011 年第 10 期，第 161 ~ 164 页。

［14］丛春霞：《延迟退休年龄对养老保险基金缺口的影响分析》，载于《中国发展观察》2009 年第 12 期，第 20 ~ 23 页。

［15］邓大松、刘昌平：《中国养老社会保险基金敏感性实证研究》，载于《经济科学》2001 年第 6 期，第 13 ~ 20 页。

［16］邓大松、王增文：《我国人口死亡率与最优退休年龄的动态变化关系》，载于《统计与决策》2008 年第 1 期，第 78 ~ 81 页。

［17］丁建定：《西方国家社会保障制度史》，高等教育出版社 2010 年版。

［18］丁晓东：《平台革命、零工经济与劳动法的新思维》，载于《环球法律评论》2018 年第 4 期，第 87 ~ 98 页。

［19］董娜、江蓓：《苏州女性延迟退休意愿的影响因素研究》，载于《社会保障研究》2015 年第 3 期，第 47 ~ 54 页。

［20］范培林：《延长女职工的退休年龄实现事实上的男女平等》，载于《群言》1995 年第 8 期，第 13 ~ 14 页。

［21］范围：《退休年龄比较研究》，载于《人口与经济》2011 年第 5 期，第 48 ~ 54 页。

［22］封进、韩旭：《退休年龄制度对家庭照料和劳动参与的影响》，载于《世界经济》2017 年第 6 期，第 145 ~ 166 页。

［23］封进、胡岩：《中国城镇劳动力提前退休行为的研究》，载于《中国人口科学》2009 年第 4 期，第 88 ~ 94 页。

［24］高庆波、邓汉：《关于提高女性劳动者退休年龄的探讨》，载于《妇女研究论丛》2009 年第 6 期，第 32 ~ 37 页。

［25］龚六堂、林忠晶：《养老保险制度研究框架评述》，载于《经济学动态》2008 年第 6 期，第 117 ~ 122 页。

［26］辜胜阻、孙祥栋、刘江日：《推进产业和劳动力“双转移”的战略思考》，载于《人口研究》2013 年第 3 期，第 3 ~ 10 页。

［27］古吉慧：《中美隔代教养的对比与思考》，载于《内蒙古师范大学学报（教育科学版）》2013 年第 4 期，第 1 ~ 3 页。

[28] 顾宝昌、朱晓、祁静：《你一生工作多少年？——关于退休年龄的人口学分析》，载于《人口与经济》2017 年第 3 期，第 1 ~ 13 页。

[29] 郭文臣、于冰：《提高女性退休年龄对其养老金的影响研究》，载于《大连理工大学学报（社会科学版）》2006 年第 2 期，第 77 ~ 80 页。

[30] 郭正模：《对制度安排的劳动力市场退出和退休行为的经济学分析》，载于《社会科学研究》2010 年第 2 期，第 87 ~ 91 页。

[31] 何平、汪泽英：《统筹城乡社会保障制度发展的思考》，载于《劳动保障世界（理论版）》2010 年第 2 期，第 42 ~ 52 页。

[32] 何圆、王伊攀：《隔代抚育与子女养老会提前父母的退休吗？——基于 CHARLS 数据的实证分析》，载于《人口研究》2015 年第 2 期，第 78 ~ 90 页。

[33] 贺曲夫、刘友金：《我国东中西部地区间产业转移的特征与趋势——基于 2000 - 2010 年统计数据的实证分析》，载于《经济地理》2012 年第 12 期，第 85 ~ 90 页。

[34] 侯佳伟、黄四林、辛自强等：《中国人口生育意愿变迁：1980 - 2011》，载于《中国社会科学》2014 年第 4 期，第 78 ~ 97、206 页。

[35] 侯文若：《退休年龄变动趋势研究》，载于《经济研究参考》1993 年第 3 期，第 922 ~ 931 页。

[36] 胡宝佳：《日本国民近半个世纪以来的平均寿命》，载于《中国卫生统计》1988 年第 3 期，第 28 页。

[37] 黄再胜：《网络平台劳动的合约特征、实践挑战与治理路径》，载于《外国经济与管理》2019 年第 7 期，第 99 ~ 111、136 页。

[38] 黄祖辉、王鑫鑫、陈志钢、陈佳骊：《人口结构变迁背景下的中国经济增长——基于动态可计算一般均衡模型的模拟》，载于《浙江大学学报（人文社会科学版）》2014 年第 1 期，第 168 ~ 183 页。

[39] 纪晶晶：《论退休年龄对养老保险基金收支平衡的影响》，载于《武汉理工大学学报（社会科学版）》2006 年第 5 期，第 740 ~ 744 页。

[40] 姜向群、陈艳：《对我国当前推迟退休年龄之说的质疑》，载于《人口研究》2004 年第 5 期，第 69 ~ 74 页。

[41] 金刚：《中国退休年龄的现状、问题及实施延迟退休的必要性分析》，载于《社会保障研究》2010 年第 2 期，第 32 ~ 38 页。

[42] 景鹏、胡秋明：《生育政策调整、退休年龄延迟与城镇职工基本养老保险最优缴费率》，载于《财经研究》2016 年第 4 期，第 26 ~ 37 页。

[43] 孔微巍、刘妍杉：《基于劳动力测度指标对我国延迟退休制度理性分析》，载于《哈尔滨商业大学学报（社会科学版）》2015年第3期，第14～21页。

[44] 雷勇、蒲勇健：《基于给付确定制的最优退休年龄经济模型分析》，载于《工业技术经济》2004年第1期，第52～54页。

[45] 李海明：《论退休自愿及其限制》，载于《中国法学》2013年第4期，第108～119页。

[46] 李红岚、武玉宁：《提前退休问题研究》，载于《经济理论与经济管理》2000年第2期，第60～63页。

[47] 李琴、彭浩然：《谁更愿意延迟退休？——中国城镇中老年人延迟退休意愿的影响因素分析》，载于《公共管理学报》2015年第2期，第119～127页。

[48] 李琴、彭浩然：《预期退休年龄的影响因素分析——基于CHARLS数据的实证研究》，载于《经济理论与经济管理》2015年第2期，第89～100页。

[49] 李珍：《关于退休年龄的经济学思考》，载于《经济评论》1997年第1期，第87～92页。

[50] 梁宏：《年龄分层视角下的中国劳动力》，载于《南方人口》2013年第6期，第19～25页。

[51] 廖少宏：《提前退休模式与行为及其影响因素——基于中国综合社会调查数据的分析》，载于《中国人口科学》2012年第3期，第96～105、112页。

[52] 林宝：《人口老龄化对养老保障制度带来的挑战及改革方向》，载于《中国党政干部论坛》2012年第11期，第26～29页。

[53] 林宝：《提高退休年龄对中国养老金隐性债务的影响》，载于《中国人口科学》2003年第6期，第48～52页。

[54] 林宝：《延迟退休年龄对养老金资金平衡的影响》，载于《财经问题研究》2014年第12期，第41～46页。

[55] 林宝：《延迟退休年龄对中国城镇劳动力供给的影响》，载于《新疆师范大学学报（哲学社会科学版）》2018年第3期，第111～118页。

[56] 林嘉：《退休年龄的法理分析及制度安排》，载于《中国法学》2015年第6期，第5～24页。

[57] 林义：《我国退休制度改革的政策思路》，载于《财经科学》2002

年第 5 期，第 66 ~ 71 页。

［58］林义：《我国养老保险财务模式选择的几个问题》，载于《中国保险管理干部学院学报》1995 年第 3 期，第 9 ~ 14 页。

［59］林忠晶、龚六堂：《退休年龄、教育年限与社会保障》，载于《经济学（季刊）》2007 年第 1 期，第 211 ~ 230 页。

［60］刘传江、黄伊星：《从业人口年龄结构对中国工业经济增长的贡献度研究》，载于《中国人口科学》2015 年第 2 期，第 43 ~ 52、127 页。

［61］刘德浩、庞夏兰：《荷兰灵活退休政策调整及其对中国的启示》，载于《中国劳动》2015 年第 7 期，第 64 ~ 71 页。

［62］刘万：《社会养老保险基金给付年金化政策的国际比较及启示研究》，经济科学出版社 2012 年版。

［63］刘万：《延迟退休对城镇职工养老保险收支影响的净效应估计——基于 2025 年起渐进式延迟退休年龄的假设》，载于《保险研究》2020 年第 3 期，第 105 ~ 127 页。

［64］刘万：《延迟退休一定有损退休利益吗？——基于对城镇职工不同退休年龄养老金财富的考察》，载于《经济评论》2013 年第 4 期，第 27 ~ 36 页。

［65］刘万：《中国不同年龄组别的城镇劳动者产出效率研究——兼谈对合理延迟退休年龄的启示》，载于《经济评论》2018 年第 4 期，第 146 ~ 160 页。

［66］刘学良：《中国养老保险的收支缺口和可持续性研究》，载于《中国工业经济》2014 年第 9 期，第 25 ~ 37 页。

［67］柳清瑞、金刚：《人口红利转变、老龄化与提高退休年龄》，载于《人口与发展》2011 年第 4 期，第 39 ~ 47 页。

［68］柳清瑞、苗红军：《人口老龄化背景下的推迟退休年龄策略研究》，载于《人口学刊》2004 年第 4 期，第 3 ~ 7 页。

［69］龙玉其：《对我国退休制度改革的反思与前瞻》，载于《理论导刊》2013 年第 3 期，第 8 ~ 11 页。

［70］鲁元平、张克中：《老有所乐吗？——基于退休与幸福感的实证分析》，载于《经济管理》2014 年第 8 期，第 168 ~ 178 页。

［71］陆旸、蔡昉：《从人口红利到改革红利：基于中国潜在增长率的模拟》，载于《世界经济》2016 年第 1 期，第 3 ~ 23 页。

［72］罗元文：《养老保险制度中关于退休年龄的探讨》，载于《市场与

人口分析》2001 年第 6 期，第 46 ~ 48 页。

［73］骆正清、陈周燕、陆安：《人口因素对我国基本养老保险基金收支平衡的影响研究》，载于《预测》2010 年第 2 期，第 42 ~ 46 页。

［74］吕利丹：《新世纪以来家庭照料对女性劳动参与影响的研究综述》，载于《妇女研究论丛》2016 年第 11 期，第 109 ~ 117 页。

［75］米海杰、王晓军：《养老保险可持续发展调整机制研究》，载于《统计研究》2014 年第 5 期，第 54 ~ 60 页。

［76］莫荣、周宵、孟续铎：《就业趋势分析：产业转型与就业》，载于《中国劳动》2014 年第 1 期，第 4 ~ 8 页。

［77］潘锦棠：《世界男女退休年龄现状分析》，载于《甘肃社会科学》2003 年第 1 期，第 103 ~ 107 页。

［78］潘锦棠：《提高退休年龄不能成为弥补养老金“缺口”的主要手段》，载于《光明日报》2012 年 9 月 8 日。

［79］彭浩然：《基本养老保险制度对个人退休行为的激励程度研究》，载于《统计研究》2012 年第 9 期，第 31 ~ 36 页。

［80］彭秀健：《中国人口老龄化的宏观经济后果——应用一般均衡分析》，载于《人口研究》2006 年第 4 期，第 12 ~ 22 页。

［81］蒲晓红：《非正常“提前退休”对养老保险制度的影响》，载于《经济体制改革》2001 年第 6 期，第 151 ~ 153 页。

［82］钱锡红、申曙光：《经济收入和健康状况对退休期望的影响——一个交互效应模型》，载于《经济管理》2012 年第 3 期，第 144 ~ 150 页。

［83］钱锡红、申曙光：《在职人员的社会经济地位对退休期望的影响》，载于《保险研究》2012 年第 7 期，第 110 ~ 119 页。

［84］乔晓春：《实施“普遍二孩”政策后生育水平会达到多高？——兼与翟振武教授商榷》，载于《人口与发展》2014 年第 6 期，第 2 ~ 15 页。

［85］苏春红、李齐云：《延迟退休年龄效应分析与中国渐进式推进策略研究》，载于《理论学刊》2014 年第 5 期，第 69 ~ 76 页。

［86］苏春红、张钰、李松：《延迟退休年龄对中国失业率的影响：理论与验证》，载于《山东大学学报（哲学社会科学版）》2015 年第 1 期，第 11 ~ 22 页。

［87］孙佳佳、吴铮：《个人退休决策的影响因素研究》，载于《湖北社会科学》2009 年第 5 期，第 51 ~ 54 页。

［88］孙玄：《关于退休年龄的思考》，载于《人口与经济》2005 年第 3

期，第 67 ~ 71 页。

［89］谭远发、朱明娇、周葵：《平均预期寿命、健康工作寿命与延迟退休年龄》，载于《人口学刊》2016 年第 1 期，第 26 ~ 34 页。

［90］唐钧：《别让“延迟退休”吓坏老百姓》，载于《中国经济周刊》2014 年第 6 期，第 16 ~ 17 页。

［91］田立法、梁学平、强福荣、梁辰、张淑敏：《渐进式延迟退休年龄政策的接受意愿影响因素研究——以天津市为例》，载于《科学决策》2017 年第 1 期，第 18 ~ 35 页。

［92］田友春：《中国分行业资本存量估算：1990 ~ 2014 年》，载于《数量经济技术经济研究》2016 年第 6 期，第 3 ~ 21、76 页。

［93］汪泽英、曾湘泉：《中国社会养老保险收益激励与企业职工退休年龄分析》，载于《中国人民大学学报》2004 年第 6 期，第 74 ~ 78 页。

［94］王聪：《延迟退休政策对青年就业影响效应研究》，载于《中国青年研究》2016 年第 9 期，第 100 ~ 104 页。

［95］王德文：《人口低生育阶段的劳动力供求变化与中国经济增长》，载于《中国人口科学》2007 年第 1 期，第 44 ~ 52、96 页。

［96］王海涛：《应该从国情需要出发考虑延长退休年龄》，载于《人口与发展》2011 年第 4 期，第 32 ~ 35 页。

［97］王克祥、于凌云：《关于渐进式延迟退休年龄政策的研究综述》，载于《人口与经济》2016 年第 1 期，第 57 ~ 65 页。

［98］王晓军、米海杰：《养老金支付缺口：口径、方法与测算分析》，载于《数量经济技术经济研究》2013 年第 10 期，第 49 ~ 62 页。

［99］王增文：《城镇居民基本养老保险基金的财政支出与退休年龄的敏感性分析》，载于《保险研究》2010 年第 1 期，第 57 ~ 64 页。

［100］王峥：《从家庭保障功能看延迟退休政策》，载于《贵州师范大学学报（社会科学版）》2015 年第 1 期，第 54 ~ 57 页。

［101］吴超英：《超过退休年龄工作受伤能否享受工伤保险待遇》，载于《中国社会保障》2010 年第 1 期，第 60 ~ 61 页。

［102］席恒、周明、翟绍果：《渐进式差异化退休年龄的决定机制、经验借鉴与政策建议》，载于《社会保障研究》2014 年第 2 期，第 86 ~ 91 页。

［103］肖浩、鲁元平：《中国渐进式延迟退休年龄的经济效应分析——基于 D – CGE 模型》，载于《宏观经济研究》2016 年第 8 期，第 35 ~ 48 页。

［104］谢增毅：《退休年龄与劳动法的适用——兼论“退休”的法律意

义》，载于《比较法研究》2013 年第 3 期，第 39 ~ 50 页。

［105］徐勤：《退休制度与退休年龄问题的探讨》，载于《人口与经济》1992 年第 4 期，第 54 ~ 57 页。

［106］徐庆凤：《我国实行退休年龄弹性制的必要性与可行性初论》，载于《南方人口》1992 年第 4 期。

［107］徐升艳、周密：《东中西地区城市不同年龄组劳动生产率的比较研究》，载于《上海经济研究》2013 年第 3 期，第 135 ~ 145 页。

［108］徐现祥、周吉梅、舒元：《中国省区三次产业资本存量估计》，载于《统计研究》2007 年第 5 期，第 6 ~ 13 页。

［109］许麟：《美国 20 世纪末与 20 世纪初的一些数字对比》，载于《经济资料译丛》1996 年第 2 期，第 35 页。

［110］阳义南、才国伟：《推迟退休年龄和延迟领取基本养老金年龄可行吗——来自广东省在职职工预期退休年龄的经验证据》，载于《财贸经济》2012 年第 10 期，第 111 ~ 122 页。

［111］阳义南：《基本养老保险制度激励提前退休的实证研究》，载于《财贸研究》2013 年第 3 期，第 91 ~ 98 页。

［112］阳义南：《我国职工退休年龄影响因素的实证研究》，载于《保险研究》2011 年第 11 期，第 61 ~ 71 页。

［113］杨贝贝、刘懿：《我国劳动力老化对劳动生产率的影响研究》，载于《经济数学》2015 年第 6 期，第 39 ~ 45 页。

［114］杨翠迎、金昊：《延迟退休年龄到底有多难？——兼论延迟退休与养老保险基金的关系》，载于《黑龙江社会科学》2014 年第 3 期，第 77 ~ 82 页。

［115］杨道兵、陆杰华：《我国劳动力老化及其对社会经济发展影响的分析》，载于《人口学刊》2006 年第 1 期，第 7 ~ 12 页。

［116］杨华磊、何凌云、汪伟：《人口世代更迭与资本红利——中国储蓄率的倒 U 型之谜》，载于《国际金融研究》2017 年第 4 期，第 22 ~ 31 页。

［117］杨燕绥、李海明：《延迟退休对青年就业是替代还是促进?》，载于《中国劳动保障报》2014 年 1 月 10 日。

［118］杨燕绥、张芳芳、张杰：《论职工弹性退休的平滑效应》，载于《中国劳动》2010 年第 12 期，第 19 ~ 22 页。

［119］杨宜勇、吴香雪：《女性延迟退休与家庭政策价值的再思考》，载于《价格理论与实践》2017 年第 1 期，第 62 ~ 67 页。

［120］杨志超：《北欧老年就业政策对我国延迟退休制度的启示》，载于《学术界》2013 年第 7 期，第 214～221 页。

［121］殷俊、黄蓉：《人口老龄化、退休年龄与基础养老金长期偿付能力研究》，载于《理论与改革》2012 年第 4 期，第 73～76 页。

［122］于晨：《中国失业率与劳动年龄人口比重、经济增长》，载于《东北财经大学学报》2013 年第 1 期，第 16～19 页。

［123］于洪、曾益：《退休年龄、生育政策与中国基本养老保险基金的可持续性》，载于《财经研究》2015 年第 6 期，第 46～57 页。

［124］余桔云：《人口老龄化与延迟退休关系的定量研究》，载于《兰州学刊》2014 年第 4 期，第 103～108 页。

［125］余立人：《延长退休年龄能提高社会养老保险基金的支付能力吗?》，载于《南方经济》2012 年第 6 期，第 74～84 页。

［126］袁磊：《延迟退休能解决养老保险资金缺口问题吗？——72 种假设下三种延迟方案的模拟》，载于《人口与经济》2014 年第 4 期，第 82～93 页。

［127］袁中美：《延迟退休与养老金替代率的探讨》，载于《人口与经济》2013 年第 1 期，第 101～106 页。

［128］原新、万能：《缓解老龄化压力，推迟退休有效吗》，载于《人口研究》2006 年第 4 期，第 47～54 页。

［129］翟振武、张现苓、靳永爱：《立即全面放开二胎政策的人口学后果分析》，载于《人口研究》2014 年第 2 期，第 3～17 页。

［130］［美］詹姆·H. 舒尔茨：《老龄化经济学（第 7 版)》，社会科学文献出版社 2010 年版。

［131］张车伟、蔡翼飞：《中国劳动供求态势变化、问题与对策》，载于《人口与经济》2012 年第 4 期，第 1～12 页。

［132］张车伟：《人力资本回报率变化与收入差距："马太效应"及其政策含义》，载于《经济研究》2006 年第 12 期，第 59～70 页。

［133］张川川、赵耀辉：《老年人就业和年轻人就业的关系：来自中国的经验证据》，载于《世界经济》2014 年第 5 期，第 74～90 页。

［134］张乐川：《中国城镇基本养老保险金"年龄缺口"分析——基于延长退休年龄的假设》，载于《南方人口》2012 年第 8 期，第 32～38、15 页。

［135］张明丽、李方、秦笑梅：《我国退休制度的历史沿革与创新发展

研究》，载于《湖北社会科学》2011 年第 7 期，第 50 ~ 52 页。

[136] 张琴、郭艳：《延迟退休对养老基金的后续影响：找寻可选方案》，载于《改革》2015 年第 7 期，第 57 ~ 64 页。

[137] 张士斌、王祯敏、陆竹：《退休年龄政策调整的国际实践与中国借鉴》，载于《经济社会体制比较》2014 年第 4 期，第 210 ~ 223 页。

[138] 张述祖：《关于职工退休年龄问题的思考》，载于《中国劳动科学》1991 年第 5 期，第 40 ~ 41 页。

[139] 张思锋、唐敏、胡晗：《基于多目标均衡分析的延迟退休年龄研究》，载于《苏州大学学报（哲学社会科学版）》2017 年第 1 期，第 17 ~ 26 页。

[140] 张素伦：《职工同龄退休的法律问题研究》，载于《行政与法》2010 年第 13 期，第 83 ~ 85 页。

[141] 张晓青：《人口年龄结构对区域经济增长的影响研究》，载于《中国人口·资源与环境》2009 年第 5 期，第 100 ~ 103 页。

[142] 张雄：《退休年龄对劳动参与率的影响》，载于《西北人口》2009 年第 6 期，第 23 ~ 26 页。

[143] 张熠、汪伟、刘玉飞：《延迟退休年龄、就业率与劳动力流动：岗位占用还是创造?》，载于《经济学（季刊）》2017 年第 2 期，第 897 ~ 920 页。

[144] 张熠：《内生退休年龄研究前沿》，载于《经济学动态》2015 年第 3 期，第 90 ~ 103 页。

[145] 张熠：《延迟退休年龄与养老保险收支余额：作用机制及政策效应》，载于《财经研究》2011 年第 7 期，第 4 ~ 16 页。

[146] 张勇：《人力资本与中国增长和转型》，载于《经济科学》2015 年第 1 期，第 29 ~ 39 页。

[147] 张志远、张铭洪：《老年劳动力增加会影响年轻劳动力的就业率吗？——延迟退休对劳动力市场影响的一个考察角度》，载于《经济科学》2016 年第 3 期，第 49 ~ 60 页。

[148] 郑秉文：《欧债危机下的养老金制度改革——从福利国家到高债国家的教训》，载于《中国人口科学》2011 年第 5 期，第 2 ~ 15、111 页。

[149] 郑秉文：《社保改革要跳出费率高低之争》，载于《经济日报》2015 年 1 月 28 日。

[150] 郑秉文：《社保降费倒逼加快全面深化改革》，载于《中国社会保

障》2016 年第 2 期，第 34 ~ 36 页。

[151] 郑春荣、刘慧倩：《我国弹性退休年龄制度设计——基于美国相关制度的实践》，载于《人口学刊》2011 年第 3 期，第 61 ~ 69 页。

[152] 郑功成：《从地区分割到全国统筹——中国职工基本养老保险制度深化改革的必由之路》，载于《中国人民大学学报》2015 年第 3 期，第 2 ~ 11页。

[153] 周国良、周长征、李坤刚：《劳动者超过法定退休年龄权利义务如何处理》，载于《中国劳动》2014 年第 8 期，第 43 ~ 46 页。

[154] 周辉：《我国延迟退休年龄限制因素分析与建议》，载于《学术交流》2011 年第 2 期，第 136 ~ 140 页。

[155] 周长洪、陈友华：《带补偿生育的政策总和生育率测算模型及其应用》，载于《中国人口科学》2013 年第 3 期，第 10 ~ 18、126 页。

[156] 朱波：《合理退休年龄影响因素的理论分析及实证研究》，载于《人口与经济》2015 年第 1 期，第 11 ~ 21 页。

[157] 朱楠：《中国延长退休年龄的财务平衡预算及其方案设计》，载于《中央财经大学学报》2009 年第 8 期，第 10 ~ 14 页。

[158] 邹铁钉、叶航：《普遍延迟退休还是分类延迟退休——基于养老金亏空与劳动力市场的联动效应视角》，载于《财贸经济》2015 年第 4 期，第 134 ~ 145 页。

[159] 左学金：《面临人口老龄化的中国养老保障：挑战与政策选择》，载于《中国人口科学》2001 年第 3 期，第 1 ~ 8 页。

[160] A. Elsayed, A. D., Grip D. Fouarge R. Montizaan. Gradual Retirement, Financial Incentives, and Labour Supply of Older Workers: Evidence from a Stated Preference Analysis. *Journal of Economic Behavior & Organization*, 2018, (150): 277 - 294.

[161] Achenbaum W. A. Old age in a new Land. *Baltimore*, *MD*: *John Hopkins University Press*, 1978.

[162] AIicia H., MunneII, April Yanyuan Wu. Are Aging Baby Boomers Squeezing Young Workers Out of Jobs. *Center fox Retirement Research*, 2012 (10): 1 - 8.

[163] Andrew Thomas, Juliet Pascall-Calitz. Default Retirement Age-employer Qualitative Research. *DWP. Department for Work and Pensions*. Research Report No 672, 2010.

[164] Angrisani M., Hurd M. D., Meijer E. et al. Labor Force Transitions at Older Ages: The Roles of Work Environment and Personality. *Michigan Retirement Research Center Research Paper*, 2013.

[165] Arrow K., H. Chenery, B. Minhas, and R. Solow. Capital-labor Substitution and Economic Efficiency. *The Review of Economics and Statistics*, 1961, 43 (3): 225-250.

[166] Arrow K. J. The Economic Implications of Learning by doing. *The Review of Economic Studies*, 1962, 29 (3): 155-173.

[167] Atalay K., Barrett G. F. The Impact of Age Pension Eligibility Age on Retirement and Program Dependence: Evidence from an Australian Experiment. *Review of Economics and Statistics*, 2015, 97 (1), 71-87.

[168] Atchley R. C. What Happened to Retirement Planning in the 1970s? Aging and Retirement. *Beverly Hills*, CA: Sage, 1980.

[169] Axel Börsch-Supan, and Alexander Ludwig. Old Europe is aging: reforms and reform backlashes. *National Bureau of Economic Research*, 2010.

[170] Blau D. M., Gilleskie D. B. The Role of Retiree Health Insurance in the Employment Behavior of Older Men. *International Economic Review*, 2008 (2): 475-514.

[171] Blöndal S., S. Scarpetta. The Retirement Decision in OECD Countries. *OECD Economics Department Working Papers*, 1998.

[172] Blundell R., E. French and G. Tetlow. Retirement Incentives and Labor Supply. *Handbook of the Economics of Population Aging*, 2016 (1): 457-566.

[173] Bo Malmberg, Thomas Lindh, and Max Halvarsson. Productivity Consequences of Workforce Aging: Stagnation or Horndal Effect? . *Population and Development Review*, 2008 (34): 238-256.

[174] Bongaarts J. Population Aging and the Rising Cost of Public Pensions. *Population and Development Review*, 2004 (1): 1-23.

[175] Börsch-Supan A. et al. Dangerous Flexibility-Retirement Reforms Reconsidered. *MEA Discussion Paper*, No. 03, 2017.

[176] Borsch-Supan A. Incentive Effects of Social Security on Labor Force Participation: Evidence in Germany and Across Europe. *Journal of Public Economics*, 2000, 78 (10): 25-49.

[177] Boulhol H. The Effects of Population Structure on Employment and Pro-

ductivity. *OECD Economics Department Working Papers*, No. 684, OECD Publishing, Paris, 2009.

[178] Bovenberg L. A. Financing retirement in the European Union. *International Tax and Public Finance*, 2003 (10): 713 - 734.

[179] Brandon E. , Delayed Retirement May Mean Fewer Job Openings. *US News & World Report*, 2009.

[180] CESifo. Bismarck Versus Beveridge: A Comparison of Social Insurance Systems in Europe. *CESifo Working Paper*, 2008.

[181] Christian E. Weller. Raising the Retirement Age for Social Security. *Economic Policy*, 2005 (7): 1 - 8.

[182] Christian Weller. Don't Raise the Retirement Age. *Challenge*, 2002, 45 (1): 75 - 87.

[183] Clarence C. , Rose. An Examination of Delaying Social Security Retirement Benefits. *Journal of Financial Service Professionals*, 2008 (5): 1 - 8.

[184] Courtney Coile, Jonathan Gruber. Social Security and Retirement. *Working Paper* 7830, 2000. http: //www. nber. org/papers/w7830.

[185] Cribb J. , Emmerson C. and Tetlow G. Incentives, Shocks or Signals: Labour Supply Effects of Increasing the Female State Pension Age in the UK. *Institute for Fiscal Studies Working Paper* W13/03, 2013.

[186] David T. Barker, Robert L. Clark. Mandatory Retirement and Labor-force Participation of Respondents in the Retirement History Study. *Social Security Bulletin*, November 1980, Vol. 43, No. 11.

[187] Dora L. Costa. The Evolution of Retirement: an American Economic History 1880 - 1990. 1998, http: //www. nber. org/chapters/c6108.

[188] Dwyer O. Mitchell. Health Problems as Determinants of Retirement: Are Self-rated Measures Endogenous? *Journal of Health Economics*, 1999 (2): 173 - 193.

[189] E. Lazear. Why is there mandatory retirement. *Journal of Political Economy*, 1979, 87 (61): 1261 - 1284.

[190] Emma Dentinger, Marin Clarkberg. Informal Caregiving and Retirement Timing Among Men and Women Gender and Caregiving Relationships in Late Midlife. *Journal of Family Issues*, October 2002, 23 (7): 857 - 879.

[191] Espelt A. et al. Disability Among Older People in a Southern European

City in 2006: Trends in Gender and Socioeconomic Inequalities. *Journal of Women's Health*, 2010, Vol. 19 (5): 1 - 7.

[192] European Commission. An Agenda for Adequate, Safe and Sustainable Pensions. *White Paper*, Brussels, 16. 2. 2012 COM (2012) 55 final.

[193] Eytan Sheshinsi. Optimum Delayed Retirement Credit. *CES Working Paper*, No. 889. March 2003. 1 - 17.

[194] Feldstein M. Social Security, Induced Retirement, and Aggregate Capital Accumulation. *The Journal of Political Economy*, 1974 (8): 905 - 926.

[195] Feyrer J. Demographics and Productivity. *Review of Economics and Statistics*, 2007, 89 (1): 100 - 109.

[196] Fields G., O. Mitchell. Retirement, Pensions and Social Security. Cambridge *MA*: *MIT Press*, 1984.

[197] French E. The Effects of Health, Wealth, and Wages on Labor Supply and of Retirement Behavior. *The Review of Economic Studies*, 2005 (2): 395 - 427.

[198] Galasso V. Postponing Retirement: the Political Effect of Aging. *Journal of Public Economics*, 2008 (10): 2157 - 2169.

[199] Ghosheh N. Age Discrimination and Older Workers: Theory and Legislation in Comparative Context. *Advances in Genetics*, 2008, 62 (1): 185 - 243.

[200] Gough O. The Impact of the Gender Pay Gap on Post-retirement Earnings. *Critical Social Policy*, 2001 (3): 311 - 334.

[201] Gruber J., Wise D. A. Social Security Programs and Retirement Around the World: Fiscal Implications of Reform. *University of Chicago Press*, 2009.

[202] Gruber J., Wise D. A. Social Security and Retirement: An International Comparison. *American Economic Review*, 1998 (2): 158 - 163.

[203] Gruber J., Wise D. A Social Security Induces Early Retirement Around the World. *NBER Working Paper*, No. 6134, August 1997.

[204] Guzman L. Grandma and Grandpa Taking Care of the Kids: Patterns of Involvement. *Child Trends Research Brief*, 2004 - 17.

[205] Hairault J., Langot F. and Sopraseuth T. Distance to Retirement and Older Workers Employment: The Case for Delaying the Retirement Age. *Journal of the European Economic Association*, 2010 (5): 1034 - 1076.

[206] Hanel B., Riphahn R. T. The Timing of Retirement: New Evidence

from Swiss Female Workers. *the Joural of Labour Economics*, 2012, 19 (5): 718 - 728.

[207] Hank K. and Buber I., Grandparents Caring for their Grandchildren: Findings from the 2004 Survey on Health, Ageing and Retirement in Europe. *Journal of Family Issues*, 2009 (30): 53 - 73.

[208] Horn J. L. and R. B. Cattell. Age Differences in Fluid and Crystallized Intelligence. *Acta Psychologica*, 1967, 26 (2): 107 - 129.

[209] Horn J. L. and R. B. Cattell. Refinement and Test of the Theory of Fluid and Crystallized Intelligence. *Journal of Educational Psychology*, 1966, 57 (2): 253 - 270.

[210] Ibbott Peter, Kerr Don, Beaujot Roderic. Probing the Future of Mandatory Retirement in Canada. *Canadian Journal on Aging*, 2006, 25 (2): 161 - 178.

[211] Ilmakunnas P., M. Maliranta and J. Vainiomäki. The role of Employer and Employee Characteristics for Plant Productivity. *WP* - 223, *Helsinki School of Economics and Business Administration*, 1999.

[212] Iskhakov F. Structural Dynamic Model of Retirement with Latent Health Indicator. *The Econometrics Journal*, 2010 (3): 126 - 161.

[213] Issacharoff S., Worth E. Is Age Discrimination Really Age Discrimination?: The Adea's Unnatural Solution. *Social ence Electronic Publishing*, 1997, 72 (4): 780.

[214] James H. Stock & David A. Wise. Pensions, The Option Value of Work, and Retirement. *NBER Working Papers* 2686, 1988.

[215] James Heckman. Life Cycle Consumption and Labor Supply: An Explanation of the Relationship between Income and Consumption Over the Life Cycle. *The American Economic Review*, 1974 (1): 188 - 194.

[216] Jan Van Bavel. Tom De Winter. Becoming a Grandparent and Early Retirement in Europe. *European Sociological Review*, 2013, 29 (6): 1295 - 1308.

[217] Janice Compton, Robert A. Pollak. Family Proximity, Childcare, and Women's Labor Force Attachment. *Journal of Urban Economics*, 2014 (79): 72 - 90.

[218] Jianmin Tang. Carolyn MacLeod. Labour Force Ageing and Productivity Performance in Canada. *The Canadian Journal of Economics*, 2006, 39 (2): 582 - 603.

[219] Jin Feng, Xiaohan Zhang. Retirement and Grandchild Care in Urban China, Feminist Economics. 2017. https://doi.org/10.1080/13545701.2017.1370120.

[220] John A. Turner. Social Security Pensionable Age in OECD Coutries: 1949 – 2035. *International Social Security Review*, 2007, 60 (1): 81 – 99.

[221] John Jankowski. Caregiver Credits in France, Germany, and Sweden: Lessons for the United States. *Social Security Bulletin*, 2011, 71 (4): 61 – 76.

[222] Kalwij A., Kapteyn A., De Vos K. Retirement of Older Workers and Employment of the Young. *De Economist*, 2010 (158): 341 – 359.

[223] Lalive R., Staubli S. How does Raising Women's Full Retirement Age Affect Labor Supply, Income, and Mortality?. *Working Paper NB* 14 – 09, *NBER Retirement ReNRArch Center*, 2015.

[224] Laughlin L. Who's Minding the Kids? Child Care Arrangements: Spring 2005/Summer 2006. *Current Population Reports*, 2010 (8): 70 – 121. https://www.researchconnections.org/childcare/resources/13824/pdf.

[225] Lefebvre, Mathieuv. Unemployment and Retirement in a Model with Age-specific Heterogeneity. *CREPP Working Paper Series*, 2012: 137 – 155.

[226] Lindh T. F., and B. Malmberg. Age Structure Effects and Growth in the OECD, 1950 ~ 1990. *Journal of Population Economics*, 1999, 12 (3): 431 – 449.

[227] Lissenburgh S., Smeaton D. Employment Transitions of Older Workers the Role of Flexible Employment in Maintaining Labour Market Participation and Promoting Job Quality. *Policy Press*, 2003, 23 (5): 689 – 692.

[228] Lumsdaine R. L., Vermeer S. J. C. Retirement Timing of Women and the Role of Care Responsibilities for Grandchildren. *Demography*, 2015, 52 (2): 433 – 454.

[229] Luo Y., LaPierre T. A., Hughes M. E. & Waite L. J. Grandparents Providing Care to Grandchildren: A Population-Based Study of Continuity and Change. *Journal of Family Issues*, 2012 (33): 1143 – 1167.

[230] Lynn McDonald. The Evolution of Retirement as Systematic Ageism. *SEDAP Research Paper*, No. 292, 2012.

[231] M. Gunderson. Age Discrimination in Employment in Canada. *Contemporary Economic Policy*, 2003, 21 (3): 318 – 328.

[232] Mao H., Ostaszewski K. M. Wang. Optimal Retirement Age, Leisure and Consumption. *Economic Modeling*, 2014 (43): 458 – 464.

[233] MartinWerding. Aging and Productivity Growth: are There Macro-level cohort Effects of Human Capital? . *CESIFO Working Paper*, No. 2207, 2008.

[234] Martin Werding. Assessing Old-Age Pension Benefits: The Rules Applied In Different Countries. *CeSifo DICE*, 2004, Report 2: 55 -63.

[235] Mastrobuoni G. Labor supply effects of the recent social security benefit cuts: Empirical estimates using cohort discontinuities. *Journal of Public Economics*, 2009, 93 (11): 1224 -1233.

[236] Maurer-Fazio, Margaret, Rachel Connelly, Lan Chen, and Lixin Tang. Childcare, Eldercare, and Labor Force Participation of Married Women in Urban China, 1982 ~2000. *Journal of Human Resources*, 2011, 46 (2): 261 -94.

[237] McGarry K. Health and retirement do changes in health affect retirement expectations? . *Journal of Human Resources*, 2004 (3): 624 -648.

[238] Melissa A. Z. Knoll and Anya Olsen. Incentivizing Delayed Claiming of Social Security Retirement Benefits Before Reaching The Full Retirement Age. *Social Security Bulletin*, Vol. 74, No. 4, 2014.

[239] Michael V. Leonesio, Benjamin Bridges, Robert Gesumaria, and Linda Del Bene. The increasing labor force participation of older workers and its effect on the income of the aged. *Social Security Bulletin*, Vol. 72, No. 1, 2012.

[240] Michello F. , W. Ford. The unemployment effects of proposed changes in social security's normal retirement age. *Business Economics*, 2006, 41 (2): 36 -46.

[241] Mitchell O. S. , Fields, G. S. The economics of retirement behavior. *Journal of Labor Economics*, 1984, 42 (1): 84 -105.

[242] Montalto C. P. , Yuh Y. Hanna S. Determinants of planned retirement age. *Financial Services Review*, 2000, 9 (1): 1 -15.

[243] Munnell A. H. , Wu A. Y. Will delayed retirement by the baby boomers lead to higher unemployment among younger workers? . *Boston College Center for Retirement Research Working Paper*, 2012.

[244] Nalebuff B. , Zeckhauser R. J. Pensions and the Retirement Decision. *nber chapters*, 1984. https: //www. nber. org/chapters/c7137. pdf.

[245] Niels Vermeer, Maarten van Rooij, Daniel van Vuuren. Social interactions and the retirement age. *DNB Working Paper*, No. 426, June 2014.

[246] OECD. Ageing and Employment Policies: Netherlands 2014: Working

Better with Age. *OECD Publishing*, 2014. http: //dx. doi. org/10. 1787/9789264208155 – en.

[247] OECD. Working Better with Age and Fighting Unequal Ageing in the United States. *OECD Publishing*, 2018.

[248] OECD. Ageing and Employment Policies: Norway 2013: Working Better with Age. *OECD Publishing*, 2013. http: //dx. doi. org/10. 1787/9789264201484 – en.

[249] OECD. Education at a Glance 2016: OECD Indicators, OECD Publishing. *OECD Publishing*, 2016. http: //dx. doi. org/10. 187/eag – 2016 – en.

[250] OECD. Increasing employment: the role of later retirement. *OECD Economic Outlook*, 2002, 72 (12): 146 – 167.

[251] OECD. Pensions at a Glance 2011: Retirement-Income Systems in OECD and G20 Countries. *Published by OECD*, 2011.

[252] OECD. Pensions at a Glance 2017: Retirement-Income Systems in OECD and G20 Countries. *Published by OECD*, 2017.

[253] OECD. "Policies to Support Family Careers" in Pensions at a Glance 2011: Retirement-income Systems in OECD and G20 Countries. *Complete Edition-ISBN Volume*, 2011: 112 – 149.

[254] OECD. Live longer, Work longer, Ageing and Employment Policies. *Published by OECD*, 2006. https: //www. oecd-ilibrary. org/employment/live-longer-work-longer_9789264035881-en.

[255] Office of the Chief Actuary. Canada pension plan actuarial adjustment factors study. *Actuarial Study*, No. 2 Canada Pension Plan Actuarial Adjustment Factors Study, Office of the Chief Actuary, March 2003.

[256] Pang G., Warshawsky M. J., Weitzer B. The Retirement Decision: Current Influences on the Timing of Retirement among Older Workers. *Pension Research Council Working Paper*, 2008.

[257] Parker A. M., Carvalho L. S., Rohwedder S. Cognitive Ability, Expectations, and Beliefs about the Future: Psychological Influences on Retirement Decisions. *Michigan Retirement Research Center Research Paper*, 2013.

[258] Pingle J. F. Social security's delayed retirement credit and the labor supply of aldermen. *FEDS Working Paper*, 2006 – 37.

[259] Queisser M. and E. Whitehouse. Neutral or Fair? Actuarial Concepts

and Pension-System Design. *Social, Employment and Migration Working Paper*, No. 40, OECD Publishing, Paris, 2006.

[260] Robert E. Hall., and Charles I. Jones. Why Do Some Countries Products So Much More Output Per Worker Than Others? *The Quarterly Journal of Economics*, 1999, 114 (1): 83 –116.

[261] Romain Duval. Retirement behavior in OECD countries: impact of old-age pension schemes and other social transfer programs. *OECD Economic Studies*, 2003 (2): 7 –50.

[262] S. L. Willis., and K. W. Schaie. Training the Elderly on the Ability Factors of Spatial Orientation and Inductive Reasoning. *Psychology and Aging*, 1986, 1 (3): 239 –247.

[263] Samwick A. A. New Evidence on Pensions, Social Security, and the Timing of Retirement. *Social ence Electronic Publishing*, 1998, 70 (2): 207 –236.

[264] Sarkeala T. et al., Disability Trends Among Nonagenarians in 2001 –2007: Vitality 90 + Study. *European Journal of Ageing*, 2011, 8 (2): 87 –94.

[265] Schaie K. W., S. L. Willis., Can Decline in Intellectual Functioning be Reversed? . *Developmental Psychology*, 1986, 22 (2): 223 –232.

[266] Soldo B. J., Hill M. S., Family Structure and Transfer Measures in the Health and Retirement Study: Background and Overview. *Journal of Human Resources*, 1995 (30): 108 –137.

[267] Staubli S., Zweim¨uller J. Does raising the early retirement age increase employment of older workers? . *Journal of Public Economics*, 2013 (108): 17 –32.

[268] Stephan Kühntopf, Thusnelda Tivig. Early Retirement in Germany: Loss of income and lifetime? . *Working Paper*, No. 85, 2008.

[269] Stock, James H., and David A. Wise. Pensions, the Option Value of Work, and Retirement. *Econometrica* 58, 1990, No. 5 (9): 1151 –1180.

[270] Tatsiramos K. Job displacement and the transitions to re-employment and early retirement for non-employed older workers. *European Economic Review*, 2010 (4): 517 –535.

[271] Taylor F. Scientific Management. *Harper & Row, Publishers Inc.*, New York, 1947.

[272] Topa G., Moriano J. A., Depolo M., Alcover C. M., Moreno A.

Retirement and Wealth Relationships: Meta-analysis and Sem. *Research on Aging An International Bimonthly Journal*, 2011, 33 (5): 501 –528.

[273] Traub S., Krieger T. Back to Bismarck? Shifting Preferences for Intergenerational Redistribution in OECD Pension Systems. *LIS Working Papers*, 2008.

[274] United Nations Economic Commission for Europe. Age-friendly Employment Policies and Practices, Policy Brief on Ageing. *UNECE Policy Brief on Ageing* No. 9, January 2011.

[275] Vandenberghe V., Waltenberg F. Ageing Workforce, Productivity and Labour Costs of Belgian Firms. *Discussion Paper*, 2010.

[276] VegardSkirbekk. Age and Individual Productivity: A Literature Survey. *MPIDR Working Paper*, No. 28, 2003.

[277] Vere J. P. Social security and elderly labor supply: Evidence from the Health and Retirement Study. *Labor Economics*, 2011 (5): 676 –686.

[278] William J. Wiatrowski. Changing Retirement Age: Ups and Downs. *Monthly Labor Review*, 2001 (4): 1 –10.

[279] Wood A., M. Robertson and D. Wintersgill. A Comparative Review of International Approaches to Mandatory Retirement. *Department for Work and Pensions Research Report* No. 674, 2010. www. dgaep. gov. pt/upload//RIareas/Pensions_at_a_glance_2011. pdf.

[280] Yves Carrière and Diane Galarneau. Delayed retirement: A new trend?. *Statistics Canada*. October 2011. 1 –16.